21世纪
高等院校工商管理精品教材

省级精品课程教材

Strategic Management

战略管理

——新常态与新思维

（第四版）

陈忠卫 主编

本书致力于面向以崇尚网络改变生活，喜欢个性张扬，充满叛逆心理为典型特征的新生代大学生，面向正在攻读经济管理类专业学位研究生，以培养在经济新常态下应有的战略型思维。

大连

图书在版编目(CIP)数据

战略管理 / 陈忠卫主编．—4版．—大连：东北财经大学出版社，2015.9（2016.12重印）
（21世纪高等院校工商管理精品教材）
ISBN 978-7-5654-2099-3

Ⅰ．战…　Ⅱ．陈…　Ⅲ．企业管理-战略管理-高等学校-教材　Ⅳ．F272

中国版本图书馆CIP数据核字(2015)第196297号

东北财经大学出版社出版
(大连市黑石礁尖山街217号　邮政编码　116025)
教学支持：(0411) 84710309
营 销 部：(0411) 84710711
总 编 室：(0411) 84710523
网　　址：http：//www.dufep.cn
读者信箱：dufep@dufe.edu.cn

大连理工印刷有限公司印刷　　东北财经大学出版社发行

幅面尺寸：185mm×260mm　字数：436千字　印张：21.25　插页：1

2015年9月第4版　　2016年12月第12次印刷

责任编辑：孙　平　吉　扬　　责任校对：贝　鑫
封面设计：冀贵收　　版式设计：钟福建

定价：36.00元

作者简介

陈忠卫，1997年毕业于安徽财经大学，获经济学硕士学位，2005年毕业于南开大学，获管理学博士学位，2007—2009年在南京大学工商管理博士后流动站从事研究工作。现为安徽财经大学副校长、教授，山东大学企业管理专业博士生导师，兼任安徽财经大学创业与企业成长研究所所长、创业创新与企业成长学科特区首席专家，中国企业管理研究会副理事长，安徽省科学家企业家协会副会长，兼任山东大学、西北师范大学等4所高校兼职教授，安徽省省级精品课程“企业战略管理”、“管理学”项目负责人。曾先后主持完成国家自然科学基金1项、国家社会科学基金1项、省部级课题近20项，参与完成国家自然科学基金、国家社会科学基金、教育部人文社科规划课题8项，公开发表学术论文150多篇，出版著作《创业团队企业家精神的动态性研究》、《可雇佣型心理契约及管理策略：以新创企业为例》等6部，译著《创业管理》、《创业计划书：从创意到执行》等2部，先后获得安徽省优秀教师称号、省哲学社会科学优秀成果奖、省优秀教学成果奖等省级以上奖励6项。

创业创新与企业成长研究所网址：http：//qycz.aufe.edu.cn

联系邮箱：czwancai@sohu.com

第四版前言

2008年美国次贷危机引发全球性经济萧条，后来全球经济的复苏又显得如此之缓慢，直到2015年7月，具有3 000年文明史的希腊仍深处欧债危机的阴云之下，这一切让我不得不开始反思战略管理理论的应用价值，反思究竟应该采取什么样的有效方法才能提高“战略管理”课程的教学质量？2013年，中国政府提出了“经济新常态”的基本判断，这种新常态之所以“新”，因为它不同以往；之所以“常”，意味着这种环境条件和经济发展速度将相对稳定一阵子。从宏观角度看，国家层次战略将体现为追求经济增长速度的合理区间，产业结构的调整优化，可持续发展的社会和谐关系；而从微观角度看，企业层次战略将体现为产业升级与产品创新并存，自身企业规模扩张与网络资源共享，以及巩固竞争优势与弘扬创业精神相统一。基于上述背景，第四版《战略管理》教材的修订，致力于面向以崇尚网络改变生活、喜欢个性张扬、充满叛逆心理为典型特征的新生代大学生，面向正在攻读经济管理类专业学位研究生，以培养在经济新常态下应有的战略型思维。

一、企业面临多重压力：战略性挑战

1.经济全球化。2001年12月11日，中国正式成为世界贸易组织（WTO）的成员。这是一个值得中国人牢记的日子。当时许多企业家的心态异常矛盾，既急切期待“入世”带给中国与世界开放交流的平台，又十分担忧国际市场的残酷竞争会使中国汽车制造业、家电制造业、金融业、日化业等传统产业面临倒闭和破产的巨大风险。近15年的发展结果表明，如今既是一个中国不断迈向世界的年代，也是一个世界不断需要中国的年代。虽然中国面临着传统廉价的劳动力优势逐步丧失的客观形势，但是，在经济新常态下，鼓励企业创业创新、重视提高质量正在成为一种社会文化，“全球化思维、本土化行动”也正在成为越来越多的国内企业家迎接全球化挑战的自觉行为。

2.信息网络化。当我们进入数字化办公的时代，网络技术的创新有助于提高公司数字办公应用的协作性、移动性、安全性和可控制性，达到快速、高效而充满现代化的效果。但是，应对信息化的挑战并非让企业管理层采用计算机手段去实现企业管理运作，或者简单地模拟现有流程管理那么简单，其最大压力在于如何从战略高度，消除企业核心竞争力刚性，重新去审视新出现的创业机会，重新去改进现有业务流程，重新去设计内部管理模式，重新去构建企业与其外部利益相关者联结网络等，以达到培育全新竞争优势之效果。

互联网思维的关键概念在于“连接（connectivity）”一词。从最初的人与机连接，进一步发展到人与人连接、人与物连接、物与物连接等多种方式，进而可以实现推动移动互联网、云计算、大数据、物联网等与现代制造业相结合，促进电子商务、工业互联网和互联网金融等产业的健康发展，引导互联网企业拓展国际市场的效果。可以说，“互联网+”的概念，并不是以互联网名义，简单地与各个传统行业发生叠加的问题，而是利用移动互联网信息通信技术平台，让互联网与传统行业深度融合的问题；并不是对传统产业的否定，而是赋予传统产业发展一种全新的生态。也正是因为如此，“互联网+”已经上升到了国家层次战略问题。

3.环境动态化。在以不确定性为典型特征的超强竞争环境条件下，要求企业高层能够充分意识到从“牛顿式”管理范式向“量子式”管理范式转型的紧迫性。具有战略思维的企业家，必须坚持“这个世界唯一不变的就是变”这么一条公理，提高企业灵活适应环境的能力。其实，在相对稳定的竞争环境下，更加容易让那些“后起之秀”获得养精蓄锐和誓志赶超的机会，更加容易引发一些模仿者混迹市场，相反，在动态化的商业竞争环境之中，层出不穷的创业机会，倒是更能让充满创业精神的企业或者企业家获得弯道超速的可能，所以，从战略机遇利用角度看，环境动态性并不总是件坏事。

就特定新产品开发而言，其产品生命周期变得越来越短，企业从过去简单地关注产品导入、成长、成熟、衰退期产品特征和营销策略选择，转向对产品研发、知识产权、专利、新事业开发等环节的高度关注。动态化的环境压力迫使战略竞争的焦点不断沿着产品生命周期曲线向后移动。未来的创业研究不应当只停留在小企业层次，从大公司战略角度看，保持创业型导向以实现基业长青是一个重大的战略问题。

4.管理柔性化。从20世纪80年代德鲁克提出“知识型员工”概念以来，“以人为本”的管理思想不断得到强化，如何有效地将法治、人治与德治实现有机统一，如何创造性地把中国传统文化精髓与西方先进管理理念有机结合，如何妥善地化解企业利润目标与社会责任目标的矛盾，进而最大限度地发挥员工的积极性、主动性和创造性，是提高战略绩效的现实难题。

人性化的工作环境、人性化的产品设计、人性化的服务模式等主题，赋予了战略管理活动全新的内涵，提出了新的挑战。这是因为，如今的劳动力市场充满开放性和流动性，企业内部雇员也不再像从前那样，片面地追求从一而终的稳定雇佣关系，他们越来越多地主张把可雇佣性（employability）作为心理契约的重要内容。先前那种“以忠诚换取就业保障”的传统观念已经被“以绩效换取可雇佣性”的新型就业观念悄然取代。随之而来的显著变化是，雇员与组织间发生心理契约违背和破裂现象时有发生。由于管理柔性化将渗透到战略目标选择、战略实施方案、战略控制过程、战略绩效评价中，所以，无论在存续时间不久的新创企业，还是在规模相对较大的公司里，如果发生可雇佣性心理契约违背，那么，它对企业发展战略的可持续性将是一场灾难。从一个更加宏观的角度看，柔性化管理同样也是中国构建和谐社会的具体要求。

二、第四版教材编写的特色

从2001年第一版教材正式面市，先后经历了2006年、2011年的两次重大修改。每一次的努力都充分考虑到国内企业战略管理实践的新特点、战略环境的新变化、教材使用对象的新要求以及战略管理理论的新进展。第四版教材的修订继承了第三版教材内容设计框架，维持了从“开篇导读”、“战略聚焦”、“本章小结”、“复习思考题”、“比较研究”到“推荐阅读文献”的编写模式，具有以下四大鲜明的特色：

1.管理情境逼真性。简单地复制或者移植西方战略管理理论体系，来指导中国企业战略管理实践往往会出现“水土不服”现象。考虑到中国企业目前面临的现实管理环境，第四版教材对相关知识点的分析，特别注重与经济新常态相结合，与网络经济相结合，与工业化4.0时代对企业内部管理模式的深刻影响相结合。在部分章节中，适当穿插一些当今企业所面临的真实管理情境的分析内容，以扩充读者对战略管理环境的认知，以及增加读者置身这种生动逼真的环境进行创新型思维的机会。

2.案例材料针对性。从第二版教材使用以来的反馈信息看，不少高校教师和学生均认可本教材所选择案例，兼顾了相关章节知识巩固与系统思维能力拓展的双重需要，我们继续坚持了这一做法。与此同时，本版教材入选的所有案例原则上均取自21世纪以来的最新材料，案例涉及的行业面变得更宽，既包括传统的商品流通业、制造业、地产业和金融业，也涉及近些年才得到快速发展的电子商务、影视制作、在线医疗、快递业等新型业态，并且，所选择案例还兼顾了国内企业（如海尔、联想、横店影视等）与国外企业（如英特尔、佳能、索尼等）在战略管理上的差异性，以及国内企业国际化和国外企业来华本土化并存的战略管理实践。

3.知识传授渐进性。第四版教材按战略管理过程设计相应篇章结构，以强化读者对战略管理内在逻辑的深刻认识。具体到各章内容设计上，“开篇导读”突出激发学习兴趣，“学习目标”与“本章小结”前呼后应，始终在提醒读者应当掌握和是否已经掌握本章的关键知识点，“战略聚焦”补充的是一些耐人寻味的战略实践和最新动向。如果说“复习思考题”旨在检验读者对相关内容体系理解程度的话，那么，对于那些对战略管理产生浓厚兴趣的读者而言，“案例分析题”提供了理论与实践相结合研究的素材，“推荐阅读文献”指明了进一步研读的方向，以满足读者对所传授战略管理知识仍感到“不解渴”的求知欲望。

4.战略思维启发性。本版教材中专门设计的“比较研究”栏目，一般会要求读者对比性地查阅两家公司的官方网站，或者补充搜集相关公开信息，并围绕3~5个问题有所侧重地开展比较和研讨。其目的在于两个方面：一是培养读者利用网络工具搜集可靠数据的能力，学会对竞争情报的鉴别和筛选技能；二是让读者借助团队讨论的作业方式，锻炼在案例比较研究中发现战略管理真谛的能力。多数比较研究的讨论题设计均强调战略思维的启发性，并不可能存在唯一标准的答案。

三、致谢

此版教材编写是在陈忠卫教授主持下修订完成的。参与教材编写的教师具有丰富教学经验，独自或者一起承担过许多企业委托的关于企业战略规划、企业其他方面的横向课题，这种理论与实践相结合的经历，使本书具备更接“地气”的可能性。具体分工如下：

陈忠卫教授撰写第1、2、15章，以及附录1和附录2。

王晶晶教授撰写第9、12章。

戴强副教授撰写第3、4、7章。

焦晓波教授撰写第8、10、11章。

胡登峰教授、李宏贵博士撰写第5、6、14章。

陈汉辉博士撰写第13章。

我们要特别感谢以下专家、教授和同仁们曾给予的学术指导和悉心帮助：南开大学商学院张玉利教授、王迎军教授，南京大学商学院陈传明教授，中国人民大学徐二明教授，山东大学徐向艺教授、陈志军教授和钟耕深教授，首都经济贸易大学高闯教授，山西财经大学赵国浩教授，四川大学揭晓纹教授，内蒙古河套学院李兴旺教授，南京审计学院李乾文教授，山东财经大学陈寒松教授，以及安徽财经大学校长丁忠明教授、宋思根教授。

这些年来，在我主持国家自然科学基金和国家社会科学基金项目，以及承担地方政府与企业委托的横向课题研究和管理咨询活动中，许许多多企业界高管成员、地方政府官员提供给我了解战略实践、商讨战略方案的机会。尤其是在2012—2014年，中央统战部选派我挂职甘肃省白银市人民政府副市长，对基层企业拥有近距离接触，以及和众多企业家的深度访谈，使我更加真切地感受到辽阔的祖国大地上企业生存和发展条件的巨大差异性，感受到中西部地区资源禀赋因素对企业战略管理实践的深远影响。没有这段刻骨铭心的经历，没有大家的意见反馈，本书就不可能以如此面貌奉献给广大读者。在此，我要向曾给予我关心的甘肃省经济与信息委员会汪海洲主任、安徽省科技厅兰玉杰厅长、甘肃省白银市委张智全书记、白银市人民政府副市长陈其银、卜发生、李嘉岩和吴震等同志表示衷心的感谢。值得说明的是，在本教材编写过程中，我们曾参考了国内不少专家、学者的思想观点，选用了不少公开出版物的案例背景材料，虽然尽力注明出处，但限于编者的理解能力和篇幅，可能有误解或者未加注明之处，在此也深表感谢并致歉意！

作为省级精品课程，我们还特别重视利用网络条件来辅助教学，专门配套设计了供战略管理课程教学和科研使用的网络平台，广大读者可以经常性地浏览以下网站：创业创新与企业成长研究所网址：http：//qycz.aufe.edu.cn，以补充更加丰富的教学资源，弥补教材无法及时更新的缺陷。在此书使用过程中，如果您发现问题，包括可能存在偏颇的事实、失当的评论、错误的观点以及所忽略的细节，请及时反馈给我们，以便使本教材日臻完善。

陈忠卫

2015年7月

目录

第一部分　战略基础

第1章　导论　3
学习目标　3
开篇导读　万&万联盟：地产史上最强“双打梦之队”　4
1.1　战略的概念与性质　5
1.2　战略的构成要素　9
1.3　战略的层次性　11
1.4　战略管理过程　14
1.5　竞争优势　18
本章小结　21
复习思考题　22
案例分析题　移动互联网医院　22
比较研究　23
推荐阅读文献　23
第2章　愿景与使命　24
学习目标　24
开篇导读　部分知名企业的愿景与使命表述　25
2.1　企业愿景　25
2.2　企业使命　27
2.3　利益相关者　30
2.4　社会责任与企业公民行为　33
2.5　目标体系　35
本章小结　38
复习思考题　38
案例分析题　TCL启动电视院线　39
比较研究　40
推荐阅读文献　40

第二部分　战略环境评价

第3章　外部环境与投资组合评价　43
学习目标　43

开篇导读　快递业迎来大发展 44
3.1　外部环境分析概述 45
3.2　宏观环境分析法 47
3.3　行业结构分析原理 52
3.4　投资组合分析技术 62
本章小结 70
复习思考题 70
案例分析题　晶科能源走出暗淡光伏业的怪圈 71
比较研究 72
推荐阅读文献 72
第4章　内部资源与核心竞争力 73
学习目标 73
开篇导读　苹果的核心竞争力 74
4.1　企业资源分析 74
4.2　企业活力评价 78
4.3　核心竞争力 82
4.4　价值链理论 86
4.5　SWOT分析 90
本章小结 92
复习思考题 93
案例分析题　财富管理公司核心竞争力 93
比较研究 94
推荐阅读文献 94

第三部分　战略模式设计

第5章　基本竞争战略 97
学习目标 97
开篇导读　家具建材热销不再依赖爆破价 98
5.1　概述 98
5.2　总成本领先战略 101
5.3　差别化战略 103
5.4　重点集中战略 106
5.5　竞争对手分析 108
本章小结 112
复习思考题 112
案例分析题　屈臣氏的差异化竞争战略 113
比较研究 114
推荐阅读文献 114

第6章 行业经营战略 115
学习目标 115
开篇导读 “互联网+”将改变什么 116
6.1 行业生命周期与企业战略 116
6.2 新兴行业及其经营战略 118
6.3 成熟行业及其经营战略 123
6.4 衰退行业及其经营战略 127
本章小结 131
复习思考题 131
案例分析题 《华盛顿邮报》换东家 132
比较研究 133
推荐阅读文献 133
第7章 多元化战略 134
学习目标 134
开篇导读 茅台进军旅游地产 135
7.1 多元化战略类型 136
7.2 多元化战略诱因与风险 137
7.3 相关多元化战略 141
7.4 不相关多元化战略 143
7.5 归核化战略 146
本章小结 149
复习思考题 150
案例分析题 “不务正业”的洗衣店 150
比较研究 152
推荐阅读文献 152
第8章 并购战略 153
学习目标 153
开篇导读 三一重工并购德国普茨迈斯特 154
8.1 概述 154
8.2 并购战略的动因 161
8.3 并购风险评价 164
8.4 并购后管理整合 169
本章小结 171
复习思考题 172
案例分析题 联想集团三次跨国并购案 172
比较研究 173
推荐阅读文献 173

第9章 合作型战略 174
学习目标 174
开篇导读 国际“喵” 175
9.1 竞争与合作 176
9.2 战略联盟 179
9.3 集群化发展战略 183
9.4 虚拟经营战略 187
本章小结 191
复习思考题 191
案例分析题 开放式创新 191
比较研究 193
推荐阅读文献 193
第10章 国际化战略 194
学习目标 194
开篇导读 德国中小企业国际化之路 195
10.1 竞争无国界化 196
10.2 国际市场进入方式 198
10.3 国家竞争优势 200
10.4 国际化战略选择 203
10.5 国际化战略实施 209
本章小结 211
复习思考题 211
案例分析题 华为的国际化战略 212
比较研究 213
推荐阅读文献 213

第四部分 战略选择与执行

第11章 战略制定与战略实施 217
学习目标 217
开篇导读 联想集团“双模式”战略实施过程 218
11.1 战略问题的识别 219
11.2 战略制定与战略实施间关系 221
11.3 战略选择模型 223
11.4 战略计划系统和战略任务说明书 227
11.5 战略实施模式 232
本章小结 235
复习思考题 235
案例分析题 陕鼓动力的服务转型之路 236

比较研究 237
推荐阅读文献 237
第 12 章 组织结构与战略 238
学习目标 238
开篇导读 新海尔无边界 239
12.1 组织结构的设计要素 240
12.2 组织结构设计的影响因素 242
12.3 企业战略与组织结构的关系 245
12.4 公司治理与战略 250
本章小结 252
复习思考题 252
案例分析题 马化腾给全体员工的一封信 253
比较研究 254
推荐阅读文献 255
第 13 章 企业文化与战略 256
学习目标 256
开篇导读 携程的企业文化 257
13.1 企业文化概念 258
13.2 企业文化构成要素 262
13.3 企业文化类型 264
13.4 企业文化与战略匹配关系 266
本章小结 272
复习思考题 273
案例分析题 与时俱进的工商银行文化 273
比较研究 275
推荐阅读文献 275

第五部分 战略控制与变革

第 14 章 战略控制与战略变革 279
学习目标 279
开篇导读 娃哈哈的新生意 280
14.1 战略控制 281
14.2 平衡计分卡的战略应用 286
14.3 战略变革过程 290
14.4 战略变革的管理 295
本章小结 299
复习思考题 299
案例分析题 车轮上的苏宁 299

比较研究 301
推荐阅读文献 301
第15章 战略管理理论最新发展趋势 302
学习目标 302
开篇导读 新浪转做媒体平台 303
15.1 超强竞争：战略新背景 304
15.2 创业精神：战略新导向 307
15.3 价值创新：战略新逻辑 311
15.4 商业生态系统：战略新思维 314
本章小结 317
复习思考题 317
案例分析题 创业者4.0：每分钟诞生7家公司 318
比较研究 319
推荐阅读文献 319
附录1 “战略管理”案例教学法指南 320
附录2 公司战略规划报告的撰写指南 323

第一部分
战略基础

概念
性质
层次性
起点：使命与愿景
核心：竞争优势
目标：可持续成长
六阶段论
充满动态性、富有
逻辑性、情景依赖性
战略?
战略管理?
战略管理过程?
战略基础
战略环境评价
战略模式设计
战略选择与执行
战略变革与创新

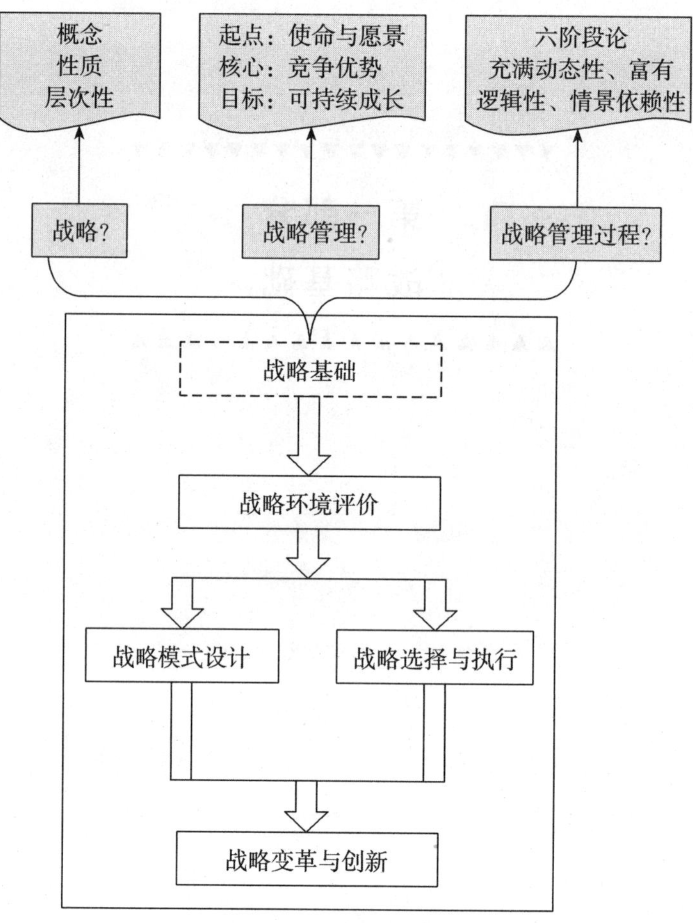

战略管理知识结构图谱

第1章 导论

学习目标

战略是组织在确保实现其使命的前提下，为了获得竞争优势而做出的一种长远性发展谋划。未来的市场竞争环境越来越充满不确定性，战略管理成为企业应对市场动态性、复杂性，进而获得市场竞争优势地位和取得满意绩效的重要任务。通过本章学习，要求准确理解战略本质内涵和构成要素，比较分析不同层次战略的差异性及其相互联系，初步理解关于竞争优势来源的不同看法。

开篇导读 万&万联盟：地产史上最强“双打梦之队”

2015年5月14日，国内住宅龙头万科企业股份有限公司，与商业地产龙头大连万达集团股份有限公司在京举行签约仪式。双方宣布，将基于长远发展的考虑，本着积极合作、携手共赢的原则，强强联合，建立战略合作关系。

作为国内最负盛名的房企，万科与万达历来被视做住宅与商业地产领域的两大标杆。此次两大龙头宣布携手，无疑将提供巨大的想象空间。万科总裁郁亮笑言，希望这是中国房地产行业的“双打梦之队”。而万达集团董事长王健林表示，中国房地产市场已进入以供需平衡为主要特征的发展新阶段，房地产企业发展需要新思维、新模式。

强强联合、优势互补，是此次合作的最大看点。无论是万科还是万达，在各自的专业领域都拥有毋庸置疑的影响力。万科是全国首个住宅销售超过千亿元的企业，2008年成为全球最大的住宅开发商；万达集团则是全球规模最大的商业地产企业、中国最大的文化旅游企业、世界最大的电影院线持有和运营商、世界最大的五星级酒店业主之一。两家企业都拥有近30年的房地产开发历史，是行业内为数不多的经历了国内房地产完整发展历程的企业。

在住宅领域，万科历来被视做行业标杆，公司是行业内率先大规模推广装修房、将绿色建筑理念融入产品的企业，近年来，更是积极打造“好房子、好服务、好社区”的三好住宅，推动服务配套创新，为客户营造良好的居住环境。在商业地产领域，万达广场是中国商业地产首屈一指的品牌，城市综合体“万达广场”是万达在世界独创的商业地产模式。

未来双方的合作主要会通过联合拿地、合作开发的形式来进行，即由万科开发项目中住宅部分，万达开发项目中商业部分，以实现优势互补；此外，双方也表示将共同探讨基于现有项目进行合作开发的可能性。双方均表示，此次签署的战略合作协议是一项长期计划，未来双方将各自成立由集团高层领衔的协调小组，以负责合作事宜的日常对接，通报相关的项目信息，并在相互协商的基础上确定具体的合作安排。

基于万科与万达在各自领域所拥有的强大专业优势和品牌影响力，此次合作有望进一步强化双方的项目获取优势，而住宅与商业优势互补，将显著提升项目整体运营效率，降低运营成本，为双方创造更大的商业价值。

如果“三好住宅”与万达广场结合，各自的专业优势互补一旦形成“1+1>2”的协同效应，对客户的居住和消费体验将产生怎样的化学反应，其效果值得期待。

资料来源：改编自万科集团.万&万联盟：地产史上最强“双打梦之队”[EB/OL].[2015-06-24].http://www.vanke.com/news.aspx?type=8&id=3126.

一流的公司必须具有缜密的战略和卓越的战略管理实践，才能建立并巩固其强有力的市场地位，才能不断地获得竞争优势。更为重要的是，今天的市场竞争环境比以往任何时候更显得动荡不定，更具不可确定性，这在很大程度上导致了企业管理层对有效制定、选择、实施战略的管理艺术性。本土化与全球化的矛盾、高科技对产业变迁趋势的深刻影响、环境动态化对变革管理模式的压力、人本意识对改善工作质量的要求等，都十分现实地迫使国内企业思考战略问题，不少国内企业均面临着这样的经营困境：如何才能尽快地从过去那种以追求短期利益为目标，依赖战术策划的管理模式中摆脱出来，转而树立起战略意识，切实关注以追求长期利益为目标的战略规划。

1.1 战略的概念与性质

战略，源于希腊语Strategos，原为军事用语，指的是作战谋略。《简明不列颠百科全书》认为：战略是“在战争中利用军事手段达到战争目的的科学和艺术”。《辞海》中对“战略”一词的定义是：“军事名词。对战争全局的筹划和指挥。它依据敌对双方的军事、政治、经济、地理等因素，照顾战争全局的各方面，规定军事力量的准备和运用。”《中国大百科全书·军事卷》诠释“战略”一词时说：“战略是指导战争全局的方略，即战争指导者为达成战争的政治目的，依据战争规律所制定和采取的准备和实施战争的方针、政策和方法。”

军事家们对“战略”有着各种精辟的论述。德国著名的军事战略家克劳塞维茨(Clausewitz)说：“战略是为了达到战争目的而对战术的运用。战略必须为整个军事行动规定一个适应战争目的的目标。”另一位德国军事战略家毛奇也曾经说过：“战略是一位统帅为达到赋予他的预定目的而对自己手中掌握的工具所进行的实际运用。”毛泽东也曾经指出，“战略问题是研究战争全局规律性的东西”，“凡属带有要照顾各方面和各阶段性质的，都是战争的全局，研究带全局性的战争指导规律，是战略学的任务”。

随着生产力水平的不断提高和社会实践内涵的不断丰富，“战略”一词后来又被人们广泛地用于军事之外的其他领域，从而不断地丰富了“战略”一词的内涵。当我们将战略思想运用于企业经营管理活动时，就逐渐产生了企业战略这一概念。

1.1.1 战略的概念

1.安德鲁斯的观点

美国哈佛商学院教授安德鲁斯（Andrews）认为，战略是目标、意图或目的，以及为达到这些目的而制定的主要方针和计划的一种模式。显然，作为一种决策模式(A Mode of Decision)，企业战略决定和揭示了企业的目的和目标，提出了实现目的的重大方针与计划，界定了企业所从事的生产经营领域，规范了企业的经济类型，以及决定了企业对员工、顾客和社会应做出的贡献。因此，从本质上讲，此概念突出强调的是要通过一种模式，把企业的目的、方针、政策和经营活动有机地结合起来，促使企业形成自己的特殊战略模式和专门的竞争优势，并将不确定的环境具体化，根据环境有效地解决企业管理问题。

战略决策是在较长时间里有效地影响着企业资源配置的管理行为，因此，战略模式的某些方面在相当长时期里不会发生变化，如保证产品和服务的质量、采用高新技术、维护和谐的劳资关系等。但是，战略模式的某些方面可能会随着时间推移而有所变化，如延伸产品系列、改进业务流程、推进战略变革等。因此，在制定企业战略和实施企业战略时，经理人员要树立权变的思想，辩证地处理变与不变的关系，在保证企业充满活力的前提下，提高战略的相对稳定性。

2.安索夫的观点

美国著名战略学家安索夫（Ansoff）认为，战略是贯穿于企业经营与产品和市场之间的一条“共同经营主线”。他认为战略应该由四要素组成，即：产品与市场范围，竞争优势，协同作用，增长向量。

企业在制定战略时，应当首先明确自己的经营性质。企业既可以按照产品系列的特性来确定，也可以根据构成产品系列的技术来确定经营的性质。尽管企业有可能向不同的用户销售一系列不同产品，但制造这些不同产品的技术基本上一致，或者彼此之间在技术上存在某种关系，无论怎样确定自己的经营性质，在产品和市场之间总是存在着一种内在联系，安索夫称这种内在联系为“共同经营主线”。通过分析企业的“共同经营主线”，能够把握企业的未来发展方向。同时，企业高层管理者如果能够从上述四个方面来有效地加以引导和管理活动，那么就极有可能促进企业实现可持续性的成长目标。

我们认为，战略是指在确保实现组织使命的前提下，为了获得可持续的竞争优势，根据组织所处的外部环境变化和内部资源条件，对组织未来发展目标和实现途径所做的一种长远性谋划。

【战略聚焦】 企业管理水平的进阶论：从战斗、战术到战略

纵观中国自20世纪70年代末改革开放以来的历史，在从高度集中的计划经济迈向社会主义市场经济体制过程中，中国企业学会了从“盯市长”转向了“盯市场”思维变迁，企业家对补充企业管理理论的渴求倍加强烈起来，通过总结生动的管理实践，中国企业家的管理水平呈现出阶梯式成长路径。

第一，战斗式管理。在20世纪80年代，当时国内市场基本上处在供不应求，充满着以粮票、布票、糖票、火柴票等为代表的“票证经济”的年代，在此背景下，改革开放的政策刚刚出台就引来一批有经济头脑、初具市场意识的人的创业冲动，并迅速获得成功。此时，企业成功的最大秘诀在于经营者能勤劳吃苦，有“勇”但无“谋”式地强攻市场。

第二，战术式管理。20世纪90年代初期以来，国内市场供求关系转向供大于求的状态，企业要获得满意的利润，必须进行成本与收益的比较，必须分析消费者需求特征，于是，不少企业开始把参与竞争的焦点从功能转向质量、从质量转向价格，进而努力激发起消费者的购买欲望和消费行为。当时国内有位制药企业老板甚至提出“广告=市场=效益”的著名论断。我们认为，企业在这一阶段里获得成功的最大秘诀在于经营者能借助广告、促销、宣传、降价等营销手段，有“小谋”而无“大谋”地掠取市场。

第三，战略管理。20世纪90年代后期以来，国内市场的国际化竞争不断加剧，竞争开始出现白热化状态，传统营销策略的模仿手段迅速蔓延，在以全球化、信息化为典型特征的21世纪，竞争优势的来源也从低成本、差别化转向速度、创新能力、快速反应，企业间的关系也从传统的竞争关系转向既有竞争又有合作的“竞合关系”，企业获得可持续的竞争优势越发困难。在此背景下，企业成功的最大秘诀在于经营者能在设法知己知彼的前提下，善于以竞争大未来为动力来系统性、长期性地规划行动方案。战略管理既不同于战斗式管理，也不同于战术式管理，靠的是“勇”与“谋”的结合、“小谋”与“大谋”的配合。

1.1.2 战略的性质

加拿大麦吉尔大学管理学教授明茨伯格对于企业战略有他自己的独特认识。他提出了企业战略是一种计划（Plan）、计谋（Ploy）、模式（Pattern）、定位（Position）和观念（Perspective）的看法，并共同构成了企业战略的五大基本特征。

1.战略是一种计划

计划工作的任务，就是要根据对外部环境与企业内部资源状况的分析，高瞻远瞩地确定企业在一定时期内的奋斗目标，并据此有条不紊地利用资源，保证预期目标的实现。通常认为，企业战略是一种计划。它包含以下三层含义：一是在企业进行具体的经营活动以前，战略就已经先行制定完毕；二是战略制定是面向未来的，具有针对性；三是要让战略真正得到实施，必须在可能的范围内让管理者和下属明白行动方向。

2.战略是一种计谋

企业战略总是针对主要竞争者而言的，在特定的环境中，企业间必定存在着市场份额、盈利能力等方面的激烈竞争，所以，企业战略对竞争对手往往会具有某种威慑力。例如，“六一”儿童节前夕，A商家为了获得更大的利润，在充分分析竞争对手实力的基础上，可能会制定“‘六一’儿童节低价大酬宾”的促销活动。竞争对手B商家对此显然不会无动于衷，它可能不一定跟着低价促销，但它会采取诸如举行“儿童沙画比赛”，特地安排“六一”前夕进行颁奖活动，并邀请家长、孩子共同参加，邀请新闻媒体进行全程报道。战略竞争的最终结果是A商家胜还是B商家胜，恐怕难以定论。

3.战略是一种模式

形成战略并不是例行的程序，而是一种不断探索的过程，是在公司成长的渐进主义式折磨中产生的。或者说，应当把战略看成是一种“行为流”的运动过程。

战略作为一种计划和作为一种模式，是分别从两个角度来认识的。这是因为，战略作为一种计划，可能在最后并没有实施；而战略作为一种模式，则可能是事先没有具体计划，但最后却形成了。这样看来，战略可以分为设计的战略、已实现的战略、自然发生的战略、机会性战略、强加性战略、未实现的战略等，如图1-1所示。

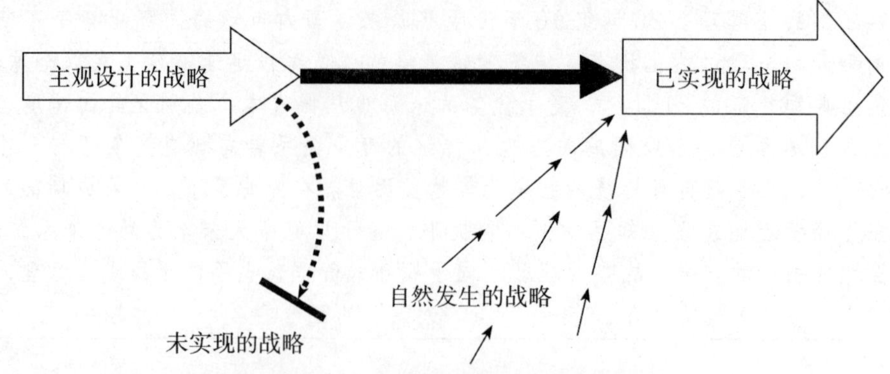

图 1-1 作为一种模式的战略观

其中，由管理者立意设计的，并以计划形式明确表达出来的战略，称之为设计的战略；通过实践活动，达到了预期目标的战略，称之为已实现的战略；战略表明的是一家企业发展方向，随着时间的推移而发展，战略本身具有自发的属性，这种属性的战略我们称之为自然发生的战略；战略有时候也以机会的方式出现，如某种技能或外部环境得到承认，企业可能会具有机会上的优势，这种优势还会促进战略的实现，这种战略我们称之为机会性战略；还有一种战略是具有强制性的，如公司面临经济衰退和恶化的外部环境时，不得不采取紧缩型战略，这种战略我们称之为强制性战略；在设计的战略与已实现的战略之间，还存在着这样一种情况——曾经设计好的战略却由于种种原因并没有按部就班地付诸实施，我们称之为未实现战略。

4.战略是一种定位

战略是一种定位，是指企业应当在充分认识自身优势（Strength）和自身劣势（Weakness）的基础上，结合外部环境给企业带来的机会（Opportunity）和威胁（Threat），准确地给自己在市场竞争中界定一个合理的位置。战略定位的实质就是选择与竞争对手不同的经营活动。只有定位准确的企业，才能制定科学的战略，取得长期的效益。只有战略定位相对稳定的企业，才能避免企业的大起大落。这种战略定位，包括的内涵十分丰富，既包括对自己产品、市场、顾客的定位，也包括自己对社会应当承担的责任的长期定位。

5.战略是一种观念

战略是一种观念，强调它是一种抽象的意识，存在于人们的头脑之中，强调战略是一种精神的产物。因为，战略在某种程度上反映了企业高层管理者的价值观念、进取精神和顽强的意志，反映了企业高层管理者对外部环境及内部资源条件的主观判断。

战略作为一种观念，应当让其成为企业内部成员共同享有的成果。这里有两层含义：一是战略必须体现企业内部成员的共同意愿，能够成为人们共同追求的目标；二是包括从企业高级主管到一般员工必须愿意去努力实现该战略。作为企业家，不仅应当能够制定正确的战略，而且，还应当能够动员全体员工共同去实现所制定的战略。这里涉及通过企业文化来缔造“个性化公司”（the Individual Corporation）的现实任务，也是战略管理学术界和实业界共同面临的课题。

【战略聚焦】 战略形成的十大学派

亨利·明茨伯格等学者提出了战略形成的十个不同学派，并对每个学派在限定范围内进行了描述，重点突出了其局限性和贡献。简要概述如下：

设计学派：将战略形成看做一个概念作用的过程。

计划学派：将战略形成看做一个正式的过程。

定位学派：将战略形成看做一个分析的过程。

企业家学派：将战略形成看做一个预测的过程。

认知学派：将战略形成看做一个心理的过程。

学习学派：将战略形成看做一个应急的过程。

权力学派：将战略形成看做一个协商的过程。

文化学派：将战略形成看做一个集体思维的过程。

环境学派：将战略形成看做一个反应的过程。

结构学派：将战略形成看做一个变革的过程。

资料来源：明茨伯格，阿尔斯特兰德，兰佩尔.战略历程：纵览战略管理学派[M].刘瑞红，等，译.北京：机械工业出版社，2002：4.

1.2 战略的构成要素

一般说来，企业战略由以下四个要素组成，这也是进行企业战略管理的重要依据。

1.2.1 经营范围

经营范围是指企业从事生产经营活动的领域。它既反映出企业目前与其外部环境相互作用的程度，又反映出企业计划与外部环境发生作用的要求。对于大多数企业来说，应该根据自己所处的行业、自己的产品和市场来确定经营范围。只有产品与市场相结合，才能真正形成企业的经营业务。

企业确定经营范围的方式可以有多种形式。例如，从产品角度来看，企业可以按照自己产品系列的特点来确定经营范围，如电力公司、钢铁公司等。企业还可以根据产品系列内含的技术来确定自己的经营范围，如自动化仪表公司、光导纤维公司等。

不过，在多种经营的情况下，企业便不能只从某一行业的角度来定义自己的经营范围，需要多方位、多层次地研究自己的市场和顾客。例如，某生产胃药的企业，开始多元化生产啤酒，并大做广告“××冰啤酒，四季伴君好享受”。事实上，作为既生产胃药又制造啤酒的企业来说，两种产品似乎有相克的嫌疑，其结果是很难保证经营范围的准确界定。

1.2.2 资源配置

资源配置是指企业过去和目前资源和技能组合的水平和模式。资源配置的优劣状况会极大地影响企业实现自己目标的程度。因此，资源配置又被视为形成企业核心竞争力的基础。

资源配置是企业现实生产经营活动的支撑点。企业只有采用其他企业很难模仿的方法，取得并运用适当的资源，形成独具特色的技能，才能在市场竞争中获得主动。如果企业的资源贫乏或处于不利的境况时，企业的经营范围便十分狭窄，竞争优势也无从谈起。

1.2.3　竞争优势

竞争优势是指企业通过其资源配置的模式与经营范围的正确决策，所形成的与其竞争对手不同的市场竞争地位。

20世纪60年代以来，无论是国际市场上还是国内市场上，竞争日趋激烈，战略管理的学者们将注意力转向了经营领域里的竞争行为，试图寻找出获得竞争优势的道路。有学者认为，个别产品和市场的特性可以给企业带来强有力的竞争地位。也有学者认为，企业的竞争优势来源于企业所选择的资源和技能的应用方式。

实际上，竞争优势既可以来自企业在产品和市场上的地位，也可以来自企业对特殊资源的正确运用。具体说来，竞争优势的获取可以通过以下三种方式来实现：

第一，通过兼并方式，谋求并扩张企业竞争优势。

第二，进行新产品开发并抢在对手之前将产品投放市场。

第三，保持或提高竞争对手的进入壁垒，如利用专利和贸易壁垒等。

1.2.4　协同作用

协同作用是指企业从资源配置和经营范围的决策中所能发现的各种共同努力的效果。就是说，分力整体大于各力简单相加之和。在企业管理中，企业总体资源的收益要大于各部分资源收益之和，即要形成“1+1>2”的效果。一般来说，这种协同作用可以表现在四个方面：

1.投资协同

投资协同作用产生于企业内各事业部经营单位联合利用企业的设备、共同的原材料储备、共同研究开发新产品，以及分享企业专用的工具和专有的技术。

2.生产协同

生产协同作用产生于充分地利用已有的人员和设备，共享由经验曲线造成的优势等。这里所指的经验曲线，是指当某一产品的累积生产量增加时，产品的单位成本趋于下降的趋势。

3.销售协同

销售协同作用产生于企业使用共同的销售渠道、销售机构和推销手段来实现产品销售活动。老产品能为新产品引路走进市场，新产品又能为老产品开拓市场；老市场能为新市场提供示范，新产品又能为老产品扩大范围。这样，企业便可以减少费用，获得较大的收益。

这三种协同作用实际上是发生在生产经营活动过程的三个阶段上，说明企业在每个阶段上都可以形成自己的协同作用。

4.管理协同

管理协同作用不能用简单的定量公式明确地表示出来，但它却相当重要。当企业的经营领域扩大到新的行业时，如果在管理上遇到过去曾处理过的类似问题时，企业管理人员就可以利用在原行业中积累起来的管理经验，有效地指导和解决这些问题。这种不同的经营单位可以分享以往的管理经验的做法就是管理协同，这是一种无形的力量。

一般来说，衡量企业协同作用的方法有以下两种：一是在企业收入既定的条件下，评价由于企业内部各经营单位联合经营而导致的企业成本下降；二是在企业投资既定的条件下，评价由于企业内部各经营单位联合经营而导致的企业纯收入增加。

1.3　战略的层次性

对于现代社会一家典型的企业来说，企业战略在组织内部是分层的，可以划分为公司战略、经营单位战略和职能层战略三个层次。图1-2详细列示了战略管理层次、战略内容侧重点与组织结构的对应关系。

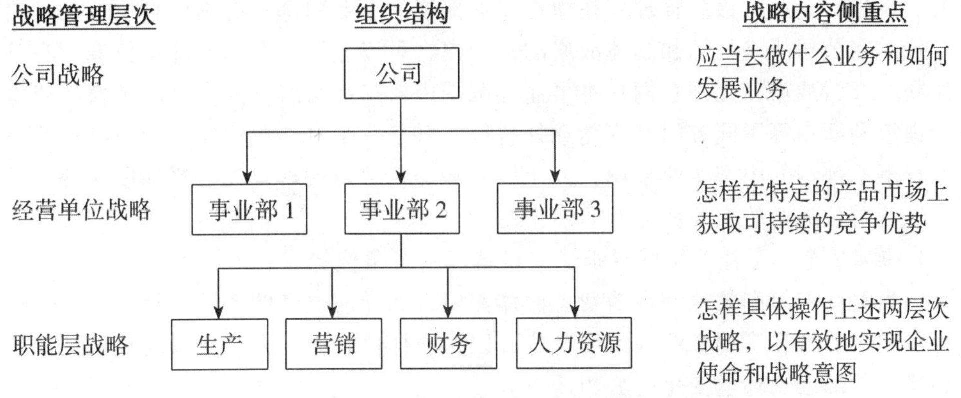

图1-2　战略管理层次、战略内容侧重点与组织结构关系

1.3.1　公司战略

公司战略（Corporate Strategy）的研究对象是由一些相对独立的业务组合而成的企业整体。公司战略是企业作为整体的战略总纲，是最高管理层指导和控制企业一切行为的最高行动纲领。公司战略的主要内容包括企业投资决策等一系列最关键的核心难题，它关系到企业存在的基本逻辑关系和发展的基本框架。

概括起来，公司战略强调两个方面问题：

1.公司应该做什么类型的业务

在确定企业使命和愿景的前提下，规划公司总体的目标体系，合理地划分战略经营单位，确定企业活动的范围和重点。

2.公司应当怎样去发展这些业务

合理地配置资源对战略来说是至关重要的。因为资源投入到不同的业务领域，所取得的经济效益将大不相同，另外，企业内部各个部门往往会相互争夺有限资源。企业高层管理者的一项重要任务就是以最有利于提高企业整体绩效为目标，根据企业内部资源的潜力可能性，适时地调整事业部的构成，权衡每一项业务活动对企业内部资源的需要，按照轻重缓急合理地配置有限资源。

1.3.2　经营单位战略

经营单位战略（SBU Strategy），又称事业部战略，是在公司战略指导下，经营管理某一个特定的战略经营单位的计划，是公司战略之下的子战略。经营单位战略主要涉及如何在特定的细分市场中竞争，因此，其主要问题是关心应开发哪些产品或服务，以及将其提供给哪些市场，关心其满足顾客的程度，以达到企业的目标，如远期盈利能力、市场增长速度或者提高效率等。因此，公司战略涉及组织的整体决策，而经营单位战略更关心公司整体内的某个事业部门单位，即它的重点是要提高一个战略经营单位在它所从事的行业中，或某一特定的细分市场中所提供的产品和服务的可持续竞争优势，以实现事业部单位利润最大化。

在一些大中型企业里，经营单位战略通常是由事业部在公司战略指导下制定和实施的。不过，企业的最高管理层往往把事业部视为企业内部具有高度自主权的战略经营单位。在公司战略目标和总体战略的范围内，可以允许每个事业部单位拥有自己相对独立的经营战略，允许它们在本事业部范围内对产品与服务的生产、销售、成本控制、销售利润率等不同方面享有随意处置权。对于一个从事单项经营的小型企业或没有实行事业部制的中型企业来说，公司战略和经营单位战略就没必要加以区分。

经营单位战略的主要任务有两项：

1.在某一个特定经营领域寻求建立可持续的竞争优势

应当关注如何有效地满足消费者群体需要，怎样使自己的产品别具一格，如何通过竞争和吸引顾客实现企业的市场定位，以及怎样使事业部的经营活动与本行业的发展趋势、外部宏观环境变化趋势相适应。

2.正确地评价与管控影响企业竞争成败的关键因素

这需要协调和统筹安排企业经营中的生产、财务、研究与开发、营销、人事等职能部门活动。经营单位战略可以为这些经营活动的组织和实施提供直接的指导作用。从企业战略的角度，企业内部应当明确从哪些方面提高企业的竞争能力，以及怎样提高企业的竞争能力。

1.3.3　职能层战略

职能层战略（Functional Strategy）是为贯彻、实施和支持公司战略与经营单位战略而在企业特定的职能管理部门制定的战略。企业职能层战略的重点是提高企业资源的利用效率，使企业资源的利用效率最大化和成本最小化。在既定的战略条件下，企业各职能部门根据其职能战略采取行动，集中各部门的力量，支持和改进公司战略的实施，保证企业战略目标的实现。如果能够充分地发挥各职能部门的作用，加强各职能部门的合作与协同，顺利开展各项职能活动，特别是那些对战略实施至关重要的职能活动，就能有效地促进公司战略、经营单位战略实施成功；反之，离开职能层战略，经营单位战略和公司战略就不可能实现，犹如空中楼阁一般。

与公司战略及经营单位战略相比较，企业职能层战略更为详细、具体和更具可操作性。它是由一系列详细的方案和计划构成的，涉及企业经营管理的所有领域，包括营销战略、人事战略、财务战略、生产战略、研究与开发战略、公共关系战略等。

概括起来看，职能层战略突出强调以下四个方面：

（1）贯彻落实事业部发展的战略目标。

（2）职能目标的进一步分解和细化。如发展规模、生产能力、主导产品与品种目标、质量目标、技术进步目标、市场占有率与销售增长率、职工素质目标、效益和效率目标等。

（3）确定职能战略的战略重点、战略阶段和主要战略措施。

（4）战略实施中的风险分析，以及应变系统的设计。

1.3.4　不同层次的战略比较

公司战略、经营单位战略和职能层战略共同构成了企业战略体系。制定公司战略是企业高层管理者的主要职责，制定经营单位战略是企业事业部领导层的主要职责，制定职能层战略是企业各职能部门主管们的主要职责。实际工作中，这三个层次的战略制定与战略实施过程必须是各级管理者相互协商、紧密配合的结果。在一家企业内部，企业战略的各个层次之间是相互联系、相互配合的关系。任何战略层次的失误，以及战略层次间的相互脱节，都会导致延缓企业实现预期战略目标的进程。

公司战略、经营单位战略和职能层战略三个战略层次的特点的简要比较见表1-1。

表1-1　　三个不同层次的战略比较

战略层次 / 比较项目	公司战略	经营单位战略	职能层战略
基本性质	观念型	中间型	操作型
明晰程度	抽象	介于抽象与具体之间	具体
可衡量性	定性评价为主	半定量评价	定量评价
涉及期限	长期	中期	短期
所起作用	开创性	中等	改善增补性
承担的风险	较大	中等	较小
灵活性	大	中	小
资源完备程度	不尽充分	部分具备	基本具备
协调要求	高	中等	低
资源配置的中心任务	业务投资组合	产品和市场生命周期	部门间的协调和综合平衡
协同作用的切入点	作用于经营业务之间	作用于职能领域之间	作用于不同部门之间
竞争优势的参照系	与特定行业相比	与特定竞争对手相比	与特定的部门相比

当企业战略的三个层次相互配合、密切协调，以及每一层次内各部门间相互衔接、有效配合时，就能大大地增强企业凝聚力，也就能最有效地贯彻与实施企业战略。职能层战略与经营单位战略的协调一致，能够极大地增强实现经营单位战略的力量。同样，协同经营单位战略的各个要素，集中各职能部门专家和员工的建设性意见，也能够极大地保证公司战略的实现。因此，把不同战略层次之间的关系看做企业不同的战略活动黏合剂，能够将企业管理阶层和员工的观念相统一、行动相一致，从而有效地实现战略管理目标。

1.4 战略管理过程

明确了什么是企业战略和企业战略管理之后，本节从动态的、逻辑的、情境依赖的角度描述企业战略管理的整个过程。战略管理过程可以分为确定企业愿景和企业使命、战略环境态势分析、战略制定、战略评估与选择、战略实施、战略控制与反馈等六个阶段（见图1-3）。

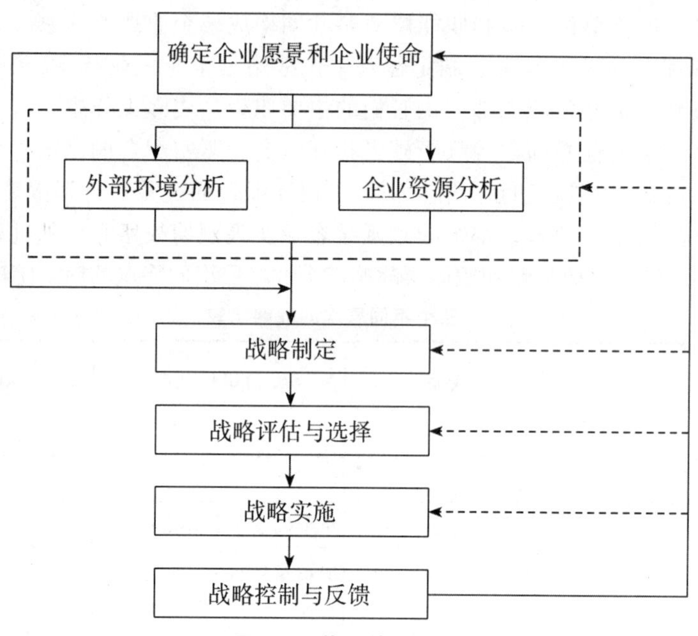

图1-3 战略管理过程

1.4.1 确定企业愿景和企业使命

确定企业愿景和企业使命，应当重点明确界定企业应该从事什么业务，它的顾客是谁，它要向自己的顾客提供什么样的产品和服务。同时，还要制定与之相配套的系列性目标。简言之，确定企业愿景、企业使命和战略目标，就是要确立企业准备达到的长期的特定方向，它可以看作是企业活动在一定时期所要得到的结果。

确定企业愿景和企业使命是战略管理过程的起点，是企业战略管理最重要的环节，同时也是最困难的工作。一般说来，企业使命的表述必须把企业的性质、特点和目的描述清楚，既不能界定过窄，也不能界定过宽。过窄的企业使命会限制企业的行动，使企业不能灵活地适应外界环境的变化，过宽的企业使命则因包罗万象而使企业无所适从，实现不了指导企业经营管理的目的。

企业使命是指向外部的，而不应指向企业内部。换言之，企业使命必须定位于企业的外部。因为顾客是企业生存的基础，一家企业只有为自己的产品和服务找到足够的顾客，它才能够生存下去。因此，企业必须根据它所服务的顾客及顾客的需要来确定自己的使命。比如，A家具公司的使命表述为："我们是一家向一切愿意购买的顾客出售家具的公司。"而B家具公司的使命表述为："我们是以合理的价格为希望有一个舒适的家庭室内环境的顾客提供周到服务的公司，我们提供的不仅是家具产品，还提供令顾客幸福和舒适的服务。"显然，A家具公司使命仍属于生产型观念，是指向企业内部，以企业为中心的；而B家具公司使命则属于营销型观念，是指向企业外部，以顾客为中心的。

对于一位优秀的企业家来说，必须时刻牢记企业使命，并经常向本企业员工和全社会宣传自己的使命，让大家明确应该做什么，不应该做什么。企业目标的确定是企业战略管理过程中至关重要的一步。只有明确了战略目标，企业才能根据实现目标的需要，合理地分配各种资源，妥善安排日常经营活动的优先顺序和时间表，恰当地指明任务和职责。没有确定的企业目标，企业使命就会变成虚设。

1.4.2 战略环境态势分析

战略态势分析，包括两个不可分割的内容：一是对企业所处的外部环境的准确分析，二是对企业自身内部资源条件的准确分析，进而为制定战略、实施战略提供依据。概括地说，企业战略态势分析是通过对企业内外部环境因素的分析和组合，以便为制定符合客观条件的企业战略提供依据。这种分析应以能够有效地发挥企业的优势（Strength）、克服劣势（Weakness）、利用机会（Opportunity）、避免威胁（Threat）为基本原则。战略环境分为三个层次：

1.外部宏观环境分析

这里所指的外部宏观环境因素只能间接影响企业的生产经营活动和决策，包括政治、经济、社会文化、科技等客观环境因素。目前，国内企业必须学会思考的是经济新常态有什么特征，它们将从哪些方面对企业发展的未来产生本质性影响。

2.行业中观环境分析

行业结构是企业所处的中观环境，重点分析行业结构的形成和变化规律，寻找在行业中所处的特定位置。同时，还要分析行业内战略集团的地位以及战略集团内企业间的相互关系，分析创造价值的企业内在系统和价值链间的联系，这些对制定战略都有深刻的影响。

3.企业内部微观条件分析

企业内部的各种微观环境因素，一般可以分为五类：一是企业产品生产条件和产品结构状况；二是企业所拥有的资源状况（人、财、物、信息技术等）；三是企业在市场营销、财务、生产、研究与开发、人事管理等方面的现实表现；四是企业文化建设方面的现实表现；五是企业组织结构，以及组织结构变革的方向。

企业内部微观条件分析的目的主要在于辨别内部组织资源的两类性质，包括支持性因素属于企业竞争优势的重要保证，而那些妨碍性因素则会导致企业处于劣势位置。然后，根据企业内部组织资源的不同特点和组织资源的不同性质，采取有针对性的发展策略。

1.4.3　战略制定

企业战略是为实现企业使命和企业目标服务的，它是指导企业经营管理的综合性蓝图，是从企业发展全局出发而做出的较长时期的总体性谋划和活动纲领。战略制定就是要在认清企业外部机会与威胁、认清内部组织资源优势与劣势的基础上，制订出可供选择的战略方案。它涉及企业发展中带有全局性、长远性和根本性的问题。

企业战略制定必须解决企业始终面临的四个基本问题：一是从产品数量或者服务内容上看，企业将坚持单一产品还是准备扩充到多种产品进行生产和经营，其竞争优势的来源是低成本还是差别化定位？二是从产品或者服务所涉及的行业边界看，企业将专注于同一行业还是同时在多个行业领域内从事生产经营活动？三是如果从事多种产品经营，企业将坚持相关多元化还是有意识地进行不相关多元化，或者实施混合多元化战略？四是从市场区域范围角度看，企业将把自己的经营地域空间放在某一特定的狭窄范围，还是国内市场甚至国际市场？

战略制定的最核心问题是“定位”。如果在围绕上述四个问题时有一个明晰的定位，那么，企业就可以在不同的业务、不同的部门、不同的行动之间，确定有限资源分配的优先级别，可以决定参与市场竞争的主要方式，包括怎样打入市场，怎样争取顾客，用什么样的技术向市场提供产品，以什么样的姿态面对同行业竞争者等等。

1.4.4　战略评估与选择

战略评估与选择是对若干种类的战略分别进行评估，而后做出选择的过程。战略评估的标准主要有三类：

1.适用性标准

它主要用来评估所提出的战略与企业组织情况的适应程度，以及它将如何保持或者改进企业的竞争地位。

2.可行性标准

它主要用来分析是否能够成功地实现战略，重点分析企业内部资源条件是否能够承受或者支撑起该战略方案的实施。

3.可接受性标准

它主要用来分析战略与人们期望的密切关系。它涉及的基本问题有：一是战略是否符合企业内部员工的期望；二是企业战略会带给外部利益相关者什么样的影响；三是企业战略在实现经济责任和法律责任之外，是否能够有效地承担道德责任和慈善责任。

1.4.5 战略实施

战略实施是战略管理的行动阶段，虽然它往往是在企业最高管理层的监督和指导下，由企业中下层管理人员组织实施的，但是，作为企业的最高层管理者，企业的高层经理仍必须对企业战略的实施承担最为主要的责任。实际上，对于大多数企业家来说，较之制定企业战略，他们不得不将更多的时间用于把战略计划付诸行动，努力使其在客观条件允许下，顺利地实现预期企业使命和目标体系。战略实施活动包括建立有效的组织结构、建立和使用信息系统、培育支持战略实施的企业文化，以及将员工报酬与组织绩效挂钩等。

已经制定的战略无论多么好，但如果不能有效得到执行和落实，它也不会有实际意义。战略实施过程与其说是一门科学，不如说是一门艺术。

企业战略管理者要圆满落实企业战略方案，必须将企业的内部结构和经营活动与企业战略保持适应性。这种适应性主要反映在以下七个方面：

（1）战略与企业共同持有的价值观念相适应。

（2）战略与企业组织结构相适应。

（3）战略与企业内在的治理结构相适应。

（4）战略与企业的预算和计划方案相适应。

（5）战略与企业的资源配置相适应。

（6）战略与企业内部激励系统相适应。

（7）战略与企业内部政策和工作程序相适应。

1.4.6 战略控制与反馈

战略控制与反馈就是将经过信息反馈回来的实际战略实施成效与预定的战略目标进行比较，检查二者之间的偏离程度以及产生偏离的原因，并采取有效措施纠正战略偏差，以便完成企业使命与实现战略目标。因为战略管理过程是动态的、连续的，任何一个环节的变化都可能产生导致其他某些要素的变化，甚至所有的要素发生变化，所以，战略控制与反馈工作也就具有连续性。

战略反馈控制要求我们经常性地检查战略管理过程循环中所存在的偏差。因为战略偏差可能出现在任何一个环节上，如企业使命定位、企业态势分析、企业战略制定、企业战略评估与选择、企业战略实施等环节，都可能发生个别甚至全局性的错误。因此，战略控制也是一项并不轻松的工作，战略控制与变革既可能是战略个别性环节修正，也可能是部分战略环节修正，还可能是总体战略修正。不过，如果总体战略修正涉及全局的长期基本方向的修改时，不可轻举妄动，如涉及战略大方向变动，必须在掌握充分的数据与论证基础上方可进行。

企业战略控制与反馈具有以下特点：

（1）企业战略控制是面向整个企业系统的。

（2）企业战略控制的标准是企业的总体目标。

（3）战略控制既要保持战略的稳定性，又要注意战略的灵活性。

战略控制的管理任务既是战略管理周期的结尾，也是战略管理新周期的开始。随着公司内外部环境的变化和出现进一步改善公司的观点和思维，公司管理者必须思考：未来的发展究竟是继续保留从前的企业使命、目标体系、战略以及战略实施方案，还是对它们进行修订呢?因此，战略是一个不断循环、没有终点的过程，而不是既有起点又有终点的事件。

1.5 竞争优势

美国著名战略管理专家迈克尔·波特在《竞争优势》一书中甚至认为，竞争是企业成败的核心，竞争优势能够使企业发展出相对于竞争者更具有独特且有利的地位。

竞争优势是指企业在向市场提供有价值的商品和服务的过程中所体现的，企业自身所拥有的，能够超越行业内其他竞争对手，并使其在参与市场的竞争性活动中获得优越地位状态和有利条件。从战略的角度来看，企业不但要努力获得某种竞争优势，更为重要的任务是如何确保这种竞争优势能够实现可持续性。一种可持续的竞争优势能够确保企业源源不断地获得经济收益，能够使企业实现可持续性成长。

1.5.1 外生论

20世纪80年代初，迈克尔·波特（Michael E. Porter）的竞争战略理论成为战略管理的主流，其理论的最大贡献在于提出了行业结构分析的五种竞争力量模型，即同行业竞争者、购买者、供应商、替代者、潜在进入者五种产业结构力量。其核心思想是：公司制定战略与其所处的外部环境（即市场）是高度相关的，并且，最关键的环境因素是企业所处的产业。他认为，产业结构影响竞争规则，五种竞争力量模型的综合作用随产业不同而存在差别，其结果是导致不同产业或同一产业在不同发展阶段具有不同的利润水平，进而影响着公司战略的制定。显然，这种观点把企业竞争优势的来源看作为企业外部产业的吸引力和企业在市场中所处的位势，即竞争优势外生论。

这种竞争优势外生论给予人们这样的启示，企业战略分析的基本单位是行业、企业和产品，分析和设计战略的切入点在于通过分析五种竞争力量的对抗状态，来选择产业中的合理位势，并努力通过战略实施对五种竞争力量和产业结构产生影响，甚至可以改变某些竞争规则。

竞争优势外生论的思想，与以结构-行为-绩效（SCP）为主要内容的产业组织理论具有一致性。企业在进入一个新产业时，首先，根据产业的结构吸引力准确选择一个高利润率的产业；其次，在竞争者理性的前提假设下，对其战略类型做出一个合理判断和选择，制订较为具体的经营方案；最后，有效地开展和推进各项战略举措，比如，购买所需的资产、构筑进入壁垒和退出壁垒、整合企业内部活动等方式参与市场竞争。

1.5.2 资源观

如果把资源理解为企业赖以形成和运作的一切有形和无形的要素，那么，企业首先是一定资源的集合体，资源是构成企业最基本的元素。竞争优势的资源观认为，不同的企业所拥有的资源在种类、数量与禀赋等方面是有差异的，形成企业竞争优势差异性的根源在于企业所拥有的异质性资源的占有和利用。

竞争优势的资源观形成了一个分析企业内部资源分配和使用的基本框架，即以“资源-战略-绩效”的逻辑关系来制定企业的战略。企业所拥有的不同类型的资源（有形资源与无形资源等）在企业及其竞争优势获取方面的作用与地位并不都是等同的，只有那些对于企业及其竞争优势获取具有关键性作用和意义的资源才是竞争优势的真正源泉，而那些只起辅助性作用和意义的资源，并不是竞争优势的根本性源泉。

以彭罗斯（Penrose）倡导的“企业内在成长论”为基础，一些学者先后提出了基于资源基础观的公司战略理论，主要代表人物有鲁梅尔特（Rumelt）、沃尔纳菲特（Wermerfelt）等。该理论认为：具有行政组织结构的企业之所以盈利，是因为它们拥有特有的稀缺资源，可以产出成本显著低或质量非常高的产品，即有效益的产品；这种资源依附于企业内在组织中，具有无形性和知识性，难以模仿，为企业专有。因此，企业的竞争优势并不是在波特所指的市场中，而是在企业内部，依赖于企业异质性的、非常难以模仿的、效率高的专有资源，并且企业有不断产生这种资源的内在动力，保持企业的竞争优势在于不断地形成、利用这些专有的优势资源。从这里可以看出，竞争优势是内生的，同时存在着路径依赖（Path Dependence）。

按此理论，企业在实施一个进入战略时，首先是确定公司的独特专有资源；而后，确定在何种市场上可使这些资源获得最优效益；最后，确认实施的方法：是进入该领域，还是出售这些专有资源给其他的相关企业。

1.5.3 能力观

动态能力理论是在20世纪末由提斯（Teece）等学者率先提出的。该理论认为，企业资源可以分为四个层次：

第一层，企业购买的生产要素和获得的公共知识（如产品生产标准）。这些资源是企业的基础，但由于它们并非企业所专有，因此不能作为企业战略要素。

第二层，企业的专有资产。如商业秘密、生产秘诀和特殊的生产工艺等，由于融入了企业的无形知识，因而非常难以复制和模仿。

第三层，企业的能力，即将企业的生产要素和专有资产有机地整合起来的组织惯例和管理活动。这些是企业在长期生产经营过程中形成并固定下来的专有活动，是企业比市场更有效率，可以替代市场的关键因素，因而具有很强的经济性。对于那些与竞争对手相比有显著优势的能力就是企业竞争优势的主要来源。

第四层，对目前激烈变化的外部环境来说，能力必须随之不断创新，企业的动态能力也就成为最为关键的能力。

从竞争优势的能力观看，竞争优势分析的基本元素不再是笼统的“资源”，更不是“外部环境决定论”，而是有利于形成和维持动态能力的组织过程、专有资产状况和获得这些资源和能力的路径。动态能力强调为适应不断变化的外部环境，企业必须不断取得、整合、再确认内外部的行政组织技术、资源和功能性能力。动态能力可以使企业在给定的路径依赖和市场位势条件下，不断地获得新竞争优势。

1.5.4 知识观

自人类社会进入21世纪以后，人们不断地认识到知识作为战略性资源的极端重要性。2013年党的十八届三中全会通过的《中共中央关于全面深化改革若干重大问题的决定》明确指出，要加快转变经济发展方式，加快建设创新型国家。在实现从"仿造"到"制造"，从"制造"到"创造"的蜕变过程中，高效率地学习、吸纳、归纳、整理既有的知识和创造新知识同等重要。人们还逐渐发现这样一个事实，企业之所以在市场上表现更加优秀，一个重要的原因就在于企业能够集现有知识之精华，充分激活企业内部员工内心深处对知识的渴望。

【战略聚焦】 "中国制造2025"的战略目标

制造业是国民经济的主体，是立国之本、兴国之器、强国之基。根据国务院2015年5月份印发的关于"中国制造2025"的通知精神，我国坚持从中国国情出发，提出了力争通过"三步走"实现制造强国的战略目标。

第一步：力争用十年时间，迈入制造强国行列。

到2020年，基本实现工业化，制造业大国地位进一步巩固，制造业信息化水平大幅提升。掌握一批重点领域关键核心技术，优势领域竞争力进一步增强，产品质量有较大提高。制造业数字化、网络化、智能化取得明显进展。重点行业单位工业增加值能耗、物耗及污染物排放明显下降。

到2025年，制造业整体素质大幅提升，创新能力显著增强，全员劳动生产率明显提高，两化（工业化和信息化）融合迈上新台阶。重点行业单位工业增加值能耗、物耗及污染物排放达到世界先进水平。形成一批具有较强国际竞争力的跨国公司和产业集群，在全球产业分工和价值链中的地位明显提升。

第二步：到2035年，我国制造业整体达到世界制造强国阵营中等水平。创新能力大幅提升，重点领域发展取得重大突破，整体竞争力明显增强，优势行业形成全球创新引领能力，全面实现工业化。

第三步：新中国成立一百年时，制造业大国地位更加巩固，综合实力进入世界制造强国前列。制造业主要领域具有创新引领能力和明显竞争优势，建成全球领先的技术体系和产业体系。

进一步分析后发现，隐藏在能力背后，并起决定性作用的是企业所拥有的知识。20世纪与21世纪之交的国际性金融危机发生后，发达国家纷纷开始实施"再工业化"战略，试图重塑制造业竞争新优势，一些发展中国家也在加快谋划和布局，积极参与全球产业再分工，承接产业及资本转移。所以，我国制造业面临发达国家和其他发展中国家"双向挤压"的严峻挑战，国内企业必须放眼全球，固本培元，充分认清知识在化挑战为机遇，抢占制造业新一轮竞争制高点中的重要作用。作为企业竞争优势的来源，这种知识不仅仅是因为企业内所储备的知识本身，更为重要的是在于企业现有的知识决定了企业内各种资源和效能的利用程度，企业当前的知识存量和知识结构决定着企业发现未来机会的可能性。

由于企业的知识结构和认知能力不尽一致，它们所能发现并利用的市场机会也不相同，这些差异促成了企业市场地位的差异。知识是能够保证企业获得并保持长期竞争优势的最重要的战略资源，这是因为：第一，企业知识往往具有独特性和难以模仿性。它的获得需要长期的学习；第二，企业内知识的积累具有依赖性，企业的知识存量越大，已有知识与新知识相关性越高，新知识被吸收、利用、共享的几率就越大；第三，企业将新旧知识进行融合，会使企业拥有其竞争者无法获得的知识合成机会；第四，知识资源的回报具有边际递增性，一项知识应用得越广泛，其战略绩效就越明显。

我们认为，上述关于竞争优势来源的四种认识体现了人们的认识不断深入的过程。从历史演变的规律看，关于竞争优势来源的研究至少体现着三大发展趋势：一是从静态转向动态；二是从关注外部市场转向内外部相结合；三是从关注竞争转向竞争与合作的统一。

■ 本章小结

战略最早是军事用语。当我们把军事战略的一些思想应用于企业管理活动中，就形成了一种企业战略。从总体上看，战略涉及企业的发展方向和发展模式，具有全局性、系统性和综合性的特征，是对企业未来的一种决策。

学术界对战略有不同的观点。如安德鲁斯认为企业战略是一种决策模式。安索夫则认为战略是贯穿于企业经营与产品和市场之间的一条“共同经营主线”。我们认为，战略是指在确保实现组织使命的前提下，为了获得可持续的竞争优势，根据组织所处的外部环境变化和内部资源条件，而对组织未来发展目标和实现途径所做的一种长远性谋划。

战略具有五大基本属性（可归纳为5P），即企业战略是一种计划（Plan）、一种计谋（Ploy）、一种模式（Pattern）、一种定位（Position）和一种观念（Perspective）。战略的构成要素是对企业战略进行系统设计和有效管理的重要内容。它包括经营范围、资源配置、竞争优势、协同作用。其中，关于竞争优势来源的看法经历了竞争优势外生论、竞争优势资源观、竞争优势能力观、竞争优势知识观等发展阶段，从而也推动了对战略内在特征认识不断走向深入。

一个实现多元化经营的公司往往存在着三个不同层次的战略：公司总体战略、经营单位战略（SBU，或者称之为事业部战略）和职能部门战略。它们之间具有不同的战略侧重点，但它们相互配合、相互保证，共同为最终实现企业使命和战略目标提供强有力的组织保证和支持体系。

在人类社会进入21世纪以后，战略的重要性变得越发突出。尤其是2007年起爆发的全球性金融危机，不同国家以及这些国家的企业都着力制定出不同的应对之策，既要考虑解决眼前困境，又要着眼于长期发展。战略方案选择的不同，不但影响着不同国家走出金融危机阴影的速度，也导致了企业绩效的差异性，同时，还导致了国家之间、企业之间竞争格局的变化。

■ 复习思考题

1.什么是战略？战略具有什么特性？

2.简述战略的基本构成要素。

3.试比较分析三个不同层次战略间的侧重点及相互关系。

4.简要论述战略管理的基本过程。

5.试论述竞争优势理论的基本发展脉络，以及不同的理论主张。

6.一些创业者认为："战略是大公司的事，小企业由于规模小，经营业务不稳定，没有必要考虑战略问题。"你对这种观点持什么看法？请阐述理由。

■ 案例分析题

移动互联网医院

当下，移动的概念风靡各个领域，"互联网+医疗"无疑是当下风头最劲的领域之一。2014年，美国互联网医疗风险投资达到了41亿美元，远超过去3年的总和。同样的事情也在中国发生，据北京Talking Data数据显示，2014年移动医疗领域共发生了37笔投资，其中有22笔资金披露，共63.41亿元。

借助移动互联网，催生医院新转型似乎成为行业的公式。以软件开发见长的金蝶也以此为切入点切入了移动医疗改造。2014年4月，金蝶医疗提出"移动互联网医院"概念，即借助移动互联网、云计算、大数据、物联网等新兴技术融合创新，打破医院与患者的物理围墙，以患者为中心随时随地提供服务，让医院医疗服务更加智能化。实际上，金蝶医疗具体的做法是推出针对相关医院患者的移动服务平台。例如，2015年5月20日，金蝶医疗携手云南省昆明医科大学第一附属医院推出患者移动服务平台，患者通过医院在支付宝的服务窗口即可享受到"移动预约、支付、智能提醒、就诊指引、报告推送、就诊反馈"等服务。从客观上说，移动互联网医院必然要求打通从院内到院外、从门诊到住院、从信息流到资金流、从医疗到健康的全流程。

金蝶医疗借助了当下使用最广泛、最普遍的支付平台作为入口，目前以微信、支付宝和百度直达号为主。对于医疗行业来说，APP并不是一个很好的入口，原因有三：一是医患之间的信任关系；二是医疗的偶发性与低频率；三是患者选择医院偏向本地化，目标指向性强。由于现在有相当多的人使用微信、支付宝，因此，金蝶医疗就借用它们的入口。对于支付平台来说，由于提供的医疗服务是刚需服务，增强了它们的用户黏性。另外，这种商业模式对患者和医院同样是有利的，它很快就可以把患者跟医院连接起来。至于选择在哪个支付平台接入服务，则完全可由医院与金蝶医疗根据医院患者用户调查而决定。

事实上，要实现"移动互联网医院"服务的顺畅，首要条件不仅在于医院必须实现数字信息化，而且医院是否接受移动互联网思维模式也是关键；另外，因为第三方技术的"介入"，患者信息是否安全也是医院需要慎重考虑的。

移动互联网是全球经济发展的颠覆性技术，它是医院转型的必然选择。金蝶医疗在全国与超过120家医院推出了"移动互联网医院"平台，累计用户超过52万人。移动互联网可以将许多线下的东西推到线上去完成，比如：以往糖尿病、血液病等患者，一两天就需要查血糖、血常规，到了医院后要反复排队。现在借助支付宝上的患者移动服务平台，在家就可以把化验单提前在线开好，再到医院检查，结束后通过手机查收化验单，如果正常就不用再到医院了，不正常再来找医生。

不过，“移动互联网医院”是否仅限于解决医院“看病难、三长一短（挂号排长队、就诊排长队、缴费排长队、看病时间短）、大医院人满为患”等流程性问题？其实，从医疗服务环节来看，医生、医院和制药企业是三个真正主角，未来好的移动医疗产品或者好的模式是否应该同时去激活这三个群体呢？或者说，是否既要服务好患者，也要注重解决服务提供方的痛点呢？

资料来源：改编自谢金萍.传统医院如何“互联网”？[J].21世纪商业评论，2015（6）.

结合上述案例，请你从金蝶医疗角度讨论企业战略的基本构成要素。你认为该公司面向未来5年，应当如何考虑企业战略方案的设计。

■ 比较研究

分别访问中国电信集团公司（http：//www.chinatelecom.com.cn）、中国移动通信集团公司（http：//www.10086.cn）和中国联合网络通信股份有限公司（http：//www.chinaunicom.com.cn）三家公司的官方网站。在分小组阅读三大公司发展历史和战略规划的基础上，请对以下内容做出比较分析：

1.经营业务的差异性。

2.竞争优势及其来源的差异性。

3.不同经营业务之间的协同效应。

4.公司组织结构的层次性。

5.不同层次战略的差异性。

■ 推荐阅读文献

1.张玉利.企业家型企业的创业与快速成长[M].天津：南开大学出版社，2003.

2.项国鹏，陈传明.知识经济条件下的企业战略变革[J].南京社会科学，2003（5）.

3.许德音，周长辉.中国战略管理学研究现状评估[J].管理世界，2004（5）.

4.项保华，叶庆祥.企业竞争优势理论的演变和构建——基于创新视角的整合与拓展[J].外国经济与管理，2005（3）.

5.哈默，布林.管理大未来[M].陈劲，译.北京：中信出版社，2008.

6.陈忠卫.产学研间的信任关系与合作模式选择——基于多案例的比较研究[J].管理案例研究与评论，2014（5）.

7.Heene A.The nature of strategic management[J].Long Range Planning，1997，30（6）.

8.Sull D，Homkes R，Sull C.Why strategy execution unravels— and what to do about it[J].Harvard Business Review， 2015（3）.

第2章 愿景与使命

学习目标

企业愿景和企业使命是制订企业战略方案的前提，也是企业战略管理实践的指南。通过本章学习，要求重点掌握企业愿景与企业使命的内涵，准确比较两者区别，全面理解利益相关者的关系管理对企业战略可能的影响。

开篇导读 部分知名企业的愿景与使命表述

通用汽车（GM）：成为客户满意的行业领先者。

美国运通（American Express）：成为全球最受人尊敬的服务品牌。

美国电报电话公司（AT&T）：我们立志成为全球最受推崇和最具价值的公司。

朗讯：为我们的客户提供全世界最优质、最新的通信设备、产品、技术和客户服务。以优秀的人才和技术为依托，我们将成为以客户为主导的高素质企业，并为股东提供稳定的高额回报。

苹果：致力于为全球140多个国家的学生、教育工作者、设计人员、科学家、工程师、商务人士和消费者提供最先进的个人计算机产品和支持。

Sun：成为最好的通信技术服务提供者，使员工得到最好的专业经验，使股东得到良好的投资回报，受到社会和大众的认可。

比亚迪：成为具有最先进材料科学、最强大设计能力和制造技术的世界领先的垂直整合的公司。

一汽-大众公司：打造中国最优秀的汽车合资企业。

丰原集团：繁衍绿色生命，关爱人类健康。

资料来源：由作者根据公开资料整理而成。

企业制定战略的首要任务是要明确关于企业未来的蓝图，即关于企业通过努力所要达到的未来状态。与未来发展方向的定位密切相关的核心要素包括企业愿景、企业使命、企业目标体系三个方面。一方面，如果能够让企业内部所有员工都分享在企业愿景方面振奋人心的观点，则极易统一企业内部员工的核心价值观，形成企业内部高度的凝聚力，以维持企业持久的进取精神；另一方面，如果企业使命能够通过适当的途径在社会广泛传播，则极易形成全社会对企业形象的定位，也能够让利益相关者感受到企业的亲和力。所以，从谋求企业可持续性竞争优势的角度看，企业应当高度重视对企业愿景和企业使命的管理活动。

2.1 企业愿景

2.1.1 企业愿景的概念

“愿景”一词被广泛地用于社会、政治、经济领域等语境之中，其英译名为“Vision”。企业愿景是指为企业所描述的关于未来成就的理想化定位和生动性蓝图。它是一种梦想，可以通过长期的努力最终变成现实；它是一种信念，可以强化和改善人们对组织的承诺和责任感；它是一种期待，可以使企业和员工个人诚心诚意地通过引导资源投入去获得一种值得去付出努力的满意性结果。

企业愿景可以被视为进行企业战略设计时最为基本的概念，是开展战略管理活动的逻辑起点。在理解企业愿景这一概念时，要注意以下两点：

第一，以企业自身的发展方向为出发点。企业愿景往往是企业创始人或者企业高层管理者渴望获得关于企业未来的一种独特状态，设计和描绘企业愿景通常从企业自发发展方向的准确定位角度出发。例如，“数码梦想”代表着索尼公司所坚持的新产品发展方向和企业成长的理想化定位，即为那些对数字技术的魅力如痴如醉的迷恋者不断地创造独特的产品，从而改变人类的生活方式。

第二，努力体现个人愿景与组织愿景的统一。企业愿景从本质上说是值得让大家去追求的一种信念。它对一个组织之所以十分重要，主要是由于它能够体现员工个人的自尊，能够使组织成员产生迈向愿景的积极动力。相反，如果企业愿景离开了组织成员的共同分享过程，或者个人愿景和组织愿景不统一，则必将无法形成统一的理念去朝一个共同的愿景去奋斗。

2.1.2　企业愿景的作用

第一，激励性。企业愿景是对未来的一种甜蜜梦想，如果企业愿景能够被广大员工接受，关于企业未来试图达到的一种理想境界能够被大家所理解，那么，企业愿景的激励作用将得以充分体现。

早在20世纪70年代，沃尔沃就提出了现在看来也能顺应时代发展的经营理念：把“品质、安全、环保”作为企业的核心价值，把这三大价值观渗透到公司的每个环节，以此来设计产品、制造产品和销售产品。沃尔沃通过不懈的自身发展拥有了搏击世界的实力和能力。VOLVO是拉丁语，直译为“滚滚向前”。

第二，挑战性。企业愿景是组织对未来状态可能和渴望的一种心智图像，企业愿景的描述往往具有令人神往的特征，包括组织高层管理者在内所有员工都明白，虽然这种心智图像并不一定在短期内能变成现实，但个人和组织的成就欲会促使大家接受这种挑战。

第三，引导性。企业战略制定过程、企业战略目标体系的分解、企业经营业务的确定都应当始终离不开企业愿景所指引的努力方向。尤其是在充满不确定性的竞争环境条件下，企业愿景能保证公司长期的发展方向，保持未来业务清晰的轮廓，而这种轮廓能够预防公司管理层的战略决策偏差。

2.1.3　企业愿景的开发过程

企业愿景强调以组织为对象，是经由组织沟通过程所形成的共同愿望。只有个体成员认可并支持企业愿景，才会激发起大家积极工作的动力。所以，开发企业愿景的中心任务在于如何能够在最大限度尊重个人愿景基础上，达到一个能够获得大家认可和支持的共同愿景。

企业愿景的开发主要包括以下四项重点工作：

1.建立规划小组

如果企业愿景只是高层管理者的个人意愿，并没有获得企业内部员工的认可和支持，这种愿景将很难给人们带来一种持久的精神动力。所以，开发企业愿景的首要工作是要组建一个规划小组。为了保证企业愿景的先进性和广泛的代表性，这一规划小组一般以6～10人为宜，这个小组将通过深度访谈、问卷调查、座谈会等多种形式，以期获得企业未来形象和状态的看法。

2.确定核心要素

在开发过程中，可以先对小组内每一个成员要求说出各自心目中理想的企业状态是什么，让大家把各自的观点压缩为简短的句子或者不严格的词组，可以包括每个成员对自身以及对所在组织的抱负志向是什么，他们的期望是什么。然后，一起讨论并遴选出核心要素。在列出愿景的一些可能的要素清单之后，规划小组成员通过头脑风暴法来判断哪些因素对愿景来说至关重要。

3.测试可接受程度

对愿景测试的目的旨在检查愿景与组织行为、组织绩效的关系。一般来说，可以选择企业的一个或少数几个部门来测试愿景的可接受程度。重点关注的是该部门员工对这个愿景的反应积极吗？如果存在抵制情绪，那么这种抵制情绪产生的原因是什么？是不是需要再次修正愿景呢？

4.扩大传播范围

企业愿景通过测试后，应当报经董事会批准，然后再形成正式文件对外传播。企业可以考虑以一种令人激动并能够被深深吸引的方式来传播企业愿景，从而在企业内外形成一种共鸣的效果。需要引起高度重视的是，企业所借助的所有传播工具应当维持并传递清楚、单一、共享的企业未来形象和远大目标的定位，领导者的行为方式应该与他们所宣称的价值观保持一致，愿景的解释以及从中得出的价值要明确，从而使各项传播工具的口径统一。

2.2 企业使命

如果说企业愿景是从企业自身的角度来准确描述企业未来形象的定位，那么，企业使命则是在战略方案制订之前，同样必须首先确立的关于企业经营领域、发展方向的准确定位，其立足点在于从利益相关者，特别是从市场上消费者的角度来阐述企业的战略性定位。

2.2.1 企业使命的内容与制定

企业使命是指企业战略管理者确定的企业生产经营的总方向、总目的、总特征和总体指导思想。它反映了企业管理者的价值观和企业力求为自己树立的形象，揭示了本企业与同行业其他企业在目标上的差异，界定了企业的主要产品和服务范围，以及企业试图去满足的顾客需求。

1.企业使命的内容

第一，企业目的的定位。作为企业管理者，首先要明确的是“我们的企业究竟为什么而存在”。在企业里，企业的生存、增长、获利等三个经济目的决定着企业的战略方向。在战略决策中，企业不能只注重短期目标，而忽视其长期为之奋斗的目的，在日益激烈变化的环境中，企业只有真正关注其长期增长与发展方向，才能够长盛不衰。

第二，经营理念的定位。这是企业和企业高层管理者所持有的基本信仰、价值观念的选择，是企业的行为准则。企业可以据此对自己的行为进行自我控制和自我约束。例如，日本日产公司提出“品不良在于心不正”，海尔集团提出“真诚到永远”等，这些都是从不同侧面提炼出来的企业经营理念。

第三，顾客需求的定位。顾客需求是企业需要密切加以关注的核心管理任务，企业战略的制定和实施必须时刻以顾客需求的动态变化规律为依据。研究顾客需求定位应当把重点放在“谁是我们的顾客”、“顾客现实需求是什么”、“顾客需求的变化方向是什么”、“如何满足顾客需求”等四个方面。麦当劳公司提出的企业使命就很有启发意义，该公司认为具有“有限的菜谱，质量一致的美味快餐食品，快速到位的服务，超值低价的享受，卓越的顾客服务，便利的定位和选址，全球性的市场覆盖”。

第四，公众形象的定位。企业管理者应该努力满足公众期望，维护良好的企业形象，尽到对社会应尽的责任。在21世纪，企业良好的公众形象将成为影响消费者购买行为的一个重要因素。例如，近年来发生的因喂养了添加工业染料苏丹红的饲料而导致“红心咸鸭蛋”事件，由劣势奶粉导致的“大头娃娃”事件，由三聚氰胺引发的肾结石事件等等，都曾经让部分企业的公众形象大打折扣，甚至使个别企业经营状况一落千丈。

2.企业使命的制定

制定企业使命的基本依据在于关于“我们的企业是什么”、“我们的企业将是什么”以及“我们的企业应该是什么”等问题看似简单的答案，以及这些答案所体现出来的理想状态和现实状态之间的差距（见表2-1）。不同的企业因其规模、发展阶段的不同，具有不同的战略使命。

表2-1　**企业使命制定的比较性逻辑**

比较项目	今天的企业	未来5～10年的企业
竞争优势	企业现有的竞争优势基础是什么，源自何处	企业未来竞争优势的基础是什么，有何新来源
目的	企业目前的成长质量和速度令人满意吗	未来是否需要追求更快、更好的成长
顾客定位	企业今天的顾客是谁	企业未来将服务于哪些顾客
竞争对手	认清今天的竞争对手是谁	未来将有哪些竞争对手卷入
渠道	今天的企业是以何种渠道接触顾客的	未来又将通过什么渠道接触顾客，是否存在新的接触顾客的渠道
产品与市场	企业目前以何种产品参与哪些市场的竞争	未来产品结构与区域市场结构将发生什么变化（包括新增、减少和消失）
利润来源	今天的企业利润源自何处	未来的利润将来自何方

2.2.2 企业使命的描述

企业使命是在遵循企业愿景框架的基础上，对企业发展战略的一般性说明，也是对组织发展过程所体现的经营目的、经营内容和经营形式的一种统一表述。企业使命往往是以一种简洁明了、朗朗上口的语言对公司内外进行传播和交流。

一种好的企业使命表达方式，应该强调以下六个方面：

第一，它应该是富有想象的，并且是在企业愿景所确定的总体框架内进行设计。

第二，它应该分清楚企业的主要目标，弄清楚企业为什么而存在。

第三，它应该清楚地描述企业的主要活动和希望获得的行业地位。

第四，它应该阐明企业的关键价值观。

第五，它应该是企业有愿望也有能力完成的企业使命。

第六，它应该采用清晰明快、简洁而又充满进取心的语言加以论述。

【战略聚焦】 横店影视城：打造中国的“好莱坞”

浙江横店影视城有限公司位于浙江省东阳市横店镇，是中国特大型民营企业——横店集团的子公司成员。公司最早起步于1996年，现拥有总资产50多亿元，已经成为全球规模最大的影视拍摄基地。2010年4月18日，国家旅游局正式授予横店影视城为国家5A级旅游景区。

公司愿景：集中国影视旅游文化之精义，打造国际化的观光与休闲的梦幻之城、快乐之都。

公司的发展坚持“影视为表、旅游为里、文化为魂”。以影视为牵引机、旅游为载重机、文化为核动力，形成影视和旅游各自产业链的延伸发展及影视与旅游交融互动的经营特色。致力于兑现如下品牌使命和承担如下责任：

1. 对游客的承诺：以高品质的产品满足游客体验梦幻和快乐的需求。依托丰厚的中国文化和鲜活的影视资源，用最先进的手段、互动参与的理念，率先开发出独特的旅游产品，使横店影视城成为能让中老年人满足怀旧、年轻人感受时尚、少年儿童释放激情、中国人觉得洋气、外国人体味中国的旅游目的地。

与此同时，由于旅游产品具有生产和消费的同时性，服务是产品的一个主要部分，而不是附加部分，所以，高品质的服务也是为游客提供独特体验的重要保证。公司倡导“顾客为亲友，服务求完美”的服务理念，追求高标准的服务质量和工作效率。

2. 对员工的承诺：让员工在公司这座大学校里不断取得进步，同时获得合理的收入。

3. 对合作伙伴的承诺：相融相容，互补互利。

4. 对投资者的承诺：以合理的成本，创造最佳的效益。

5. 对社会的承诺：营造一方健康有益、传承中国文化的乐土。

资料来源：根据中国横店影视城官网（http：//www.hengdianworld.com/）发布的信息整理，经由作者修改而成。

2.2.3 企业愿景与企业使命的关系

从广义上分析，可以认为企业愿景和企业使命具有相同的内涵，两者是等同的，所以，现实中经常被混用。但是，从狭义上分析，企业愿景更侧重基于企业自身的角度出发，描绘的是一种关于未来心神向往的境界，而企业使命则更侧重基于企业所从事的经营业务性质和内容的角度出发，所提出的是关于企业经营的总方向和总目的，以及如何满足顾客需求的总体指导原则和经营思想的看法。

从战略管理的角度来看，企业愿景和企业使命是极为重要的两个概念。从务虚的角度看，战略应当特别关注企业愿景的制定，关注企业愿景所阐述的美好未来，它能够带给所有利益相关者一种期待；从务实的角度看，战略应当特别关注企业使命，虽然它也带有一种前瞻性，但它带给人们的是一种可获得的顾客利益保证和潜在的价值创造。

企业愿景与企业使命的区别主要体现在如表2-2所示的几个方面。

表2-2 企业愿景与企业使命的比较

比较项目	企业愿景	企业使命
出发点	企业自身	外部利益相关者，尤其是顾客
立足点	企业未来的理想状态	试图满足的顾客需求和潜在利益
涉及的时期	漫长的时间段	相对较长的时间段
强调的重点	令人激动，激发士气	明晰方向，提高指导实践针对性
设计的效果	可望而暂不可即的梦想	可望也是可即的理想

2.3 利益相关者

作为现代意义的企业，在21世纪复杂的商业竞争环境条件下进行战略决策，必须彻底改变传统的唯利是图式经济效益观，企业应当把自己视为社会大背景下的普通一员，充分考虑利益相关者对企业愿景的追求、企业使命的实现和企业目标的设置的多重影响，并把利益相关者的利益定位纳入到企业愿景和企业使命所考虑的视野范围之内。

2.3.1 利益相关者的分类

早在1965年，美国著名的战略管理学者安索夫（Ansoff）就指出："要制定出理想的企业目标，必须综合平衡考虑企业诸多的利益相关者之间相互冲突的索取权，他们可能包括管理人员、工人、股东、供应商以及分销商。"在这里，利益相关者是指那些能够直接或间接地影响到企业战略目标实现的所有自然人和法人组织。

1. 根据利益相关者与企业的内在联系程度分，包括内部利益相关者和外部利益相关者

前者包括企业的董事会、股东、管理人员和职工等，后者包括顾客、供应者、竞争者、政府机构和社区公众等。无论是内部利益相关者还是外部利益相关者，他们均希望企业能够按照他们满意的方式从事生产经营活动。例如，职工要求在经济收入、社会地位和心理状态上得到满足；股东要求从他们的投资中得到一定的收入回报；顾客要求购买到价廉物美的商品；供应者希望企业能够长期地使用他们的产品或服务；竞争者要求能够公平竞争；政府部门要求企业遵纪守法；社区公众则希望企业的存在，能够使他们的生活水平提高，让他们安居乐业。

随着企业管理主体复合趋势的出现，对利益相关者关系管理的难度在不断提高。以现代股份制企业为例，在出资者和经营者相分离的大背景下，大股东与小股东、股东与经营者、经营者与职工、潜在大股东与显在大股东、债权人与股东、企业与关系单位之间的利益矛盾更加激化，企业内外部主体之间的界限甚至都逐渐变得模糊起来。

内部利益相关者与外部利益相关者的界限模糊表现在两个方面。一是企业内部主体间的融合，其表现为：①董事持股；②董事兼职（如董事兼任经理）；③职工持股；④职工参与。二是企业内部与外部主体间的融合，其主要表现为：①银行持股（以日本最为盛行）；②企业上下游关系者持股；③外部董事；④消费者参与；⑤国家参与等。

2. 根据利益相关者与企业的市场交易关系分，包括直接利益相关者和间接利益相关者

前者是指那些与企业直接发生市场交易关系的利益相关者，包括股东、债权人、企业员工、供应商、经销商等，后者则是指那些与企业发生非市场交易关系的利益相关者，包括各级政府机构、社会活动团体、媒介、一般公众等。

【战略聚焦】 蒙牛：从“生产者”向“服务者”转变

经历了2014年的蝶变，2015年的蒙牛集团，正在从“生产者”向“服务者”的身份转变，以消费者为核心，用互联网思维打破传统企业的樊篱。身处移动互联网时代的大环境中，很多企业都面临着一个核心关键词——“升级转型”，蒙牛也不例外。

2014年11月，蒙牛联手滴滴开启了战略合作，成为国内第一家与滴滴打车进行跨界合作的快消品企业。基于二者在客户层面相当程度的重叠，蒙牛第一步通过在滴滴打车上发放“红包”的形式，将两家公司的资源进行对接，并且以“服务者”的身份出现在消费者面前。2015年，蒙牛以这种资源对接的方式开展更多合作，以期进一步创新客户对蒙牛的体验。

跨界只是蒙牛从生产者向服务者转型中的创新之一。除此以外，在人才梯队建设、产业链方面，蒙牛的举动具有明显的战略意图。比如，蒙牛内部正在进行“蒙牛100”人才培养项目，同时充分挖掘、利用国际资源开展了“牧场主大学”、“牛奶管家学院”这种从源头到终端的管理人才培训项目。这些人才和优秀的伙伴将成为蒙牛未来发展的核心力量，为消费者带来更多优质产品和购物体验。同时，蒙牛注重“系统的力量”，运用系统思维和系统作战，以“技术为核心”、“产业链为依托”的核心品质优化思路，将企业引领上一条全产业链的技术升级之路。

乳业市场目前面临的挑战是，虽然液态奶的增幅逐年放缓，很多中小型乳企面临发展的瓶颈，但是很多新的企业还在进入乳品行业。例如，可口可乐推出了牛奶产品Fairlife，价格是普通牛奶的两倍。可以说，未来乳品行业的机遇与挑战是并存的。基于这种对外部竞争环境的判断，蒙牛在2015年不但积极进行内部变革，而且在国际化合作方面也不断加大力度。例如，蒙牛与丹麦Arla Foods、新西兰AsureQuality等企业开展战略合作；着力打造集约化、高质量奶源建设；引入国际领先的SAP管理系统，实现管理信息化系统的统一，从纵向上加强了质量体系、奶源、管理标准的产业链布局。通过与达能、雅士利开展深入合作，从品牌、技术、市场等方面力图横向完善业务板块的布局战略。

资料来源：改编自周颖.蒙牛：从“生产者”向“服务者”转变[J].中外管理，2015（2）.

2.3.2　利益相关者关系的战略性评估

在确认了利益相关者之后，另一重要任务就是要研究不同利益相关者对企业的战略性影响。即使是同一类利益相关者，也常常会拥有各不相同的利益定位、权利要求和愿望。在制定和选择战略之前，确认不同利益相关者群体的利益性质（合法性和紧迫性）以及这个群体是否拥有足以影响企业的权力（权力性）是非常重要的。

利益相关者带给企业的既可能是机遇，也可能是风险。那些能够与企业建立良好的、建设性的合作关系的利益相关者，带给企业更多的是机遇；相反，那些相互关系较难处理或者极易导致相互关系对立的利益相关者，意味着带给企业更多的风险。但是，无论是机遇还是风险，对于企业处理利益相关者关系来说，其合作性或者威胁性都是潜在的，这也就更加要求企业在制定、选择和实施战略时，应当充分评估不同利益相关者的战略性影响，并对此采取恰当的措施加以有效管理。

对利益相关者关系的管理活动，需要重点考虑以下四个问题：①企业是直接还是间接地与利益相关者打交道？②在与利益相关者打交道时，是采取进攻性手段还是防守性手段？③企业是接受、谈判、操纵还是抵制利益相关者的提议？④企业拟对利益相关者采取综合性战略还是单一性行动方案？

根据利益相关者与企业的潜在合作性和潜在威胁性两个维度，企业可以做出的战略性选择方案如图2-1所示。

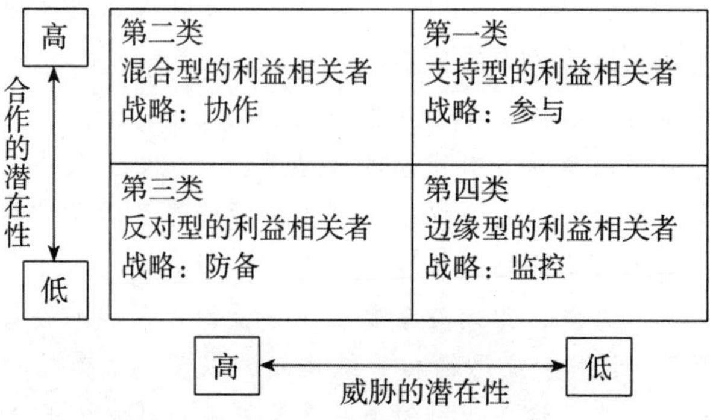

图2-1　企业对待利益相关者的战略性态度

1.支持型利益相关者

这类利益相关者与企业的潜在合作性较高，且潜在威胁性又低，所以，这类利益相关者属于理想型利益相关者。企业应当采取的战略性态度是与他们友好相处，按照参与性管理的原则，尽可能地使其参与到企业经营管理的活动过程中来。例如，对于一个成长良好的企业而言，支持型利益相关者可能包括其董事会、经理阶层、雇员、顾客、供应商、经销商等。

2.混合型利益相关者

这类利益相关者与企业的潜在合作性较高，且其潜在威胁性也较高。企业应当采取的战略性态度是与他们积极协作，使其尽可能地长期保持对本企业的支持性态度，努力不让其站在维护竞争对手利益的角度来威胁本企业战略目标的实现。例如，对于一个成长良好的企业而言，混合型利益相关者可能包括紧缺的雇员、优秀的代理商、本企业的大顾客群等。

3.反对型利益相关者

这类利益相关者对本企业的潜在威胁性较高，且潜在的合作性较低，这种类型的利益相关者主要包括与本企业具有对抗性质的竞争对手、别有用心的新闻媒体等。企业应当采取的战略性态度是防备反对性或者破坏性行为发生。

4.边缘型利益相关者

无论是潜在的合作性，还是潜在的威胁性，其程度都处在一个相对较低的水平上，这类利益相关者被称为边缘型利益相关者。对于一家规模较大的企业来说，这类利益相关者包括消费者协会、广大的小股东等。企业应当采取的战略性态度是时刻监控这些利益相关者，以确保企业能够在一种风平浪静式的环境下实现快速成长。

值得指出的是，上述对不同利益相关者的战略性评估结果并不是绝对的，应当采取的战略性态度也不能过于教条。在特定的环境条件下，四种类型的利益相关者定位可能会经常性发生变化，相对的战略性态度和具体管理措施也要做出及时调整。

综合上面分析，我们认为，企业愿景应当是在对利益相关者关系做出准确定位的基础上来进行设计，企业使命的制定则更加需要考虑不同利益相关者的利益实现，考虑不同利益相关者之间关系的处理方式。尤其是在利益相关者之间的边界模糊化趋势下，战略管理者在处理不同利益相关者的关系时更富有艺术性。

2.4 社会责任与企业公民行为

进入21世纪以来，社会责任与企业公民的意识受到了企业界的普遍关注。很长一个时期以来，企业高层管理者普遍持有的看法是，关注社会责任对企业成长不利，会牺牲企业的经济效益，所以，企业界更愿意投身于见效快、经济效益明显的活动，而不愿意切实履行社会责任，不愿意自觉地践行企业公民行为。但是，伴随着人们生活水平的提高，消费者需求性质也在迅速发生改变，“和谐社会”成为人类共同的理想追求，企业更应当将社会责任、企业公民等意识纳入企业愿景和使命之中，进而制订出具有长期利益追求的战略方案。

2.4.1　社会责任与战略

社会责任源于对社会环境的关注和动态的社会契约关系，尤其是利益相关者关系管理的实践又不断地使企业家切身地感受到了社会责任与经济效益并不永远是一对矛盾关系。企业主动地承担责任，完全可以有效地提高对社会的回报能力和社会绩效，处理得好，还可以带来丰润的经济效益，从而也共同造就出一个更加令人满意的和谐社会。

完整的社会责任应当区分为四个不同的层次（如图2-2所示）：经济责任、法律责任、道德责任和慈善事业责任。它们四者之间既有区别，也有联系，相互之间并不是完全独立的，其中，经济责任与慈善事业责任的冲突最为明显，集中体现出“关注利润”与“关心社会”之间的冲突。

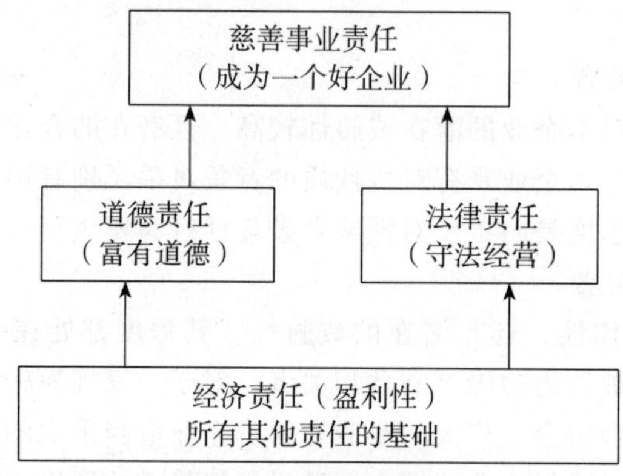

图2-2　社会责任的层次性

1.经济责任

这是社会对企业的要求，它要求企业能够把收入最大化和成本最小化作为最基本的目标，通过明智的战略规划来实现盈利性目标。

2.法律责任

这也是社会对企业的要求，它要求所有的企业能够共同遵守法律和规章制度，切实履行所有的契约责任。企业之间的不诚信或者不遵守法律，就极易产生类似“三角债”、盗版横行之类的商业氛围，进而使得有法不依，阻碍良好的商业竞争环境的形成。

3.道德责任

这是社会对企业的希望，虽然在商业竞争领域可能存在法律不健全之处，但如果所有的企业能够坚持道德底线，避免不良现象的出现，商业竞争环境就能够得到净化和优化。这种道德责任包含一系列的惯例、准则，反映了利益相关者的愿望，体现了公正、正义的概念。

4.慈善事业责任

这是社会对企业的希望，甚至远远超出了社会对企业的期待。慈善事业纯粹是出于企业的一种自愿选择，既不是法律上的规定，也不是道义上的要求，它彻底地体现了企业也是社会进步中最重要的一分子。

2.4.2　企业公民行为

企业是社会财富的创造者，但往往也是直接和间接浪费资源、损害环境的责任单位。为了在全社会倡导企业成为一个负责任的主体，人们又在坚持社会责任这一核心理念基础上，提出企业公民的评价标准。“企业公民”（Corporate Citizen）是指一个公司将社会基本价值与日常商业实践、运作和政策相整合的行为方式。企业公民理论认为，公司的成功与社会的健康和福利密切相关，因此，应该全面考虑公司对所有利益相关人的影响，包括雇员、客户、社区、供应商和自然环境等。作为一种新的指导理念，企业公民将为成功企业提出不同的定义和新的标准，从2004年起，国内媒体“21世纪报系”率先推出了“中国最佳企业公民”行为的评选，其参选范畴确定为以下六个方面：

（1）公司治理和道德价值：主要包括对中国法律、法规的遵守情况，防范腐败、贿赂等交易中的道德行为准则问题，以及对公司小股东权益的保护。

（2）员工权益保护：主要包括员工安全计划、就业机会均等、反对歧视、生育福利保障、薪酬公平等。

（3）环境保护：主要包括减少污染物排放、废物回收再利用、使用清洁能源、减少能源消耗、共同应对气候变化和保护生物多样性等。

（4）社会公益事业：主要包括员工志愿者活动、慈善事业捐助、社会灾害事件捐助、奖学金计划、企业发起设立公益基金会等。

（5）供应链伙伴关系：主要包括对供应链中上、下游企业提供公平的交易机会。

（6）消费者权益保护：主要包括企业内部执行较外部标准更为严格的质量控制方法，对顾客满意度的评估和对顾客投诉的积极应对，对有质量缺陷的产品主动召回并给予顾客补偿等。

入围中国最佳企业公民行为单位具有一个共同特点：企业公民不是一朝一夕之功，而是把社会责任和企业公民的概念自觉地作为企业愿景和使命的重要组成部分，并把这种负责任的意识转化为企业的自觉行动，从而使企业在获得良好社会效益的同时，也必然会直接或间接地带来经济效益。

2.5　目标体系

组织目标是指在组织总体战略的总体框架下，为组织和职工所提供的具体方向，以及在未来一定时期内所要达到的预期成果。组织目标往往有时间界限，目标所规定的时间期限越长，目标内所含的具体内容数量便越少。

2.5.1　企业目标层次性

企业目标不但是一家企业的基本特征，还是一家企业存在意义的具体体现。一般来说，企业目标由以下三个层次组成：

第一层次是社会强加于企业的目标。如企业必须为社会提供所需要的优质产品和服务的目标，企业生产经营活动必须考虑可持续发展的目标，企业生产经营活动必须考虑商业道德和承担社会责任的目标等。

第二层次是企业整体的目标。它是指将企业作为一个利益共同体的目标。如企业提高经济效益的目标，企业增强自我改造和技术装备的目标，企业改善员工生活、保障员工劳动安全的目标等。

第三层次是企业员工的目标。如提高员工的个人经济收入，培养员工工作兴趣等。

2.5.2 企业目标分类

按企业目标所涉及的时间来划分，可分为以下三种：

1.战略目标

战略目标是指通过加强企业战略管理活动，企业所要达到的关于市场竞争地位和管理绩效的目标，包括行业地位、总体规模、竞争能力、技术能力、市场份额、盈利增长率、投资回收率以及企业形象等。企业制定战略目标，是为了将企业战略具体化、数量化，使企业总体的努力方向变为各部门全体职工的行动准则。

战略目标是选择战略方案的依据，战略方案是实现战略目标的手段。为了实现战略目标与战略方案的有机结合，制定企业战略目标必须遵循以下程序：

第一，结合环境预测和内部微观条件评估，分析战略态势，确定战略目标的期望值。

第二，预测企业未来的绩效水平，并找出目标期望水平和未来预测水平之间的差距。

第三，拟订缩小差距的战略方案。

第四，综合调整各项战略，并修改对企业未来绩效水平的预测。经过调整和修订，如果期望水平和预测水平之间的差距可以得到缩小，期望的目标水平就确定为战略目标；否则，企业就必须重新确定目标的期望值。

明确的战略目标可以提供很多益处，包括指明方向、促进协同、帮助评价、明确重点、减少不确定性、减少冲突、激励员工，以及有助于资源配置和战略实施中的方案设计。

2.长期目标

长期目标是指在一个相对较长的时期内，企业试图实现的预期生产经营目标。计划期一般为5年。长期目标是企业制定总体战略与经营单位战略的基本出发点。

作为企业的长期目标，一般由以下要素构成：

第一，获利能力。任何企业在长期生产经营中，都在追求着一种满意的利润水平。实行战略管理的企业一般都有自己明确的利润目标。

第二，竞争地位。大多数企业喜欢根据其销售总量或市场占有率，来评价自己在增长和获利方面的能力。可以说，市场竞争地位，是衡量企业绩效好坏的一个重要标准。作为行业领先者，总想稳固其市场地位；作为行业追随者，总想赶上或超过领先企业；作为行业内的落后者，总想摆脱不利的市场竞争地位。

第三，生产能力。在市场环境相对有利的前提下，企业提高单位产出水平是提高获利能力的一种方法。为此，企业在设立生产能力的目标时，需要改进自己投入和产出的关系，制定出每单位投入所能生产的产品或提供服务的数量。同时，企业还可以根据降低成本的要求来制定生产能力目标。

第四，技术领先。在未来知识经济时代，技术作为重要的生产力要素，对经济增长的贡献将日益突出。企业的技术水平关系到企业在市场中的竞争地位，而竞争地位又关系到企业的战略选择，因此，许多企业把技术领先作为自己的长期目标。

第五，员工发展。员工对企业的忠诚程度是企业竞争能力的重要影响因素。在长期计划中，高层管理者应当尽可能地考虑员工的合理要求，积极采用以人为本的管理指导思想，全心全意依靠工人阶级，鼓励员工参与企业决策，进而培育员工的主人翁意识。当员工感到自己在企业里受到重视或能够给予良好的个人成长机会时，他们往往会极大地促进生产能力的增长，以及产生“同甘苦、共患难”的持续凝聚力量。

第六，社会责任。现代意义上的企业必须认识到自己肩负的社会责任。这种社会责任是指工商企业追求有利于社会的长远目标的义务，而不仅仅是法律和经济意义上的义务。这种社会责任侧重于强调道德的、长期的、义务的责任。当然，企业通过承担一些社会责任，也能提高自己的声誉，扩大自己的社会影响。

3.年度目标

年度目标是指以年度为单位的生产经营目标，是实现企业总体战略目标的一种必要手段。它与企业长期目标有着内在的联系，能够为监督和控制企业的绩效提供具体的衡量依据。

年度目标对于企业战略管理具有务实性和可操作性，显得十分重要。这是因为：年度目标是配置资源的基础，是评价管理者绩效的主要尺度，是监测朝长期目标方向前进的工具，同时，它还突出了公司、分部和职能部门的工作重点。

关于企业目标在战略管理中的作用必须要有清醒的认识。被誉为“管理学大师”的彼得·德鲁克认为，目标不是列车时刻表，我们只能把目标比作轮船航行中的罗盘，指向目的港。一家企业如果没有目标，就像船只没有罗盘，既不可能找到港口，也不可能估计它到达港口所需要的时间。

年度目标必须和企业总体战略的一个或多个长期目标有明确的联系。它与长期目标之间存在着内在的传递与分解的关系，即年度目标将长期目标的信息传递到主要职能部门，并把长期目标分解为更具体的年度短期目标，以便让各职能部门明确任务，落实其应当承担的责任。

年度目标与长期目标的主要区别在于：

第一，长期目标一般要考虑未来5年或5年以上的情况，而年度目标通常只考虑1年的情况。

第二，长期目标着重确定企业在未来竞争环境中的地位，而年度目标则着重确定企业各职能部门或其他下属单位下一年度要完成的具体任务。

第三，长期目标内容广泛且大多抽象，年度目标内容比较具体。

第四，长期目标一般用相对数衡量，年度目标多用绝对数衡量。

年度目标应当保持与企业战略目标、长期目标的协调。有的企业职能部门在确定年度计划和目标时，往往会忽略企业的总体目标，而只注意各部门的利益，这可能会导致各职能部门在年度目标上各行其是，缺乏内在联系，容易造成内耗，从而损害企业的整体利益。

■ 本章小结

如同船只在浩瀚的大海中航行，离开了罗盘的指引，它将随波逐流，失去前行的方向。从战略角度看，企业的成长同样离不开企业愿景、企业使命和一系列的目标体系。所以，战略管理的首要前提是要明确关于组织未来的蓝图，即关于组织通过努力所要达到的未来状态是什么，以实现蓝图的发展路径规划。

企业愿景是指为企业所描述的关于未来成就的理想化定位和生动性蓝图。它是一种梦想，可以通过长期的努力最终变成现实；它是一种信念，可以强化和改善人们对组织的承诺和责任感；它是一种期待，可以使企业和员工个人诚心诚意地通过引导资源投入去获得一种值得去付出努力的满意性结果。企业愿景的制定要以企业自身的发展方向为出发点，体现个人愿景与组织愿景的统一。

企业使命是指企业战略管理者确定的企业生产经营的总方向、总目的、总特征和总体指导思想。它反映了企业管理者的价值观和企业力求为自己树立的形象，揭示了本企业与同行业其他企业在目标上的差异，界定了企业的主要产品和服务范围，以及企业试图去满足的顾客需求。企业使命应当包括企业目的的定位、经营理念的定位、顾客需求的定位、公众形象的定位。

利益相关者是指那些能够直接或间接地影响到战略目标实现的所有自然人和法人组织。组织愿景应当是在对利益相关者关系做出准确定位的基础上来进行设计，组织使命的制定则更加需要考虑不同利益相关者的利益实现，考虑不同利益相关者之间关系的处理方式。尤其是在利益相关者之间的边界模糊化趋势下，战略管理者处理不同利益相关者的关系时更富有艺术性。

企业应当把社会责任、企业公民等意识，自觉地纳入到企业发展的愿景和使命中，并以此为重要目标来制订出具有长期利益追求的战略方案。这也是构建社会主义和谐社会的一种要求，也是人类社会共同的理想追求。

目标是战略行动预期达到的一种结果，也是激励人们积极性的一种动力。在战略管理过程中，要正确处理好战略目标、长期目标与年度目标之间的关系。

■ 复习思考题

1.什么是愿景？企业愿景的作用是什么？

2.简述企业使命的基本内容。

3.比较分析企业愿景和企业使命的差异性。

4.选择一家你自己比较熟悉的企业，试对其利益相关者进行战略性评估。

5.有的企业家认为：“由于企业承担社会责任将使自己失去更多的经济利益，所以，在战略方案制订中可以不必考虑承担社会责任。”你同意这种观点吗？请说明理由。

■ 案例分析题

TCL启动电视院线

2015年5月13日，TCL集团投资控股的全球播科技（北京）有限公司（下称“全球播”）在深圳启动“电影智能家庭影院”试点项目。该项目联合中国电影科学技术研究所，主打与传统商业影院“同步放映”的概念，旨在将档期内的电影尽可能早地在电视平台上播放。

随着中国人均GDP的快速增长，中国已经成为全球第二大电影市场和第三大电影生产国。截至2014年年底，中国银幕总量23 600块，到2015年年底总量有望接近30 000块。票房方面，根据国家新闻出版广电总局电影局的通报，2014年全国电影总票房296.39亿元，同比增长36.15%。

在专业人士看来，在中国电影向着千亿票房快速挺进的过程中，通过类似“全球播”的产品和业务，可以让电视这一收视终端成为另一种形式的“院线”。从市场需求的角度来看，尽管近年来中国电影票房快速增长，但票房主要来自于一二线城市，且完全取决于实体院线的分布。大量的三四五线城市以及农村市场，很难便捷地看到同步大片。

另外，在供给层面，2014年中国上映国产电影263部，但获得“电影片公映许可证”的故事影片产量618部，有超过一半以上的电影因为宣传经费、档期等问题没能进入院线。“全球播”的“同步院线”可以把未能在传统商业院线播出的，但已取得“电影片公映许可证”的优秀影片提供给用户，尤其是此前很难便捷看到同步大片的三四线城市以下的用户。

将电影院线搬到家庭客厅的电视屏幕上，TCL集团的“全球播”在商业模式上也有所突破。作为运营方，全球播公司采用分成模式与产业链中的内容、发行和整机等企业合作，收益来自用户点播付费和广告两种模式。从用户的角度，除了通过点播付费的形式观看电影外，还可以通过“看广告，攒金币，付电影费”的方式。具体来说，就是每看一条广告可获得数量不等的金币，看广告同时点击回答问题能获得较多金币，金币则可用来支付电影费。不过，至少到目前为止，“全球播”的电影内容运营模式能否走通还有待市场进一步检验。

TCL集团在2014年就曾提出“产品+服务、智能+互联网”的“双+”转型战略，全球播和欢网寻求腾讯投资入股，都是这一转型过程的布局。其核心是引入互联网思维，构建新的商业模式，并希望在5年内实现来自产品与服务的利润各占50%的目标。

TCL集团高层管理者也意识到，过去TCL旗下彩电、手机等产品的累计销量超3亿台，但企业却很难从这3亿多消费者中再次获利。产品卖给消费者，就像断了线的风筝，与企业再没多大关系了。TCL集团希望通过此次转型，实现从过去经营产品到现在经营用户的转变。

在TCL转型过程中，内容运营中的另一个动作是为旗下的智能电视运营平台——广州欢网科技有限公司引入了实力股东——腾讯公司。2015年5月7日，TCL集团发布公告，广州欢网科技有限公司已签署增资协议，正式引入腾讯投资作为战略投资者。据公告显示，腾讯投资和天津诚柏各出资5 000万元分别获得增资后欢网科技7.143%的股权。增资完成后，TCL集团和长虹创新投资继续各持有欢网科技27.394%股份，为前两大股东，天津诚柏持股比例增至20%。

作为智能电视的服务商，欢网科技基于电视屏幕，面向智能电视、OTT、IPTV和互动电视的运营商，提供一站式的智能电视解决方案和运营服务。通过一套端到端的运营支撑平台、EPG生态系统、应用商店生态系统和教育、游戏、生活等平台业务，欢网科技力求实现各种增值业务和商业模式，帮助运营商和终端厂商实现互联网服务价值转型。

很显然，欢网科技此次引入腾讯等战略投资者，除了获得资金支持外，还将协同新老股东的业务资源，以提升直播流量和垂直业务变现能力。

资料来源：改编自施建."电视院线"启动试点 TCL突围内容运营[N].21世纪经济报道，2015-05-14.

作为传统意义上的硬件厂商，TCL在内容运营上不断寻求突破点。结合上述案例，从有助于企业可持续成长的角度，请你就TCL集团应当如何确定企业愿景和企业使命发表看法。试着勾勒TCL发展的战略目标、长期目标和年度目标，并从中体会目标体系对企业发展的重要作用。

■ 比较研究

分别访问中国东方航空公司（http：//www.ceair.com）和中国国际航空公司（http：//www.airchina.com.cn）两家公司的官方网站，了解公司发展的历史和战略规划，并对以下内容做出比较：

1.公司使命与愿景。

2.海内外经营业务。

3.社会责任的履行。

■ 推荐阅读文献

1.万建华，戴志望，陈建.利益相关者管理[M].深圳：海天出版社，1998.

2.哈梅尔，普拉哈拉德.竞争大未来——企业发展战略[M].王振西，译.北京：昆仑出版社，1998.

3.饶远立，邵冲.46家国内企业使命陈述的实证分析[J].南开管理评论，2005（1）.

4.王晶晶，杨洁珊，胡成宝.企业社会责任的研究现状及未来展望——基于CSSCI来源期刊中经济学、管理学类期刊上文章的分析[J].管理评论，2010（8）.

5. King D L， Case C J， Premo K M.Does company size affect mission statement content?[J].Academy of Strategic Management Journal，2014，13（1）.

第二部分

战略环境评价

宏观环境：PEST
中观环境：五力模型
微观环境：战略集群
内外部结合评价
• 投资组合
• SWOT
• 价值链间联系
外部资源评价
内部资源评价
资源观：异质性与能动性
企业活力与长寿公司
核心竞争力
价值链
战略基础
战略环境评价
战略模式设计
战略选择与执行
战略变革与创新

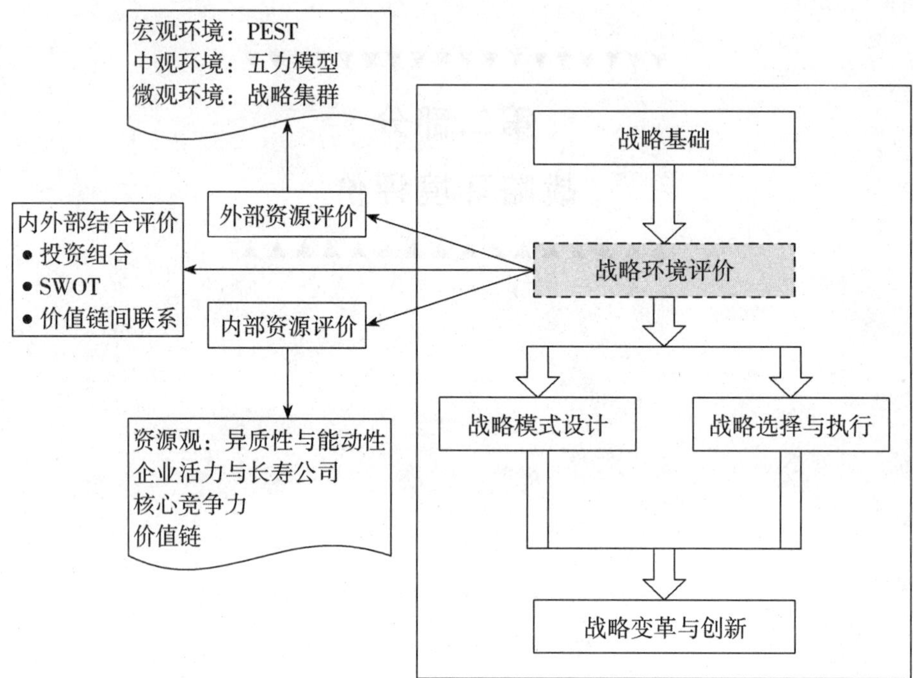

战略管理知识结构图谱

第3章 外部环境与投资组合评价

学习目标

任何一种战略只有与企业所面临的外部环境相匹配，战略的价值才能真正得以体现。研究、评估战略环境特点及其变化趋势是战略管理活动的重要一环。通过本章学习，能够系统地分析影响企业战略的外部环境因素，重点掌握波特关于行业结构的五种竞争力分析模型，了解战略集团分析的方法，熟悉波士顿矩阵、通用矩阵和产品—市场演变矩阵等投资组合分析在企业战略中的应用原理。

开篇导读 快递业迎来大发展

2015年的中央一号文件首次提及快递行业，称要完善农村物流体系，加快发展主产区大宗农产品现代化仓储物流设施，完善鲜活农产品冷链物流体系。2015年年初，国家邮政局提出启动“快递下乡”工程。

快递业集体下乡已是大势所趋，数亿农村网民的网购需求亟须满足。一直以“高大上”著称的顺丰速运曾宣布鼓励内部员工创业农村网点，掘金农村网购市场。顺丰开启内部员工“农村自主创业”模式，也被业内视为继2014年布局县级城市后，进一步渗透农村的大战略。在业内看来，电子商务正在打破农村原有消费的局限，拉近其与城市的距离，网购为农村快递市场带来一片蓝海。

由于配送不便，农村快递市场主要被EMS占据，民营快递企业鲜有涉及，但农村快递市场蛋糕越来越大，有着近7亿人的网购潜力。2014年，淘宝网曾有数据指出，县城人均网购消费甚至比一二线城市多出近千元。此外，随着消费者对生活品质的重视，以产地直采、直供模式为消费者提供农特产品的电商开始受到青睐，而此类电商网站无不靠着方便、快捷的物流体系为消费者服务。

跨境电商的兴起正描绘着快递业的“出国”蓝图。对快递业而言，借跨境电商东风“出国”淘金已是大势所趋。申通快递董事长陈德军更是将2015年视为申通国际化战略确定和发展的元年。

相较于国外成熟的快递市场，国内快递业品牌集中度相对较低，前期行业进入的低门槛使得整个行业较为混乱。在业界资深人员看来，互联网红利还有多少值得行业思考，未来三年快递业或将迎来行业洗牌。

目前“双11”对快递业而言仍然是利大于弊。统计数据显示，每年“双11”期间的高峰将会成为次年的常态。“双11”间接推动了快递企业在基建等方面的投入。未来三年国内快递业仍将处于以低价换量的阶段，但这种模式并不具备可持续性。

资料来源：改编自佚名.2015年快递发展趋势[EB/OL].[2015-01-05].http://www.56lem.com/news/show-1037.html.

企业是一个复杂的生命体，任何一个企业发展都受到环境因素的制约，环境是每个企业赖以生存的土壤。战略管理的一项重要任务是应付环境不确定性。环境越是动态的、越是复杂的，环境的不确定性就越大。企业外部环境是指存在于企业周围，影响企业经营活动及其发展的各种客观因素及力量的总和。它们与企业有着密切的联系，并对企业产生重大的影响。企业外部环境既可能给企业带来市场机会，也可能给企业造成环境威胁，从而直接或间接地影响到企业战略活动。在战略制定之前或战略实施过程中，企业必须时刻关注战略环境因素，只有使环境、战略与组织之间保持一种动态的和谐关系，企业战略才可能真正体现其价值。

3.1 外部环境分析概述

企业外部环境分析是制定战略的重要依据，也是战略实施必须考虑在内的重要因素。外部环境越是充满动态性和复杂性，环境就越加具有不确定性，战略管理的难度也就越大。企业面临的外部环境可以分为两个层次：一是外部宏观环境；二是行业中观环境。同样的外部环境条件，对于有的企业来说，可以意味着一种机会，但对于其他企业来说，却又可能是一种威胁。

3.1.1 外部环境分析的意义

1.保证战略决策的科学性和正确性

科学性就是战略决策与计划要有客观的依据，反映事物的发展趋势，符合客观规律的要求；正确性就是主观符合客观，不仅符合当前实际，而且要尽可能地符合客观实际的动态变化，符合未来的发展趋势。企业进行战略决策和编制具体经营计划，必须认真研究客观实际情况，掌握大量的资料、数据、发展动向、环境要求和限制条件。通过分析这些来自企业外部的环境因素，企业可以了解国内外政治、经济、科学技术和社会文化发展动向，了解党和国家有关的路线、方针、政策、法律、法令、规定、规划，调查国内外市场供给与需求的矛盾，以及市场发展的基本趋势。对于具有战略思想的企业家和谋求长期发展的企业来说，只有清楚地掌握了上述环境因素和环境变化趋势，才能保证所制定的发展战略和经营策略符合实际，做到科学性和正确性的统一，才能有效地避免盲目决策和战略失误。

2.保证战略决策的及时性和灵活性

及时性就是指企业战略制定时掌握信息迅速，决策不失时机；灵活性则是指在企业的外部环境发生变化时，能够迅速做出相应的有效决策，抓住对企业有利的机会，避开对企业不利的风险，求得企业的生存和发展。企业的外部宏观环境经常会出现以下两种情况：一是出现有利于企业的条件，或叫有利于企业发展的“机会”；二是出现不利于企业的因素，也叫有碍于企业生存的“风险”。

企业如果重视环境的调查研究，那么，一旦企业外部环境出现了有利于企业发展的机会，就能及时掌握这些信息，做出迅速正确的决策，从而采取相应的有力措施，推动企业进一步发展；当不利于企业的因素出现时，企业同样能敏感地掌握这些情况，及时研究对策，避开风险，趋利避害，从而也大大增强了企业的适应能力和经营活力。

3.提高战略决策的稳定性和效益性

稳定性就是指企业一旦做出决策，就要求在计划期内把决策方案贯彻始终，不允许朝令夕改；效益性就是决策方案要以尽可能小的代价，取得尽可能好的经济效益。企业的环境条件尤其是外部环境在不断发生变化，如市场上出现种种新的需求或出现需求停滞现象时，往往使企业的决策与计划不得不做出相应的调整。一方面要求相对稳定，另一方面又要适时调整，这就出现了矛盾。解决这一矛盾的重要办法，就是要加强对环境的调查和预测，提高战略决策工作的预见性，尽可能预见到未来一定时期的发展趋势，努力做到以小变应大变，以少变应多变，适应变化着的环境的新要求，减少大调整带来的损失，保证企业在比较长的时期内，能够带来尽可能满意的经济效益和社会效益。

3.1.2　企业外部环境的特征

1.复杂多样性

外部环境的多样性是指环境因素数量多。我们可以找出非常多的环境因素，但极有可能造成“只见树木，不见森林”的情况，没有对那些真正影响企业的重要环境因素形成全面认识，环境的复杂多样性不仅表现在环境因素数量的多寡上，而且还表现在环境因素种类的多寡上，即多样化方面。影响企业的外部环境因素不是同属某一类或几类，而是多种多样、千差万别。随着时代的发展，企业作为一个动态开放的系统，其外部环境因素也将随着时代的发展而发展，因而企业所面临的外部环境会变得更加复杂多样。

2.多变性

企业的外部环境总是处于不断变化的状态之中，有些变化是可预测的，是渐进式的；而有些变化是不可预测的、突发性的。没有一家企业自始至终会面临着不变的外部环境条件。外部环境的多变性，要求企业的外部环境分析应该是一个与企业环境变化相适应的动态分析过程，而绝非一劳永逸的一次性活动。战略的选择也应依据外部环境的变化做出修正或调整。企业要不断分析与预测未来环境的变化趋势，当环境发生变化时，为了适应这种变化，企业必须改变战略，制定出适应新环境的战略。

3.相对唯一性

虽然每个企业在其生产经营活动中都处于外部环境的动态作用之中，但是对每个企业来说，它面对着自己唯一的外部条件，也就是说，企业面临相对单一的外部环境。即使是两个同处于某一行业的竞争性企业，由于它们本身的特点，以及企业家所具有的不同分析视角和分析能力，对环境的认识和理解是不同的。环境相对唯一性的特点，要求企业的外部环境分析必须要做到具体情况具体分析，不但要把握住企业所处环境的共性，而且要抓住其个性。同时，要求企业的战略选择不能套用现成的战略模式，而是要根据自身的特点，形成自己独特的战略。

4.相对稳定性

企业外部环境具有相对稳定性，是指企业生产经营活动在一段时期内，企业所处行业中的位置、法律条例、经济政策等外部环境具有一定的连续性，并不会出现巨大的变化。在稳定性越高的外部环境中，企业越加可以用过去的经验、知识处理经营中的问题。面对稳定程度低的环境，企业无法仅用过去的知识和经验去处理经营中的问题。随着环境稳定程度的降低，环境的可预测性随之降低，不可预测性则逐渐提高。在稳定程度低的环境里，企业所能了解的只是环境变化的微弱信号，企业经营将面临许多不可预测的突发事件。

3.2 宏观环境分析法

企业外部宏观环境既可能给企业带来市场机会，也可能给企业造成环境威胁，从而直接或间接地影响到企业战略活动。企业外部宏观环境分析是企业战略管理的基础，是对企业战略态势分析的重要组成部分。只有在充分认识影响企业战略的政治、经济、社会、科技等外部环境因素的基础上（见图3-1），企业才能制订出明确的战略方案，并采取能有效应对外部环境不确定性的具体策略。

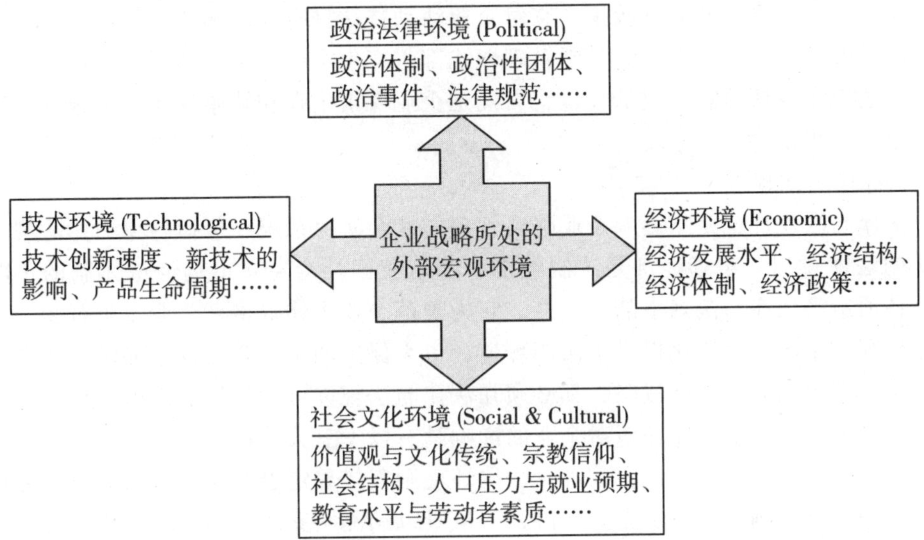

图3-1 外部宏观环境PEST分析法

3.2.1 政治法律环境分析

企业政治法律环境是指影响企业制定战略、实施战略和控制战略的各种政治变量、政策变量和法律制度。政治法律环境给企业带来的影响异常明显，它常常决定、制约和影响企业的生产和经营行为，尤其是影响企业较长期的投资行为。从动态的角度看，当一个国家处在政权更迭期、改革突破期、稳定发展期和内乱时期，政治的变动性环境对企业影响是不一样的。应当说，没有政治局面的稳定，我国改革开放的成果就难以巩固，建设和谐社会的步伐也必定会受挫。

就政治法律环境对战略影响的分析，应当重点关注以下内容：

1.政治体制

政治体制是指国家的基本制度及国家为有效运行而设立的一系列制度，如国家的政治和行政管理体制、政府部门结构及选举制度、公民行使政治权利的制度等。国家的政治体制决定了政府的行为和效率。而且，政治体制常常制约着宏观经济调控的方式和力度，从而影响企业的经营方式和自身战略选择的灵活度。如在计划经济体制下，企业只是政府的附属机构，效率低下。在市场经济体制下，企业拥有相对独立的自主权，政府更多的是运用间接手段对企业加以引导和宏观调控。

2.政治性团体

工会、青年团、妇联等，这些政治性团体对国家政治决策具有很大的影响作用，有时也会使企业政治环境发生重大变化。根据党的十六大精神，建设和谐社会，必须切实尊重职工的主人翁地位，认真落实和发挥工会和职工代表大会在民主决策、民主管理、民主监督中的作用。

3.党和国家方针政策

这是在一定阶段内指导国家政治、经济、文化等全局性、方向性、原则性的规范。企业必须遵循这些方针政策，它对企业活动往往具有控制和调节的作用，包括对企业的领导制度、生产经营和日常管理模式都将产生深远的影响和制约作用。充分地利用、适应企业所面临的政治环境，无疑是企业谋求生存和健康发展，实现其战略管理的重要前提条件。

4.法律与法规

法律与法规环境是指影响企业战略管理的社会法律系统，包括各项法律法规以及企业的法律意识。市场经济是法制经济，随着我国社会主义市场经济体制的不断完善，各项经济法律与法规也陆续出台。它为规范企业主体资格、企业竞争行为、市场交易规则、市场环境优化提供了法制环境，也为保护消费者合法权益提供了依据，企业无论是制定战略和实施战略，都必须在法律与法规许可的框架范围内进行活动。

总体上看，政治法律环境对企业的影响具有以下三大特点：一是直接性。国家政治环境直接影响着企业的经营政策，法律环境则直接界定着企业经营活动的可能性边界。二是难以预测性。对于企业来讲，一般难以预测国家政治环境的变化趋势。三是不可逆转性，即政治法律环境因素一旦涉及企业，就会使企业发生十分迅速和明显的变化，企业必须学会根据政治法律环境变化，及时调整发展思路和经营战略。

3.2.2　经济环境分析

企业经济环境是指构成影响企业战略制定、战略实施和战略控制的各种经济变量及经济政策。经济变量包括各种经济要素的性质、水平、结构及变动趋势等内容，经济政策是指中央和地方各级政府在调控宏观经济运行时，所推行的经济发展战略及其指导思想。它们对企业战略有着重要的影响。

就经济环境对战略影响的分析，应当重点关注以下内容：

1.经济发展水平

经济发展水平是指一个国家经济发展的规模、速度及其所达到的水平。常用来反映一个国家经济发展水平的指标有：国民生产总值、国民收入、人均国民收入、经济发展速度、经济增长速度等。对企业而言，通过这些指标的变动趋势分析，可以认识国家经济全局发展状况和变化动向，利用全国各省市的统计资料、各行业的统计资料，以及本企业自身的历史数据，加之时间序列（各年度数据）的比较，可以从中认识宏观经济形势和本企业在相关行业中所处的位置；同时，企业可以根据经济环境的发展变化，制定或适时调整企业战略。研究企业战略，必须以市场需求为前提；研究市场需求，则必须以居民收入水平、居民可承受的价格幅度、居民的储蓄倾向等资料为依据。

2.经济结构

经济结构主要包括七个方面的内容，即产业结构、消费结构、技术结构、投资结构、流通结构、城乡结构和就业结构。其中，最为重要的是产业结构，最为严重的是就业结构。实践证明，社会经济结构上如果出现失衡，立即会波及相当范围与数量的企业不能正常开展生产经营活动，甚至造成国民经济的危机。

关注社会经济结构的变化动向，及时妥善地调整企业的经营活动，主动适应宏观经济环境变化，可以保证企业的安全与健康，有时还能把握时机，开拓创新，推动企业的发展。

3.经济体制

经济体制包括两方面的内容：经济形式和经济制度。前者从商品经济活动的方式方法入手，包括从自然经济、商品经济到产品经济的进化过程；后者是以产权制度为核心，包括一系列权力要素的组合。企业进行战略管理，重点要分析特定经济形式下的特定经济体制问题，它规定了国家与企业、企业与企业、企业与各经济部门的关系，并通过一定的管理手段和方法，调控或影响社会经济活动的范围、内容、途径。

4.经济政策

经济政策包括综合性的全国经济发展战略和产业政策、国民收入分配政策、价格政策、物资流通政策、金融货币政策、劳动工资政策、对外贸易政策等。宏观经济政策是国家根据一定时期经济领域中普遍的问题提出的针对性政策，它规定企业活动的范围、原则，引导和规范企业经营的方向，以协调企业之间、经济部门之间、局部与全局之间的关系，保证社会经济正常运转。

综上所述，经济发展水平、经济结构、经济体制和经济政策四个要素组成了企业所面对的基本经济环境。它们相互结合着整体地影响企业的生存和发展。在经济新常态下，中国经济呈现出速度变化、结构优化、动力转换三大特点。如经济增速虽然放缓，实际增量依然可观；经济增长更加平稳，增长动力更趋多元；经济结构优化升级，发展前景更加稳定。在此背景下，企业应当增强对经济环境变化的高度敏感性。不要因为企业经营管理活动千头万绪，也不要因为被迅速变幻的微观环境因素所缠绕，就忽略对宏观经济环境的监测、了解，忽略对宏观环境给企业所带来的机遇的把握。

【战略聚焦】　中国经济新常态的九大特征

习近平总书记指出："我国发展仍处于重要战略机遇期，我们要增强信心，从当前我国经济发展的阶段性特征出发，适应新常态，保持战略上的平常心态。"新常态之"新"，意味着不同以往；新常态之"常"，意味着相对稳定，主要表现为经济增长速度适宜、结构优化、社会和谐。转入新常态后，中国经济正在呈现以下九大特征：

第一，从消费需求方面看，个性化、多样化消费渐成主流。过去我国消费具有明显的模仿型排浪式特征，现在模仿型排浪式消费阶段基本结束，个性化、多样化消费渐成主流。

第二，从投资需求方面看，新技术、新产品、新业态、新商业模式的投资机会涌现。经历了30多年高强度大规模开发建设后，传统产业相对饱和，基础设施互联互通和一些新技术、新产品、新业态、新商业模式的投资机会大量涌现，对创新投融资方式提出了新要求。

第三，从出口和国际收支方面看，出口继续对经济发展发挥支撑作用。国际金融危机发生前国际市场空间扩张很快，出口成为拉动我国经济快速发展的重要动能，同时，我国出口竞争优势依然存在，高水平引进来、大规模走出去正在同步发生。

第四，从生产能力和产业组织方式方面看，生产小型化、智能化、专业化将成为产业组织新特征。过去供给不足是长期困扰我们的一个主要矛盾，现在传统产业供给能力大幅超出需求，产业结构必须优化升级，企业兼并重组、生产相对集中不可避免，新兴产业、服务业、小微企业作用更加凸显，生产小型化、智能化、专业化将成为产业组织新特征。

第五，从生产要素相对优势方面看，必须让创新成为驱动发展的新引擎。现在人口老龄化日趋发展，农业富余劳动力减少，要素的规模驱动力减弱，经济增长将更多依靠人力资本质量和技术进步，必须让创新成为驱动发展新引擎。

第六，从市场竞争特点看，从数量扩张和价格竞争转向以质量型、差异化为主的竞争。

第七，从资源环境约束条件看，必须推动形成绿色低碳循环发展新方式。过去能源资源和生态环境空间相对较大，现在环境承载能力已经达到或接近上限，必须推动形成绿色低碳循环发展新方式。

第八，从经济风险积累和化解看，化解以高杠杆和泡沫化为特征的风险将持续一段时间。

第九，从资源配置和宏观调控看，要全面把握总供求关系新变化，科学进行宏观调控。

以新常态来判断当前中国经济的特征，并将之上升到战略高度，表明中央对当前中国经济增长阶段变化规律的认识更加深刻，正在对宏观政策的选择、行业企业的转型升级产生方向性、决定性的重大影响。这是国内企业进行战略环境分析必须正确面对的客观态势。

资料来源：根据李慧.新常态九大特征[N].光明日报，2014-12-24等相关资料整理。

3.2.3　社会文化环境分析

企业社会文化环境是指影响企业战略制定，战略实施的各种社会文化因素。主要包括：社会阶层的形成和变动、就业预期、人口增长率、人口流动、人口年龄结构的变化、社会中权力结构、生活方式、价值观及社会氛围等。这些环境因素的变化，必然都要反映到企业中去，严重影响到社会对企业产品及劳务的需求，也改变着企业的战略决策。

就社会环境因素对战略影响的分析，应当重点关注以下内容：

1.教育水平和劳动者素质

教育水平和人口素质是相互联系的，整个社会的文化教育水平高，对企业来说就可以获得高质量的人力资源；反之，当教育水平低下时，劳动力素质低，很难适应企业的生产经营活动，影响企业的经济效益。如果企业花费巨额投资进行培训和教育就会使企业的生产成本迅速提高。战略制定和战略实施均与管理人员的教育水平和劳动者的素质密切相关。

2.人口压力与就业预期

应当说，全球就业形势都很严峻，我国劳动力资源占世界的1/3，就业形势则更为严峻。构成我国未来劳动就业压力的来源主要有：劳动年龄人口的自然增长；农村剩余劳动力的加速转移；企业下岗失业人员；提前退休人员的再次就业；年复一年毕业的大中专学生；政府机构精简分流人员；部队转业退伍军人等。并且，来自上述七个方面的就业压力，供求矛盾还将持续存在，甚至极有可能还会恶化。

从企业发展的角度来说，制定和实施企业战略，必须考虑以下三个问题：一是企业必须承担起维护社会稳定的相应责任，多方面缓解社会就业压力；二是企业应当重视人力资源开发管理工作，包括在社会保障制度还不完善的条件下，对下岗工人实行再就业培训和转岗分流，而不应把下岗分流人员简单地向社会一推了之；三是转变观念，不能一味地将吸纳社会劳动力就业视为一种企业负担，而必须切实有效地树立起“人力资本”的概念，尽可能发挥企业现有员工的才能。

3.人口迁移与人口年龄分布

在计划经济体制下，我国人口迁移的可能性是极为有限的。城市和农村是两个各自独立的自我循环系统，两大系统间商品流通和要素流动都是借助于严格的计划经济系统来实行的。1978年改革开放以后，城乡人口迁移频繁，发生迁移的机会增多，如经商、升学、参军等各种途径。人口迁移给企业用工提供了广泛的选择空间，特别是农村剩余劳动力流入城市，还进一步优化了城市的产业结构，给企业带来了商机。

人口年龄分布的变化也是值得关注的问题。当前，随着医疗技术的进步和社会保障体系的不断完善，人口老龄化问题在很多国家已经出现，在我国也有这种趋势，老年人市场也逐渐活跃起来。这将使老年医疗保健市场、老年福利设施市场、老年用品市场有较大的扩展机会。

4.价值观与社会文化氛围

随着社会主义市场经济的发展，人民的物质文化水平得到极大提高，人们的生活方式及工作方式都发生了较大变化，价值观也呈现出多元化趋势，社会文化氛围也出现了积极追求时尚、追求个性化的倾向，这对企业的产品及服务都提出了多样化的要求，由此也引发对企业产品及服务的新需求。

中国传统文化是一个丰富的宝库，许多传统的文化理念至今还深深地影响着企业管理的各个层面，如诚实守信、义与利的统一、职业道德与社会责任等。作为企业战略管理者，必须高度重视挖掘优秀的中国传统文化，培养一种爱国主义、集体主义高尚情操。同时，我们也要借鉴和吸收国外先进的管理理念，如日本的团队精神和美国的创新精神。

3.2.4 技术环境分析

企业的技术环境是指企业所处的社会环境中的技术要素以及与该要素直接相关的各种社会现象的集合。技术环境对企业的影响是累积渐进的，但是一旦出现重大的技术突破，技术环境就会对经济和企业产生全面的、革命性的影响，从根本上改变企业的活动方式。对于一家企业来讲，必须特别关注所在行业的技术发展动态和竞争者技术开发、新产品开发方面的动向，各地政府和企业界应当对科研投入、新发明/发现、技术转移的速度和技术换代的速度表现出足够的关切。

对于企业而言，在战略制定中必须考虑技术因素带来的机会和威胁。技术的进步极大地影响到企业的产品、服务、市场、供应商、分销商、竞争者、用户、制造工艺、营销方法及竞争地位。技术进步可以创造新的市场，产生大量新型的和改进的产品，改变企业在行业中的相对成本及竞争位置，也可以使现有产品及服务过时。技术的变革可以减小或消除企业间的成本壁垒，缩短产品的生命周期，并改变雇员、管理者和用户的价值观。技术进步可以带来比现有竞争优势更为强大的新的竞争优势。同时，一种新技术的发明或应用可能又同时意味着“破坏”。因为一种新技术的发明或应用会促进一些新行业兴起，同时伤害乃至消灭另外一些行业。

3.3 行业结构分析原理

行业结构分析是指企业对自身所从事的行业进行有关行业竞争结构、行业内战略集团以及行业价值链的总体判断，进而为企业市场定位和战略管理活动提供科学依据的评估过程。企业管理者如果能够准确把握行业结构，深入分析行业的竞争过程，从而挖掘竞争压力的源泉和确定各个竞争压力的变化趋势，企业战略制定就越有效，在市场竞争中就越能获得主动。行业结构分析从属于企业中观环境的分析，也是战略管理过程中不可或缺的内容。

3.3.1 五种竞争力量的扩展性均衡

企业所面临的一个直接环境因素就是企业所从事的行业。行业是企业生存发展的空间，也是对企业生产经营活动产生最深刻影响的因素之一。行业内竞争结构的不同，对企业采取何种竞争原则以及何种竞争战略都具有深刻影响。

美国哈佛商学院教授迈克尔·波特（Michael E. Porter）认为，行业内企业间激烈竞争的程度取决于所在行业内在的竞争结构。一个行业内存在着五种基本竞争力量，即潜在进入者、替代品、供方、需方以及行业内现有竞争者，如图3-2所示。

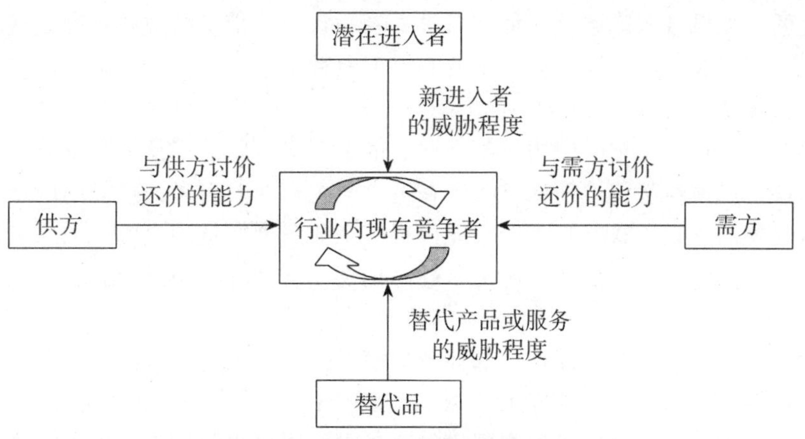

图3-2　行业内五种竞争力量模型

从静态角度看，这五种基本竞争力量的状况及其综合强度，决定着行业内竞争的激烈程度，决定着行业内的企业可能获得利润的最终潜力。从动态角度看，这五种竞争力量抗衡的结果，共同决定着行业的发展方向。作为特定行业内的企业，必须时刻关注行业竞争结构的现状和行业竞争结构的变化趋势，并据此制定出企业拟从事的行业领域和企业发展战略。同时，企业还必须根据行业竞争结构的态势，适时而适度地做出相应的战略调整，从战略形成的观点看，五种竞争力量共同决定行业竞争的强度和获利能力，但是，各种力量的作用是不同的，常常是最强的某个力量或某几个力量处于支配地位、起着决定性的作用。例如，一个企业在某行业中处于极为有利的市场地位时，潜在的加入者可能不会对它构成威胁。但如果它遇到了高质量、低成本的替代品的竞争时，就可能会失去其有利的市场地位，只能获得低的收益。有时，即使没有替代品和大批的进入者，现有竞争者之间的激烈抗衡也会限制该企业的潜在收益。

五种力量中的每一种都是行业结构或作为行业基础的经济特征和技术特征的一个函数。行业结构是相对稳定的，但又随行业发展的进程而变化。结构变化改变了竞争力量总体的相对强度，从而能够以积极或消极的方式影响行业的盈利能力。那些在市场竞争中获得成功的企业，很大程度上是因为它们选对了行业，以及在对五种竞争力量的认识上比竞争对手略胜一筹。所以说，迈克尔·波特的行业结构分析法可以使企业避免栖身于毫无吸引力的行业领域。

3.3.2　行业竞争结构分析

1.潜在进入者的威胁

在某一个特定的行业内，潜在进入者或新进入者都会给行业带来新的生产能力，他们也都有获得市场占有率的强烈愿望。特别是从其他市场进入该行业从事多样化经营的公司，常常会利用其财力造成某个行业的剧变。这种情形可能造成价格暴跌或行业内部企业费用飞涨，由此，总体上降低了行业内的获利能力。

潜在进入者能否进入某个行业以及进入某个行业后的威胁程度，取决于现有进入障碍的高低。如果进入障碍高，那么，原有企业激烈反击，新进入者对行业所带来的威胁程度低；如果进入障碍低，那么新进入者对行业所带来的威胁程度就高。

构成一个行业进入障碍的因素主要有以下七种来源：

第一，规模经济。

规模经济是指在一定时期内，某项产品的单位成本随着产品绝对量的增长而趋于下降的趋势。规模经济将迫使新进入者在进入某个行业时，考虑这样的两难选择：如果采取大规模的进入方式，将承受行业内现有企业强烈反抗的风险；如果采取小规模方式进入该行业，又将面临相对成本过高的劣势，这将会延缓潜在进入者的进入时间。

几乎每个企业的所有职能部门都涉及规模经济。如制造、采购、研究与发展、市场营销、服务网络等方面都可能存在规模经济。例如，在计算机主机行业中，生产、研究、市场营销和服务部门都存在规模经济，它们同时也是新进入者进入该行业的主要障碍。

规模经济可能与某个完整的职能领域有关，也许只产生于特定的经营业务或活动，这些经营业务活动是某个职能领域的组成部分。例如，在电视机制造中，彩色显像管生产的规模经济具有决定性意义，而在外壳细木工艺和整机组装工作中，规模经济的意义就不大重要了。因此，对于一个企业来说，有必要分别研讨成本的各个组成部分，分析其单位成本与生产规模之间的特殊关系。

第二，产品差异化程度。

产品差异化程度是指已经立足的那些企业拥有了受到消费者确认的品牌和客户忠诚度。这种消费者对品牌的认同和客户忠诚度，产生于那些企业以往的广告宣传、客户服务、产品多样化等，或者仅仅是由于它首先进入该行业所致。产品差异化程度迫使新进入者不得不耗费巨资去征服现有的客户，由此构成了新进入者的进入障碍。攻克这种进入障碍的努力通常意味着前期投产的损失，要闯出某种新牌子的投资所冒风险是非常大的。并且，一旦进入失败，这种投资就没有什么残余价值了。在儿童保健用品、化妆品等方面，产品差异化程度或许是最重要的进入障碍。

第三，资本的要求。

参与行业竞争所需要消耗的巨额投资会构成某种进入障碍，尤其是该资金需用于有风险的或未能补偿的、预支的广告宣传或研究与开发的场合。不但购买生产设施需要资金，而且像客户赊账、存货或弥补投产亏损之类也都需要资金。新进入者只有在把握大量资金并愿意承受高风险的情况下才能进入，特别是那些资金密集型行业。例如，美国施乐公司并不采取直接销售复印机，而采取出租复印机的方式，大大增加了新进入者所需要的流动资本，从而对进入复印机行业者造成了较大的资本障碍。

第四，转换成本。

转换成本是指某个购买者变换供应方，从一个供应方转向另一个供应方购买产品时，所需支付的一次性成本。这种转换成本可能包括重新训练业务员的费用、购置新的辅助设备的费用、测试某项新来源或验证其是否合格所花费用等，甚至包括由于切断已有关系而造成的心理费用。如果转换成本很高，且企业又难以在内部消化掉，那么新的进入者只有在费用或产品性能方面做出较大的改进后，买主才能转移出来。

第五，分销渠道。

对一个行业内新进入者来说，必须为其产品获得分销渠道，产品才有可能到达消费者手中。当行业内原有的企业合乎逻辑地控制了分销渠道时，新进入者必须承受高的进入障碍。新进入者必须通过价格削减、商业广告、津贴等方法来说服那些分销商接受其产品，这种做法势必会减少新进入者的利润。

某产品可利用的批发或零售渠道越少，现有企业越是会设法堵住新进入者进入该渠道，此时，新进入者进入该行业就更为艰难。如果现有企业与这些分销商存在一种长期的、稳定的、紧密型的联系，提供的是一种高质量的服务，甚至与某个特定的制造商建有专门关系，那么，对新进入者来说，进入障碍是如此之高，以至于新进入者想利用它都是不现实的，这就意味着其必须开辟出一条全新的分销渠道。

第六，不受规模支配的成本优势。

这是指那些不管潜在进入者的规模如何以及是否达到规模经济的程度，他们都无法达到类似于已立足企业可能拥有的那种成本优势。

不受规模支配的成本优势，最为重要的包括以下几种因素：专有的产品工艺、取得原材料的有利途径、政府对已立足的企业所给予的优惠补贴、知识曲线或经验曲线。

第七，政府政策。

政府的政策、法规和法令等可能会在某行业中形成进入障碍。例如，政府可以借助大气和水源污染标准以及产品安全法规等控制手段对进入者加以限制。这里，要求新进入者污染达标势必会增加进入者所需的技术难度和资金。与人体健康有关的行业（如食品加工业）中的企业生产必须达到产品检验标准，也迫使投产准备期大大延长，提高了进入障碍。政府在这些领域内制定的政策更多的是从直接的社会效益角度考虑的，但它客观上也会对事先认识不足的新进入者构成进入障碍。

与此同时，潜在进入者在进入一个行业前，必须首先假定自己进入该行业时，对已有竞争对手做出反抗的可能性及其行为进行准确的预期和分析。因为，竞争对手预期的报复也将构成进入者的进入障碍。如果预计现有竞争对手会做出强有力的反应，以至于新进入者感到在行业内想长期生存下去十分困难，那么，新进入者完全有可能遇到被排挤出局的状况。

2.行业内企业间的竞争关系

当一个或更多的行业竞争者感到有市场压力或看到存在着改善其地位的机会，现有竞争者之间的抗衡就发生了。而且，在绝大多数行业内，某个企业采取的竞争性行为，会对其竞争对手产生强烈的影响，进而会触发报复或抵制该项行动的努力，如果行动和抵制逐步升级，那么，该行业内所有的企业都会受到牵连。现有竞争者之间抗衡所采取的手段，主要有价格竞争、广告战、引进新产品以及增加对消费者服务等。

第一，产生抗衡的原因分析。

一是行业内存在着为数众多的竞争者或势均力敌的竞争者。当一个行业内的企业为数众多时，各企业自行其是的可能性是比较大的，必然会有一定数量的企业为了占有更大的市场份额或取得更高的利润，而突破本行业规定的一致行动的限制，独立行动，设法打击、排斥其他竞争性企业。这就很自然地会引发现有竞争者之间的共同抗衡，即使在企业数量相对较少的情况下，如果它们势均力敌，无论在规模上还是在财源上都保持着相对平衡，也会产生互相较量，并都会认为拥有足够的财力以进行持续而又激烈的报复。

二是高固定成本或高库存成本。当行业内出现生产能力过剩时，高固定成本对所有能够充实生产能力的企业来说，都会产生强大的压力，往往会导致价格削减的迅速升级，甚至价格战会此起彼伏地发生。如20世纪80年代后期，国内彩电市场上就曾发生过十分相似的数次价格大战。

当行业内的企业具有较高的库存成本时，企业为了尽快销售积压商品，也会不得不采取降低价格的行动，结果，企业能够获得的利润减少了。

三是缺乏产品差异化。在市场上提供的商品缺乏差异化的情况下，买主的选择主要从价格和服务两个层次考虑，由此导致激烈的价格和服务竞争的压力。事实上，像价格战这类行为是十分不可取的，一个企业的降价行为可以很容易地被竞争对手模仿，你搞“十点利”，我就搞“八点利”，最后产生了“不求半点利，但求不亏损”的现象。现有竞争者之间的恶性竞争对谁都没有好处，结果使所有企业的收入水平都降低。相反，如果存在产品差异化，在某种程度上就形成了一些针对冲突的隔离层，因为购买者对一些特定的卖主有其自身的偏好和忠诚程度。

四是生产能力的大幅提高。在一些特定的行业内，规模经济将要求企业必须大幅提高生产能力，生产能力的提高又会破坏行业的供求平衡，导致行业内供过于求，从而迫使企业不断降价，甚至还会引发行业内生产能力的大面积过剩、价格削减的周期性循环、现有竞争者之间抗衡的无限延续。

五是不同性质的竞争者。在战略、起源、个性以及与其母公司的关系上各不相同的竞争者，会有各自不同的战略目标和不同的战略选择。竞争者性质不同，采取的竞争方式和手段也就不可能相同。

由于所处的环境不同及目标常常变化，不同的企业具有形形色色的战略意图和战略行为。国外竞争者往往愿意采用低于正常投资报酬率的收益来达到渗透异国市场的目的。然而，对于本国公认的大型竞争者来说，这种低收益显然是无法接受的。如果企业把市场理解为解决生产能力过剩的出路，那它就会采取倾销过剩产品的方法。而那些采用多种经营战略的企业，如果延伸进入某行业经营的产品被视为厚利产品，那它就会采取扩大或巩固销售量的方法；如果被视为成长中产品，那它就会以整个公司为后盾设法扩大市场份额。而那些小型企业，与上述企业又不同，它们为了保持自主经营，可能愿意以低于正常水平的价格来扩大自己产品的销路，使大企业产品的销路受到限制，进而激化行业内现有竞争者之间的竞争。

六是行业增长缓慢。如果行业增长快速，由于各企业可以在保持与行业一致的情况下，充分发挥自身握有的资金和资源优势来发展自己，市场竞争相对缓和些。如果行业增长速度缓慢，有限的发展必然会使生产能力过剩、开工率严重不足，行业内企业为了寻求出路，纷纷将市场占有率作为争夺目标，由此引发现有竞争者之间的残酷竞争。

七是退出障碍过高。退出障碍是指经营困难的企业全面退出市场的障碍。退出障碍过高，过剩的生产能力不能及时离开本行业，那些在竞争中败北的企业也无法放弃经营。结果，这些经营不善的企业不得不在市场上艰难地维持着最后一线生机，消耗着最后一点资源，它们同样也会使整个行业利润率保持在较低的水平。

在此，需要特别指出的是，退出障碍主要是由以下原因造成的：高度专门化的资产；诸如劳动合同费、安置费、设备零部件维修费等在内的退出费用高；与公司经营业务相关的其他事业部战略的连带性影响；与本企业发生业务往来或发生经济纠纷的单位强烈反对；内部雇员过激情绪及反生产性行为；政府和社会的限制。

当我们把退出障碍和进入障碍组合起来评价获利情况时（见图3-3），可以发现，最佳组合方式为进入障碍高而退出障碍低的组合，因为新加入者受阻，经营困难的企业又将退出此行业。如果两者都高，潜在的盈利能力虽大，但往往有更大的风险，因为经营不好的企业仍留在该行业不能退出。两种障碍都低时，进入与退出都很容易，利润低而风险小。最差的组合是进入障碍低，退出障碍高，容易进入，一些暂时的引起利润上升的因素能使新加入者进入，当情况恶化时，经营不成功的企业也必须留在行业内部参加竞争，这就使本行业不仅利润低，而且风险大。

退出障碍＼进入障碍	高	低
高	高收益高风险	低收益高风险
低	高收益低风险	低收益低风险

图3-3　进入障碍与退出障碍组合评价

第二，行业内企业间抗衡格局的变化。

行业内部现有竞争者之间的抗衡不是一成不变的，当出现以下因素变化时，行业格局将会发生新的变化：

一是行业生命周期所处的阶段发生更替。行业成熟期发生的行业增长率的变化，是一个明显的例证。当行业进入成熟期，其增长率下降，企业之间抗衡加剧，利润下降，实力单薄的企业就会被淘汰。

二是企业技术革新。当行业内出现某种革命性的技术变化时，一方面可能降低产品生产成本，另一方面可能出现新的替代品，从而迅速打破原有的竞争格局，引发竞争格局的激烈冲突。

三是经营方式的变革。任何一种商品都有其成熟的分销渠道和经营风格，一般企业都能进入该分销渠道并掌握经营风格。如果某企业首先打破常规，开辟新的分销方式（如专卖店），引进新的经营风格（如把书店搬进零售商场）等，将会有效地改变原有的竞争格局。

四是管理模式的变革。企业内部高层管理者发生人事变动，或者企业被兼并，原来的企业管理模式将会发生较大变革，甚至行业间的不同管理文化都将发生交汇、渗透，并会引发原有行业格局的变化。

五是企业战略的变革。企业虽然必须面临那些决定行业抗衡强度的因素，但它们可以在制定与改变战略上寻找活动空间。比如，企业可以通过满足顾客生产经营需要的产品设计，或使顾客依赖于自己的技术等，提高顾客的转换成本；可以通过产品的变化、市场营销的革新、提供新型服务等，提高产品差别化程度，或以避免直接面对具有较高退出障碍的竞争者的方法，避开卷入激烈的削价竞争，或者设法降低自己的退出障碍等。

3.替代品的威胁

从广义上说，任何一个行业内的所有企业都与生产替代产品的企业进行着竞争。替代品所提供的可供选择的价格指标越吸引人，则对行业利润的限制越严格，就越有可能降低原有企业的收益。不过，许多行业内领先的企业，对替代产品的识别往往是一件非常困难的事情。

决定替代品威胁的主要因素有：

第一，替代品的性价比。如果新产品的“性价比”高于老产品，新产品对老产品的替代就有着必然性。

第二，转换成本。顾客转换使用替代品所需付出的转换成本高低，会影响到替代品的威胁大小。顾客对替代品的使用倾向越小，对现有产品的偏好越高，则替代品威胁越小。

第三，替代程度。产品替代有两种类型：一种是直接替代，即某一种产品直接取代另一种产品，例如苹果计算机取代IBM计算机。通常，关于产业定义中的替代品指的就是直接替代品。还有一种是间接替代，即由能起到相同作用的产品非直接地取代另外一些产品。例如，E-learning对传统教学／培训的替代，电子邮件对传统邮政的替代等。当然，对某些产品来说，直接替代品与间接替代品的界限并不一定十分清晰，直接替代品与间接替代品的划分不是绝对的。

【战略聚焦】　受益铜价高涨　替代品走俏

2011年2月，伦敦金属交易所（LME）3个月期铜当年首度突破每吨10 000美元大关，延续自2008年年底以来逾200％的涨势，同时也引发了关于需求可能受损的担忧。

铜业泡沫程度很大，主要是上游利润占比过高，而下游企业在成本压力下，应用新材料替代铜是大势所趋，未来市场将有较大的替代空间，重点在家用电器、电力线缆、电子材料等。以空调铜铝连接管为例，用铜铝连接管替代全铜连接管，导热率低得多，铝管的导热能力只是铜管的47％，保温效果好，节能明显；而且成本比全铜连接管低50％，每台连接管节铜约1.1千克。重量减轻约30％。

国内有研究机构称，当铜价在高于7.5万元／吨以上运行时，铜替代品的市场需求旺盛，而当铜价回落至6.5万元／吨时，铜替代品的竞争力大幅降低，而铜的需求又会大大增加。

资料来源：改编自曹开虎，黄盛剑.铜价攀升 替代品市场走俏[N].第一财经日报，2010-12-02.

4.购买方的讨价还价能力

对于行业内的企业来说，买方是一个不可忽视的竞争力量。买方可以通过以下手段参与竞争：要求降低价格，指望获得更高的质量或更多的服务，甚至在完全损害行业获利能力的情况下可以任意地摆布竞争者们，使他们彼此作对。重要的买主集团对行业所竞争能力所产生的影响，取决于该集团所处市场的特性，以及该集团在该行业的购买活动与整个业务相比较的重要性。作为行业内的企业，总是想通过寻找拥有极少相反影响力的购买者，以提高其战略地位。

决定购买方力量的因素主要有：

第一，购买方的集中程度。如果购买方相对集中并且大量购买，即购买方集中程度高，如通常由几家大公司控制，则购买方处于强势地位。如果供应商行业急需补充生产能力，那么大宗商品的购买商就更具有特别有利的谈判地位。

第二，购买方数量。如果购买的产品占购买商全部费用或全部购买量的比重大，购买商讨价还价的能力就大；反之，如果只占购买商全部费用的一小部分，那么购买商通常对价格不是很敏感，无须讨价还价。

第三，购买方转换成本相对企业转换成本的高低。如果购买商的购买转换成本高，购买商将固定在特定的供应商身上；相反，如果转换成本低，购买商讨价还价的能力就强。

第四，购买方信息。当购买商掌握供应商充分的信息时，购买商便会在交易中享有优惠价格，而且在受到供应商威胁时可进行有力的反击。

第五，后向整合能力。购买商有采用后向一体化对供应商构成威胁的倾向，他们宁愿自己生产而不去购买。

第六，替代品。从该行业购买的产品属标准化或无差别的产品，购买商在这种情况下确信自己总能找到可挑选的供应商，从而使供应商之间互相倾轧。

第七，价格敏感性。如果购买商的利润很低，他们会千方百计地压低购买费用，要求降低购买价格。高盈利的购买商通常对价格不太敏感，同时他们还可能从长计议，考虑维护与供应商的关系和长期利益。

5.供应商的讨价还价能力

供应商可以通过提价或降低所购货物和服务的质量等手段，削弱购买方讨价还价的能力。上文使买方变得强大的条件也反映出那些使供应方变得强大的条件。

决定供方力量的因素主要有：

第一，供应商对本行业的竞争压力。其表现在要求提高原材料或其他供应品的价格，减少紧俏资源的供应或降低供应品的质量等。

第二，替代品投入的现状。若存在合适的替代品，即使供应商很强大，他们的竞争能力也会受到牵制。

第三，供方的集中程度。如果供应商集中程度较高，即原材料的供应完全由少数几家公司控制，而本行业集中程度却较低，出现少数几家公司供给行业中众多分散企业的局面，则供应商通常会在价格、质量和供应条件上对购买者施加较大压力。

第四，批量对供方的重要性。若供应商要达到经济规模的产量必须很大，供应商便面临增加产量的压力，因此供应商的谈判力量就相对较小。

第五，供应商的成本占最终产品全部成本的百分比。若供应商的产品（原材料）成本占企业最终产品的成本百分比很高时，企业会对该产品的价格相对敏感，因此会向供应商施加压力以寻求降价的可能，或者转而寻求其他供应来源，由此会使供应商的谈判力量相对变弱。

第六，前向整合／后向整合的能力。如果供应商有可能前向一体化，就更增强了他们对本行业的竞争压力，使自身议价谈判的筹码更重；反之，制造商越有能力向后整合，则供应商的谈判力量就越小。

3.3.3　行业内战略集团分析

行业内战略集团的分析，是根据行业内每个企业战略地位的差别，把企业划分为若干个不同类型的战略集团，并据此分析集团内诸企业间的相互关系、各集团间的相互关系，帮助新进入者进行准确的市场定位。

1.战略集团的概念

战略集团是指行业内执行同样或类似战略，并具有类似战略特性的一组企业（见图3-4）。在行业中，具有相同战略与相同地位的企业，有可能结合成战略集团。在同一战略集团内，企业在生产规模和市场占有率等方面可能有所不同，但它们的性质相同，处于相同的竞争地位，对环境变化的反应也会有所相同。所以，一个企业通过分析战略集团构成，可以更为清楚地发现近处和远处的竞争者，把握企业战略变化的可能性影响。

可以用来识别战略集团的维度，主要分为三个层次：首先是组织变量，如规模和范围、纵向一体化程度、多样化、与政府的关系等；其次是营销与产品特征，如价格、质量、形象、技术领先度、服务等；最后是财务变量，如成本、债务水平等。为了准确识别战略集团，必须选择这些维度的2～3项，并且将行业内的各个公司在图中标出。不过，一般要避免选择那些所有公司都相同的维度。

如图3-4所示，横轴代表纵向整合程度，纵轴代表产品专业化程度。对于战略集团来说，这是两个重要的约束因素。实际上，战略分析者还可以根据竞争状态分析的需要，确定出更重要的约束因素，以便更清楚地勾画出行业中不同类型的企业集团分别处于何种竞争地位。由此，行业内产生了各种由相同特点的企业构成的，但又具有不同特征的战略集团A、战略集团B、战略集团C、战略集团D等。

2.战略集团的特性

同一个行业里，尽管每个战略集团内的企业个数不同，但该战略集团内的不同企业间的战略类同。如果所有的企业都执行着基本相近的战略，则说明该行业只有一个战略集团。如果每个企业都采用与众不同的战略，则该行业有多少个企业就存在多少个战略集团。不过，在正常的情况下，每个行业中只有个数不多的战略集团。

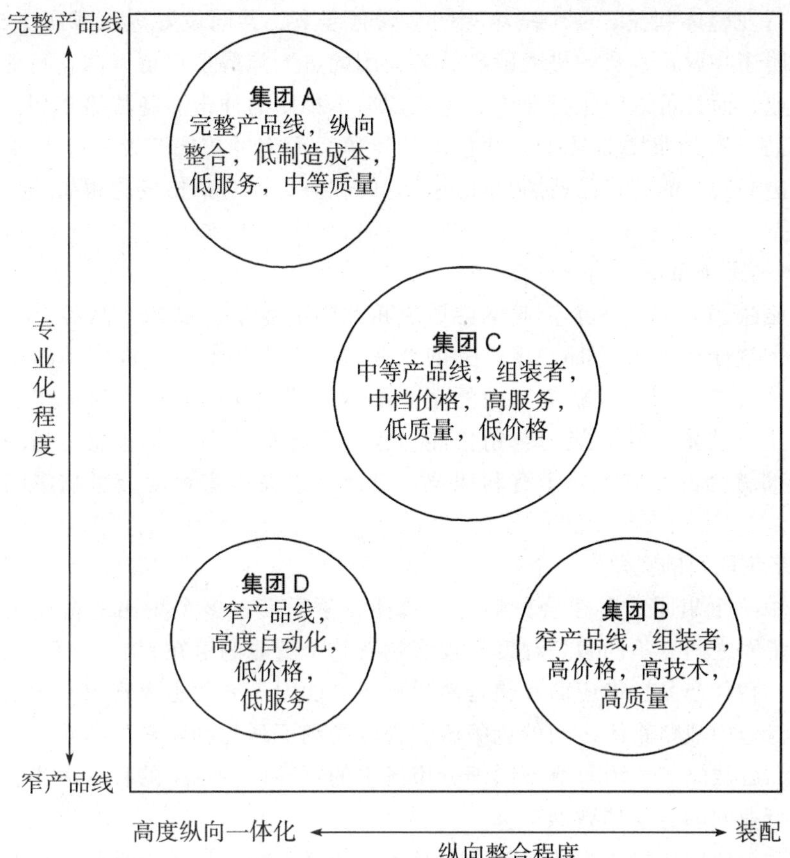

图3-4 既定产业的战略集团图

战略集团的差异主要表现在其生产经营活动的重点不同，主要包括以下几个方面：

第一，纵向一体化程度不同。一部分材料和零部件集团自己生产，另一部分则完全从外部采购；一部分销售渠道和网络集团自己拥有，另一部分全靠批发商和零售商。

第二，专业化程度不同。有的集团只经营某一种产品和服务项目，有的则生产多品种、多规格的产品，从事多项服务，还有的跨行业经营不同产品或服务项目。

第三，研究开发重点不同。有的集团喜欢追求新产品投放市场的领先地位，不断地推出新产品以满足顾客的需要；有的集团研究重点并不是考虑最早推出新产品，而是重点应用新的生产技术、改进生产工艺，力争产品质量和成本的领先优势。

第四，营销因素侧重点不同。有的集团重视维持产品的高价位战略，还有的集团则喜欢采取低价位战略；有的集团重视对最终用户的营销服务，还有的集团则侧重于加强与生产企业或原材料供应商的联系，以便进一步巩固贸易伙伴关系。

在同一个行业里，不同的战略集团之间总会存在这样或那样的差别，从而形成各集团在行业中的不同竞争地位。结果，不同战略集团在面对同一种外部环境条件的变化或某种威胁时，就会采取不同的态度和行为。例如，面对潜在进入者的威胁，由于关系到本行业整体利益，各个战略集团会联合起来，共同设置进入障碍。与此同时，各战略集团还会设置各自的进入障碍。各集团的进入障碍不仅可以防止行业外部企业进入本行业，而且可以防止行业内其他集团向本集团的冲击。各战略集团对替代品所产生的威胁，有的集团非常担心替代品的竞争，而有的集团产品由于很难出现替代品，就不担心潜在的替代品威胁。此外，有的战略集团对价格变化很敏感，有的则完全相反。

3.战略集团内部的竞争

在战略集团内部，各个企业也会形成相互间的竞争。例如，当各个企业的经济效益主要取决于生产规模时，规模大的企业就处于优势地位，规模小的企业就处于劣势地位。此外，同一战略集团内的企业虽然采用相同的战略，但各企业在研究开发能力、生产技术、管理能力与销售能力等方面存在差别，那些能力强的企业在战略集团内部就会占优势，处于有利地位，进而可以在一定程度上影响集团内的其他企业。

4.战略集团间的竞争

行业中多个集团的存在会影响行业总体竞争程度，多个集团的存在会使竞争激烈。战略集团之间竞争的激烈程度不仅影响着整个行业的潜在利润，而且在对付潜在的进入者、替代产品、供应商和销售商讨价还价能力等方面也表现出很大的差异性。

一个行业中战略集团之间的竞争激烈程度受到下列几种因素的影响：

第一，各战略集团为争取不同细分市场中的顾客进行竞争的程度大小，竞争的程度越大，行业间的竞争越激烈。

第二，行业内战略集团数量越多，且各个战略集团的市场份额越相近时，战略集团间的竞争越激烈。

第三，如果其他条件相同，集团间的战略差异越大，集团间就越可能只发生小规模的摩擦。集团奉行不同的战略导致它们在竞争思想上有极大的差别，并使它们难以相互理解他人的行为，从而避免茫然的竞争行动和反应。相反，如果集团间战略差异越小，产业内战略集团之间的竞争越激烈。

第四，根据战略集团图上的位置可以确认出企业的竞争对手。一般来说，在战略集团图上，战略集团之间相距越近，成员之间的竞争越激烈。同一战略集团内的厂商是最直接的竞争对手，其次是相距最近的两个集团中的成员厂家。战略集团图上两个相距甚远的战略集团内的成员企业几乎没有竞争可言。

3.4 投资组合分析技术

资金和盈利是企业生产经营活动中的两大中心问题。只有通过对企业资金的综合平衡和效益分析，企业才能形成一个统一的战略体系。作为企业战略决策者来说，如何对各种经营方案从多方面进行衡量、评价，并做出优化选择，是一件非常重大的事项。其中，最重要的是占用资金和实现盈利的多少，这就与投资问题有关。另外，企业必须根据市场的变化，对已提供市场的产品做出发展、维持现状、收缩或淘汰、退出市场的不同决策。同时，要对新产品开发和投放市场的时机做出决策。所以说，无论是老产品调整或新产品开发都会涉及资金投资组合的问题。

3.4.1　基本分析法

投资收益分析评价方法很多，按其是否考虑资金时间价值，可分为静态分析法和动态分析法。前者不考虑资金时间价值，而后者则考虑到资金的时间价值。

1.静态分析法

静态分析法中最基本的方法，有投资报酬率法和投资回收期法。

第一，投资报酬率法。

这是一种通过计算平均每年净收益与平均投资额比率，来进行投资决策的方法。其计算公式为：

$$投资报酬率=\frac{年平均净收益}{平均投资额}\times 100\%$$

企业在进行实际投资方案选择时，可以选择那些投资报酬率高或满意的方案。

第二，投资回收期法。

这是一种根据收回原始投资额所需的时间长短来进行投资决策的方法。其计算公式为：

$$投资回收期（年）=\frac{原始投资额}{每年现金净流入量}$$

其中，现金净流入量包括由于投资使企业增加的盈利额和收回的固定资产折旧费。投资回收期越短，反映资金收回速度越快，在未来期内承担的风险越小；投资回收期越长，反映资金收回的速度越慢，在未来时期内可能承受的风险也越大。因此，企业在进行投资决策时，可用投资回收期的长短作为选择投资方案的依据。

静态分析法计算比较简单，但不精确。对短期投资方案作粗略评价时，此法简易实用。但国外常用的是考虑资金时间价值的动态分析法。

2.动态分析法

在经济活动中，一定量的货币资金在不同的时间点上具有不同的价值。把钱存入银行，可以获得利息而增值。用于投资，可以获得利润报酬而增值。随着时间的推延，资金的增值越大。因此，通常把货币在周转使用中由于时间因素形成的差额价值，称为资金的时间价值。或者说，资金具有时间价值的特性。

企业的投资，将越来越多地来自于资本市场或银行。企业只有在考虑资金时间价值的情况下，对投资或收益进行比较，才能得到正确的评价。所以，西方企业在做投资决策时，多采用动态分析法，最基本的方法有两种：净现值法和内部收益率法。

第一，净现值法。

净现值（Net Present Value，NPV）法是目前国外评价投资方案经济效益最流行、最重要的方法之一。净现值是指投资方案未来的净现金流入量的现值同它的原投资额的差额。净现值可以按如下公式计算：

$$NPV=\sum_{i=1}^{n}\frac{K_t}{(1+i)^t}-K_p$$

式中：i——贴现率；K_p——原投资额；K_t——t期的净现金流入量。

当净现值大于零、等于零、小于零时，分别表示投资收益的现值大于、等于、小于投资额。凡NPV为正数，说明该方案的投资报酬率大于所用贴现率，表示方案可取；反之，则为不可取。净现值NPV越大，说明投资的经济效益越好，在投资额相同的情况下，净现值最大的方案为最佳方案。

第二，内部收益率法。

内部收益率（Internal Rate of Return，IRR）是指投资方案在使用期内净现金流入量现值等于原投资额时的利率。可通过下式求出：

$$\sum_{i=1}^{n}\frac{K_t}{(1+r)^t}=K_f$$

式中：K_f——原投资额；K_t——t期的净现金流入量；r——利率，即内部收益率。

只要计算出来的内部收益率大于投资贷款利率，则投资方案是可以接受的。显然，内部收益率越大，说明获利能力越强。

总之，企业的生产经营活动与投资决策具有密切的关系。任何营销策略和产品方案的制订与选择都要通过投资分析与评价，相互配合，才能保证达到预期的效果。

3.4.2　波士顿矩阵法

波士顿咨询集团（Boston Consulting Group）是美国一家较有名望的商业咨询公司，曾对美国57个公司620种产品进行了长达3年之久的调查，发现这样一个问题：如何将企业有限的资源有效地配置到合理的产品结构中去，以保证企业收益，是企业在激烈的市场竞争中能否取胜的关键所在。并且，当且仅当企业的产品品种及其结构符合市场需求特点的变化时，企业才能生存下来。由其首创的波士顿矩阵法，又称波士顿咨询集团法、四象限分析法、产品系列结构管理法，它是一种用来规划企业产品组合的方法。

1.基本原理

波士顿矩阵法，是以销售增长率和市场占有率两个指标，将企业所有的产品经营业务作为一个整体，分析企业相关产品或经营业务之间的现金流量平衡问题，以实现产品发展和资金良性循环的局面（见图3-5）。

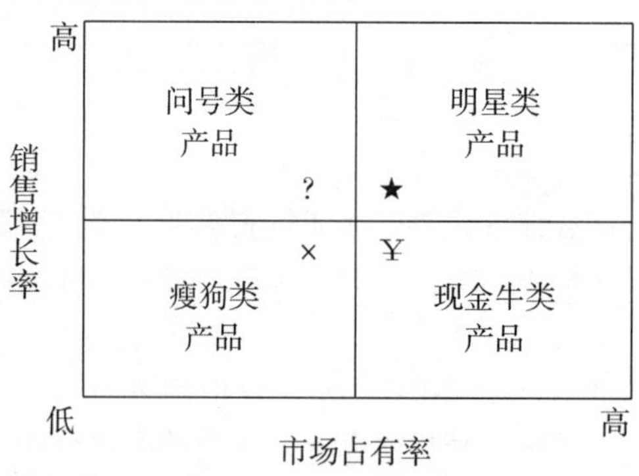

图3-5　波士顿矩阵

如图3-5所示，纵轴表示销售增长率，既可以用特定时期销售量（单位：件）增长率表示，也可以用特定时期销售额（单位：元）表示；横轴表示相对市场占有率。波士顿矩阵将纵轴和横轴分别区分为高、低两个水平段。

任何一种企业产品或经营业务都可以在图3-5中找到其相应的位置。我们可以根据不同产品或经营业务在坐标图中所处的位置，将企业产品或经营业务区分为四个象限，依次为问号类产品（?）、明星类产品（★）、现金牛类产品（￥）和瘦狗类产品（×）。

在使用波士顿矩阵图分析时，企业可以将所有产品归入不同象限，使企业对现有产品组合一目了然，便于对处于不同象限的产品做出不同的发展决策，以保证企业不断地淘汰无发展前景的产品，重点培育有前途的产品，维持问号类产品、明星类产品、现金牛类产品的合理组合，保证产品市场占有率，以及实现资金分配结构的良性循环。

2.不同象限产品的特点及其对策

处在波士顿矩阵图四个象限的产品或经营业务，具有不同的特点，实践中应当根据产品或经营业务的特点制定不同的发展对策。

第一，问号类产品。

问号类产品（Question Marks）是指处于高销售增长率、低市场占有率象限内的产品群。前者说明市场机会大，前景好。而后者则说明在市场营销上存在着一定问题。其财务特点是：利润率较低，所需资金不足。例如：在产品生命周期中处于导入期，因种种原因未能有效开拓市场局面的新产品即属问号类产品。对于问号类产品，它可能有两种不同的未来发展前景：一是在维持较高销售增长率的前提下，可以让问号类产品成为明星类产品；二是在市场占有率得不到进一步提高的前提下，销售增长率不断下降，以至于沦落为瘦狗类产品。所以，正确的选择应当是采取选择性投资战略，即首先确定对该象限中那些经过改进可能会成为明星类产品的产品，进行重点投资，提高市场占有率，使之转变成“明星类产品”，对那些将来有希望成为明星类的产品，则在一段时期内采取扶持的对策。因此，对问号类产品的改进与扶持方案一般均列入企业长期计划中。对问号类产品的管理组织，最好是采取智囊团或项目组织等形式，选拔有规划能力，敢于冒风险、有才干的人负责。

第二，明星类产品。

明星类产品（Stars）是指处于高销售增长率、高市场占有率象限内的产品群。这类产品有可能成为企业的现金牛类产品。其财务特点是：具有一般水平的利润率和负债比率，但由于该类产品增长较快而显得资金不足，需要加大投资以支持其迅速发展。正确的选择应当是采用重点扶持、重点投资、重点培育的发展战略，即积极扩大经济规模和市场机会，以长远利益为目标，提高市场占有率，巩固并不断增强竞争地位。对明星类产品的管理与组织，最好采用事业部制组织结构形式，由对生产技术和销售两方面都很懂行的经营管理者来负责。

第三，现金牛类产品。

现金牛类产品（Cash Cow）是指处于低销售增长率、高市场占有率象限内的产品群。从产品生命周期的角度看，这类产品大都已经进入成熟期。其财务特点是：销售量大，产品利润率高，负债比率低，可以为企业提供资金，而且由于增长率低，也无须增大投资。正确的选择应当是采用收获战略。即重点考虑如何为企业回收资金，以支持其他产品发展，尤其是用来支持明星类产品的投资，以及用来支持问号类产品转变成为明星类产品。对这一象限内的大多数产品，市场占有率的下跌可能是不可阻挡的，因此，采用收获战略时，必须考虑所投入资源以达到短期收益最大化为限。具体对策为：第一，把设备投资和其他投资尽量压缩；第二，采用类似“吃干榨尽”的方式，争取在短时间内获取更多利润，为其他产品提供资金。不过，对于该象限内那些销售增长率仍能有所增长的产品，应进一步进行市场细分，维持现存市场增长率或延缓其下降速度。对于现金牛类产品，适合于用事业部制进行管理，其经营者最好是市场营销型人物。

第四，瘦狗类产品。

瘦狗类产品（Dogs）是指处在低销售增长率、低市场占有率象限内的产品群。其财务特点是：利润率低，处于保本或亏损状态，负债比率高，无法为企业带来收益。正确的选择应当是采用撤退战略，首先，减少批量，逐渐撤退，对那些销售增长率和市场占有率均极低的产品应立即淘汰；其次，将剩余资源向其他产品转移；最后，整顿产品系列，最好将瘦狗产品与其他事业部产品合并，统一管理。

3.应用法则

在使用波士顿矩阵对企业产品或经营业务进行战略分析时，可以充分运用以下三大应用法则作为基本判断依据：

第一，移动线路法则。

一家企业合理的产品发展和资金移动，能够实现企业内产品间的相互支持、资金良性循环的局面。如图3-6所示，虚线代表资金移动方向，实线代表产品变化发展方向。

这是因为：当一个企业在不考虑举债经营的情况下，应当根据企业不同产品在市场竞争中的不同地位和作用，将“现金牛类”作为重要的资金来源，并把它作为战略发展的重点产品对待，所获资金可以用来弥补或支持明星产品发展，以及帮助问号类产品尽早成为明星类产品。

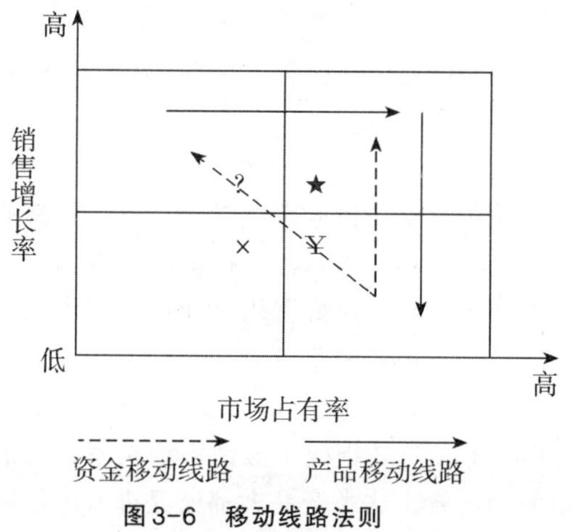

图3-6 移动线路法则

第二，成功月牙环法则。

企业所从事的事业领域内各种产品的分布如果显示月牙环形，这是成功企业的象征。如果分布散乱，则企业经营业绩较差。如图3-7所示，这里所指的月牙环形，是指自左至右依次增大，跨过横轴线的一个半圆环。当一个企业的产品较多地分布于月牙环内时，表明该企业产品结构中，明星类产品居多。因为这些明星类产品的销售增长率和市场占有率都高，企业处在较为有利的位置。

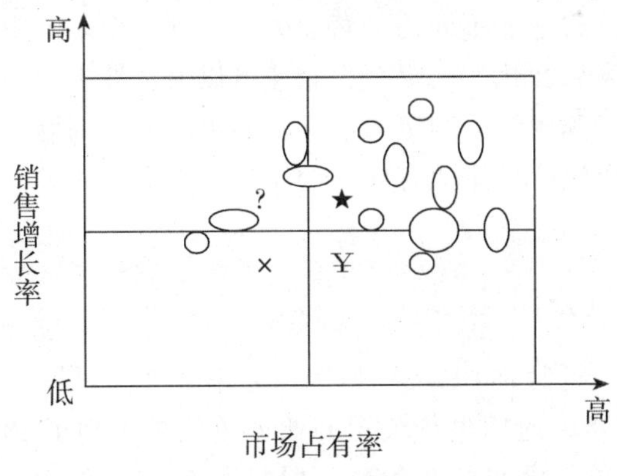

图3-7　成功月牙环法则

第三，东北方向大吉法则。

如果将波士顿矩阵图按地理方位标出东南西北方向时，图中东北方向表示产品越来越多地集中于明星类产品；西南方向表示产品越来越多地集中于瘦狗类产品。如果一个企业的产品越是集中于东北方向，则该企业的产品结构越有发展潜力；反之，如果企业的产品集中于西南角，则企业产品结构不合理，经营不成功。如图3-8所示，如果企业产品较多地集中于东北方向，企业自然处于较为有利的位置；反之，如果企业产品较多地集中于西南方，则企业处在不利的位置，这时，需要企业决策层有一种逢“凶”化“吉”的本领。

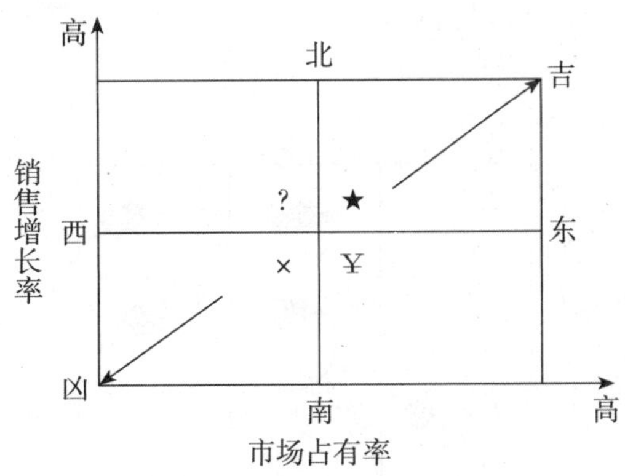

图3-8　东北方向大吉法则

4.启示

第一，该矩阵指出了每个经营业务在竞争中的地位，使企业了解它的作用或任务，从而有选择和集中地运用企业有限的资金。例如，企业要把“现金牛”业务作为重要的资金来源，并放在有限的位置上。同样，企业可以考虑把资金集中在将来有希望的“明星”业务或“问题”业务上，并根据企业实际情况，有选择地抛弃“瘦狗”业务和无望的“问题”业务。如果企业对经营的业务不加区分，采取“一刀切”的办法，规定同样的目标，按相同的比例分配资金，配备相等数量的机器和人员等，结果往往是对“现金牛”业务和“瘦狗”业务投入了过多的资金，而对“明星”业务和“问题”业务投资不足。这样的企业，难以长期获得发展。

第二，波士顿矩阵将企业不同的经营业务综合到一个矩阵中，具有简单明了的效果。在其他战略没有发生变化的前提下，企业可以通过波士顿矩阵判断自己各经营业务的机会和威胁、优势和劣势，判定当前面临的主要战略问题和企业未来在竞争中的地位。比较理想的投资组合是企业有较多的明星和现金牛业务，少数的问题业务和极少数的瘦狗业务。

3.4.3　通用电气公司法

通用电气公司法（通常称GE法）是美国通用电气公司最早设计使用的一种产品组合规划方法。1968年，通用电气公司的业务单位扩大到了200个，划分为50个事业部，各部门和业务单位之间的业务和计划互不衔接，甚至完全脱节，经营效率低下。公司高层管理者觉得必须创造出一种能够统一规划、指挥各项事业经营的手段，总公司在总体上能够实现业务间的平衡，实现产品、投资最优化。公司内部起初开始采用的分析技术只是波士顿矩阵法。后来，在波士顿矩阵的基础上，通用电气公司做出改进，并首创了通用电气公司法，或称之为通用矩阵。

1.基本原理

通用电气公司法，又称通用矩阵、行业吸引力矩阵，如图3-9所示。相对于波士顿矩阵，通用矩阵有了很大的改进，主要体现在以下三个方面：一是两个坐标轴上分别增加了一个中间等级，增加了战略变量，从而使原先的2×2矩阵演变为3×3矩阵。二是原先的横坐标由“相对市场占有率”改为“公司实力”。三是原先的纵坐标由“销售增长率”改为“市场引力”。

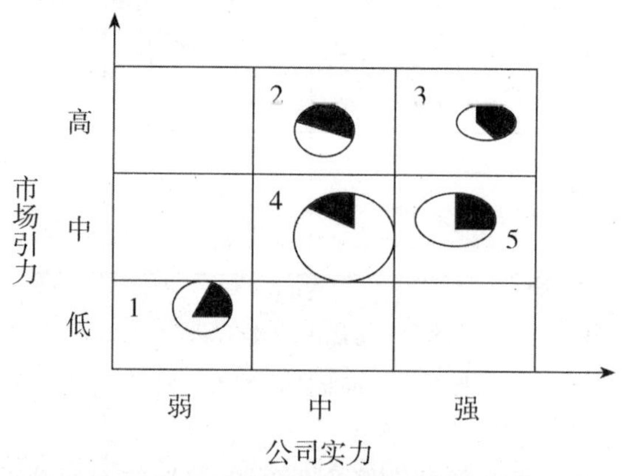

图3-9　通用电气公司法（通用矩阵）

在通用矩阵图中，横轴表示公司实力，可以用市场占有率、产品质量、技术力量、生产能力、管理水平等来考查，以衡量企业在市场竞争中的地位。纵轴表示市场引力，可以用影响市场或行业吸引力的行业增长率、市场价格、市场规模、获利能力、市场结构、竞争结构等来加以考察分析。公司实力和市场引力的值共同决定着企业产品或某项业务在通用矩阵中的位置。矩阵中圆圈面积的大小与行业规模成正比。圈中扇形部分（涂黑部分）表示企业产品或某项业务所占有的市场份额。

2.分析步骤及其应用

利用通用电气公司法来分析企业产品组合及其资源分配方案，应当按照以下工作步骤进行：

第一步：拟定标准。主要是确定评价企业产品或经营业务的具体项目及其加权值，然后根据具体情况确定公司实力强、中、弱的等次，确定市场引力高、中、低的等次。

第二步：评分。对企业所有的产品或经营业务按照公司实力和市场引力两大类具体指标的各项评分标准，分别计算出“公司实力”和“市场引力”的最后得分。表3-2为某企业“公司实力”的测定。

表3-1　**某企业“公司实力”的测定**

因素	权数	等级评定	加权分值
市场占有率	0.20	3	0.60
技术力量	0.18	4	0.72
生产能力	0.09	2	0.18
销售能力	0.20	4	0.80
产品质量	0.16	2	0.32
管理水平	0.17	1	0.17
总　计	1.00		2.79

第三步：定位。在图3-9的通用矩阵图内，按照“公司实力”和“市场引力”的最后得分，将本公司所有的产品或经营业务在九个象限内分别找到其相应的位置。可以像图3-9中那样，对1、2、3、4、5号产品分别进行定位。

第四步：决策。根据九个象限内不同产品或经营业务的特点，分别确定不同的战略选择方案。各个象限的战略思路如图3-10所示。

图3-10　基于通用矩阵的战略方案选择

一家企业可以借助通用矩阵，粗线条地勾勒出战略选择的基本思路。对于上述九个象限的不同战略决策，可以作以下归类分析：

第一类：投资／成长型战略。对于处在第Ⅰ、Ⅱ、Ⅳ象限的产品或经营业务，企业的基本战略选择思路应当是集中投入资源进行经营，利用所处的良好机遇，获取更多的利润。

第二类：选择／收益型战略。对于处在第Ⅲ、Ⅴ、Ⅶ象限内的产品或经营业务而言，企业的基本战略选择思路应当是密切关注产品或经营业务的未来动向，进行有选择性的投资。

第三类：缩减／停止型战略。对于处在第Ⅵ、Ⅷ、Ⅸ象限内的产品或经营业务而言，企业的基本战略选择思路应当考虑尽快缩减投资或撤退相关产品经营领域，重新寻找可供企业生存的发展空间。

■ 本章小结

企业外部宏观环境分析是战略态势分析的重要组成部分，是战略管理过程的重要一步。外部宏观环境对企业战略的影响可以从政治法律环境、经济环境、社会环境、技术环境四个角度切入并加以研究。

波特教授提出的关于行业结构分析的五种基本竞争力模型具有较高的应用价值。他主张：一个行业内存在五种基本竞争力量，即潜在进入者、替代品、供方、需方以及行业内现有竞争者。那些行业内执行同样或类似战略，并具有类似战略特性的一组企业就构成战略集团。

战略管理必须根据企业实际，及时调整产品组合，确定投资方向。根据是否考虑资金时间价值，投资收益分析法可以包括静态分析法和动态分析法。波士顿矩阵分为四个象限：问号类产品、明星类产品、现金牛类产品和瘦狗类产品。通用矩阵是对波士顿矩阵的改进，它不但扩大了纵横两个坐标的选取范围，而且由原来的2×2矩阵演变为3×3矩阵，从而提高了分析企业产品组合和资金配置的可行性。企业可以结合自身类型、产品和经营业务特点来选择合适的分析评估工具。

■ 复习思考题

1.简析企业外部宏观环境与企业战略之间的关系。

2.简述迈克尔·波特的行业竞争结构理论。

3.什么是战略集团?试联系实际分析战略集团的竞争关系。

4.简述波士顿矩阵的基本原理及应用法则的内涵。

5.分析通用矩阵九大象限的基本战略选择思路。

6.投资收益分析法分为哪两类?试说明其基本指标的经济含义。

7.试选择一个你认为熟悉的企业，就其外部宏观环境做出系统性的分析与评价。

8.一些企业家认为："波特关于行业结构分析的五力模型并没有考虑到政府的作用，而且，波特的五力模型更多地侧重于抽象意义上的分析，缺乏定量化的研究结论。"你对此有何评价？请阐述你的理由。

■ 案例分析题

晶科能源走出暗淡光伏业的怪圈

自2011年下半年起，由于国内产能过剩、欧洲市场需求下降与贸易壁垒等多重因素叠加，用进入“寒冬”来形容我国光伏行业毫不为过。期间最有代表性的事件即是在2013年3月，全球最大太阳能电池板生产商尚德电力宣布其在中国的主要子公司破产。无锡尚德的破产进一步暴露出全球太阳能行业的糟糕境遇。

在此之前，西方太阳能行业发生一连串倒闭事件，包括德国Q-Cells和美国Solyndra的破产事件。一连串企业倒闭尤其是大型企业倒闭，可以理解为行业见底的重要标志。遭受欧美“双反”（反倾销和反补贴）与国内产能严重过剩双重考验的中国光伏产业，是否还能迎来自己的第二个春天引人深思。

在经历了2011年的“寒冬”之后，代表着新能源发展方向的太阳能光伏产业似乎陷入了是“朝阳”还是“夕阳”的困顿状态之中。随着欧债危机的不断升级，长期依赖于政策补贴的光伏企业面临投资迅速下降的窘境，由于产能过剩，国内的晶硅制造业也自2011年起迅速出现产品积压以及资金链断裂等种种丑闻。

晶科能源是少数盈利的光伏企业之一。从晶科能源身上，我们看到：在目前大环境的影响下，整个光伏行业已走入“拐角”，开始从欧美市场转为亚非拉市场。并且，光伏行业此前的B2B模式正在严寒之下，光伏企业开始涉足B2C领域。

晶科能源需要认真考虑的还有产业链的困扰。太阳能光伏产业链包括多晶硅原料生产，硅棒、硅锭生产，太阳能电池制造，组件封装，最后形成光伏产品。整条产业链中，上游的晶体硅制备、切片环节技术门槛最高，利润回报最大，但却被欧美日传统七大厂商所垄断。有媒体甚至认为中国光伏太阳能产业形成了一条畸形的产业链，外观形状为“两头小、中间大”，或是“两头受制于人、中间内耗火并”，原材料和市场都在国外，而“中间”正是整个产业链中技术程度最低、最不具有竞争优势、最没有“高科技”含量的制造加工环节。

不过，近些年来，中国太阳能光伏企业积极应对，不断延伸产业链，实施垂直整合，尤以尚穗联盟最为完整。2007年，中国香港辉煌硅科技有限公司、无锡尚德、环太硅科技三家企业共同出资建立了辉煌硅能源（镇江）有限公司。2009年5月，环太与辉煌合并。在此期间，随着多晶硅生产商大全集团、亚洲硅业等公司的加入，一个涵盖完整的太阳能光伏产业链（多晶硅–硅片–太阳能电池以及电站系统集成）的光伏帝国俨然成型。

其实，晶科能源也在积极完善自身产业链。2010年6月，晶科能源与浙江太阳谷签订协议，以股权置换的方式完成了对浙江太阳谷的并购，利用浙江太阳谷的设备和技术，进一步完善自身的产业链，从而正式完成从硅片、电池片到组件的垂直一体化产业链模式。

然而，这些并无法从根本上改变欧美日七大厂商对原材料的根本性控制。

资料来源：根据梅岭.光伏业暗淡 晶科能源挑战B2C[EB/OL].[2012-03-08].http：//business.sohu.com/20120308/n337051097.shtml等整理改编。

结合本案例材料，通过进一步搜集相关资料，分析光伏产业的竞争情况。

1. 从光伏太阳能的产业结构来看，哪些环节是影响光伏太阳能企业发展的关键？

2. 对晶科能源而言，有无必要在原材料控制环节采取战略行动？

3. 光伏太阳能在中国的发展取决于哪些因素？

■ 比较研究

分别访问美的集团（http：//www.midea.com/cn/）和格力集团（http：//www.gree.com.cn）两家公司的官方网站，了解公司发展的历史和战略规划，并请完成以下任务：

1. 全面了解这两家公司所处行业的发展背景，应用波特五力模型分析中国家电市场的竞争特点。

2. 运用波士顿矩阵的四类产品划分标准，分析两家公司的产品结构状态。

■ 推荐阅读文献

1. 希尔，琼斯，周长辉. 战略管理[M]. 孙忠，译. 7 版. 北京：中国市场出版社，2007.

2. 爱尔兰，霍斯基森，希尔. 战略管理[M]. 赵红霞，张利强，等，译. 10 版. 北京：机械工业出版社，2014.

3. 徐飞. 战略管理[M]. 2 版. 北京：中国人民大学出版社，2013.

4. 赵晓月，胡登峰，戴强. 促进区域经济发展的主导产业选择研究——以合芜蚌为例[J]. 科技和产业，2012（2）.

第4章 内部资源与核心竞争力

学习目标

内部资源条件的分析是战略态势评估的重要组成部分。发掘组织内部具有异质性的、活性的要素并以此为基础，创建生命型组织，是企业战略管理的重要内容。通过本章学习，要求能够了解企业内部资源分析，熟悉企业活力的概念和结构，掌握价值链分析法，准确理解核心竞争力的基本特征及管理策略，并能理论联系实际地学会使用SWOT分析工具。

开篇导读　苹果的核心竞争力

在1996年乔布斯回归之前，苹果公司运营损失超过10亿美元，而此时的微软显得咄咄逼人，非常强势，当时推广Window95时，广告费就达5亿美元。乔布斯在1997年做的最重要的事情，就是把当时正在研发的各类项目砍掉大半，只保留了少数几项，他所坚持的原则就是"专注"。

乔布斯在解释苹果公司为什么能在手机行业里获得成功时这样说，手机制造商们已经解决了硬件问题，但他们无法做好软件。通常的仿造者会努力模仿硬件，这会让他们耗费一些时间。但是我们的软件比目前我们所看到的一切软件都至少先进5年。这一点他们很难超越。

重要的不是你能实现什么，而是你怎么实现（It´s not what you can do, it´s how you do it)。用户体验不是震撼性创新，而是把众多不被重视的细节做好。对苹果来说，易用性、操作的自然便利程度，不是所谓的卖点，而早已成了产品的灵魂。乔布斯还说过一句话："别问消费者他们想要什么，去创造那些他们需要但表达不出来的。"

苹果公司看似电脑、mp3、手机、平板等产品均生产，似乎很杂，但是，每一个领域只有一款产品。一个令人惊讶的发现是，苹果公司每年申请的专利很多，但是，这些专利往往不是为了研发新产品用的，更多的作用是为了"保护"或者"拓展"苹果所专注的那几个产品或者服务。

苹果可以发现并有能力满足用户的隐性需求，这就是它的核心竞争力，就是它可以卖得比别人贵但还能卖得比别人火的关键。换句话说，他们把用户体验做到了极致，找到了"蓝海"。苹果公司不但致力于将技术转化为普通消费者所喜欢的东西，更为重要的是，它能采取有效营销手段刺激消费者成为苹果"酷玩产品"俱乐部中的一员。

显性需求一般人都能明显发现并满足，但隐性需求是即使你做调查问卷，用户自己也说不出来，等你把东西做出来后，他就是用得爽，说不出具体原因，就是喜欢，手机行业表面看已经是一片"红海"状态，但苹果却在这当中找到了它的"蓝海"。

资料来源：根据《乔布斯自传》等公开文献资料整理而成。

任何一个企业的战略态势分析既要考虑特定的外部环境，又要注意分析企业内部的微观条件。虽然说，不断变动着的外部环境可能给企业带来机会，但是，只有具备了内部微观优势的企业，才能够更好地利用这种机会，并将这种机会转化为企业现实的盈利机会。企业的长处可以在外部环境赋予机会的时候得以施展，而企业的短处却限制了利用外部环境机会的可能性空间。因此，全面而系统地分析企业内部微观环境，已成为将企业有限资源最有效地运用于外界环境的关键，具有十分重要的现实意义。

4.1　企业资源分析

企业战略与资源之间基本的关系是企业战略必须要与企业资源相适应，在战略实施过程中应该有必要的资源保证。对这个问题切不可认为是理所当然的事情而掉以轻心，国内不少企业采取的是没有资源保证的战略，而它们又没有意识到存在的危险性。

4.1.1　企业内部资源的类型

企业内部资源可以分为有形资源、无形资源两大类，它是指组织向顾客提供产品或服务的过程中，所拥有或所控制的能够实现战略目标的各种生产要素的集合（见表4–1）。以资源为基础的战略观点可追溯到英国经济学家彭罗斯的贡献，其经典著作《企业成长理论》认为，一家企业能否获得高于平均水平的投资收益率，很大程度上取决于企业的资源状况。从20世纪80年代开始，以资源为基础的战略分析思维模式逐渐占据主导地位。1984年，沃纳菲尔特《企业资源基础论》一文的发表，标志着企业竞争优势理论中资源学派的诞生。

表4–1　　企业的有形资源与无形资源

<table>
<tr><td rowspan="3">有形资源</td><td>实物资源</td><td>企业的厂房、设备、半成品、产成品等</td></tr>
<tr><td>财务资源</td><td>企业的自有资金、留存利润
企业的借入资金</td></tr>
<tr><td>人力资源</td><td>员工数量、经验、能力、受教育水平、工资水平等</td></tr>
<tr><td rowspan="2">无形资源</td><td>技术资源</td><td>专利、商标、版权、商业机密、技术诀窍等</td></tr>
<tr><td>声誉资源</td><td>在用户中的信誉、品牌级别和名次、市场对质量和可靠性的印象、在供应商中的声誉</td></tr>
</table>

1.有形资源

有形资源是指看得见、摸得着、可以量化的资源，包括物质性资源和金融性资源两类。

首先，物质性资源包括企业所拥有的土地、厂房、机器设备、生产流水线、运输工具、办公设施，还有企业的原材料、产品、库存商品等。作为实物形态的资源，物质性资源一般可以从企业财务报表中反映出来。

当考虑一项物质资源的战略价值时，不仅要看到其会计科目上的数目，还要看到其产生竞争优势的潜力。物质资源的战略价值不仅与其账面价值有关，还取决于企业商誉、组织能力、地理位置、设备的先进程度等因素。

其次，金融性资源即财务资源，是指企业生产经营所需的各类资金，包括资本金、未分配利润、借入资金等，是构成企业最基本的资源之一。

对财务资源的内部评估，主要可以考虑分析：

第一，资产结构。资产包括固定资产、流动资产和无形资产。

第二，负债和所有者权益结构，包括流动负债、长期负债、资本金、公积金、未分配利润。

第三，利润结构，包括利润总额及其比例关系。

第四，销售收入结构，涉及各年销售收入的构成、波动等。

第五，总成本，包括生产成本、销售费用、财务费用等。

第六，公司盈利，包括公司各年的利润总和及其变动趋势。

第七，现金流量，指企业现金和现金等价物的流入和流出。

第八，融资渠道，企业融资渠道的多少及有效性反映了企业的实力，筹措资金的能力是衡量经营者能力的一个重要标志。

2.无形资源

无形资源主要包括信誉、口碑、组织模式、技术诀窍（Know-how）、专利、商标、版权等知识产权，以及网络、企业形象、品牌、企业文化等，它们通常并不在（或不能在）账面上反映出来。无形资源虽然是不以任何实物形式存在的资产，但它却能在流通中与有形资源相互作用，进而产生增值效用。

无形资源由于具有不可见性和隐蔽性，其价值常常被企业家所忽视。但是，对大部分公司来说，无形资源比有形资源对企业总资产价值的贡献更大，虽难以量化，却很可能是无价之宝。因为无形资源很难被竞争对手系统了解或简单模仿，是企业核心能力的基础。企业一旦拥有某种专利、版权和商业秘密，就可以凭借它们去建立自己的竞争优势。

无形资产价值的高低，取决于它的内在品质。以技术这种无形资源为例，企业所拥有的技术能否成为重要的无形资产，以及能够发挥多大的经济效用，显然与该项技术的先进性、独创性和独占性密切相关。不但如此，技术可能带来的经济价值还与其是否易于转移或扩散有密切关系。若某项技术易于模仿，或竞争对手很快就能学习掌握，或可以通过交易从市场获得；或者，该技术虽然具有尖端性、前沿性和独特性，但知识产权或专利并不归企业法人所有，而主要由某个自然人所掌握，当此人对企业的忠诚度并不高或者难以持久时，这项技术的价值就会大打折扣。反之，其战略价值就高得多。

4.1.2　企业内部关键资源

1.人力资源分析

人力资源是推动企业发展的能动性因素。企业管理的重点是要调动员工的生产经营积极性，改进工作效率，进而实现预期目标。人力资源分析的主要内容有：

第一，企业人力资源结构。企业人力资源结构分析主要是对企业人力资源的自然结构（如年龄、性别等）、文化结构、专业技能结构、工种结构等进行多角度、全方位的分析。

第二，企业人力资源配置状况。企业人力资源配置状况分析主要是对企业人员资源配置和要素运行进行有机考察，包括以下三个方面：企业成员是否各就各位、各顶各岗、各司其职，是否存在富余人员；为了保证企业各项工作的配合衔接，企业人力资源配置是否存在比例失调、轻重失衡的状况；为了适应行业发展对企业员工的要求，企业是否能够准确把握人力资源配置的变化方向，并作出人力资源战略性规划。

第三，企业战略管理者。企业战略管理者分析包括对企业战略高层管理者、中层管理者、基层管理者的分析。除一般性分析外，重点分析高层战略管理者的决策能力、创新能力、指挥能力及灵活应变能力；分析中层战略管理者的协调能力、沟通能力及对相关技能的熟悉程度；分析基层战略管理者的专业技能、沟通能力、组织水平以及培养团队工作作风的能力。

应当说，企业战略的实现离不开人力资源管理活动（见表4-2）。每一项战略决策，都会对以上三个方面提出不同的要求，企业战略管理者应当注意发现在人力资源开发与管理上存在的问题及薄弱环节，并及时做出改进性措施，从而保证战略管理活动取得成效。

表4-2　　战略决策与人力资源管理

企业战略决策	对人力资源管理的要求
添设新的生产设施	1.对职工进行培训 2.部分职工调入新厂
新建工厂	1.就地招聘和录用新员工 2.员工培训
产品出口	1.选拔和培训国外销售人员 2.调整薪酬制度以适应国外环境
兼并其他企业	1.留用部分原企业员工 2.安排被兼并企业其余员工下岗、辞退 3.进行相关培训和文化整合 4.调整薪酬体系

2.技术资源分析

某种程度上，企业发展过程就是它的技术进步史，企业技术进步对企业的生存和发展的影响是全面而深刻的，所以，考察企业技术资源是分析企业内部环境非常重要的内容。

企业技术资源分析的主要内容有：

第一，企业研究与开发水平。企业研究与开发水平分析主要包括科研经费占企业销售额的比例、每年新产品销售额占企业总销售额的比例、企业研究与开发的物质条件状况、企业的工艺技术水平、产品技术水平与国内及国际先进水平的差距状况、新产品开发效果、新产品开发过程、新产品投资效果、老产品改进等方面的分析。

第二，企业技术及市场信息。企业的信息大体上分为三种，即：与企业密切相关的环境信息，例如，生产技术的知识、顾客信息、市场行情、国际国内技术发展趋势等。企业外在信息，例如，企业信用、商标、企业形象、流通渠道控制力以及广告技术等。企业内部信息，例如，企业经营理念、经营方式、经营管理能力以及员工生产经营积极性等。

需要引起重视的是，以上三种信息在传递、沟通、分析、处理等环节的速度和准确性，对企业战略管理来说是非常关键的。作为企业高层管理者，必须重视建立企业信息系统，更要重视企业信息系统的运行效率。

第三，企业产品质量。企业产品质量主要用产品平均技术性能指标、产品合格率、产品成品率、产品等级品率、产品质量分数、废品率、返修率等指标进行分析。产品平均技术性能是用产品某种技术性能（物理性能或化学性能）的平均数来反映大量产品的质量水平。产品合格率是指合格产品数与全部产品数的比例。产品成品率是指合格的成品数与投入坯料数的比值，该指标越高，说明作业质量越好。产品等级品率是指某等级品数与全部合格产品总量的比值。产品质量分数是指当有些产品因考核质量项目很多时，可对每一考核项目打质量分，逐项计分后算出质量总分，它可以反映产品质量水平。废品率指标是指在全部产品中废品数占全部产品数量的比率。返修率是指检验不合格，但可以返工修复的产品数量占全部送检产品数量的比率。

为了便于收集反映质量的数据，一般应按GB / 1900-ISO 9000等标准规定的质量体系标准进行考核。这样才有利于与其他企业作横向比较，进而找出自身存在的薄弱环节，提出改进性意见。

企业内部资源的分析可以为企业战略制定提供依据，可以为企业战略实施与战略控制提供保证。但是，无论企业财力、人力、物力，还是企业技术资源，都必须依赖于管理，管理是更高层次的资源，是人类近代文明和现代文明的产物。

4.2　企业活力分析

企业是特定的环境系统中的一个整体。任何一个企业，都可能表现出类似生命过程的现象。企业从创建之日起就具有生存与发展的强烈欲望和一定的物质基础。研究企业活力的目的就是既要为企业创造一个良好的外部环境，又要使企业自身具有健康的素质，在这种良性循环过程中使企业充满生机与活力。这就好像是一粒具有生长机能的良种，如果具备合适的阳光、水分和土壤等生存条件，它自然会发芽、生根、开花、结果；但是如果外界环境变化已不再适合其生长的时候，即便它已根深叶茂也会枯萎甚至死亡。

4.2.1　企业活力的概念

企业活力是指企业作为有机体通过自身的素质和能力，在与外界环境交互作用的良性循环过程中，所表现出来的自我发展的旺盛生命力。

全面把握“企业活力”这一概念，特别要注意以下五个方面：

1. 自身的素质和能力

这里所指的素质和能力，是指在一定的社会条件下，企业内部总体机能所具有的生存和应变能力。它不是企业内部各部分素质的简单之和，而是各部分素质的有机结合。

2. 交互作用

企业活力的表现是外界环境与企业自身素质两个方面不断相互作用的结果，也就是说，在识别外界环境对企业活力的影响和制约作用的同时，还要看到企业充分发挥活力对外界环境提出的要求。

3.良性循环

在内外环境交互作用中，企业要向更好的方面不断地转化，在转化过程中达成新的平衡，循环往复。

4.自我发展的旺盛生命力

这是指要强调企业生存与发展的能力。生存是发展的基础，生存应在发展和创新中延续，生存与发展是相互依存的关系。发展不仅仅是外延扩大再生产，同时也包括注重自身素质的增长、产品质量的提高、新产品的开发、品种结构的调整、基础管理的转化和经济效益的提高等内涵式扩大再生产，即要注重企业素质的增长。

5.外部环境是企业活力的制约因素

在明确企业活力的基础在于企业的内部，即在于企业自身素质与能力的同时，也应加强外部环境的研究。关于外部宏观环境和行业中观环境对企业的影响，在前两章已有论述。

企业活力的状况大致有四种情形，可以用一个四象限图来概括，如图4-1所示。

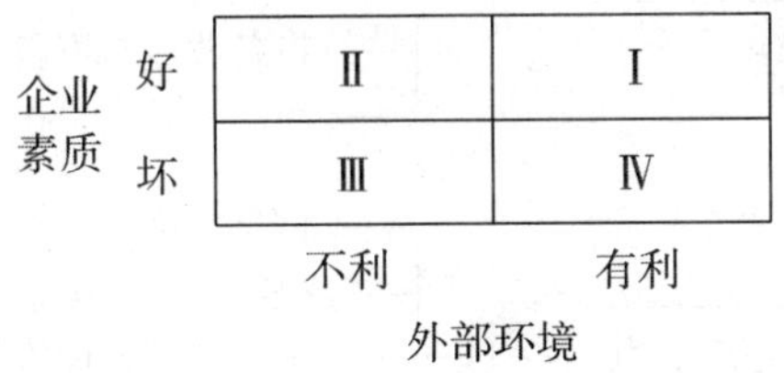

图4-1　企业活力的基本类型

第Ⅰ象限：如果企业自身素质好，外界环境又适合企业发展，那么企业活力一定很强。

第Ⅱ象限：如果企业素质好，但外界环境不适合企业发展，那么企业活力不会很强。

第Ⅲ象限：如果企业自身素质不好，外界环境又不适合企业发展，那么企业活力一定很差。

第Ⅳ象限：如果企业自身素质不好，但外界环境适合企业发展，则企业活力不会强。在良好的外部环境下，企业在一定时期内可能呈现出活力。但是，企业如果不注重自身素质和能力的提高，也会由于自身素质不佳，而在激烈的市场竞争中被淘汰。

当然，环境的好与不好是相对的、动态的，对待外部环境给企业带来的威胁，企业应该变压力为动力，努力提高自身素质。企业应当加强内部管理，使企业保持强大的生命力，而不是消极等待环境的变化给企业带来转机。

【战略聚焦】　企业活力的能力结构

企业活力结构是企业的获利能力、竞争能力、增长能力、适应能力、凝聚能力共同作用的结果。总体上，我们可以通过以上五个方面对企业活力加以综合评价，如图4-2所示。

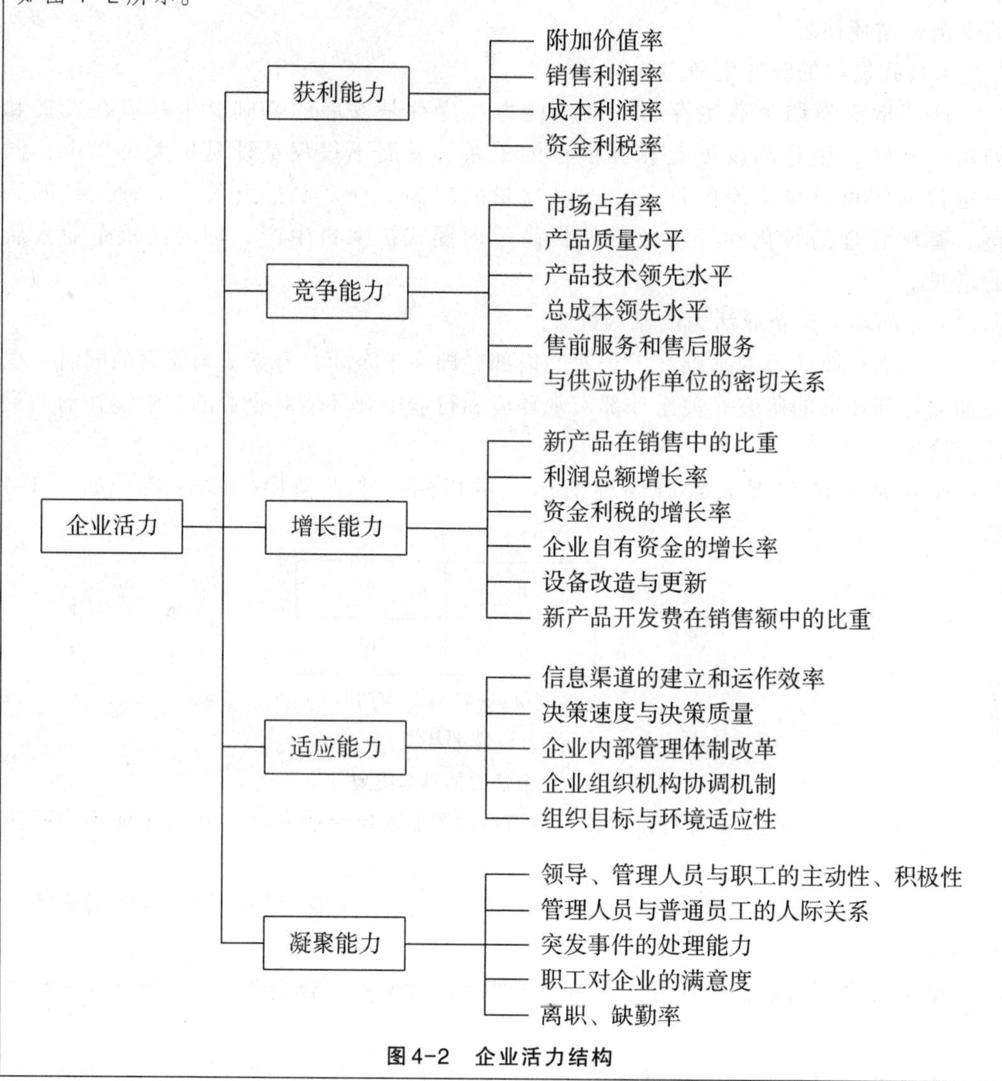

图4-2　企业活力结构

4.2.2　生命型企业

20世纪80年代以来，国际管理学界围绕着企业活力问题作了一些深层次的研究。比较典型的有美国管理学者阿里·德赫斯（Arie de Geus）的《长寿公司》、伊查克·麦迪斯的企业生命周期理论等。

阿里·德赫斯根据管理是为眼前利益还是为长期发展，把公司分为两类：经济型公司和河流型公司。

经济型公司的经营目的是纯粹“经济”的，即用最少的资源，在最短的时间内创造出最大可能的投资收益。其主要经营目标是利润。

河流型公司则是围绕着使自己永远作为发展公司的目标而组织起来的，这类公司具有如河流般奔腾不息的生命。虽然资金收益也是重要的，但经营管理者们往往把资金优化视作人员优化的补充，主要目标是长期存在和发展自己的潜能。

阿里·德赫斯还明确指出了长寿公司应该是河流型公司，具有生命力，是为生存而管理，而不是像经济型公司为利润而管理。

彼德·M.森卓在为《长寿公司》所撰写的前言中则认为经济型公司是“把企业视为机器”，而河流型公司是“把企业视为生命”，并比较如下：

第一，把企业视为机器，意味着它是由外部人创造的，这正是大多数人看待企业系统及程序的方式，它们是由管理层制定出来，强加给组织的；如果把企业视为生命，那么意味着它自己将制定出程序，就像人长出细胞，然后组成器官及身体一样。

第二，把企业视为机器，意味着它是固定的、静止的，只有某人改变它时，它才会改变；将企业视为生命，意味着它是自然进化的。

第三，将企业视为机器，意味着它只能自认为是缔造者所赋予的身份；将企业视为生命，则意味着它自己有身份，有自己的个性。

第四，将企业视为机器，意味着它的行为目标是管理层设定的，员工只能按事先设定模式行事；将企业视为生命，意味着它有自己的目标，有自己采取自治的能量。

第五，将企业视为机器，意味着它会停滞不前，除非管理阶层重新制造；将企业视为生命，则意味着它能自我更新，将超越其现有的员工，作为一个有机生命体而得以延续下去。

第六，将企业视为机器，意味着其员工仅仅是雇员，或者仅仅是一种“人力资源”，只能被动地等待着召用；将企业视为生命，则意味着将员工视为人力工作共同体，员工是一种能动的人力资本。

第七，将企业视为机器，意味着它的学问只是雇员学问的总和；将企业视为生命，则意味着它可以作为一个实体学习，能作为一个实体充实知识。

【战略聚焦】 长寿公司

阿里·德赫斯的研究表明，1970年跻身美国《财富》“全球500强”之列的跨国公司到1982年就已有1/3销声匿迹了，它们不是被兼并，就是四分五裂。阿里·德赫斯由此产生了“百年公司古来稀”的喟叹。

经过一番研究之后，他寻找到长寿公司四个共同的关键要素，作为界定长寿公司的标志：

第一，长寿公司对自己周围环境的敏感性。不论是通过新技术，还是通过自然资源来获得财富，它们与周围世界都是和谐的。它们能够根据周围的政治、经济、社会、技术的变化，适当调整自己，永远能因时制宜。无论是在信息贫乏的时代，还是在信息爆炸的时代，它们都能做到这一点。

第二，长寿公司要有凝聚力，员工有较强的认同感。无论员工们如何分化，雇员们都认为自己是企业整体的一部分。围绕着“社区”观念，经理必须对企业的发展负责，他们应当从代代相传的链条中来看待自己，要把自己看成是长盛不衰的公司服务员，考虑得更多的是如何让公司健康地成长。

第三，长寿公司是宽容的。长寿公司总是避免使用集权化管理，分权是公司生态意识的特征。这种自由与宽容是提高组织学习能力的必要条件，它也极大地增加了企业代代相传下去的生存机会。

第四，长寿公司在财政上是比较保守的。它们知道在资产中保持一定的节余的重要性，由于手中有钱，它们就会有灵活性，可以寻找竞争对手不可能奢想的选择。财务保守，意味着公司具备有效控制自己的增长与进化的能力。它并不仅仅是公司在早期信誉未成熟时的一种自负，它也是一个公司在其成熟时期生存希望的首要条件。当公司学会去关注自己财务情况时，它们就为公司进入一种自然、长久的发展轨道做好了必要的准备。

4.3 核心竞争力

4.3.1 核心竞争力的含义

核心竞争力（Core Competence），又称核心能力，其概念往往是相对于竞争对手而言的。核心竞争力是指某一企业内部一系列互补的技能和知识的组合，这种组合可以使企业的业务具有独特的竞争优势。说它是组合，是指它既包括科学技术，又包括管理、组织和营销方面的技能。这些技术和知识的结合方式决定着核心竞争力的强弱，决定着企业开发新产品、服务市场、挖掘新的市场机会的潜力，体现着竞争优势。

核心竞争力既可能以某种先进技术的形式表现出来，如英特尔公司的计算机微处理技术、佳能公司的影像技术等，也可能以其他形式表现出来，如麦当劳公司快捷的服务体系、美孚公司遍布全球的销售服务机构等。

无论形式如何，核心竞争力都是多种先进技术和能力的协调集合。如微型化是索尼公司的核心竞争力，它不仅包括产品设计和生产上的微型化，还包括对未来市场需求微型化选择模式的引导等等。为了形成这一核心竞争力，索尼公司的技术人员、工程师以及营销人员对未来顾客需求的微型化发展方向和自身技术能力的微型化延展方向达成共识，从而通过有效的协调确保核心竞争力带给公司经济效益。

4.3.2 核心竞争力、核心产品与最终产品

要正确认识核心竞争力的内涵，还必须理解核心竞争力与核心产品和最终产品的关系。核心产品是核心竞争力的载体，是联系核心竞争力与最终产品的纽带。同时，核心产品又是最终产品的重要组成部分；它构筑了企业最终产品组合的平台。有的学者做了形象的比喻来说明核心竞争力、核心产品和最终产品的关系：如果把一个公司

比喻成一棵大树，树干和大树枝是核心产品，小树枝是业务单位，叶、花和果实是最终产品，提供水分、营养和保持稳定的根系就是核心竞争力（见图4–3）。

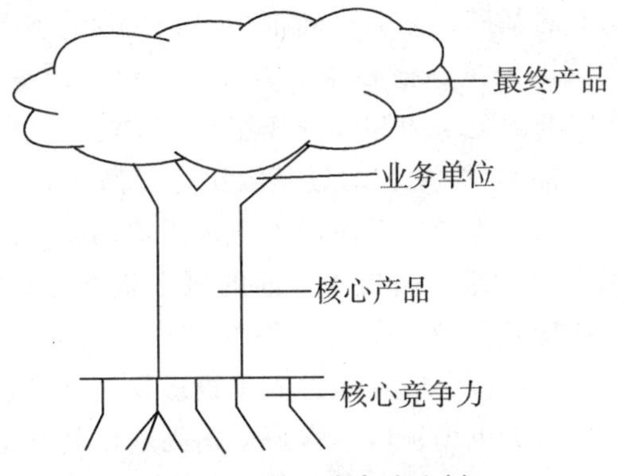

图4–3　核心竞争力之树

企业为了维持核心竞争力，就必须在核心产品的生产上维持尽可能大的制造份额。因为企业竞争的目标实际上应是在某种核心竞争力领域建立垄断或尽可能接近垄断的地位。但建立最终产品的垄断地位会受到法律或分散销售渠道的约束，而一家企业核心产品市场份额的增长就不存在这种限制，通过借用下游合作伙伴的销售渠道和品牌，在核心产品市场份额迅速增长的过程中，企业的核心竞争力可以得到最大限度的发挥。所以，企业以原始设备或核心零部件供应商的身份向竞争对手或下游企业出售其核心产品，是迅速占领市场的一种有效途径。

4.3.3　核心竞争力的特征

尽管有关核心竞争力的定义还远远不能解释企业千差万别的现实，而且概念上也比较模糊，但是人们还是在一些重要方面取得了共识，并逐步提炼出识别核心能力的若干标准。具体而言，要判断一种能力是核心能力还是一般能力，可以从以下三个方面加以审视和检验：

1.顾客价值性

核心竞争力必须对用户看重的价值起重要作用，能为用户提供根本性的好处和“消费者剩余”。从一定意义上讲，用户是企业的某种资源与能力是否是核心竞争力的最终决定者。此外，这里的价值性还有另一层意思，那就是这种资源或能力必须最终能够使企业获利。那些对企业来说不能获益或获益很小的资源或能力，自然不能成为企业的核心竞争力。

2.难以模仿性

如果企业核心竞争力很容易被竞争对手所模仿，或通过努力可以很快建立，那么这种资源或能力就可以很快在竞争企业中传播开来，很难给企业提供持久的竞争优势。事实上，公司核心竞争力受到多方面因素的限制，如独占某种稀有性的自然资源、资源和能力能在较长时期内维持其价值不变、竞争对手难以真正了解对方竞争优势的来源、资源和能力在不同企业间的转移流动性差等等。这些限制因素类似于进入障碍，从而很难被同行竞争对手所模仿。只有具有上面一条或者几条性质时，难以模仿性才能够成立。

3.延展性

企业的核心竞争力应该能够为企业带来多方面的竞争优势。从公司总体来看，核心竞争力是整个公司业务的基础，能够不断推衍出一系列其他产品和服务，能够在创新和多元化战略中实现范围经济。核心竞争力应为企业打开多种产品市场提供支持，对企业的一系列产品或服务的竞争力起促进作用。

核心竞争力犹如一个能力"源"，通过其溢出、扩散、辐射和渗透作用，将能量不断扩展到终端产品上，从而为消费者源源不断地提供创新产品。如佳能公司利用其在光学镜片、成像技术和微重量控制技术方面的核心竞争力，成功地进入了复印机、激光打印机、照相机、成像扫描仪、传真机等20多个市场领域；3M公司利用其在聚合物化学相关能力上的领先地位，成功地进入了投影仪、软盘、光盘、收录机、绝缘胶带、遮蔽胶带、砂纸等多个市场领域；索尼公司则利用其微型化这一核心能力，制造出受消费者青睐的随身听、录音机和笔记本电脑。

【战略聚焦】 我国500强仍缺乏核心竞争力

2011中国企业500强的平均寿命仅为23年，人均营业收入只相当于世界企业500强和美国企业500强同类指标的45.6%、45.7%。与2010中国企业500强相比，2011中国企业500强的入围门槛有了大幅提高，年营业收入从上年的110.8亿元提高到了141.98亿元。中国企业"千亿俱乐部"继续快速扩容。2011中国企业500强中，中石化的营业收入已经逼近2万亿元大关，中石油和国家电网的营业收入也都超过了1.5万亿元。同时，营业收入在1 000亿元以上、1万亿元以下的企业有77家，比上年增加了17家，其中包括9家民营企业。但是，从总体上看，竞争性行业的表现欠佳，体现了我国大企业核心竞争力的缺失。

首先，我国大企业的行业分布明显不合理。2011中国企业500强企业数量分布前10行业都具有较强资源垄断和规模经济特征，其中约有一半属于自然垄断、资源垄断开采与利用性行业。而2011世界企业500强前10行业中，除公用设施行业之外，其他都属于竞争性行业。

其次，中国大企业的利润来源主要为资源垄断、规模经营和低成本。2011中国企业500强净利润榜前10位，全部来源于国有金融部门和垄断企业，而2011美国企业500强利润排行前10位的不少行业都具有典型的技术密集特征，如制药、计算机与办公设备、计算机软件行业。从2011世界企业500强排行榜看，有23个行业中国没有企业入围，这些行业的竞争力更多体现为对消费者的深入研究、全球品牌、核心技术、全球供应链、长周期高强度的研发投入等。

一般来说，大企业往往决定着技术标准和行业发展方向，全世界研发投入的80%、技术创新的70%、技术转移的60%都是由世界500强企业主导完成的。但是，2011中国企业500强的研发费用占营业收入的百分比平均只有1.41%；研发强度在3%以上的也仅占17.77%。换言之，绝大多数中国500强企业的增长，并不是靠技术进步推动的。

资料来源：陆娅楠.我国500强仍缺乏核心竞争力[N].人民日报，2011-09-05.

4.3.4　核心竞争力的管理

要在一家企业里牢固建立核心竞争力的观念，需要全体管理人员充分理解并积极参与以下几个关键阶段的核心竞争力管理工作：

1.核心竞争力的确认

管理人员如果对本企业核心竞争力的构成没有达成共识，就无法积极管理这些核心竞争力。衡量一家企业对核心竞争力的管理水平，首先应该看这家企业对其核心竞争力的定义是否明确，以及大家对这个定义的认同程度。因此，实施核心竞争力管理的第一步就是对核心竞争力的识别与确认。可以考虑采取以下3个步骤：

第一，列出企业竞争能力清单。管理者必须把注意力集中在产品隐含的技术、技能、知识及人力资源与组织载体上。

第二，结合外部环境分析，决定这些竞争能力现在和未来3～5年的顾客价值。

第三，判别竞争能力的相对强度。竞争能力相对强度既包括竞争能力区别于对手的程度，也包括其难以模仿和替代的程度。

第四，根据各竞争能力的顾客价值的大小和相对强度，将不同性质的企业竞争能力分别置于图4-4所示的4个象限中，并分别采用不同的管理策略与方法。

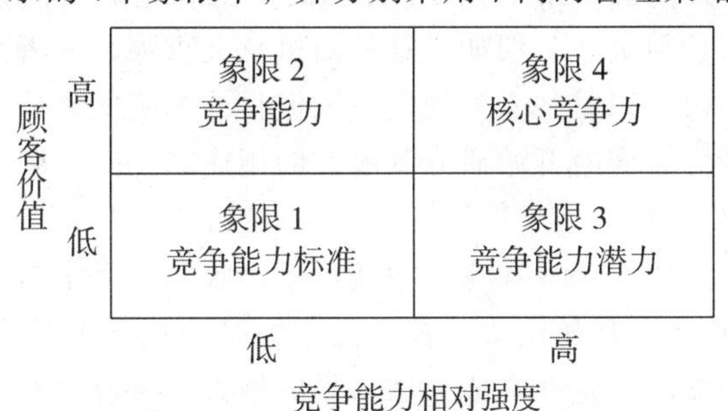

图4-4　竞争能力组合与判断矩阵

2.制定核心竞争力发展规划

虽然一家企业的核心竞争力的建立进程要根据它的战略发展框架来定，但绘制一份能力-产品矩阵图，可以帮助人们看清楚获取和部署能力的目标。这种矩阵图可区分现有能力与有待获取的能力，分辨现有产品市场与新发现的产品市场（见图4-5）。

第1象限：深耕细作。第1象限是企业现有核心竞争力与现有产品或服务的组合。通过标出哪些核心竞争力支持哪项产品市场，企业可以发现并引进企业内其他部门与这个产品相关的核心竞争力，以强化其在特定产品市场地位的商机。每个企业都应自问，扩大、部署现在核心竞争力以增进现有市场地位的机会在哪里？

第2象限：10年后领先。第2象限提出了一个重要问题：现在企业应该建立什么样的核心竞争力，才能确保5年或10年后用户能将我们当做首选供货厂家？这里的目标是了解需要建立何种核心竞争力，方可保持并扩大企业在现有市场上的份额。

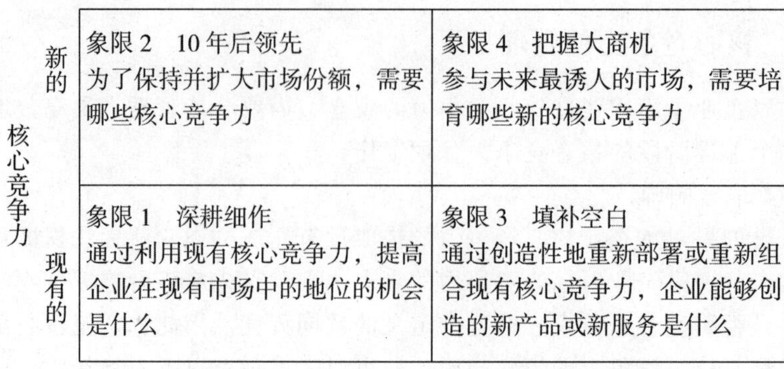

图4-5　能力-产品矩阵图

第3象限：填补空白。第3象限是指那些不属于现有业务单位的产品-市场范畴的商机。企业要做的就是想象出这样的商机，来扩展现有的核心竞争力，将其用到新产品市场上去。例如，索尼公司依靠自己的录音机、耳机技能和微型化竞争能力，成功创造出了随身听这一新产品。

第4象限：把握大商机。第4象限中标示的商机和企业目前在市场上的地位或现有的能力基础都没有任何关系，但如果这种商机意义重大，或者十分诱人，也可以去捕捉。这时的战略手段可以是一系列规模不大但目的明确的并购或联营，借此企业可取得并了解所需的能力，同时开始研究其潜在的用途。

3.核心竞争力的维护

由于核心竞争力可以使企业在竞争中获得超额收益，竞争对手总是千方百计地对企业的核心竞争力进行研究和模仿。核心竞争力是通过长期的发展和强化建立起来的，核心竞争力的丧失会给企业造成无法估量的损失。所以，企业在加强核心竞争力培育的同时，一定要重视企业核心竞争力的维护工作。为此，要针对核心竞争力丧失的主要原因，努力构筑核心竞争力的模仿障碍，尽量防止核心竞争力的丧失，延缓核心竞争力的扩散。

例如，思科公司之所以能如此"幸运"，在自己进入的所有业务领域都有所斩获，成为市场的领跑者，关键在于思科非常注重其核心竞争力的"时效性"：在每个发展阶段，不仅努力地建立当时的核心竞争力，还针对竞争环境的变化，不断发展新的优势竞争力。

4.4　价值链理论

美国哈佛商学院的著名战略管理学家迈克尔·波特认为：企业每项生产经营活动都是其创造价值的经济活动，那么，企业所有互不相同但又相互关联的生产经营活动，便构成了创造价值的一个动态过程，即形成价值链。由于价值链分析既能用来反映出企业生产经营活动的过程、战略及实施战略的方法，又能体现出生产经营活动本身的经济学观念。它不但将组织资源状况与战略业绩联系起来，而且还可以帮助企业巩固竞争优势。所以，价值链分析已经被广泛应用于企业战略实践，深受企业界推崇。

4.4.1　基本原理

价值链分析法是把企业生产经营活动分成了基本活动和辅助活动两大类（见图4-6），基本活动是指生产经营的实质性活动，一般可以分为内部后勤，生产运营、外部后勤、市场营销和服务五种活动。这些活动与商品实体的加工流转直接有关，是企业的基本增值活动。

辅助活动是指用以支持基本活动，而且内部之间又相互支持的活动，包括企业投入的采购管理、技术开发、人力资源管理和基础结构。其中，前三种辅助活动既支持整个价值链的活动，又分别与每项具体的基本活动有密切的联系。

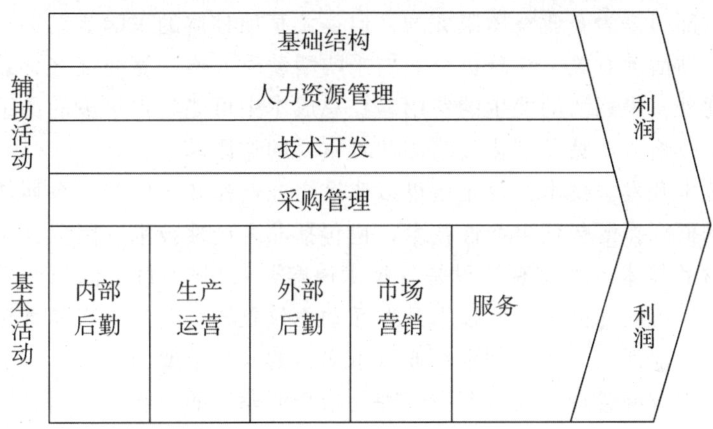

图4-6　价值链

企业只有在分析自己内部条件的基础上，才能构建具有自身特色的价值链。这里的首要问题是识别价值活动的类型。

1.基本活动

企业的基本活动主要包括五个领域，而每一个领域又可以根据具体的行业和企业战略，再进一步细分成若干项活动。

第一，内部后勤。内部后勤是指与产品投入品的进货、存储和分配有关的活动，如原材料的接收、装卸、库存、运输以及退货等。

第二，生产运营。生产运营是指将各种输入转换成最终产品的活动，如机加工、装配、包装、设备维修、检测等。

第三，外部后勤。外部后勤是指与产品的库存、分送给顾客有关的活动，如最终产品的入库、接收订单、送货等。

第四，市场营销。由企业提供一种使顾客意识到产品或服务并且促使其购买的活动，如促销广告、销售活动等。

第五，服务。服务是指所有能保持或提高产品或服务价值的有关活动，如安装、培训、维修、零部件供应、产品调试等。

在不同行业里，各项基本活动所体现的竞争优势也不尽相同。对于分销商来说，原料供应与成品储运是关键的要素；而对于生产电脑的企业来说，售后服务是最重要的活动。总之，虽然各类基本活动都会不同程度地体现出企业的竞争实力，但有主次之分、轻重之别。

2.辅助活动

在任何行业里，辅助活动一般都可以分为四个领域，而每一个领域又可根据行业不同，进一步细分成若干项独具特色的活动。

第一，采购管理。采购管理是指获取企业所需投入品的过程，而不是被采购的投入品本身。这里的采购是广义的，既包括生产原材料的采购，也包括其他资源投入的管理。例如，企业聘请咨询公司为企业进行广告策划、市场预测、管理信息系统设计、法律咨询等都属于采购管理。

企业采购部门是为企业整体服务的，但是，某项具体的采购活动一般是与特定的具体活动或辅助活动有关。在分析企业的采购活动时，不能笼而统之，必须具体问题具体分析。此外，采购活动发生的费用，在总成本中可能只占很少的比重，但它对企业采取低成本战略或产品差别化战略却起着重要的作用。

第二，技术开发。技术开发是指可以改进企业产品和工序的一系列技术活动。这是一个广义的概念，既包括生产性技术，也包括非生产性技术。因为，企业中每项价值活动都包含着技术（即使有的只是“技术诀窍”），只不过它们的性质、开发的程度和使用的范围不同而已。这些技术开发活动不仅仅与企业最终产品直接相关，而且支持着企业的全部活动，成为判定企业竞争实力的一个重要方面。

第三，人力资源管理。人力资源管理是指企业职工的招聘、雇用、培训、提拔和退休等各项管理活动。这些活动支持着企业中每项基本活动以及整个价值链。人力资源管理是超过一切主要活动的极为重要的方面，它在调动职工生产经营的积极性上起着重要的作用，影响着企业的竞争实力。

第四，基础结构。基础结构是指企业的计划、财务、质量控制等体系，以及承载组织文化的组织结构和惯例等。由于企业高层管理人员在这些方面发挥着重要作用，因此，高层管理人员往往也被视作基础结构的一部分。企业的基础结构与其他的辅助活动有所不同，一般是用来支持整个价值链的运行，即所有其他的价值创造活动都在基础结构中进行。在多种经营的企业里，公司总部和经营单位层各有自己的基础结构。

4.4.2　价值链的内在联系

价值链不是一些独立活动的简单集合，而是相互依存的活动所组成的一个系统。透视这个系统，可以发现，各项活动之间存在着一定的联系，并且，这些联系体现在某一价值活动进行的方式与成本之间的关系，或者与另一活动之间的关系。例如，机加工的企业购买高质量的已剪切好的钢板，可以简化生产流程并减少废料。由此可以看出，企业的竞争优势既可以来自单独活动本身，也常来自于各活动间的联系。

1.形成价值活动间联系的基本原因

价值活动之间的联系非常广泛，最常见的是价值链中基本活动与辅助活动间的各种联系。例如，产品的设计会影响其生产成本。在各项基本活动之间，这种联系的作用尤为明显。例如，企业加强对投入部件的检查会降低生产工艺流程中的质量保证成本。

形成这些联系的基本原因是：

第一，同一功能可以用不同的方式实现。例如，企业可以通过采购高质量的原材料或零部件，或者明确规定生产工艺流程中的最小公差，或者对产品进行全面检验，来保证产品合格。

第二，借助间接活动保证直接活动的成本或效益。例如，通过优化时间安排（间接活动），企业可以减少销售人员的出差时间或交货检查，部分或全部替代成品检查。

第三，通过不同的方式实现质量保证功能。例如，企业可能通过进货检查，部分或全部替代成品检查。

2.内在联系形成竞争优势的方式

企业价值活动间的内在联系转化为竞争优势主要有两种形式，即最优化与协调。

第一，最优化。企业为了实现预定的总体目标，往往会根据其选定的战略类型，在各项价值活动间的联系上进行最优化的抉择，以获得竞争优势。例如，企业在考虑产品设计与服务成本时，为了获得差别化优势，可能会选择成本高昂的产品设计、严格的材料规格或严密的工艺检查，以降低服务成本。

第二，协调。企业通过协调各活动间的联系，来增加产品的差别化或实现总成本领先。例如，企业要按时发货，则需要协调企业内部的生产加工、成品储运和售后服务等活动之间的联系。

为了实现最优化与协调的过程，企业有必要采用最新信息技术手段，建立起自己的信息沟通系统，识别价值活动间的联系，增强旧有的联系，创造与发展新的网络体系。

4.4.3 价值链间的联系

价值活动的联系不但存在于企业价值链的内部，而且存在于不同企业的价值链之间。其中，最典型的是企业上下游之间的纵向联系，即供应商价值链、企业价值链和销售渠道价值链之间的联系（见图4-7）。供应商、销售商往往会对企业活动的成本和效益产生重大影响，反之亦然。例如，如果企业的采购和原料供应活动与供应商的订单处理系统相互作用，供应商的应用工程技术人员与企业的技术开发和生产人员也协同地工作的话，供应商的产品特点以及其他方面的活动都会左右着企业的成本降低和差别化形成。

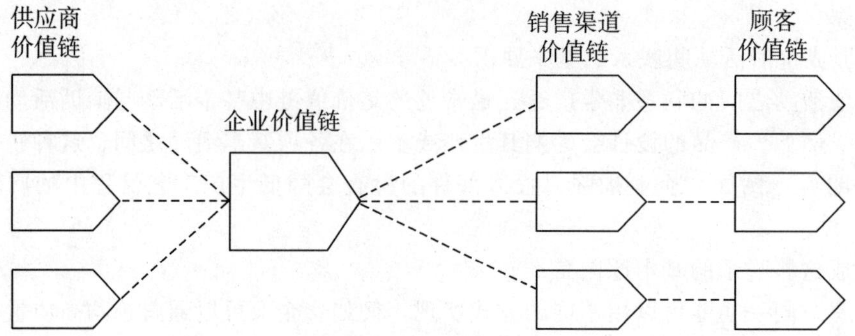

图4-7 价值链间的联系

企业价值链与供应商价值链之间的各种联系为企业创造竞争优势提供了机遇。通过影响供应商价值链的结构，或者通过改善企业与供应商价值链之间的关系，企业与供应商能够双方同时受益。在企业和供应商之间通过协调或优化各种联系，所产生的收益分配比例取决于供应商与企业讨价还价能力的高低。

销售渠道也都有其流通的价值链，销售渠道的各种联系与供应商的联系类似。销售渠道对企业产品的抬价经常在最终销售价格中占很大比重。此外，销售渠道进行的各种促销活动可以替代或补充企业的活动，从而能够降低企业的成本或提高企业的差别化。在企业和其销售渠道之间通过协调或优化各种联系，所产生的收益分配比例取决于销售渠道与企业的讨价还价能力。

4.5 SWOT分析

SWOT分析工具是由安索夫于1956年提出的，后来经过许多人的发展而成为一种战略分析的实用方法。SWOT分析是指把企业内外环境形成机会（Opportunities）、威胁（Threats）、优势（Strengths）、劣势（Weakness）四个方面的情况结合起来进行分析，以寻找制定适合企业实际情况的经营战略和策略方法。

SWOT分析方法的使用前提是企业对一个或几个业务已经有了初步的选择意向，其目的在于进一步考察这些业务领域是否适合企业在其中经营，是否能够建立持久的竞争优势。

4.5.1 基本原理

1.优势与劣势分析

企业内部的优势和劣势是相对于竞争对手而言的，一般表现在企业的资金、技术设备、职工素质、产品、市场、管理技能等方面。

判断企业内部的优势和劣势一般有两项标准：一是单项的优势和劣势。例如，企业资金雄厚，则在资金上占优势；市场占有率低，则在市场上占劣势。二是综合的优势和劣势。为了评估企业的综合优势和劣势，应选定一些重要因素，加以评价打分，然后根据其重要程度按加权确定。

2.机会与威胁分析

企业外部的机会是指环境中对企业有利的因素，如政府支持、高新技术的应用、良好的购买者和供应者关系等。企业外部的威胁是指环境中对企业不利的因素，如新竞争对手的出现、市场增长率缓慢、购买者和供应者讨价还价能力增强、技术老化等。这是影响企业当前竞争地位或影响企业未来竞争地位的主要障碍。

环境扫描是企业战略管理的一项重要工作。一般情况下，SWOT分析法应当考虑以下因素，如表4-3所示。

表4-3 在SWOT分析中要考虑的因素

	潜在的外部威胁	潜在的外部机会
外部环境	市场增长较慢 竞争压力增大 不利的政府政策 新的竞争者进入 替代品的销售正在逐步上升 用户讨价还价能力增强 通货膨胀递增 其他	市场增长迅速 可以增加互补产品 可以进行纵向一体化 能争取到新的用户 有进入新的市场的机会 在同行业中竞争业绩优良 出现新的行业或新的需求
	潜在的内部优势	潜在的内部劣势
内部能力	产权优势 竞争优势 成本优势 特殊能力 产品创新 规模经济性 良好的财务资源 高素质的管理人员 公认的行业领衔者 买主的良好印象 适应性强的经营战略 其他	竞争劣势 设备老化 战略方向不同 竞争地位恶化 产品线范围窄 技术开发滞后 管理不善 营销水平低 战略实施的记录不佳 资金拮据 产品成本高 其他

3.基于SWOT分析的战略行动

企业可以根据所处的外部环境引发的机会和威胁，并在准确评价自身优势和劣势的基础上，分别选择与之相匹配的战略行动（见图4-8）。

具体地说，第Ⅰ类情形，SO战略。企业具有很好的内部优势，并且正遇到众多的外部机会，应当采取的是增长型战略，如通过开发市场、提高研发能力、增加产量等行动，巩固自身竞争优势或快速实现获利目标。第Ⅱ类情形，WO战略。拥有许多

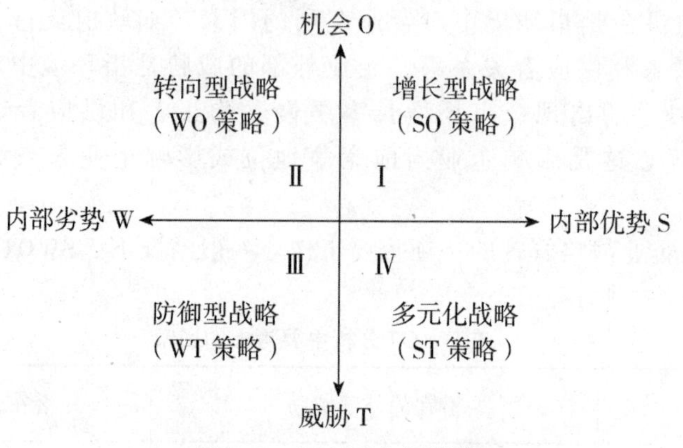

图 4-8 SWOT分析模型

外部机会，却受到内部劣势的限制，应采取转向型战略。第Ⅲ类情形，WT战略。内部存在劣势，外部面临强大的威胁，应采取防御型战略，进行业务调整，设法避开威胁和消除劣势。第Ⅳ类情形，ST战略。企业具有一定的内部优势，但外部环境存在威胁，此时，可以采取多元化战略，选用自己的优势，在多元化经营上寻找长期发展的机会。

■ 本章小结

企业战略态势的分析不但要关注企业外部环境，还要研究内部组织资源。只有这样，才能够最大限度地利用外部提供的各种机会，进而获得满意的组织绩效。

分析企业内部资源状况主要包括四个方面：人力资源，物力资源，财力资源，技术资源。在经济新常态下，创新驱动企业成长将取代过去那种简单依靠廉价劳动力的粗放式发展模式，所以，越来越多的企业将转而重视内部那些具有能动作用的异质性资源，并将其作为竞争优势的重要源泉。

企业活力是指企业作为有机体通过自身的素质和能力，在与外界环境交互作用的良性循环过程中，所表现出来的自我发展的旺盛生命力。评价企业活力的结构性要素包括企业的获利能力、竞争能力、增长能力、适应能力、凝聚能力。

企业每项生产经营活动都是其创造价值的经济活动，所有互不相同但又相互关联的生产经营活动共同形成了价值链。构成价值链的基本活动和辅助活动对不同组织战略的贡献是不同的，企业不但要关心价值链各种内在活动间的联系，而且要树立起企业价值链间相互关联的思想。

核心竞争力是某一企业内部一系列互补的技能和知识的组合，这种组合可以使企业的业务具有独特的竞争优势。它具有独特性、价值性、难以模仿性和延展性的特征。企业应当建立起核心竞争力识别、培养和维护等关键性关联系统。

SWOT分析法是一种把企业外部环境和内部资源相结合的综合性分析工具。它注重从内部优势和劣势、外部环境的机会与威胁四个方面加以系统运筹，进而制订切实可行的战略实施方案。

■ 复习思考题

1.企业内部资源应当从哪些方面进行战略分析？

2.什么是企业活力？试述企业活力的组成结构。

3.比较经济型公司和河流型公司的区别，并阐述其战略意义。

4.什么是核心竞争力？它有什么基本特征？

5.什么是价值链？该理论的应用价值何在？

6.结合你熟悉的企业，运用SWOT分析法对其战略态势做出综合分析。

7.有人认为："企业价值链仅限于将企业内部各种生产经营活动组合起来分析，有其局限性，而市场价值链突破了传统的企业价值链的有形界限，强调通过市场整合外部资源来创造竞争优势，所以，企业战略管理活动应当将企业价值链和市场价值链结合起来考虑。"你对此观点持有何种看法？请阐述理由。

■ 案例分析题

财富管理公司核心竞争力

大资管时代来临，第三方财富管理公司粉墨登场。有的机构专注资产配置，有的机构擅长投融资对接，更有机构只是忙于产品销售。然而，繁荣的背后也折射出市场的"乱"和"杂"。虽然机构的数量多、增长快，但是"核心竞争力"却缺位严重。

信托在和银行、券商的竞争中有诸多不利，最大的弊端在于很难把握客户。新华信托的一位负责人认为，为了解决这一问题，信托的应对之策有两种：自建自销团队和加强与第三方财富管理机构的合作。从实际情况看，自建团队很难，效果也不是很明显。因为信托自有资本金不多，不可能大规模建网点。况且，自建分支机构在监管上也比较模糊，没有一个明确的定性。加上信托私募的属性，投入产出比较低。因此，未来信托在营销渠道上仍将会以与第三方财富管理机构合作为主。

由于监管的力度不断加强，信托和银行的合作在收缩。信托的销售渠道遭遇了一定打击。而今，只有通过与第三方财富管理机构的合作和自建自销团队，信托才能逐步"抓到客户"。

很多机构都在做第三方财富管理，门槛不高，赚钱较快，但是，真正做得好的并不多，尤其是形成一定规模，专业度高的机构不多。应该说，中国的第三方专业财富管理市场仍然存在着巨大的发展机会，谁能将客户掌握在自己手中，谁就会是将来真正的赢家。

面对快速崛起的第三方财富管理机构，其生存之道和核心竞争力一直是业内关注的话题。

现在第三方财富管理还没有形成"核心竞争力"。由于行业的发展尚处在初级阶段，大家都在致力于市场快速扩张上，也就是所谓的"赚快钱"。虽然第三方财富管理机构现在并没有遭遇到生存的问题，业务模式的同质化暂时不可避免。

国内现在第三方财富管理机构的数量已经超过2 000家，但是，发展程度良莠不齐。部分机构主要是销售渠道，也就是帮助信托、券商、私募基金卖产品。这种性质的第三方就和超市一样，规模不大，缺少个性，客户忠诚度也低，很容易被替代。另一类的第三方财富管理机构主打的是资产配置，但是可供选择的产品类别有限，限制了第三方财富管理机构的作用与价值。

因此，国内的第三方财富管理市场需要逐步规模化、专业化、规范化。各专业财富管理机构需要有自律意识，逐步建立起行业信誉、行业标准和专业规范。

资料来源：改编自杨井鑫.第三方财富管理机构需要增强核心竞争力[N].中国经营报，2013-11-25.

结合本案例材料，请你设法联系当地像新华信托一样的财富管理公司并进行有效沟通，然后回答：

1.第三方财富管理公司打造自己的核心竞争力应从何处入手？

2.在与银行、券商的竞争中如何获得优势？

3.从利益相关者的角度，第三方财富管理机构应树立什么样的理念才能赢得社会最大程度的信任呢？

■ 比较研究

分别访问京东网（http：//www.jd.com）和天猫网（http：//www.tmall.com）两家公司的官方网站，了解我国电商企业成长的历程，并请完成以下课后作业：

1.比较分析资源条件差异性。

2.比较分析产品和服务的差异性。

3.运用价值链理论，试比较分析竞争优势形成上的差异性。

■ 推荐阅读文献

[1]爱尔兰 D，霍斯基森 R，希尔 M.战略管理[M].赵红霞，张利强，等，译.10版.北京：机械工业出版社，2014.

[2]康荣平，柯银斌.格兰仕集团的成长、战略与核心能力[J].管理世界，2001（1）.

[3]波特 M，等.战略：45位战略家谈如何建立核心竞争力[M].北京：中国发展出版社，2002.

[4]焦晓波，韩德昌.不确定环境下的创业导向、创新和营销能力演化——基于河北BS型材公司的案例研究[J].管理案例研究与评论，2010（5）.

[5]Kollmann T，Kuchertz A ，StÖckmann C. Continuous innovation in entrepreneurial growth companies：exploring the ambidextrous strategy[J].Journal of Enterprising Culture，2009，17（3）.

[6]Farjoun M.Towards an organic perspective on strategy[J].Strategic Management Journal，2002（23）.

第三部分
战略模式设计

经营单位战略（SBU）
• 总成本领先战略
• 差别化战略
• 重点集中战略
单一行业经营战略
• 新兴行业经营战略
• 成熟行业经营战略
• 衰退行业经营战略
跨行业或跨产品战略
• 相关多元化战略
• 不相关多元化战略
• 归核化战略
企业间并购战略
企业间合作战略
• 战略联盟
• 集群化
• 虚拟经营
国际化战略
从单一产品、行业、企业到跨产品、行业、企业乃至国界的范围拓展
战略基础
战略环境评价
战略模式设计
战略选择与执行
战略变革与创新

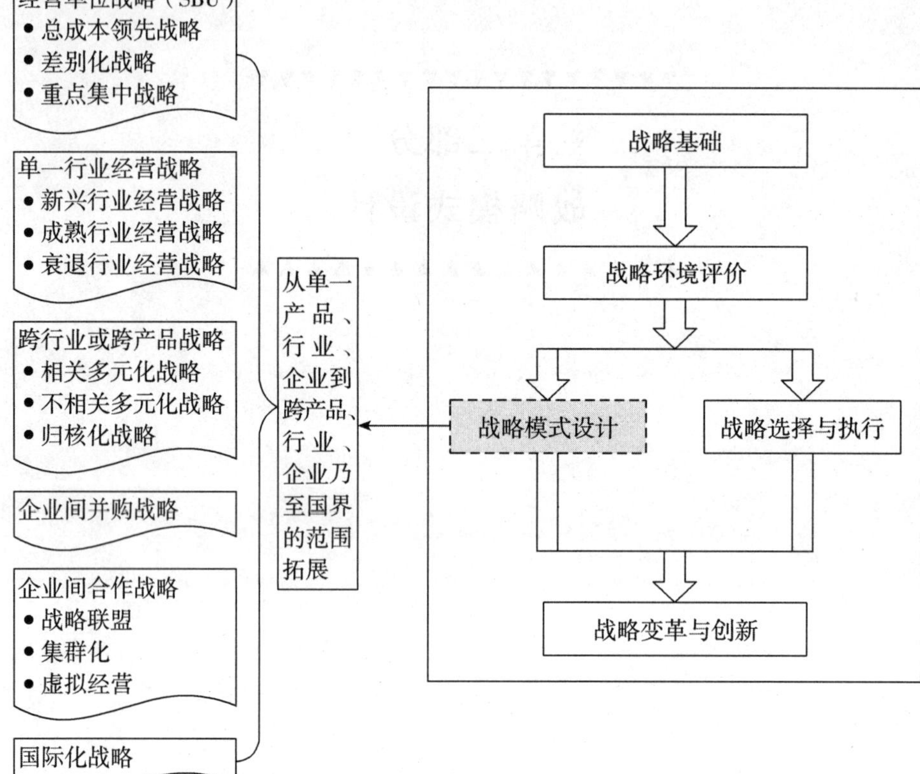

战略管理知识结构图谱

第5章 基本竞争战略

学习目标

就生产和经营单一产品的企业，或者公司内部某一种产品的战略选择而言，参与市场竞争的基本战略包括总成本领先战略、差别化战略和重点集中战略。通过本章学习，要求重点掌握不同产品战略类型的基本概念和各自的基本特征，能够联系实际分析不同竞争战略类型的适用范围，懂得分析竞争对手的基本框架。

开篇导读 家具建材热销不再依赖爆破价

不管是传统的"金九银十"销售大战，还是近几年才兴起的"双十一"购物狂欢，对于家具建材市场来说，将"低价战略"进行到底在很长时期内是企业不变的策略。

不过，自2013年年末以来，除了在给消费者带来最实在的优惠之外，贴心而创新服务也成为多数建材商家的共识。超过50%的消费者同意请设计师为装修做整体风格设计，尤其是北上广等一线城市，这一比例已接近或超过六成。一份来自搜房网的调查也显示，建材很多门店在日常经营过程中，三成以上的消费者来自于设计师拉动，设计师对于这个市场有着举足轻重的影响力。

过去靠年底搞促销，如今已经不能再吸引消费者了。因为消费者需求已经发生很大变化，不仅重视质量和价格，希望买到质优价廉的产品，同时也需要我们的产品满足他们的视觉需求，与家庭设计风格、家庭生活方式等更匹配。所以，很多建材厂商为了资金回笼，会端出很多优惠大餐，通过一些家居设计活动，建材门店尝试让设计师"驻店"，销量业绩较明显，以设计师为主体的营销活动，也可以增加建材门店的整体人流量。

一部《私人定制》的贺岁片，也把"定制风潮"吹暖家居界。索菲亚衣柜已经和华谊兄弟传媒达成合作协议，为消费者献上"私人定制"的家居普及大礼及新品推荐。随着80后新生代消费群体的成长，个性化消费需求已成主流，定制家具满足了当下中青年一代人崇尚个性、展现自我魅力的必然要求。以南京家居消费市场为例，定制家具需求量正在日益壮大，"高大上"、"土豪欧豪"、小资级、小清新等各类风格的定制家具，已占到整个家具市场10%左右的份额，且未来发展前景巨大。

除衣柜橱柜、卫浴、家具等定制营销做得全面的行业以外，地板、瓷砖、门窗等标准化生产产品，也在出现高级定制的趋势。例如，有的厂商宣称，能由消费者选定一幅"艺术画"，再将其做在地板上，为客餐厅或会所定做独一无二的"文艺地面"。

资料来源：根据2013年12月18日《扬子晚报》等相关报道整理而成。

竞争优势是一切企业战略的核心。如果一个企业要获取竞争优势，它必须在什么范围内从事生产经营活动，以及如何获取竞争优势问题上分别做出决定。根据竞争范围和竞争优势来源的不同，可以组合形成三种基本竞争战略，即总成本领先战略、差别化战略和重点集中战略。

5.1 概述

企业为了在所竞争的行业与市场中形成竞争优势，以获得超过竞争对手的利润率，必须考虑正确选择不同的竞争战略。

5.1.1 企业战略选择的两个基本问题

尽管企业最终选择的战略类型可能超乎寻常，但是，对于任何企业来说，在选择具体的战略，以及实施特定的战略方案时，它必须正面回答两个最为基本的问题。

1.企业竞争范围的确定

企业推出某种产品到市场，必须首先考虑如何准确选择竞争范围，一家企业既可以假定市场上的消费需求是同质的，也可以假定市场上的消费需求也是有差异性的。这种区别主要受到市场细分标准的影响。

企业在从事生产经营时，企业可以根据顾客需求上的差异和市场上可提供的产品来界定其竞争范围，运用市场细分的方法，将顾客分为不同的组群，形成不同的子市场。

市场细分对于企业战略制定和战略实施具有重大的现实意义：

第一，诸如市场开发、产品开发、市场渗透和多角化经营战略都必须建立在新的或改进的市场细分基础上。

第二，市场细分可以使企业利用有限的资源经营，因为它不需要进行大批量生产、大批量分销和大规模的广告营销。

第三，市场细分化的决策将会影响营销组合变量的选择（包括产品、地点、价格和促销方式的不同安排）。

2.企业竞争优势的来源

竞争优势是现代企业生存和发展的重要前提，也是企业参与市场竞争的基础。根据迈克尔·波特的观点，一家企业的优势可以来源于两个方面：

一是低成本。如果企业在所有创造价值的活动过程中，累计而形成的总成本低于其竞争对手，则该企业就具备了低成本的竞争优势。实践证明，通过降低成本来提高企业效益的战略，在一定条件下是十分有效的，世界上有不少企业在低成本优势方面做得十分杰出，如我国格兰仕低价策略以及美国西南航空公司的低成本运营战略都是经典案例。

二是产品独特性。大多数企业在面对各种消费心理引起的顾客需求时，通过提高产品或服务的差别化来满足顾客的需求，即用不同的产品或服务的特性来满足顾客的消费心理，从而使顾客获得高于从其他竞争对手处可能获得的溢价报酬。

关于竞争优势的理论在前一章已经有所论述。在此，我们想特别强调的是，形成企业可持续的竞争优势离不开核心竞争力的开发、维护、利用和创新。核心竞争力的不易模仿性正是竞争优势实现可持续性的前提，核心竞争力的顾客价值性正是顾客基本利益的保证。例如今天我们看到苹果手机在市场上的领先优势，但是这种优势来源是什么？是研发，是苹果的手机专利技术使其获得市场竞争优势，并大获其利。

5.1.2 三种基本竞争战略

三种基本竞争战略是在任何行业里的任何企业都可以采用的基本战略类型。这些理论集中反映在美国哈佛商学院著名战略管理学家迈克尔·波特的《竞争战略》（1980）一书中。

将所追求的竞争优势源泉和企业参与市场竞争的战略目标范围结合起来，我们就得出了在产业中取得高于平均水平的经济效益的三种基本竞争战略，如图5-1所示，即总成本领先战略、差别化战略和重点集中战略。

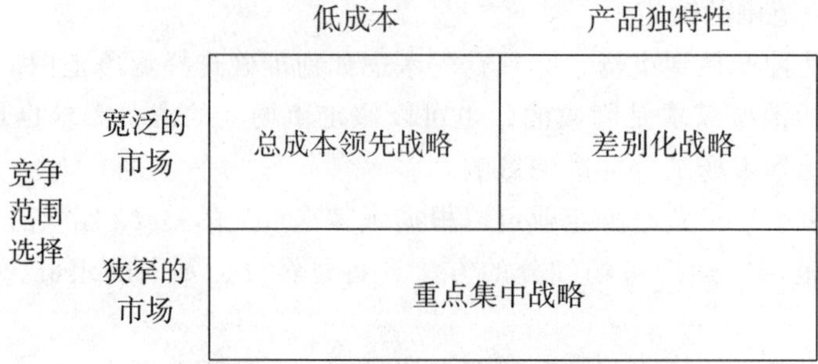

图5-1　三种基本竞争战略类型

每种基本竞争战略都包含着通向竞争优势的一条迥然不同的途径。总成本领先战略和差别化战略是在广泛的产业部门范围内谋求竞争优势，而重点集中战略则着眼于在狭窄的范围内取得低成本优势或独特化优势。这三种战略可以根据产品、市场以及核心竞争力的不同组合来加以考察（如表5-1），企业可以根据自己生产经营的情况，选择所要采用的竞争战略。不过，实施每种通用战略要求采取的具体措施在各产业之间大不相同，所存在的风险也不相同。

表5-1　　　　**三种基本竞争战略的比较**

类型 比较项目	总成本领先战略	差别化战略	重点集中战略
瞄准的目标市场	抢占整个市场	抢占整个市场	占领一个狭窄的小市场
竞争优势的来源	总成本低于同行竞争对手	提供给顾客的某种特殊产品或服务	在一个狭窄的市场上，提供价格更低的产品或服务，或者提供某种差别化的产品或服务
形成核心竞争力的关键环节	制造过程	研发过程、市场定位	选择某一狭窄市场进行有效的成本控制或差别化管理
产品线	好的基本产品，所附加的特色并不多(产品质量可接受，选择余地有限）	产品类型很多，选择余地很大，强调所选定的差别化特色	按照目标市场的特定需求提供定制产品或服务
生产管理	不断地寻求在不牺牲可接受的质量和关键特色的前提下降低成本	创造各种途径来为购买者创造价值，奋力寻求产品的卓越性	为小市场进行产品或服务的定制性活动
市场营销的重点	低价格	差别性	传播公司那种能够满足购买者专业化需求的能力
主导性企业	大企业或者优势企业	中小企业或者大企业	局部市场上的领先企业

5.2 总成本领先战略

总成本领先战略是指从价值活动的角度看，在一个相对较长时期内，企业通过加强成本控制和低廉的价格来扩大市场占有率，从而在竞争激烈的市场中取得竞争优势的战略。一般地说，如果行业内的产品基本上是标准化的产品，如果绝大多数购买者对产品的使用方式一样，或者用户要求相同，或者购买者对价格的差异十分敏感时，企业采取总成本领先战略，往往能够获得显著的竞争优势。

5.2.1 总成本领先战略优点

全面认识总成本领先战略的优点，可以结合第3章中波特关于行业结构分析五力模型来加以分析，具体地说：

（1）与行业内的竞争对手相比，企业一旦取得了总成本领先的地位，就能有效地提高市场占有率，并获得比行业平均水平更高的利润。在争夺顾客的竞争中，产品的低价格容易吸引那些没有使用过产品的顾客尝试使用，使一直使用竞争对手同类产品的顾客也可能转向使用本企业产品，从而提高了市场占有率。

（2）在争取供应商的竞争中，对于那些能够带来大规模销售的企业来说，由于低成本企业对原材料或零部件的需求量大，因而为获得廉价原材料或零部件提供了可能，同时，也有利于与供应商建立稳定的协作关系。

（3）在争取购买商的竞争中，当强大的购买商纷纷要求降低企业产品的销售价时，总成本领先的企业往往比其他企业具有更大的容忍度去接受降价的要求，并且，保证能够比同行其他竞争对手获得更多的利润，虽然所有的同行企业利润水平均处在下降的状态。

（4）在与潜在进入者的竞争中，由于总成本领先企业的成本低，它在潜在进入者毫无利润的低价格水平上仍能保持盈利，从而提高了市场进入壁垒，使新进入者难以构成对总成本领先企业的威胁。

（5）在与替代品的竞争中，总成本领先企业可以利用削价等办法稳住现有顾客的需求，使之不被替代产品替代，或者不被替代品生产商所取代，从而始终处于竞争的有利地位。

5.2.2 总成本领先战略缺点

1.生产设备投资较大

企业要有大规模的生产设备，才能进行高效率的生产。此外，由于技术进步导致了生产工艺的改进及突破，以致企业的原有工艺设备和投资变得落后，原先的高效率优势也随之丧失，并使竞争对手比较容易以更低的成本进入该行业，造成对原有企业的威胁。

2.容易忽视顾客需求的变化

把过多的注意力集中于总成本领先战略，可能导致企业忽视顾客需求特性及需求变化的趋势，忽视顾客对产品差异的兴趣及价格敏感性的降低。

3.阻碍企业开展技术创新

由于企业曾经集中大量资本投资于现有技术及现有设备，容易导致企业领导者缺乏对新技术及技术创新的内在动力。

4.供应链关系紧张

由于对成本的控制，可能让某些企业忽略供应商正当的利益需求，压缩供应链企业利润空间，这样势必会影响到供应商的积极性。因此，必要的成本控制是必需的，但是，如何有效提高供应商的积极性将关系到供应链的良好协作问题。

5.2.3 总成本领先战略的实施条件

企业在采用总成本领先战略时，应当从两个方面考虑其实施条件：一是实施战略所需要的资源与技能；二是组织落实的必要条件。具体说来，主要有以下几个方面：

（1）企业必须具有流水线型生产设备。

（2）要严格控制一切费用开支，竭尽全力地降低成本，最大限度地减少开发研究费用，减少服务、推销、广告及其他一切费用。

（3）产量要达到经济规模，才能降低成本。

（4）要有较高的市场占有率，才能将大批量的产品销售出去。

（5）企业产品设计强调可制造性，研究开发侧重于生产经营过程创新，而不是开发新产品或基础研究。

（6）管理者应较多地采用“传统”的管理风格，即以正式的程序和严格的等级制为基本特征。

5.2.4 总成本领先战略易犯的错误

总成本领先战略一般内在地要求一家企业成为行业内低成本的先驱。当渴望成为总成本领先者的企业不止一家时，它们之间的竞争通常主要表现为在一项价值活动中的成本控制效果，而这种成本控制效果又取决于该企业塑造的价值活动中关键成本驱动的影响因素。如果忽略了这些关键因素，将会影响企业总成本领先战略制定的方向及实施效果。

一些常见的错误行为包括以下五个方面：

1.集中于生产活动的成本而别无他顾

提起“成本”，大多数管理者自然而然地想到生产过程。然而，总成本中相当大的一部分产生于市场营销、推销、服务、技术开发和基础设施等活动，而它们在成本分析中却常常很少受到重视。其实，在这些方面降低成本的潜力非常巨大，且相对比较容易实现。

2.把采购看做一种次要的辅助职能

许多企业在降低劳动力成本上过分计较，而对外购投入却几乎全然不顾。它们往往把采购看成是一种次要的辅助职能，在管理方面几乎不予重视；采购部门的关注焦点也往往只集中在关键原材料的买价上。企业常常让那些对降低成本既无专门知识又无积极性的人去采购许多东西；外购投入和其他价值活动的成本之间的联系又不为人们所认识。对于许多国内企业来说，只要采购方法稍加改变，采购过程严格管理，就能使总成本得以大幅度节约。

3.忽视那些规模小的或间接的活动

降低成本的规划通常集中在规模大的成本活动和直接的活动上，如元器件制造和装配等。那些占总成本较小部分的活动难以得到足够的审查，间接活动如维修和常规性费用常常不被高层管理者所重视。

4.缺乏对成本关联性的分析

企业很少能认识到影响成本的所有联系，尤其是和供应企业的联系以及各种活动之间的联系，如质量保证、检查和服务等。缺乏对成本关联性的认识会导致以下错误：要求每个部门都以同样的比例降低成本，而不顾有些部门提高成本可能会降低总成本。同时，成本关联性还可能体现在总成本降低中的相互矛盾上，例如：企业既想通过规模经济提高市场占有率，又想生产型号多样化的产品，从而又抵消了规模经济；企业试图将工厂设在靠近客户的地方，节省运输费用，但在新产品开发中又强调减轻重量。成本驱动因素是相互关联的，有时甚至是背道而驰的，企业必须认真对待它们之间的权衡取舍问题。

5.损害产品差别化形象

企业在降低成本中如果抹杀了它对客户的差别化特征，就可能损害其与众不同的形象。虽然这样做可能在总成本领先战略上合乎需要，但这应该是一个经过多方权衡并做出认真选择的结果。

总之，采取总成本领先战略的企业，特别是那些总成本领先优势比较大的企业，千万别得意于成本领先优势。应该说，总成本领先的企业是在明处，而竞争对手总是在暗处，它会时刻受到竞争对手的攻击。那些总成本领先的企业必须以更快的速度创建新的未来竞争优势。对于上述问题必须时刻引起高度关注。

5.3 差别化战略

差别化战略是指企业提供的产品和服务具有独特性，从而形成竞争优势的战略。这些特色可以体现在产品设计、技术特性、产品品牌、产品形象、服务方式、促销手段等方面。但需要引起注意的是：差别化战略并不是说可以忽视成本，只是强调该战略的目标不是成本问题，而是产品差异化优势。

5.3.1 差别化战略的优点

根据波特关于行业结构的五力分析模型的思路，差别化战略的优点主要体现在以下几个方面：

1.形成其他企业进入障碍

由于企业产品和服务具有自己的特色和企业明确的顾客定位，容易培养顾客的忠实度，同时无形的市场化细分，形成了市场的进入障碍，潜在的进入者要与该企业竞争，则需要调整自己的产品并重新培育自己的客户群，这样必然造成新进企业的竞争压力。

2.容易形成市场力量

如果公司所提供的产品属性与其竞争对手有着明显差别，且这种属性是消费者所期待的，那么，这种依附于产品的特色，可以引起消费者的广泛关注，产生购买行为。

3.降低顾客对价格的敏感程度

一旦产品差别化构成了顾客的忠诚，将会进一步降低消费者对价格的敏感性，即使独特化的产品或服务价格略高于一般性产品或服务，顾客也不会过分计较。

4.增强讨价还价能力

如果产品差别化完全能被顾客所认可，一方面将提高企业对付供应者的讨价还价能力；另一方面，由于购买者别无其他选择，对价格敏感性又低，这在一定程度上削弱了购买方讨价还价的能力。

5.降低产品可替代程度

如果不同企业的产品存在差异性，那么，新产品上市取代旧产品的可能性也比较小，尤其是当企业产品的差别化特征得到了消费者好感时，消费者发生转移型消费的现象更不太可能。

5.3.2 差别化战略的缺点

1.保持产品的差别化需要以成本提高为代价

因为实行这种战略必然要增加相应的设计及研究开发费用，要用高档的原材料，此时，企业往往把保持产品特色放在第一位，而把降低成本放在第二位，这样企业产品差别化所取得的一部分或大部分利润就会被产品成本的提高所抵消。

2.购买者对差别化成本的承受有一定极限

买主对差别化所支付的额外费用是有一定极限的，若超过支付极限，低成本价格产品的企业就比价格差别化产品的企业更具竞争力。

3.企业初始营销困难

由于特色产品价格较高，很难拥有很大的销售量，因此，该战略不可能迅速提高市场占有率。

4.差别化思维的适用产品范围受限

一般来说，该战略对生活消费资料企业较为重要，而生产资料企业因其产品不存在多少差异，没有多少创造产品差别化的余地。

5.3.3 形成差别化的方法

企业要成功实施差别化战略，必须结合企业可利用资源和价值链活动的可能性。一般来说，产品差别化战略的实施主要围绕价值链活动，利用好可利用的一切资源，常见的差别化战略有以下几方面：

1.产品内在因素差别化法

这是指企业通过产品研究和开发、生产制造等活动，在产品性能、设计、质量及附加功能等方面与竞争对手相区别的独特性。即应当把本企业产品与竞争对手产品相比，仔细分析每一个零部件的不同之处，确定本企业产品能够在哪些方面具有相对竞争优势，从而开创独特市场的方法。为此，企业应加强研究开发，使用专门技术（或专利）改进产品的设计，提高产品的性能和质量，或增加产品附加功能。有不少差别化产品是在专利保护下形成的，有了专利保护，其差别化就难以被其竞争对手所复制。随着市场不断扩大，销售量也逐渐增加，产品性质及质量的提高也加速了固定资产的更新和工艺技术的更新。但是，一味地在技术、设计、质量等方面下功夫，往往需要大量的研究投资和营销成本，有时即使提高了市场占有率，利润却相对降低。

2.产品外在因素差别化法

这是指企业主要利用外部后勤和分销、市场营销及准确的顾客定位，使用定价、商标、包装、销售渠道及促销手段等方法，使其与竞争对手在产品传递给顾客的过程中形成差别化，从而创造良好的商品形象，开拓独特市场的方法。具体说来，主要有以下几个方面：

第一，采用定价、改进包装、树立名牌的方法实现产品差别化。即通过较高的价格和精美的包装显示产品的优质，借此树立企业产品的形象。

第二，通过宣传，利用广告形成产品差别化。要通过各种传播媒体和传播手段，将有关产品特征的信息传达到市场，使顾客感受到产品差别化，从而在顾客心目中树立与众不同的形象。

第三，通过优质服务来实现产品差别化。如采用免费送货、分期付款、一定时间内实行保修等方法，使产品形成差别化。

第四，改进分销渠道以实现产品差别化。如采用零售或上门推销等方法，使产品直接与顾客接触，使产品形象在顾客心目中形成差别化。

5.3.4　差别化战略易犯的错误

1.独特性难以被顾客接受

一家企业的产品在某些方面具有独特性，并不意味着独特的东西就是差别化。一个产品的独特性是否形成差别化的检验方法是，一家企业在推销其产品时，能否得到顾客的赏识以及能否控制和维持较高的价格水平。如果不能使买方成本降低或提高买方价值，这种独特性就不可能转化为差别化的优势。大部分有意义的差别化通常来自买方追求和可以衡量的价值来源，或来自不能衡量但却得到广泛了解的价值来源。

2.过分地追求差别化

如果一家企业不懂得作用于买方价值和期望价值的机制，不了解企业活动怎样与买方价值链相关，那么，企业可能会搞出一些十分离谱的产品独特性。例如，产品质量或服务水平超过了用户的需求期望值，那么，这个企业相对于产品质量适当、价格低廉的竞争对手，其竞争地位同样处于劣势。

3.差别化产品的溢价太高

从差别化战略中获得的溢价是产品差别化的价值和持久性的函数。恰当的溢价不仅是企业产品差别化程度的函数，而且是企业所有相关成本的函数。如果一家企业不能把其成本保持在近似竞争对手的水平，即使企业能够维持产品差别化，也难以在市场竞争中长期站稳脚跟。

4.不能正确认识顾客需求

如果一家企业没有意识到更具差别性的特定商品市场的存在，或者忽视那些狭窄的产品市场，差别化战略可能就无法满足所有顾客的需求，经不起那些采用重点集中战略的企业所发起的攻击行为。买方市场的出现，并不是必然要求企业选择重点集中战略，而是产品差别化必须以有价值的顾客购买标准为前提。

5.4 重点集中战略

重点集中战略是指企业通过满足特定消费者群体的特殊需要，或者集中于某一有限的区域市场，从而建立企业的竞争优势，获得有利的竞争地位的战略。

持有这种战略的一种经验基础是，公司80%的利润来源于20%的顾客，所以，公司主张在分析顾客购买模式、购买偏好的基础上，有效地针对越来越小的目标市场进行市场策划，实现销售和提供售后服务。

5.4.1 重点集中战略与总成本领先战略、差别化战略的比较

重点集中战略同样可以达到与前两个战略一样的效果，可以防御行业中各种竞争力量，使企业在本行业中获得高于平均水平的收益。这种战略可以用来防御替代品的威胁，也可以针对竞争对手最薄弱的环节采取攻击性行为。企业在竞争中成功地运用重点战略，可以获得超过行业平均水平的收益。应当指出，企业实施重点集中战略，尽管能在其目标细分市场上保持一定的竞争优势，获得较高的市场份额，但是，由于重点集中战略的目标市场比较狭小，其市场份额总体水平也比较低，重点集中战略在获得市场份额方面常存在着某些局限性。所以，企业选择重点集中战略时，应在产品获利能力和销售量之间进行权衡，有时还要在产品差别化与成本状况间进行取舍。

重点集中战略与前两个基本竞争战略的不同点主要体现在：总成本领先战略与差别化战略都是面向全行业，在整个行业的范围内进行设计。而重点集中战略则是围绕一个特定的目标市场进行密集性的生产经营活动，要求能够比竞争对手提供更为有效的服务。企业一旦选定了目标市场，便可以通过产品差别化或总成本领先的方法，形成重点集中战略。也就是说，采用重点集中战略的企业，要么是特殊的差别化企业，要么是特殊的总成本领先企业。由于这类企业的规模偏小，采用重点集中战略的企业往往不能同时进行差别化和总成本领先的战略。如果采用重点集中战略的企业要实现总成本领先，则可以在专用产品或复杂产品上建立自己的成本优势。这类产品难以进行标准化生产，难以形成生产上的规模经济效益，因此，也难以具有经验曲线的优势。如果采用重点集中战略的企业要实行差别化，则可以运用所有差别化的方法去达到预期的目的。与差别化战略不同的是，采用重点集中战略的企业是在特定的目标市

场中与实行差别化战略的企业进行竞争，而不在其他的细分市场上与其竞争对手展开竞争。这样，实行重点集中战略的企业由于其市场面小，可以更好地了解市场和顾客，提供更好的产品与服务。

5.4.2　重点集中战略的优点

（1）经营目标集中，管理简单方便，可以集中使用企业的人、财、物等资源。

（2）有条件深入钻研以至于精通有关的专门技术。

（3）熟悉产品的市场、用户及同行业竞争方面的情况，因此，有可能提高企业的实力，争得产品及市场优势。

（4）由于生产高度专业化，可以达到规模经济效益，降低成本，增加收益。

这种战略适用于中小企业。它能使高度集中的专业化中小企业对国民经济做出重要贡献，成为“小型巨人”，即小企业采用单一产品市场战略可以以小补大、以专补缺、以精取胜，成为受大公司欢迎的能为其提供配套产品的合作伙伴。

【战略聚焦】　长尾效应

2004年10月，美国《连线》杂志主编克里斯·安德森在他的文章中第一次提出长尾理论。他告诉读者：商业和文化的未来不在热门产品，不在传统需求曲线的头部，而在于需求曲线中那条无穷长的尾巴。从人们需求的角度来看，大多数的需求会集中在头部，而这部分我们可以称之为流行，而分布在尾部的需求是个性化的、零散的、少量的需求。

长尾效应的根本就是要强调“个性化”、“客户力量”和“小利润大市场”，也就是要赚很少的钱，但是要赚很多人的钱。将市场细分到很细很小的时候，就会发现这些细小市场的累计会带来明显的长尾效应。

以图书为例，美国最大连锁书店Barnes&Noble的平均上架书目为13万种，而Amazon有超过一半的销售量都来自于在它排行榜上位于13万名开外的图书。如果以Amazon的统计数据为依据的话，这就意味着那些不在一般书店里出售的图书要比那些摆放在书店书架上的图书形成的市场更大。也就是说，如果我们能够摆脱资源稀缺的限制，潜在的图书市场将至少是目前的两倍大。曾在音乐行业担任过顾问的风险投资家Kevin Laws是这样总结这一现象的：“最大的财富孕育于最小的销售。”

5.4.3　重点集中战略的缺点

当市场发生变化、出现技术创新或新的替代品时，该产品需求量下降，企业就会受到严重的冲击。这种企业对环境的适应能力差、经营风险大，市场上大多数产品或迟或早终究是要退出市场，因此，采用此战略应当有应变的准备，做好产品的更新换代工作。

特别是在市场竞争比较激烈的市场上，重点集中战略执行中可能存在以下问题，因而也是企业竞争战略缺点所在：

（1）以广泛市场为目标的竞争对手，很可能将该细分市场也纳入其竞争范围，可能成为该细分市场的潜在进入者，构成对企业的威胁。如果在较宽经营范围的竞争对手与采取重点集中战略的企业在成本差别上日益扩大，抵消了企业为目标市场服务的成本优势，或抵消了通过重点集中战略而取得的产品差别化，就可能导致企业重点集中战略的失败。

（2）除了本企业采用重点集中战略之外，其他企业也相继采用同样的重点集中战略，或者以更小的细分市场为目标，从而造成了对本企业的威胁。

（3）由于技术进步、替代品的出现、价值观念的更新等变化因素的作用，细分市场中的消费者偏好发生了变化。那些采用重点集中战略的企业赖以获得竞争优势的基础随之消失。

5.4.4　重点集中战略的实施条件

企业实施重点集中战略的关键是选定一个细分的目标市场，而决定在选择目标市场展开竞争并从中获利，那么，企业必须考虑自身条件和市场吸引力。具体地说：

（1）拥有优于竞争对手的优势。在目标市场上，竞争对手很难满足顾客的需求，或者与竞争对手相比，本企业具有满足顾客需求的卓越能力，使其能够保持竞争优势。

（2）拥有抵御竞争对手的能力。在目标市场上，企业能够建立起差别化优势，有效防御其他竞争对手的挑战。

（3）拥有服务目标市场的意愿。企业拥有足够的资源和能力，并能有效地服务于具体的目标小市场。

（4）细分的目标市场具有足够吸引力。企业的目标市场在市场容量、成长速度、获利能力、竞争强度等方面具有相对较高的吸引力。

5.5　竞争对手分析

中国有句俗语：知己知彼，百战不殆。制定竞争战略不但要“知己”，还要“知彼”，所以，竞争战略管理的一项重要任务就是了解分析竞争对手。实践中，不少管理者思想中可能滋生关于竞争对手的两种危险假设：“系统地分析竞争对手是不可能的”、“我们对竞争对手非常了解，因为我们每天都与他们竞争”。

预测潜在的竞争对手并不是一件容易的工作。到底哪些企业可以纳入我们对竞争对手分析的范围呢?主要有以下四类：一是虽然暂时不处在该行业内，但未来有可能克服进入障碍而与本企业展开竞争的对手；二是该行业内具有明显协同作用的那些企业；三是企业战略的延伸必将导致进入本行业竞争加剧的那些企业；四是那些有可能进行后向一体化或前向一体化的客户或供应商。

在确定了拟分析的竞争对手范围之后，我们必须从以下五个方面进行详细分析，如图5-2所示，进一步勾画出竞争对手的真实轮廓。下面我们对这五个方面分别加以论述。

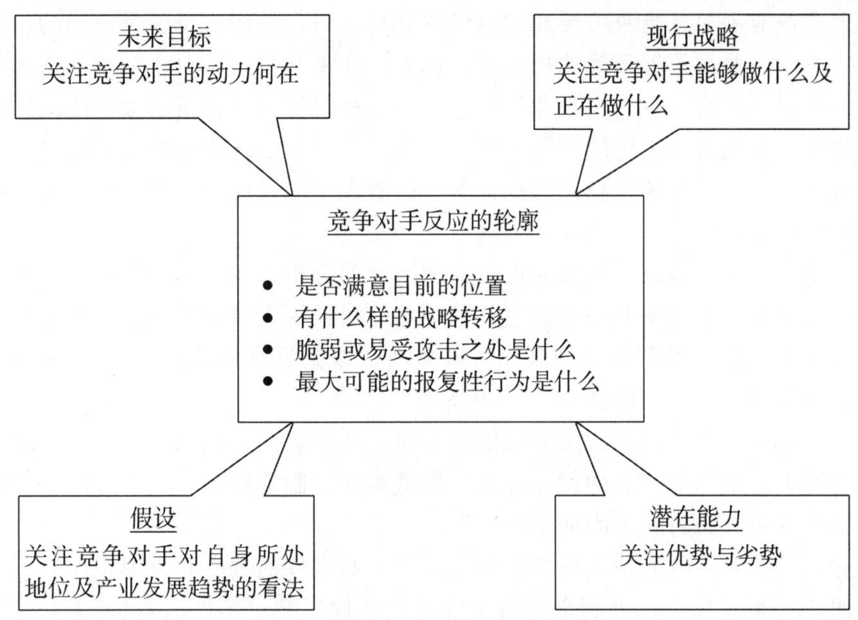

图5-2　分析竞争对手的基本框架

5.5.1　未来目标

竞争对手分析的第一项内容是，判断竞争对手的未来目标、目标的实现程度以及它们是如何根据这些目标来衡量自己的。对目标的了解特别有助于推断每个竞争对手是否对其目前的地位和财务成果感到满意，并由此推断该竞争对手改变战略的可能性，以及对于外部事件或其他企业的行动做出反应的能力。

对竞争对手未来目标的分析应包含以下问题：

（1）竞争对手已公开声明和未公开声明的利润目标是什么?

（2）竞争对手对待风险的态度怎样?如果财务目标基本上是由获利能力、市场地位（占有率）、增长率及风险的合适水平所组成，那么竞争对手将如何平衡这些因素?

（3）为实现公司目标，竞争对手是否拥有广泛分享或由高级管理部门掌握的经济方面或非经济方面的准则或信条，这些准则或信条在多大程度上影响其目标?

（4）不同战略管理层的不同部门有关未来的目标方向究竟存在多少明显的一致性?其管理部门的各个派别是否正在支持不同的目标?

（5）公司总目标与各事业部单位的目标分别是什么?是否存在不相一致的地方?

（6）各事业部单位在公司总战略目标的地位和作用如何?总公司是如何看待各事业部单位重要性的?

5.5.2　假设

竞争对手分析中的第二个至关重要的内容，是识别每个竞争对手的假设。这些假设分成两大类：一是竞争对手对自己地位的假设；二是竞争对手对行业发展趋势以及行业内其他企业的假设。

一个竞争对手对其自身境况和对自身所处行业所作的假设可能是正确的，也可能是不正确的。在假设不够正确的场合下，例如，如果某个竞争对手认为他在市场上拥有最大的客户忠实度，但其实并非如此，那么一种挑逗性的价格削减可能是抗击竞争对手并使自己获得市场地位的有效方法。因为，竞争对手认为这种价格削减不会对其市场占有率产生什么影响，直到他认识到自己假设中的错误，才发现自己重要的市场地位已摇摇欲坠。

识别竞争对手的假设，可以通过对下列问题的分析得到基本结论：

第一，根据竞争对手的公开陈述，管理部门或销售人员的主张及其他迹象，在成本、产品质量、技术及其业务的其他关键方面，该竞争对手对其地位、自身的优势、劣势是怎么认识的?这些看法究竟是对还是错?

第二，竞争对手是否在历史上或情绪上对一些特定的产品或特定的实用政策有强烈的识别能力，诸如对产品的设计方法、质量要求、制造地点、销售方法、分配措施等等，其中哪一方面将会牢固地坚持下去?

第三，竞争对手的何种假设会影响竞争对手对事件的觉察和重视程度?

第四，是否有什么严密制定的组织准则或法规影响对事件的看法?还有什么企业创始人当初强烈信奉的政策延续至今仍在起作用?

第五，竞争对手对产品的未来需求及对行业趋势的深远意义是怎么认识的?是否因为对需求毫无根据的疑问而对增加生产能力犹豫不决，或陷入无效的重复建设?这是否易于导致错误地估计特定趋势?

第六，竞争对手是怎么认识其竞争对手的目标和潜在能力的?他是否将过高或过低地估计其中任何一位竞争对手?

第七，竞争对手是否相信行业方面的传统信条。诸如：“每家企业都必须具有十分丰富的产品种类”等。

5.5.3　现行战略

竞争对手分析的第三项内容是逐步展开对每个竞争对手现行战略的分析。这种战略可能是明确的，也可能是含蓄的。关于总成先领先战略、差别化战略以及重点集中战略的识别在前面已经详细论述过。在此，需要强调的是：

第一，从战略层次的角度分析竞争对手企业总体战略、经营单位战略和职能部门战略的关系。从中寻找薄弱环节，以打败竞争对手。

第二，分析竞争对手执行现行战略的进展情况，特别要把握住那些能够影响战略实施的关键因素。

第三，分析现行战略对行业未来发展的重大影响。更多的时候，竞争对手实施现行战略的背后，含有一种改变行业未来走向的可能性。

5.5.4　潜在能力

竞争对手分析的第四项内容是：现实地评价每个竞争对手的潜在能力。竞争对手的潜在能力高低将会决定其发起战略行动或对战略行动作出反应的能力，以及对付外部宏观环境及行业内发生意外事件的能力。

对竞争对手潜在能力的分析，主要包括以下内容：

1.核心潜力

重点分析竞争对手在各个职能领域内的潜在能力大小，分析其最佳能力所处的职能部门，最差能力所处的职能部门?随着竞争对手的日趋成熟，在那些潜在能力中有无可能出现一些变化?随着时间的推移，这些潜在能力将趋向增长还是趋向下降?对这些问题的分析，都有助于判断竞争对手的核心潜能。

2.增长能力

如果竞争对手选择发展型战略，重点分析其潜在能力将会增长还是下降?在哪些领域会增长，在哪些领域会下降呢?

3.迅速反应的能力

重点分析竞争对手对其他竞争对手的行动作出迅速反应的能力，这种能力由下列因素来确定：未支配的现金储备；储备的借贷能力；过剩的工厂生产能力；尚未推出的新产品。

4.适应变化的能力

重点分析竞争对手对各个职能领域内变化的条件作出适应变化的能力。它主要取决于以下因素：固定成本与变动成本的关系；对复杂产品种类的管理能力；开发新产品的能力；服务方面的竞争能力；逐步升级的市场营销活动；持续高涨的通货膨胀率；经济衰退等。

5.持久耐力

重点考察竞争对手对维持一场长期较量的能力大小，这种能力可能会对收益或现金流量施加多大压力。

值得说明的是，持久能力的分析，既要分析竞争对手的优势，又要分析竞争对手的劣势。而且，后者的分析对企业战略的选择与实施更为重要。它可以为企业打败竞争对手选择一个正确的突破口。最常见的突破口有：

第一，竞争对手的组织结构（职能结构）已有或暂缺的产品经理人员、各个研究与发展实验所等情况如何?

第二，对于像资源分配、定价和产品变化之类的关键决策，考察该结构是如何分配责任和权力的?竞争对手企业最缺乏的，或者是最薄弱的组织环节是什么?

第三，控制和奖励制度是否适当?对高级职员是如何支付报酬的?对销售人员是如何支付报酬的?经理人员是否拥有股份?是否有适当的分期付酬制度?高层经营管理者和普通员工对企业薪酬管理制度是否满意?

第四，是否有适当的会计制度和惯例?竞争对手内部的财务状况是否混乱?

第五，构成竞争对手的领导部门，尤其是最高行政官员是哪类经理人员?其背景和经历如何?处于领导地位的经理人员是否即将引退?

5.5.5 竞争对手反应的轮廓

对长期目标、假设、现行战略和潜在能力的分析完成以后，最终是为了勾勒出竞争对手反应的基本轮廓。主要表现在以下四个方面：

1.竞争对手是否满意目前的位置

如果竞争对手还不满足于目前所处的位置，他还将继续坚持现行战略，直到满意为止。当然，如果竞争对手已经满意目前所处的位置，那么，该企业对别的企业进行打击报复的可能性就相对较小。

2.竞争对手将有怎样的战略转移

战略转移表明了竞争对手可能的变化趋势，从而为其他企业提供一个参考系。其他企业要么继续采用原战略，要么模仿竞争对手也进行战略转移。

3.竞争对手脆弱之处在哪里

其目的是打败竞争对手而寻找进攻的突破口，尽可能做到“避实击虚”。

4.迫使竞争对手采取最大和最有效的报复行动的因素有哪些

其目的是减少强大的竞争对手对自己可能构成的报复。

■ 本章小结

企业要获得竞争优势，必须就争取哪一种竞争优势和在什么范围内争取优势的问题作出选择。由此，构成三种通用竞争战略：总成本领先战略、差别化战略、重点集中战略。

总成本领先战略是指企业在较长时期内，通过加强成本控制和低廉的价格来扩大市场占有率，从而在激烈竞争的市场中取得竞争优势的战略。差别化战略是指企业提供的产品和服务具有独特性，即具有与众不同的特色，满足顾客特殊的需求，从而形成竞争优势的战略。这些特色可以体现在产品设计、技术特性、产品品牌、产品形象、服务方式、促销手段等方面。重点集中战略则是指企业通过满足特定消费者群体的特殊需要，或者集中于某一有限的区域市场，从而建立企业的竞争优势，获得有利的竞争地位的战略。

迈克尔·波特的三种竞争战略所主张的前提条件是，行业内不同企业围绕着特定产品或服务之间的竞争关系往往具有非合作性。所以，如何有效地分析竞争对手的变化趋势是一项需要密切加以关注的任务。对竞争对手的分析可以从五个方面入手：一是未来目标；二是关于行业发展趋势以及自身地位的假设；三是企业所采取的现行战略；四是竞争对手的潜在能力；五是竞争对手反应的总体性轮廓。

■ 复习思考题

1.影响基本竞争战略选择的因素是什么？试述各基本战略之间的区别何在。

2.什么是总成本领先战略？其战略优势体现在哪些方面？可能遇到的风险是什么？

3.什么是判别化战略？其战略优势代本现在哪些方面？可能遇到的风险是什么。

4.对竞争对手的分析应当从哪些方面入手？

5.有的企业家认为：“总成本领先战略和差别化战略并不是截然分开的，成功的企业往往努力将两者巧妙地融合起来使用。”你同意这种主张吗？请举例说明？

案例分析题

屈臣氏的差异化竞争战略

1828年屈臣氏在广州成立，1841年将业务拓展到香港。20世纪初叶，屈臣氏已经在中国香港、中国内地与菲律宾奠定了雄厚的业务根基，旗下有100多家零售店与药房。1981年，华人首富李嘉诚旗下的和记黄埔将屈臣氏收购，通过导入现代商业管理理念系统，将屈臣氏变成了全球首屈一指的个人护理用品、美容、护肤商业业态的巨擘。如今，屈臣氏在全球门店数已超5千家，销售额逾100亿港元，业务遍及亚、欧等40多个国家和地区。

屈臣氏"健康"类产品从处方药到各种保健品、维生素等，占总数的18%；"美态"类产品从各种化妆品到各类日常护理用品，占总数的65%：而"欢乐"类产品包括各种服装、饰物、精品、礼品、糖果、贺卡和玩具等，占总数的17%。而屈臣氏的自有品牌主要集中在健与美的产品领域，即护肤、美发产品等500种产品。产品系列组合的价值体现在差异化的品牌延伸中，为顾客提供全面解决方案，顾客可以从屈臣氏提供的产品组合中获得一种心理上和物理上的支持，从而在消费个性化上获得自己的成功。同时，在做到产品组合的同时，屈臣氏强调针对顾客进行价格组合，不是将顾客的钱一次赚个够，而是将廉价与高品质的双重品牌构成奉献给消费者，在"可持续赚钱"中保持顾客的持续购买。

亚洲女性会用更多的时间进行逛街购物，她们愿意投入大量时间去寻找更便宜或是更好的产品，这与西方国家的消费习惯明显不同。中国大陆的女性平均在每个店里逗留的时间是20分钟，而在欧洲只有5分钟左右。这种差异，让屈臣氏最终将中国大陆的主要目标市场锁定在18岁～40岁的女性，特别是18岁～35岁的时尚女性。屈臣氏认为这个年龄段的女性消费者是最富有挑战精神的。屈臣氏目标顾客群喜欢用最好的产品，寻求新奇体验，追求时尚，愿意在朋友面前展示自我，更愿意用金钱为自己带来大的变革，愿意进行各种新的尝试。而之所以更关注40岁以下的消费者，是因为年龄更长一些的女性大多早已经有了自己固定的品牌和生活方式了。

走进屈臣氏任何一家门店，迎接顾客的首先是欢乐的音乐，还有摆放在商店里独有的可爱的公仔、糖果等，一些可爱的标志例如"心"、"嘴唇"、"笑脸"等都会出现在公司的货架上、收银台和购物袋上，这一切都给消费者欢乐、温馨、有趣的感觉，向消费者传递着乐观的生活态度。

屈臣氏拥有一支强大的健康顾问队伍，以"健康活力天使 "命名的专业队伍，常年为顾客免费提供健康生活的咨询与服务。在店内提供陈列信息快递《护肤易》等各种个人护理资料手册，免费提供各种皮肤护理咨询，在药品柜台建立"健康知己"资料展架，提供各种保健营养分配和疾病预防治疗方法等。可以让顾客看到，屈臣氏关心的不仅仅是商品的销售，更注重对顾客体贴细致的关怀。

屈臣氏在19世纪初的义诊及送药行为曾为它赢得了良好社会形象。屈臣氏曾为孙中山在香港就学时提供奖学金的故事更使得这个品牌不胫而走。为更好地诠释屈臣氏"欢乐"的品牌内涵，屈臣氏多年前开发的新奇士果汁自有品牌，与美国迪士尼公司合作在深圳上演"迪士尼100周年奇幻冰上巡演"项目，从娱乐角度切入，让人们感到轻松有趣之余，使屈臣氏“欢乐”主题淋漓尽致地体现出来，拉近了与消费者的距离。新奇士和迪士尼有着相近的消费群体——重视娱乐、思想年轻的乐观一族。新奇士与迪士尼品牌内涵相融合，增强了新奇士的品牌张力，丰富了屈臣氏的品牌内涵。

资料来源：改编自晋金刚.屈臣氏的差异化竞争战略[J].出国与就业，2011（6）.

结合上述案例材料，试讨论以下问题：

1.屈臣氏实施的差异化主要体现在哪些方面？

2.企业品牌价值对屈臣氏产品延伸起着什么样的作用？

■ 比较研究

分别访问中国人寿保险官网（http：//www.e-chinalife.com）和中国平安保险官网（http：//www.pingan.com），借此了解我国保险业竞争格局，并请比较分析：

1.两家公司产品和服务的差异性。

2.两家公司竞争战略的差异性。

3.利益相关者关系管理模式的差异性。

■ 推荐阅读文献

1.波特 M.竞争战略[M].陈小悦，译.北京：华夏出版社，1997.

2.徐二明.企业战略管理[M].修订版.北京：中国经济出版社，2002.

3.刘巨钦，陈应龙.对波特竞争战略理论的理性反思及其启示[J].科研管理，2004（9）.

4.陈忠卫，王晶晶.企业战略管理[M].北京：中国统计出版社，2001.

5.Sumer K.Business strategies and gaps in Portor's strategy：a literature review[J].Journal of Management，2012，4（3）.

第6章 行业经营战略

学习目标

如同产品生命周期一样，行业的演化也会表现出类似生命周期的特征。行业生命周期包括从投入、成长、成熟到衰退的过程。不同的行业发展阶段具有不同的特征，企业应当努力把握所处行业的特点及其变化规律，从而选择实施相应的经营战略。通过本章学习，要求重点掌握行业生命周期阶段特征，了解行业不同发展阶段的特点，并积极思考特定行业阶段的经营战略选择之间所存在的差异性。

开篇导读 “互联网+”将改变什么

“互联网+”到底是什么？对传统产业有什么影响？这两个问题经常性地萦绕在人们心中，挥之不去。

技术突破对产业的深刻影响由来已久。如：蒸汽机的出现，改变了传统的手工劳作方式，带来了地理大发现，改变了交通和产业方式；在第二次工业技术革命中，电力对很多行业产生翻天覆地的变化。互联网正在“连接”着一切，从过去的人与机连接，发展到现在的人与人连接、人与物连接、物与物连接。客观上说，互联网作为一种生产力工具，它正在像从前的蒸汽机一样、像电一样，颠覆而非取代传统行业，新生而非简单传承新兴产业。

在2015年的政府工作报告是，首次提出制订“互联网+”行动计划：推动移动互联网、云计算、大数据、物联网等与现代制造业结合，促进电子商务、工业互联网和互联网金融健康发展，引导互联网企业拓展国际市场。

说起“互联网+”，人们会十分自然地想到近些年出现的新兴概念，如互联网金融、电子商务、电子支付、在线教育、在线旅游、云计算、大数据、网络安全、物联网、车联网、移动医疗、云平台等。

互联网的确在迅速地改变身边很多的传统领域，改变着传统产业领域的经营模式。尤其是在餐饮娱乐领域，“互联网＋”早已侵入到我们的生活，诞生了一批的团购和外卖网站；“互联网+”改变了电视娱乐，诞生了一批视频网站；“互联网+”甚至影响着婚姻交友的方式，诞生了一批相亲交友网站等等。

在民生领域，你可以在各级政府的公众账号享受服务，如网格化管理等，移动电子政务会成为推进国家治理体系的工具。在医疗领域，将有更多医院上线App全流程就诊，支持网络挂号，你的就医时间就会被节省，就医效率也将提升。在教育领域，面向中小学、大学、职业教育、IT培训等多层次人群开放课程，你可以足不出户在家上课。

资料来源：根据公开资料整理而成。

行业生命周期（Industry Life Cycle）指行业从出现到完全退出社会经济活动所经历的时间。行业生命周期理论认为，行业也有从产生到消亡的生命周期过程，可以分为投入阶段、成长阶段、成熟阶段和衰退阶段。通过对行业生命周期加以分析，可以为不同行业提供具体的经营战略选择思路。

6.1 行业生命周期与企业战略

6.1.1 行业生命周期不同阶段的特点

处在生命周期不同阶段的企业，往往在市场增长率、市场潜力、产品宽度、行业壁垒、竞争者数目、技术变革、顾客稳定性、市场占有率等指标上表现出不同的特点，与此相对应，行业内的企业内部治理的侧重点也有些差异（见表6-1）。

1.投入阶段

市场增长率较快，产品宽度窄、品种少，行业壁垒低，竞争者数目增多，技术变化快、标准不统一，顾客稳定性低，顾客对产品不熟悉、市场潜力有待开发，市场占有率不稳定，且通常很分散。

2.成长阶段

市场高速增长，产品宽度窄、但品种已多样化，行业壁垒比较高，竞争者数目达到顶峰后有下降的趋势，技术继续变化，顾客稳定性提高，顾客对产品逐渐熟悉或对产品有改善的要求，市场占有率趋于稳定，且快速集中。

3.成熟阶段

市场增长率不高，产品宽度宽、产品呈现标准化，行业壁垒非常高，竞争者数目基本稳定，技术基本成熟、标准统一，顾客稳定性高，顾客对产品熟悉或对产品比较满意，市场占有率基本稳定。

4.衰退阶段

市场萎缩，产品宽度窄，行业无吸引力，竞争者数目最少，技术成熟，总体顾客在减少但剩余顾客很稳定，顾客对产品熟悉或对产品满意，市场占有率非常稳定、呈集中化或分散化分布。

表6-1　行业生命周期中不同阶段的特点

指标	投入阶段	成长阶段	成熟阶段	衰退阶段
市场增长速度	较快	高速增长	不高	不增长或降低
市场潜力	顾客对产品不熟悉或对产品不满意	顾客对产品一定程度熟悉或对产品部分不满意	顾客对产品熟悉或对产品一般满意	顾客对产品熟悉或对产品满意
产品宽度	窄;品种少	窄;多样化	宽;标准化	窄
行业壁垒	低	比较高	非常高	行业无吸引力
竞争者数目	尚无统一竞争规则;数量通常增加	最多;后减少	基本稳定	最少
技术变化	快速发展	变化中	成熟	成熟
顾客稳定性	不稳定	逐渐稳定	稳定	总体在减少但剩余顾客很稳定
市场占有率	不稳定，且通常很分散	逐渐稳定，且市场占有率逐渐集中或快速集中	基本稳定	非常稳定，且市场占有率呈集中化或分散化分布
公司治理活动的侧重点	财务治理中的资金筹集、生产治理中的设备和工艺定型、营销治理中的市场发掘	财务治理中的资金筹集、生产治理中的规范化、营销治理中的扩大市场份额	财务治理中的成本控制、生产治理中的规模化、营销治理中的营销策略	重新审视过去公司治理方面可能存在的问题

6.1.2　行业生命周期与企业战略选择

正确认识行业生命周期阶段和企业竞争地位对于企业战略制定和选择非常重要。具有较强实力的企业如果错误地进入衰退行业，企业的优势也很难施展。科学的战略定位方法是企业在自身实力的基础上充分利用不同周期阶段的特点，选择有利的战略发展空间。

生命周期代表了企业不可控的外部因素，竞争地位代表企业实力，可以表现为处在支配、强大、有利、防御、软弱及无法生存等六种竞争地位。由于企业竞争地位和所处行业生命周期阶段不同，企业的战略选择有很大差异（见图6-1）。位于矩阵左上方的企业处境有利，有广阔的战略发展空间，可以采取扩张的战略。位于矩阵阴影部分的企业应根据自身实力情况审慎地选择战略，采取选择性发展战略。最后位于右下方的企业，处境最不利，通常只能采取战略转移或撤退。

企业竞争地位 \ 行业生命周期	投入期	成长期	成熟期	衰退期
支配				
强大				//////////////
有利			///////////////	
防御		////////////		
软弱	//////////			
无法生存				

图6-1　生命周期-竞争地位矩阵

也有学者把投入阶段和成长阶段合并称为新兴行业阶段，据此行业的发展一般经历新兴行业、成熟行业和衰退行业三个阶段。不同的行业阶段具有不同的特点，在技术变化、行业集中程度、行业成熟状况等各方面表现各不相同，它们共同决定了企业投资的不同战略选择。下面具体来分析不同行业阶段的战略选择。

6.2　新兴行业及其经营战略

新兴行业是指由于技术创新、消费者新的需求推动，或其他促使新产品或新服务项目产生的经济、技术因素变化而产生的行业。国内外正在形成的一些高科技行业属于新兴行业，如：电子业、激光业、生物医药业、新材料、新能源等行业。根据国家发展和改革委员会2013年发布的《战略性新兴产业重点产品和服务指导目录》，我国政府确定了未来重点发展的七大战略性新兴产业，包括节能环保、新一代信息技术、生物产业、高端装备制造、新能源产业、新材料、新能源汽车7个大类，139个重点产品和服务领域。

6.2.1 新兴行业的基本特点

1.不确定性

新兴行业由于受信息约束条件和其他因素的干扰，往往存在着许多不确定性，主要表现在以下几个方面：

第一，技术创新的不确定性。在一个新兴行业里，技术创新的不确定性体现在四个方面：一是创新者在新技术选择及其水平评估上缺乏足够的科学依据；二是企业现有技术水平状态和创新技术之间可能存在多种矛盾冲突；三是由于技术不断飞速发展，使创新活动可能发生技术水平的贬值；四是整个产业技术发展路径有待于进一步明确，技术体系本身不成熟。所以，究竟什么样技术可以选择，究竟哪一种技术最可能形成好的产品，也一时都无法做出十分肯定的判断。

第二，战略决策的不确定性。企业在战略决策上的不确定性，主要原因是对竞争结构、用户特点、行业动向等方面掌握的信息太少，同时，还由于许多不可预测的突发因素或漏测因素，使企业在资源投入上存在不确定，新产品投入市场时间受到市场影响，企业最终实现收益也必将呈现离散型概率分布。因而，在选定产品、市场、服务等方面的战略决策上存在较大模糊，在很大程度上也只能依赖于企业经营者对技术和市场的主观臆断，进而使企业战略充满了一定程度的随机性。

第三，组织结构的不确定性。新产品的试制及生产必然要求企业内部组织结构作出相应的变动。特别是在高新技术行业，它对生产流程、控制关系、经营方式等方面所产生的影响是难以预料的。一个企业从事新兴行业产品技术开发和产品生产，产品是不是采取业务外包、联合生产等等，对企业研发路线、产品生产线等都有新的要求，带来新的变革。

2.风险性

风险性是指企业在信息约束和多种突变因素干扰下，实际结果和预测发生背离而导致收益损失的可能性。主要有以下风险因素：市场风险；技术及产品风险；财务金融风险；政策风险；管理风险。

研究资料表明，美国高技术企业完全失败的占20%～30%，经受挫折后可获得一定程度成功的企业占60%~70%，获得完全成功、取得显著效益的占5%左右。美国每年建立高技术企业约50万家，其中3/4的企业在4~5年内都先后破产，只有1/4的企业获得了艰难的生存环境。

3.相对优势性

技术创新一旦成功，不仅仅给企业带来更高的经济效益，而且可能带来产业根本性变化，会给企业带来多方面的正效应。技术创新活动是构成企业竞争优势的基础，为企业其他方面优势活动的发挥提供了基础和诱因。企业的相对优势性是指技术创新活动较之常规活动所表现出来的一种采取积极进取行为的可能性。

从主观上看，企业技术创新是创新者在自己知识经验基础上的创造性劳动。从客观上看，技术创新活动是企业原有生产组织、经营体系中的突破性扩张，因此，企业技术创新在本质上同企业原有组织系统既相互冲突又相互依存。在此背景下，考虑到先进技术渐渐又会被更多的竞争对手所掌握，先行者试图独家占有或者始终处在技术最顶端的难度较大。

4.两级分化

新兴行业中新建企业数目增加很快，同时出现两种趋势并存的现象：生产规模集中化的“聚变”和企业分离化的“裂变”。一方面，新兴行业集中化趋势有所强化。伴随着新兴行业领域的激烈竞争，企业要想在重大开发项目中获得成功，就必须有充足的资金，进而要求生产要素的进一步集中，产生企业间的“聚变”现象。另一方面，在新兴行业中同时出现分散化趋势，即“裂变”现象。例如，产业之间的融合，GPS定位技术的出现，在手机领域中很多企业开发出围绕智能终端而衍生的其他产品，如手持检测设备终端、导航设备等。

新兴行业内，企业发生“裂变”的主要原因是：

第一，在新兴行业中，存在一些具有相互竞争性的技术，究竟哪一种将最终获胜，或者哪一种产品属性最终将获得消费者认可，都没法准确预计。

第二，现有公司中部分技术人员或职工对于新技术发展拥有新见解和好建议，但是，现有企业却并不能接受他们的这些方案。当这些技术人员或职工看到了自己新的技术见解和建议的潜在收益时，他们将凭借自身所具有的可雇佣性（Employability），离开现有企业，重新组成新企业。尤其是在鼓励大众创业、万众创新的社会氛围中，新兴行业内往往存在大批小企业，由于这些小企业投资少、开发速度高、投资效益好，对市场及技术变化有较强的应变能力，因此，新兴行业内的中小企业起到了“突击队”的作用。

6.2.2 新兴行业内企业可能面临的问题

1.原材料和零部件的供应能力软弱

新技术的应用和新产品的发展，往往要求发现并利用新的原材料供应来源，或要求现有供应商扩大其规模并不断改进其供应品的质量，以满足企业的要求。但一般来说，新兴行业内的企业往往没法及时足额地取得原材料及零配件，容易导致供应不足或价格上涨。

2.缺乏技术熟练的劳动者和统一的行业标准

首先，企业缺乏技术熟练的劳动者，技术协作和服务设置、销售渠道等方面较难配合好。其次，由于缺乏产品及技术标准，因此，原材料及零配件都难于达到标准化。再次，新产品的质量不稳定，一旦技术有所突破，旧有的产品质量标准很快就变得不再适用。

3.新产品被消费者认可需要一个过程

用户对新产品或服务了解不多，在购买时往往持观望态度，有的用户要等到产品的技术更为成熟、产品基本定型、质量和性能更为稳定、价格有所下降以后才会考虑购买。所以，在新产品开始生产时，产品成本较高，企业可能处于亏损状态。在新产品投入市场、要替代一部分老产品时，也必然面临与老产品竞争的考验。要让消费者转移到新产品的消费，真正实现消费欲望的转移需要一个过程，培养消费者对新产品的忠诚度就更需要时间。

6.2.3 新兴行业的战略选择

在新兴行业中，由于具有不确定性，行业内缺乏竞争规则，行业结构也处于不稳定状态，这必将为企业战略选择提供较大的自由空间，并且，率先进入新兴行业的企业完全具备左右行业走向的可能性，所以，新兴行业的战略选择极为重要。一般应考虑以下几方面问题：

1.选准拟进入的行业

在当今科技飞速发展的时代，新兴产业层出不穷。企业究竟应当选择进入哪一个新兴行业呢？首先，要根据企业的内部微观条件及外部宏观环境，初步确定企业有可能进入的几个新兴行业；其次，对每一个新兴行业的技术、产品、市场及竞争状态作出预测分析；再次，根据企业自身条件，评价每个方案的可行性和可接受程度；最后，确定本企业应当进入的新兴行业。需要强调指出的是，不能只从新兴行业初始的技术、产品、市场及竞争结构是否有吸引力出发，而应当主要从充分发展后的行业结构是否能为企业发展提供较好机会和较高的收益出发。由于一个行业当前发展很迅速，盈利率高，规模正在逐渐扩大，企业决定进入这一行业是常见的、理性的选择行为，但是，进入行业的决策最终必须建立在对行业结构分析的基础上。

2.正确定位目标市场

第一，从消费者需求和欲望角度看，消费者通常是由于新产品优于其原来使用的产品，并能从中得到效益，才决定购买新产品的。这里的效益主要表现在两个方面：一是新产品性能优于原来使用的产品；二是使用新产品的费用支出低于原来使用的产品。新产品的早期购买者通常是那些从性能上能得益的消费者，因此，首先应开发那些对新产品性能感兴趣的消费者，然后，再扩大到那些在费用上能得益的消费者。

第二，从消费者应用技术能力看，消费者是否愿意购买新产品，以及能否从早期的新产品获益，还取决于消费者应用新产品的技术状态。某些消费者仅仅使用新产品的基本功能就可获益不小，而另一些消费者却需要更复杂的结构和更完善的功能。因此，企业要确定针对哪些消费者的技术状态去开发新产品。

第三，从转变费用和辅助设施看，用户使用新产品会加大开支，如重新招募雇员的成本、原有员工的培训成本、购买辅助设备的成本、变卖旧设备的损失、使用新产品所需的研究开发成本等。企业在开发新产品时，应当尽量考虑到上述因素。一般来说，转变费用越小，需增添的辅助设施越少，则新产品就越容易推广。不过，不同用户使用新产品时所面临的转变费用和需要添置的辅助设备不尽相同。

第四，从对待技术和产品过时造成损失的态度看，有些用户本身就是高科技企业中的一员，企业的技术进步非常迅速，因而，它所使用的技术和设备也将随着科技进步而不断更新换代。这种企业能够认识到，只有不断采用新技术和设备，才能提高企业竞争力，占领有利的市场竞争地位。不过，也有的用户并不这样认为，他们觉得产品的更新或技术的变革对自已是一种威胁和损失。因此，前一种用户会早期购买，后一种用户持慎重态度会晚期购买。企业在进行技术创新时应当考虑上述因素，将自己的目标市场定位于前一种用户。

第五，从新产品使用过程的风险看，用户如果要把新产品应用到他们的整个技术系统中，从认知新产品到熟悉使用新产品需要一个时期。如果该技术系统因使用该产品而无法取得预期效果，或者将导致很大损失，这种用户一般不会成为早期购买者。

3.选择适当的行业进入时机

早期进入新兴行业的企业将会冒较大的风险，但可能会得到较大的收益，较晚进入新兴行业的企业，虽然风险较小，但竞争激烈，企业很难得到很大的收益，所以，选择一个恰当的时机进入新兴行业是一个重要的策略选择活动。

在下列情况下早期进入是有利的：该行业的用户重视企业的公众形象，早期进入者享有行业领先者的声誉；当经验曲线对一个行业能够产生显著作用时，较早进入者可以获得比后来者更多的经验，而行业经验又不易模仿；同时，早期进入可以率先取得原材料、零配件供应，提前抢占销售渠道，从而可以获得成本优势。

在下列情况下，早期进入是不利的：行业早期市场与行业发展后的市场有很大的差异，早期进入者在以后将会面临昂贵的调整费用；开创市场的费用很高（如顾客的宣传教育、法规批准，技术首创等）。而市场开创的收益又不能为本企业所专有；技术的发展很快使初始创新者的技术过时，而后进入者却有可能采用最新的技术及工艺。

4.正确处理与后进入者的关系

新兴行业的先进入者，由于投入了较多资源，可以在行业的产品市场上居于领先地位，怎样对待后进入者是一个重要决策问题。先进入者作出强有力的反应是可能的，但未必就是上策；容忍后进入者进入也是可以的，先进入者可以从后进入者的技术开发及市场开发、创建销售渠道中得到好处，但也可能使后进入者坐享现成果实，又会动摇先进入者的竞争地位。对此，行业内先进入者应很好地权衡，以寻求恰当的对策。当然，由于新兴行业具有不确定性，先进入者也可以表示愿意接受其他竞争者，并与之在技术、生产、市场划分等各方面进行合作。同行业内竞争者之间的互利合作活动，会使整个行业发展更快，这对行业内的每一个企业都是有好处的。

5.促使行业结构向有利于企业发展的方向变化

第一，运用营销组合技术。行业结构尚处于形成中的新兴行业，企业有可能借助其产品策略、价格策略和营销手段对行业结构的形成和变革施加影响，以达到改善企业自身所处的地位、有利于自己而不利于竞争者的目的。

第二，建立与供应商或经销商的联盟。供应商和销售中间商为了满足自身利益最大化的实现，对新兴行业提出的要求往往乐于作出反应，乐于进行投资以满足新兴行业快速成长的要求，这是新兴行业中的企业可以利用的有利条件。

第三，利用价值链创造竞争优势。新兴行业的早期进入壁垒可以很快得到降低，新兴行业中的企业必须不断寻求新的优势，不能仅仅依靠在早期阶段拥有的专有技术等手段来维护自己的优势地位，而应该从内部后勤、生产经营、外部后勤、市场销售及服务等价值链的基本活动的价值联系中，全方位地塑造自己的优势地位。

第四，发挥企业家的创新精神。新兴行业内的企业要鼓励企业家实施创造性的战略，尽力赢得早期争取领导地位的竞争。取得新兴行业内竞争的胜利，必然要求企业家对购买者的购买欲望有一种直觉，以及一种机会主义式的战略制定方式。企业家的创新精神可以确保企业的产品卓越性，以获取特定的竞争优势。

6.3　成熟行业及其经营战略

成熟行业是指由于行业竞争环境的变化，使得行业增长速度减慢，行业内技术和产品都趋向成熟的行业。任何一个行业，随着时间的推移，或迟或早都会进入成熟期，它同时也要求企业在产品战略、财务战略和经营风格上相应作出调整。这是非常重要的，但有时又是非常困难的。

6.3.1　成熟行业的特点

1.行业增速下降导致争夺市场份额的竞争加剧

进入成熟期后，行业产量或行业销售量的增长速度下降，各企业如果要保持其自身的增长率，就必须尽力扩大其市场占有率，从而使行业内企业竞争加剧，这主要表现在以下两点：

一是众多企业共同参与了对缓慢增长的新需求的瓜分。

二是企业之间围绕市场份额大小而对现有市场份额的重新瓜分。

2.买方市场形成导致注重以成本和服务为内容的竞争

在成熟行业内，产品供大于求，许多企业只能向有经验的、重复购买的用户销售。而用户在选购商品上变得挑剔，他们能够更好地评价各个不同的商品品牌。由于行业增长缓慢、内在技术成熟、产品也已定型，购买者对企业产品的选择越来越取决于企业所提供的产品价格和服务的组合。因此，企业之间的竞争常常是在成本、售价和服务方面全方位地进行角逐。

3.行业盈利能力下降导致企业裁减过剩的生产能力

行业增长速度下降及买方市场的形成，使行业内企业盈利能力下降，中间商的利润也受到影响。但是，企业对在行业成长阶段所实行的发展型战略，尚未作出根本性的调整，容易出现企业投资过量、生产能力及人员的冗余、生产设备闲置。在这种情况下，许多企业开始考虑裁减部分过剩的生产能力和富余的内部劳动力。

4.企业调整相应职能来开发新产品

当行业及产品已经成熟定型时，新产品的开发及产品新用途的开发难度大为增加，要使企业的产品在技术性能、系列、款式、服务等方面不断有所改进，会使成本及风险增加。此时，企业要认真调整自己的研究与开发策略。企业在生产量上不可能再有急剧的增长，而要在节约成本、提高质量上下功夫，要进一步在市场渗透方面争取有新的突破，同时在销售渠道及促销策略上也要有新的开拓。总之，在成熟行业里，企业所面对的是更为激烈的市场竞争、更为成熟的技术、更为复杂的购买者，外在的紧迫压力必然要求企业研究开发、生产、营销等职能环节，必须将原来适应高速增长时期的经营方式转变为与缓慢增长相协调的经营方式。

5.国际竞争激烈导致企业间兼并和收购现象增多

一旦国内行业处于成熟期，企业就会不约而同地把自己的产品销往国际市场。国际竞争具有不同的成本结构，这将促使企业努力向其他国家出口并进行国际投资，推动行业进一步趋向成熟，使国际竞争更加激烈。在激烈竞争的市场格局中，为了提高自己的竞争力，许多企业利用自己的优势，进行企业兼并和收购，产生了越来越多的行业集团。这在一定程度上，又逼迫着实力相对弱小的竞争者走向破产，或退出该行业经营领域，或调整产品系列。

6.3.2　成熟行业的战略选择

在行业成熟期，可供企业选择的战略形式包括以下几种：

1.优化产品系列

在以价格竞争为主要手段、以市场份额为目标的成熟行业里，产品特色正在逐步减少，原有产品系列结构必须调整，企业要缩减利润率低的产品，淘汰那些不赚钱或亏损的产品，将生产和经营能力集中到利润率高或者有竞争优势的产品上。

2.工艺创新和改进

随着行业的发展成熟，企业要注重以生产为中心的技术创新。企业应当通过创新活动推出更低成本的产品设计、更为敏捷的工艺和制造方法、更低成本的营销方式，力争在买方价格意识日益增强的市场中，培养独特的核心竞争力，以期获得更多的利润。

3.降低成本

价格竞争是成熟行业内企业普遍采用的手段。通过从供应商处获得更优惠的供价、使用更低廉的零部件、采用更经济的产品设计、改善生产线以提高生产率、优化并提高营销质量以及削减管理费用等方法，企业可以获得总成本领先优势，从而在竞争中发挥价格优势。

4.培养顾客的忠实程度

在成熟行业中，企业已经很难通过争取竞争对手的顾客的方式，扩大自身产品的销售量。在这种情况下，企业应采取更好的促销手段，最大程度地体现顾客至上的原则，提高顾客满意水平，培养顾客忠实程度。同时，企业也应开拓新的细分市场，以扩大顾客的购买规模，在留住老顾客的同时，争取大批新顾客。

5.发展国际化经营

当国内行业已成熟时，企业应谋求国际化经营，从而避开国内成熟阶段。其主要原因是：

第一，同一行业在各国的发展是不平衡的，在一国处于成熟期时，可能在其他国家正处于迅速成长期。

第二，企业进行国际化经营，可以广泛利用各国的经营资源，取得生产经营规模效益。

第三，企业进行国际化经营，可以避开国内饱和市场上的激烈竞争。不过，行业内的企业开始争夺海外市场时，也意味着它将与该市场所在国的企业展开竞争。

【战略聚焦】　不能适应经济新常态的七种旧心态

经济发展新常态下出现的一些变化使经济社会发展面临不少困难和挑战，过去习以为常的如今已经不同往常，你做好应变的心理准备了吗？

1.经济增速这次恐怕回不去了。暂时性的“速度情结”和“换挡焦虑”可以理解，但增长速度放缓，是经济规律使然，是不以人的意志为转移的。经过30多年高速增长，中国成为世界第二大经济体。让这样一个体量庞大的经济体始终以高速驰骋，不客观也不现实。

2. GDP增长快不再与政绩画等号。坚持区间调控，不踩大油门，不搞强刺激，在复杂形势中保持宏观政策连续性和稳定性，2014年，中央释放出一个强烈的信号：淡化GDP。

3.“跑部钱进”这条路会越来越难走。过去，为争取到中央财政资金，一些地方“八仙过海各显神通”。地方政府“出手”的初衷，是让资金落在当地企业发展身上。然而，这种发展“靠部长”的思路，反映出对市场过度干预的畸形心态，同时也助长了恶性寻钱路的形成。

4.寅吃卯粮的畸形发展路径行不通了。占地建房、沿江排污、毁山挖矿……从地方到企业甚至个人，无所顾忌地透支周边环境，再利用牺牲环境所换来的资金进一步盲目扩张产能，这种资源消耗型、环境污染型的粗放式发展模式已成强弩之末。

5.经济增长不能光靠投资、房地产支撑了。在新常态下，脚踏实地去做实业、搞实体经济、抓技术革新，发掘新市场，而不再绕着投资、房地产兜兜转转，才是发展之道。

6.指望国家出台大规模刺激政策已经不可能了。在新常态下，国家要面对的都是各种各样复杂的结构性难题，再用“大水漫灌”的宏观调控方式显然不可能。为了保持经济运行总体平稳，必须对症下药，“精准滴灌”，让每一滴“政策活水”用好用到位。

7.偷懒耍滑过不了关。对政府来说，就是继续带头自我革命，大幅度简政放权，推进市场化改革；对企业来说，就要主动适应结构调整，发展新兴产业，变要素驱动为创新驱动；对个人来说，就要积极投身大众创业、万众创新的热潮，成就事业，收获精彩。

资料来源：曹磊，杨丽娟.不能适应经济新常态的七种旧心态[N].人民日报，2014-12-10.

6.3.3　成熟行业内企业战略实施

1.企业不能被良好的“自我感觉”所迷惑

在行业成长过程中，诸企业会逐渐形成对其自身地位及其相应潜力的心理感觉，这些心理感觉会在形成其战略的明确假设中反映出来。而当那些用户行为发生了变化或同行竞争行为发生变化以后，“自我感觉良好”型企业往往不能根据环境变化在价格、营销手段、生产方法及研究开发方面作出必要的调整，不习惯于在这些领域开展竞争，企业高层管理者的思想变得相对保守，这样便使企业陷入极其被动的境地。

2.企业要形成自己的战略风格

在行业成熟期，企业要形成自己独特的战略风格。有的企业由于不适应成熟行业的环境变化态势，使企业战略陷入盲目的没有重点的模糊状态之中。它们既未采用总成本领先战略，也未采用差别化战略或重点集中战略，而是在这三种战略之间寻求中间道路——把获取低成本的努力、获取差别化的努力以及聚焦有限的目标市场的努力“混合”起来。如果企业规模陷入中等规模的状态，这种规模对于采用差别化或集中战略来讲有些过大，对于采用成本领先战略来讲又有些过小，外界环境又已经不能允许再扩大规模，企业处于这种中间状态，产出少、增长慢、效益差，企业要防止进入这种状态。

3.企业要防止盲目跟风式的投资行为

行业进入成熟期，产品市场出现饱和，企业还采用在行业成长期那套扩大市场占有率的方式，已经非常困难。实践中，为了保持或扩大市场占有率而盲目追加投资，必然会使企业陷入被动，即企业的这些投资将无法得到回报。

4.企业不要为眼前利益而轻易放弃阵地

一些企业为了节省开支，轻易地放弃市场份额或放弃某些市场活动和研究开发活动以保持短期盈利率，这种做法必将削弱企业未来的市场地位。不过，当行业进入成熟期的过渡调整阶段，出现一个微利（或亏损）时期是不可避免的，对此不应有草率的反应。

5.企业不应过多地强调新产品开发

在行业处于成长期时，企业在新产品开发上的成功机会也大。而行业进入成熟期后，如果它们对新产品开发的困难把握不充分，仍想在新产品开发上下功夫，将会使企业陷入被动。此时，企业应更多注重在产品工艺的改进，努力使产品标准化，努力降低成本，调整产品价格，进而提高企业竞争力。

与此同时，企业不应过分追求产品的高质量，因为此时行业进入成熟期，产品已趋向于标准化，创造产品特色的空间已经十分有限。因此，用户对产品质量差异已不太敏感，而更注重价格差别，企业如果不接受这种现实，也会陷入被动的境地。

6.企业应避免过多地使用过剩生产能力

行业进入成熟期，许多企业的生产能力将出现过剩，这种生产能力的过剩会给企业经营者造成巨大的心理压力。他们常会想到充分利用这些过剩的生产能力，容易导致企业进一步投资，最终造成战略上的失误。最为明智的办法是努力削减或出售过剩的生产能力，当然，也要防止将过剩的生产能力出售给竞争对手。

7.企业要重新教育和激励员工

行业从成长期进入成熟期以后，要求企业更加严格地控制成本，增强对用户的服务意识，加强市场营销。此时，对企业财务资产如库存、流动资金及应收账款等的控制要比以前变得更加重要。在行业成长期，企业的生产规模和组织结构都在扩大，员工被提升的机会很多，对员工的激励也较强。然而，在行业成熟期，企业发展速度减缓，对员工的吸引力及激励较少，组织中对员工有更严格的纪律约束，而财务状况及利润水平又有所下降，组织机构趋于稳定，甚至已显得臃肿，人事提升的机会也越来越少。因此，外部环境变化要求企业战略有所调整，要求企业组织进行相应的调整，企业领导者必须注意到这种组织上的变化，继续沿袭在迅速发展时期所用的方法显然是不合适的，企业需要对员工进行耐心的教育，帮助他们认识这一战略变革、更新企业文化的意义，用更巧妙的方法激励员工为变革后的战略服务。

6.4 衰退行业及其经营战略

衰退行业，是指在产业结构中处于发展迟缓、停滞乃至萎缩的行业。其中，发展迟缓和停滞是相对衰退，萎缩是绝对衰退。从战略分析的角度看，衰退行业表现为在相当长的一个时期内行业的销售量持续下降、利润持续下滑的行业，因此对原有的战略进行思考和变革是衰退行业的企业共同的命题。

6.4.1 衰退行业的特点

1.衰退的原因多样化

行业需求的下降或行业衰退有许多不同的原因，主要有：

第一，技术上的替代性。衰退的一种起因是通过技术创新（如文字处理机替代打字机）所产生的替代产品，或者由于相应的成本及品质（如人造革替代皮革）的变化，使替代产品比现有产品能给消费者带来更多的价值。根据行业的具体情况，替代品的不断出现导致对未来需求的不确定性。

第二，消费者数量的减少。衰退的另一种起因是购买其产品的客户集团的规模缩小。

第三，需求的变化或转移。由于社会问题或其他原因而使买主的需要或爱好有所改变，需求也可能会下降。例如，雪茄烟消费量之所以下降，大部分是由于社会对雪茄的接受程度暴跌所致。

2.衰退的速度及方式的不确定性

衰退的速度越慢，企业在分析其地位时越容易受到短期因素的蒙蔽，并且，未来衰退所存在的不确定性通常也越多。不确定性大大增加这一阶段的多变性。另外，如果需求量急剧下降，则那些对未来充满乐观态度的企业将会面临困境。如果企业认为需求量有可能回升，则会继续保持其市场，在该行业中继续进行；如果企业确信该行业需求将继续衰退，则会考虑转移其生产能力，有步骤地退出该经营领域。

3.竞争抗衡的多变性

从行业竞争抗衡的观点来看，衰退期间最坏的情况是：少数企业在行业内所处的战略地位相当软弱，但在行业的全部财力中这些企业却拥有极大的份额，它们还具有某种留在行业内的强烈的战略意图。这些企业的弱点迫使它们不惜采取像削减价格之类的孤注一掷的行动，以试图改善其地位，而这种做法势必威胁到整个行业。它们留在行业内的动机迫使其他企业作出反应。由于销售额下降，一个行业的衰退阶段特别容易受到竞争者之间剧烈的价格冲突的影响。因此，确定竞争抗衡多变性的条件在影响衰退行业的获利能力方面变得尤为重要。

4.退出障碍影响衰退的过程

生产能力退出市场所采取的方式对衰退行业内的竞争是至关重要的。在衰退行业内也存在着使诸企业不断进行竞争的退出障碍，退出障碍越高，行业环境对于在衰退期间留存的一些企业来说就越不适宜（关于退出障碍的具体内容，在本书第3章已有详细论述）。

5.形成新的需求结构

在行业总体衰退的情况下，企业原有的一个或几个细分市场需求保持不变，甚至因其他细分市场的变化而导致需求有所增加，如果企业选择了进入衰退行业内这种有吸引力的细分市场，企业仍能获得竞争优势。

【战略聚焦】 美国两次产能过剩

21世纪以来，美国至少经历两次较大规模的产能过剩危机。第一次是在本世纪初，主要集中在计算机、电子设备等高新技术产业，是互联网泡沫破裂所致，最终通过企业破产、兼并重组等方式得以缓解。第二次是在2008年后，这是百年不遇的国际金融危机所致，美国大部分工业行业都出现了产能过剩。美联储发布的美国工业生产和产能利用率数据显示，2009年，美国产能利用率一度下降至66.9%，2013年10月才恢复至78.1%，但仍低于1972年至2012年的历史均值80.2%。

美国一些新兴产业也曾出现过产能过剩，比如锂离子电池产业。2010年9月，美国总统奥巴马曾亲临电池制造商A123系统公司位于底特律一家工厂的开张仪式，宣称该工厂“代表了美国一个全新产业的诞生”。该公司当时获得了联邦政府2.491亿美元资助。但两年后，A123系统公司申请破产保护，其部分资产被万象集团收购。A123的倒闭，原因在于奥巴马政府和美国产业界都高估了锂离子电池在电动汽车和插电式混合动力汽车的应用前景，以非市场化的方式制造了一个新的产业。

资料来源：根据《人民日报》2013年12月23日23版的资料改编。

6.4.2 衰退行业的战略选择

虽然对衰退行业战略所进行的讨论，大多是围绕着抽回投资或收获这些问题。但是，仍存在着一系列战略方法。在衰退行业内，可供选择的竞争战略主要有四种：领导地位战略、合适地位战略、收获战略和迅速放弃战略。事实上，这些战略之间的差别很难分清，但是，对这些战略的目的和含义分别进行讨论是有益的。

影响衰退行业内的企业进行战略选择的因素主要有两个：一是行业结构是否有利于衰退，主要受退出障碍高低的制约；二是企业是否具有相对于竞争对手的获利能力，主要受企业综合竞争实力的制约。结合这两个因素，衰退行业内的企业可以相应地做出选择（见图6-2）。

	具有与竞争对手而言的相对获利能力	缺乏与竞争对手而言的相对获利能力
行业结构有利于衰退	领导地位战略或定位战略	收获战略或迅速放弃战略
行业结构不利于衰退	定位战略	迅速放弃战略

图6-2 衰退行业内的企业战略选择

1.领导地位战略

领导地位战略的目标在于充分利用衰退中行业的结构，在这些结构中留存下来的某家或某些企业拥有获得高于平均水平的获利能力的潜力，而针对竞争对手要确立领导地位也是可行的。企业的目的是成为留存在行业内的唯一一家企业或少数几家企业之一，一旦获得这种地位，企业将根据随后的行业销售模式，转向保持地位或控制性收获战略。这种战略比起采用其他战略获取领导地位的方式，能使企业处于更优越的位置，并保持目前的市场地位或获得收益。

有助于实施领导地位战略的战术步骤如下：

第一，在定价、营销或其他打算建立市场占有率的领域内，以积极的竞争者姿态进行投资。

第二，按高于竞争对手有机会在其他地方销售的价格来兼并竞争对手，以提高市场占有率。这种战术对降低竞争对手的退出障碍起作用。

第三，收购或整合竞争对手的生产能力，这种战术也能降低竞争对手的退出障碍，并且确保竞争对手的生产能力不得在行业内出售。

第四，通过公开声明及行动来对外传递那种要留在行业内的强烈信念。

第五，通过竞争行动来表明其具有明显优势的实力，这种战术的目的在于消除竞争对手继续与其进行较量的企图。

第六，企业对外发布大量有关行业衰退以及衰退原因不确定性的可靠信息，这种战术有助于减少竞争对手过高地估计行业的真正前景而留存在行业内的可能性。

第七，通过继续投资促进对某些新产品或工艺进行必要的改革，来提高其他竞争对手想留在行业内的风险。

2.定位战略

采用这种战略，首先是要识别衰退行业内的某个或多个细分市场，这个市场不仅足以保持稳定的需求或延缓衰败，而且，这部分需求能够满足企业获得较高收益。事实上，衰退行业内的产品市场可以被进一步细分，直至包括众多的细分小市场。经常出现的情形是，虽然行业总体上趋向衰退，但其中的一个或几个细分市场却仍能快速地增长。然后，企业设法占领这种细分市场，追加投资，但投资规模不宜过快和过大。

3.收获战略

在收获战略中，企业通过消除或严格地削减新投资、减少设施的维修，并利用业务单位所具有的一些残留实力来提高价格，或从以往持续销售的信誉中获得收益。一般可供选择的收获战略如下：

第一，减少型号的数目。

第二，减少所使用的销售分配渠道。

第三，排除小型客户。

第四，在交货时间、市场营销、售后服务等方面有意识地降低服务水准。

并不是所有的业务都是容易有收获的。收获战略的前提是企业具备那些可赖以生存的真正实力，同时，衰退中的行业环境尚未退化到足以引起剧烈冲突的地步。没有一定的实力，企业的提价、质量降低、中止广告活动，或其他战术将面临销售额的急剧下降。如果行业结构处在衰退阶段，则竞争者将会抓住行业缺少投资的时机来掠夺市场占有率或降低价格，从而消除企业通过实施收获战略来降低费用的优势。

4.迅速放弃战略

这种战略基于这样一个前提，即如果企业在行业衰退的初期就把其固定资产卖掉，则还能够最大限度地回收净投资额。

在某些情况下，在衰退之前或在成熟阶段中就放弃业务可能是合乎需要的。因为，一旦衰退明朗化，对于行业之外的资产，买主将处于更强有力的讨价还价的地位。不过，早期出售固定资产或放弃经营业务必须建立在行业衰退的准确判断上，否则企业早期出售行为是不合适的。

6.4.3　衰退行业内企业战略实施

1.客观地分析衰退行业的形势

也许是由于企业长期存在于某个特定行业，或者是对替代品出现给行业发展新趋势造成的影响缺乏足够的认识，也许是由于较高的退出壁垒，企业经营者对周围环境不能作出实事求是的估计和预测。实际上，企业经营者总是根据自己以往的经验，会对衰退行业的复苏抱有过分乐观的估计，甚至不愿听周围人们的劝告，这些是十分危险的。本来在早期发现危机，还能够挽救企业的生命。但是，由于经营者的主观判断错误，贻误了战机而使企业走向衰亡。

2.避免企业间的消耗战

一旦发现行业进入衰退期，那些实力较弱的企业应当立即采取迅速放弃战略。如果实力较弱的企业与行业内的竞争者一味竞争下去，不仅本企业不可能取得衰退行业的有利市场地位，还会给企业带来灾难，因此，企业应尽可能避免打消耗战。

3.谨慎采用逐步退出战略

如前所述，当企业实力一般，采用逐步退出战略同样可能使企业走向崩溃的境地。因为一旦市场或服务状况恶化，或者行业内已有一两家企业退出行业，则行业内的状况便急转直下，用户会很快地转移他们的业务，产品售价可能随之降低。因此，企业要综合分析自身竞争实力与行业风险，谨慎采用逐步退出战略。

4.有效安排衰退行业地区性转移

实施我国衰退行业地区性转移的条件如下：

一是经济条件。衰退行业中的企业所在地区要有足够的远见，承担衰退行业转出的损失，换取日后的收益。欠发达地区要选准新的行业，要有足够的投入来源，要有进入新行业的风险保障及事先的行业发展规划。

二是社会条件。要处理好结构性失业问题，必然要求各地区建立起完备的社会保障、再就业培训等系统，以及劳动力自由流动的调节机制，要有承受失业，再培训、重谋职业的心理压力的能力。

三是实施条件。发达地区要准确判断衰退行业，抓住最佳时机，选准转入地区。不同地区之间要有转出与接收的彼此衔接，利益分割的妥善安排，使衰退行业在调整中得到各方面的积极支持和配合。

在衰退行业中的企业不能只消极地看到企业的命运，在我国行业地区性转移中，也存在着新的发展机会和振兴的条件，利用好这些机会和条件，也有可能使企业重现生机和活力。就我国东、中、西部生产水平而言，梯度差异十分明显，利用中央提出的“西部大开发”和“中部崛起”战略，对企业实施衰退行业的转移，优化行业区域结构既是挑战也是机遇。

■ 本章小结

任何一个行业都存在生命周期。行业的发展一般要经历新兴行业、成熟行业和衰退行业三个阶段。不同的行业具有不同的特点，决定了企业战略选择模式。

新兴行业是指由于技术创新、消费者新的需求推动，或其他促使新产品或新服务项目产生的经济、技术因素变化而产生的行业。新兴行业具有五个特点：不确定性、风险性、相对优势性、一致性和分化性。其经营战略制定应当重点考虑拟进入的行业是什么、拟进入的目标市场如何定位、选择好进入的时机、正确处理好与后来者的关系、促进行业结构向有利于企业成长的方向发展。

成熟行业是指由于行业竞争环境的变化，使得行业增长速度减慢，行业内技术和产品都趋向成熟的行业。成熟行业的战略选择可以考虑五个发展方向：缩减产品系列、创新、降低成本、提高现有顾客的购买量、发展国际化经营。

衰退行业是指在产业结构中处于发展迟缓、停滞乃至萎缩的行业。其中，发展迟缓和停滞是相对衰退，萎缩是绝对衰退。衰退行业内经营战略设计应当考虑行业结构是否有利于衰退、剩余的市场需求中本企业是否存在优势两个因素，其可供选择的竞争战略类型包括：领导地位战略、定位战略、收获战略、迅速放弃战略。

■ 复习思考题

1. 什么是行业生命周期？对于特定行业生命周期阶段，是否存在发生逆转的可能性？

2. 怎样根据新兴行业的基本特征来制定经营战略？

3. 判断成熟行业有什么标准？

4. 简述导致行业衰退的原因以及衰退行业战略选择需要注意的问题。

■ 案例分析题

《华盛顿邮报》换东家

创刊于1877年的《华盛顿邮报》是美国最负盛名的报纸之一，这份报纸在过去几十年中对国家政治和政策走向产生了重大影响，比如“水门事件”和今年曝光的“棱镜计划”等。不过，随着互联网的兴起和传统纸媒业的式微，《华盛顿邮报》的发行量和广告收入日益下降。数据显示，1993年该报发行量曾达到最高峰的83万份，如今仅有约47万份，而在过去6年里，该报运营收入暴跌了44%。这一情况迫使其母公司不得不考虑为该报寻找新东家。

2013年8月5日，华盛顿邮报公司在总部正式宣布了有关交易消息，并称届时该公司将会更改名称，且继续作为一家上市公司来经营公司其他业务。华盛顿邮报网站更是以醒目标题形式，挂上“一个时代的结束”。它意味着格雷厄姆家族执掌华盛顿邮报整整80年的历史将宣告结束。

根据双方协议，贝索斯将以个人名义而非亚马逊公司来收购华盛顿邮报公司及其网站，同时还将收购公司旗下包括《快报》、《公报》和大华盛顿出版公司等出版业务。但华盛顿邮报公司将继续保留《外交政策》、《纪事》等杂志及其网站。收购完成后，贝索斯将成为华盛顿邮报的唯一所有人。包括《华盛顿邮报》发行人韦茅斯在内的所有报纸主管都将继续留任，也不会对该报旗下两千余名员工进行裁员。

根据《福布斯》杂志的排名，贝索斯目前名列全球富豪榜第十一位，个人资产达252亿美元。贝索斯在华盛顿邮报网站发表公开信称，互联网正在改变当今新闻业的每一个元素——缩短新闻周期，侵蚀长期可靠的收入来源，并产生新的竞争，且大多数竞争中很少甚至毫无新闻采集成本。“因此我们必须不断创新，而我们的标准应当源于读者，要了解他们所关心的话题。”

过去20多年里，美国有大批曾是家族掌管的报纸都因经营不善而被迫出售，其中包括《洛杉矶时报》、《华尔街日报》、《纽约时报》等。如今对于《华盛顿邮报》的出售消息，舆论似乎并不感到吃惊。

德国《时代周刊》认为，从事互联网行业的贝索斯收购《华盛顿邮报》可以说是一种讽刺，正是互联网的崛起才导致了报业的生存艰难。《时代周刊》指出：“贝索斯相信报纸有未来，在平板电脑上的未来。”他曾在《柏林日报》的一次采访中表示，人们虽然不愿意在网络上为报纸内容付费，但是很可能愿意为平板电脑上的报纸付费。

面对网络媒体的激烈竞争和冲击，欧洲报业危机也在不断蔓延。许多传统大报的发行量和广告收入大幅下滑、经营惨淡，有些报纸甚至破产倒闭或被富商收购。英国一些主要报纸的发行量下降了40%至50%。德国报纸出版商协会表示，2012年德国报纸总销量为2 110万份，较2005年下降约17%。法国、西班牙、意大利等国报业也“同病相怜”。

德国《明镜周刊》指出，数字化是纸媒的未来，纸媒只能通过网络、平板电脑和智能手机终端来获得新的读者和收益。纸媒走向数字化，并向数字媒体的风格和形式学习，是纸媒应对危机的关键。《法兰克福汇报》的发行人之一弗兰克·席尔马赫尔认为，一份好的报纸要能“为网络媒体的新闻狂躁降温”，并“破除其程式化的模式”。《南德意志报》副主编沃夫冈·克拉赫认为，日报的价值在于其“独家报道、专有的编排、自有的观点以及特别的叙述方式”。

面对全新的媒体竞争生态，全球报业正在逆境中采取各种改革措施，如开发新媒体、实行报网融合互动、强化报纸“内容为王”独特优势、改版出“瘦报”等。有评论指出，与在线媒体竞争时，报纸一方面要突出自己的特点，通过增加新闻背景、观点、排序和阅读趣味性来吸引读者，要让自己具有独一无二的特点。报纸还要向在线媒体学习，通过话题、观点、语言风格和与读者互动等给读者带来“惊喜”。

资料来源：改编自廖政军，张亮，黄发红.《华盛顿邮报》换东家了[N].人民日报，2013-08-07.

结合上述案例，请回答以下问题：

1.《华盛顿邮报》公司宣布同意亚马逊公司创始人杰夫·贝索斯以2.5亿美元收购该公司旗舰日报《华盛顿邮报》及其他部分资产。导致《华盛顿邮报》更换东家的内外部原因有哪些？

2.有专家认为，由网络创新人才贝索斯接掌《华盛顿邮报》，其实质表明，报纸的危机是“纸”的危机，而不是“新闻”的危机。你认为上述观点正确吗？纸质媒体业未来发展出路又在何处呢？

■ 比较研究

分别访问白银有色集团股份有限公司官网（http：//www.bynmc.com）和新奥集团官网（http：//www.enn.cn），在深入了解我国有色金属行业和清洁能源行业发展历史的基础上，请完成以下作业：

1.比较分析案例企业涉及的两个行业的特点，分析其发展趋势。

2.制约这两个行业内企业快速发展的主要障碍有哪些，应当如何加以克服？

3.从巩固竞争优势看，这两家企业面向未来应当选择什么样的发展战略？

■ 推荐阅读文献

1.杨锡怀.企业战略管理[M].北京：高等教育出版社，1999.

2.王方华，陈继祥.战略管理[M].上海：上海交通大学出版社，2003.

3.和矛，李飞.行业技术轨道的形成及其性质研究[J].科研管理，2006（1）.

4.肖仁桥，钱丽，陈忠卫.中国高技术产业创新效率及其影响因素研究[J].管理科学，2012（10）.

5.胡登峰，李博.新兴产业中产业创新联盟创新机制及产品供给[J].学术月刊，2013（5）.

6. Lazzarini S G. Strategizing by the government：can industrial policy create firm-level gompetitive advantage? [J].Strategic Management Journal，2015，36（1）：97-112.

第7章 多元化战略

学习目标

多元化作为一种成长战略，意味着企业同时在多个相关或不相关的行业中进行经营，向多个市场提供多种多样的产品或服务。通过本章学习，要求了解多元化战略的分类，重点掌握多元化战略的内外部动因，理解多元化战略与不相关多元化战略的实践价值，领会大公司走归核化战略道路的必要性。

开篇导读　茅台进军旅游地产

2014年8月13日，茅台集团的度假村项目举行了开工奠基仪式。据悉，该项目预计总投资约22亿元，占地300余亩，建筑面积约10万平方米，这也是茅台在贵阳做产业地产项目之后的又一动作。早在2012年8月，茅台集团以9.4亿元竞得三亚市海棠湾C6片区D-3-6地块，成交楼面价为11 965元/平方米。虽然看上去茅台集团竞得的海南旅游地产项目体量不大，但对外行来说，做旅游地产还是面临较多挑战。

有迹象表明，中国的标杆房企都争相布局海南，做旅游、商务、度假村等产品，整体上已经出现供大于求的迹象。鉴于此，海南旅游地产项目的竞争也较大。

在白酒行业进入深度调整期后，茅台要想完成千亿元目标，只有走多元化之路，寻找新的利润增长点。从茅台投资健康产业、旅游地产以及成立基金公司来看，这都显示了茅台集团走多元化之路的决心。

从战略上来看，茅台在卖酒的同时也准备卖房。有业内人士表示，北方人喜欢到海南过冬，而能去买房或度假的人具备一定的资金实力，也有较强的消费能力。茅台集团打造旅游地产不仅给企业带来效益，也将带动茅台酒的销售。

有专家认为，茅台“地产+卖酒”的策略是对的，因为三亚是国内五星级酒店最密集的地方，消费的群体主要是来度假或买房的有钱人，茅台酒能满足当地的消费需求。

不过，很多专家对茅台的多元化发展持谨慎态度。茅台集团多元化发展是公司的战略选择，但是，做旅游地产能给茅台带来多大的效益、给茅台酒带来多大的销售量，这都要打个问号。受益于白酒行业的发展，茅台集团营业收入10年增长10倍，目前要想保持快速发展，没有外部的环境可以支撑，多元化发展是必要的选择。房地产行业利润率水平正逐年下滑，已经是非暴利行业，茅台做地产没有经验，因此不排除要交一定的学费。三亚人口本身并不多，虽然游客很多，但是对茅台酒的销售不会起到太大的助力。而茅台集团搞旅游地产，跟酒没有多大的关系，也不会对酒的销售有多大帮助，这是茅台集团对多元化布局的探索，能走多远还有待观察。

资料来源：改编自夏芳.茅台盖房卖酒谋多元化布局:22亿元进军旅游地产[N].证券日报，2014-09-05.

作为公司总体战略的一种形式，多元化战略正在成为一些企业充分利用剩余资源，扩大生产经营范围，开发新的市场机会，以获得更加快速成长的战略选择方案。随着区域经济发展，多层次资本市场体系的完善以及企业组织结构变迁的需要，企业多元化战略已经超出早期多种经营的简单内涵，不断地被赋予新的理念。由于多元化是一种具有长远性、全局性、根本性的企业成长行为，强调的是生产经营多种异质性的产品，进入异质性的市场或拓展新业务乃至新产业，所以，主张多元化战略的企业需要一支充满创业精神的经营管理者队伍。

7.1 多元化战略类型

多元化战略（Diversification Strategy）也称为多样化战略、多种经营战略，是指一个企业同时在两个或两个以上的行业中进行经营，向不同的行业市场提供产品和服务的战略。早期多元化和多元化经营的定义都假设了行业和市场边界是既定的，也就是说人们可以很容易区分不同的行业和市场。然而，从企业所面临外部环境的发展趋势看，行业边界不断出现重叠和交叉，甚至出现传统行业边界消失的现象，所以，如今企业实行多元化战略特别强调的是各个经营业务之间的关联性和协同作用，而不能被单纯的行业界限所限制。

7.1.1 按多元化拓展方向的分类

多元化通常与产品策略有密切关系，但不是产品的系列化，而是企业生产经营异质产品、进入异质市场或拓展新业务乃至新产业。根据安索夫在其著作《企业战略》中的分类，企业多元化战略可以分为以下三种类型：

（1）横向多元化，也称水平多元化。企业利用现有市场，向水平方向扩展生产经营领域，进行产品、市场的复合开发。

（2）纵向多元化。企业进入生产经营活动或产品的上游或下游产业。这实际上就是纵向一体化。

（3）混合多元化。企业既采用横向，又采用纵向方式实现多元化发展，甚至在与现有技术、市场、产品无关的领域中寻找成长机会。如果企业利用的是现有技术、特长经验及资源等优势，并以这种优势为圆心来扩展业务，学术界也称之为同心多元化。

7.1.2 按多元化产品关联程度的分类

1.相关多元化

相关多元化是指企业的各业务活动之间存在着技术、市场或生产关联性的一种多元化。根据关联内容的不同，相关多元化又可以分为技术相关产品战略和市场相关产品战略两种类型。

第一，技术相关产品战略。技术相关产品战略是指以企业现有的设备和技术能力为基础，发展与现有产品和劳务不同的新产品或新劳务。美国先锋电子公司从1984年起先后生产出家庭音响设备、激光唱片、激光音响、电话录音和自动回答机、收录机、双向有线电视机等家庭电子产品。日本的索尼公司、夏普公司、松下电器公司等也都采取了这种战略，在家用电器领域中推出了许多新产品。

第二，市场相关产品战略。市场相关产品战略是指企业充分利用自己在现有市场上的优势和较高的社会声誉，根据用户的需要生产不同的产品。例如，以生产运动饮料知名的健力宝集团利用它在体育界和爱好运动的消费者中的影响，邀请退役的“体操王子”李宁加盟，建立了李宁体育用品公司，生产和销售包括运动服等在内的一系列体育用品，开辟了全新的事业领域。

2.不相关多元化

不相关多元化是指通过合并、收购其他企业或合股经营等形式来增加与现有产品或劳务不相同的新产品或新劳务生产的一种战略。如美国通用汽车公司除主要从事汽车产品生产外，还生产电冰箱、洗衣机、飞机发动机、潜水艇、洲际导弹等；柯达照相器材公司除生产照相器材外，还兼营医疗设备、录像器材、动物饲料、抗衰老产品等。这种战略通常适合于规模庞大、资金雄厚、市场开拓能力强的大型企业。

7.1.3　按专业化率和相关率组合标准的分类

美国学者鲁迈特依据专业化率（SR）和相关率（RR）的组合，将多元化战略进行分类（见表7-1）。其中，专业化率是指企业最大经营项目的销售额占企业销售总额的比例。相关率是指企业最大一组以某种方式相关联的经营项目的销售额占企业销售总额的比例。

表7-1　　鲁迈特的多元化战略分类

<table>
<tr><th colspan="2">类型</th><th>特征</th></tr>
<tr><td colspan="2">专业化SR≥95%</td><td>项目单一</td></tr>
<tr><td rowspan="3">主导型
70%≤SR≤95%</td><td>主导集约型</td><td>除具有主导型的一般特征外,各个项目均相关联,联系呈网状</td></tr>
<tr><td>主导扩散型</td><td>除具有主导型的一般特征外,各项目只与组内某个或某几个项目相关联,联系呈线状</td></tr>
<tr><td>垂直统一型</td><td>垂直统一率(VR)>70%</td></tr>
<tr><td rowspan="2">相关型
SR<70%
RR≥70%</td><td>关联集约型</td><td>除具有关联型的一般特征外,各个项目均相关联,联系呈网状</td></tr>
<tr><td>关联扩散型</td><td>除具有关联型的一般特征外,各个项目只与组内某个或某几个项目相关联,联系呈线状</td></tr>
<tr><td colspan="2">无关型SR<70%　RR<70%</td><td>各个项目没有联系</td></tr>
</table>

7.2　多元化战略诱因与风险

7.2.1　企业多元化发展的外部诱因

1.产品需求趋向停滞

当企业原有产品处于产品生命周期的衰退期时，原有产品由于需求停滞而无法满足企业发展的要求，企业必须寻求需求增长快的新产品和新市场，从而开展多样化经营。

2.市场集中度提高

这里说的集中程度是一个卖方结构指标。计算这个指标时，将企业按规模大小顺序排列，然后合计几个主要企业占行业总体的百分比。集中程度高，则产品由少数卖方企业控制。在集中程度高的行业中，企业要想得到更高的增长率，一般是用降低价格、扩大供应能力、支付高额广告费等方法蚕食对手企业的市场占有率，但用这些方法既增加费用又有风险。因此，在集中程度高的行业中，企业想追求较高的增长率和收益率，只有进入本企业以外的新产品、新市场。企业所在行业的集中程度越高，越能诱发企业从事多样化经营。

3.市场需求的多样性和不确定性

由于市场需求的不确定性，企业经营单一产品或服务便会面临着很大的风险，其增长率和收益率会为该产品的需求动向所左右。假如该产品的需求动向有很大的不确定性，企业为了分散风险，便要开发其他产品，从事多样化经营。即使原来已从事多样化经营的企业，当原有产品市场需求有很大风险时，为了分散风险，也将积极开展多样化经营。

7.2.2 企业多元化发展的内在动因

1.纠正企业目标差距

企业制定有关增长率和收益率目标，并根据目标的完成情况来决定下一阶段的行动方针，当实际完成情况低于原定目标时，企业往往要从事多种经营以弥补差距，从而实现预期目标。一般说来，目标差距越大，从事多种经营的可能性就越大。

2.实现规模经济

规模经济是一种经营资源，企业可以通过职能要素或产品要素获得低成本，即实现最佳的资源使用密度。导致规模经济的具体要素，一般有特殊用途的机器设备、专门的技术技能、专门的营销服务和专门的信息网络等。企业从事多种经营，扩大其规模，能在质量和数量方面占有丰富的经营资源，享受规模经济效益，同时还可弥补企业规模不当的弱点，提高盈利水平。

3.实现范围经济

企业考虑如何使用与生产环节或产品无关的要素，是为了获得最少的单位生产间接费用，并由此达到最佳的使用广度。导致范围经济的非具体要素一般有通用机器设备、普遍应用的技术技能、一般的营销服务和通用的信息网络等。从寻求范围经济的角度出发，企业希望在两个或多个经营单位中分享如制造设施、分销渠道、研究开发等资源，以减少在各经营单位的投资，降低成本。

4.挖掘企业内部资源潜力

企业可以通过多元化战略来充分利用其在日常经营活动中所累积的富余资源，提高经济效益。

5.转移竞争力

企业通过多元化战略，可在各经营单位之间进行平衡，将企业现有的竞争力转移到新的经营单位上去，或通过购并，将具有竞争能力的企业或经营单位并入本企业，以改善企业总体盈利能力和灵活性。

6.企业重建

为了更多地创造价值，企业可以购进一些无效率或经营不善的公司并加以改善。

企业在进行这种多元化战略时，可以不考虑被购入的企业是否与本企业同属一个行业。企业重建措施主要是重新组建被购入企业的管理层，处理无生产能力的资产，改善其生产运作。

7.形成协同效应

协同效应是指两个事物有机地结合在一起，发挥出超过两个事物简单联合的效果。企业实施多元化战略之后，新的业务之间在生产、技术、市场营销等方面若具有一定的联系，存在资源共享性，则可相互促进，产生协同效应。

【战略聚焦】 多元化进程中的自律

一般情况下，企业剩余资产的可流动性越大，采用非相关性多元化战略的机会就越大，其多元化趋向的目标产业也就距离其主业越远。很显然，如果一个公司的主要剩余资产是研发能力，那么它只能在与该研发能力相关的产业中进行多元化运作。如果一个公司的主要剩余资产是现金，那么它可以想买谁就买谁。

著名的菲利普·莫里斯公司（现名Altria）就是一家貌似多元化程度非常高，却非常自律的公司，这家以万宝路著称的原来主营烟草的公司，可谓资金雄厚、财大气粗。当其主业受阻之时，它完全可以寻求当时最暴利的产业，通过兼并而打开多元化的局面，比如买个电影厂、制药公司什么的。但它没有，它当年兼并的米勒啤酒、卡夫食品和七喜饮料等业务，与其主业极为相近，可以非常方便高效地应用其另外的主要剩余资产，即优良的营销渠道以及卓越的品牌管理能力，从而实现范围经济，或曰协同作用。

当然，并非所有企业都有Altria那样的自律。20世纪80年代出现在美国的以垃圾债券为主要手段的兼并风潮使得非相关性多元化大行其道、恶性蔓延。随后，人们逐渐意识到过分多元化的诸多弊端，于是，企业重组、结构再造、回归核心等说法和做法渐次时髦。然而，正当西方世界摒弃非相关性多元化进程之际，哈佛商学院的两位印度裔教授（Khanan&Palepu）却极力鼓吹所谓全业集团（business group），尤指亚洲和拉丁美洲等国家的家族性的多元化公司的多种益处，比如可以比较容易解决由于这些国家的企业外部资金市场不够成熟和完善等制度弊端所带来的问题。

资料来源：改编自马浩.多元化进程中的自律[EB/OL].[2014-05-05].Http://www.docin.com/p-76079804.html.

7.2.3 多元化战略风险

虽然多元化战略可能会带给企业更加丰厚的利润，但是，它同样也可能给企业带来一些风险。

1.原有产业遭削弱的风险

企业资源总是有限的，多元化经营的投入往往意味着原有产业要受到削弱。这种削弱不仅是资金方面的，管理层注意力的分散也是一个方面，它所带来的后果往往是严重的。然而，原有产业却是多元化经营的基础，新产业在初期需要原产业的支持，若原产业受到迅速的削弱，公司的多元化经营就会面临危机。

2.市场整体风险

支持多元化经营的一个流行的说法是，多元化经营通过“把鸡蛋放在不同的篮子里”去化解经营风险——正所谓“东方不亮西方亮”。然而，市场经济中的广泛关联性决定了多元化经营的各产业仍面临共同的风险。也就是说，“鸡蛋”仍放在一个篮子里，只不过是篮子稍微大了一些罢了。在宏观力量的冲击之下，企业多元化经营的资源分散反而加大了风险。一家产品出口公司可通过多元化经营扩大业务规模，然而在面临诸如金融危机等强有力市场冲击的条件下，这家公司却难以在各个经营业务中与最强硬的对手展开竞争，最终容易落得被各个击破的下场。

3.行业进入风险

行业进入不是一个简单的“买入”过程。企业在进入新产业之后还必须不断地注入后续资源，去学习这个行业并培养自己的员工队伍，塑造企业品牌。另外，行业的竞争态势是不断变化的，竞争者的策略也是一个未知数，企业必须相应地不断调整自己的经营策略。所以，进入某一行业是一个长期、动态的过程，很难用通常的投资额等静态指标来衡量行业的进入风险。

4.行业退出风险

企业在多元化投资前往往很少考虑到退出的问题。然而，如果企业深陷一个错误的投资项目却无法做到全身而退，那么很可能导致企业全军覆没。一个设计良好的经营退出渠道能有效地降低多元化经营风险。摩托罗拉当初看好卫星通信业务而发起了“铱星”计划，当最后“铱星”负债数十亿美元而陨落时，摩托罗拉却因一开始就将“铱星”项目注册为独立的实体，只需要承担有限的责任和损失。

5.内部经营管理整合风险

不同的行业有不同的业务流程和不同的市场模式，对企业的管理机制有不同的要求。企业作为一个整体，必须把不同行业对其管理机制的要求以某种形式融合在一起。多元化经营多重目标和企业有限资源之间的冲突，使这种管理机制上的融合更为困难，使企业多元化经营的战略目标最终趋于内部冲突的妥协。百事可乐的“快餐+可乐”多元化经营就面临着两个产业在资金、人力资源等方面的冲突，最终只好成立两个公司独立经营。当企业通过兼并其他企业进行多元化经营的时候还会面临一种风险，那就是不同企业文化是否能够成功融合的风险。企业文化的冲突对企业经营往往是致命的。

针对多元化经营战略目标来确定风险评估重点，显然，无论定位何种多元化经营战略目标，企业都应对上述五种风险进行仔细评估，衡量企业自身的资源、管理制度和文化是否能够容纳和支撑多种经营的状况。但是，多元化经营的战略目标不同，企业对风险关注的侧重点也会有所不同。对于加速成长的战略目标，企业应该更多地关注原有产业受到削弱的风险以及市场整体风险。对于企图利用现有资源与优势的企业来说，一方面应该着重评估多元化经营的整合风险，确定多种经营之间是否能实现协同作战；另一方面也应慎重考虑行业进入的风险，考察投资的可行性。

7.3 相关多元化战略

相关多元化战略是指采用增加新的，但与原有业务相关联的产品与服务的战略。这里的相关性是指能够共享在市场、营销渠道、生产、技术、采购、管理、信用、品牌、商誉和人才等方面的价值活动。当企业将多元化经营建立在具有相关性的活动上时，其成功的机会就会较大。之所以容易成功，主要原因是企业的竞争优势可以扩展到新领域，实现资源转移和共享，在新行业容易站稳脚跟，发展壮大。多元化经营战略的理性方式应是：在核心专长与核心产业的支撑下，有限度地开展相关多元化经营。近几年，西方国家兼并浪潮又起，一个最显著的特点就是以相关行业为主，尽可能追求业务的相关性。

相关多元化战略在多个方面具有吸引力，它使一家公司在其业务活动中保持一定程度的统一性，获得由于技术转移、更低的成本、共同使用品牌名称和更强的竞争能力所带来的利益，并可以将投资者风险分散于更宽广的业务基础上。

多元化进入技术、机构、职能活动或销售渠道能够共享的经营领域，可以由于范围经济而使成本降低。当两种或更多的经营业务在集中管理下运作，比作为独立的业务进行运作花费更少时，就存在范围经济性。这种经济性来源于因分享资源、合并业务价值链活动的某些部分，以及共享已创立的品牌名称而带来成本节约的机会。范围经济性越大，基于更低成本基础上创立竞争优势的潜力也更大。

7.3.1 最常见的相关多元化成长方向

1.研发能力基础上的产品衍生

企业可以利用现有技术优势开发紧密相关的系列产品，例如，由彩电业进入数字移动卫星通信、数字视像音响、数字影碟机、多媒体产品。

2.经营诀窍的复制与转移

把诀窍和专门技术从一个业务转移到另一个业务，例如宝洁公司生产洗衣粉、香皂、沐浴液、洗发水、牙膏、牙刷等。

3.一牌多品化衍生

将一个品牌的商标和声誉转移到新的产品或服务，例如娃哈哈品牌从儿童饮料到矿泉水；佳能公司（Cannon）利用它在照相器材业的声誉进入复印设备业；松下公司（Panasonic）在消费电器（收音机、电视机）上的品牌已经转移到微波炉上。

4.发挥共享经济效应

企业可以选择进入可以共享销售系统和广告影响的业务，例如面包制造商收购饼干和小食品制造企业。

5.进入有利于本业务发展的其他领域

企业可以从有利于促进本业务进一步发展的角度，进入能够对现有业务及企业的地位有重大帮助的新业务，例如新闻大亨默多克的有线电视网收购足球队与NBA篮球队，增强收视率。

7.3.2　相关多元经营战略的适用条件

（1）企业参与竞争的产业属于零增长，或者具有市场前景的产业。

（2）增加新的但却相关的产品将会显著地促进现有产品的销售。

（3）企业能够以有高度竞争力的价格提供新的、相关的产品。

（4）新的但相关的产品所具有的季节性销售波动，正好可以弥补企业现有生产周期的波动。

（5）企业现有产品正处于产品生命周期中的衰退阶段。

（6）企业拥有强有力的管理队伍。

7.3.3　相关多元化的战略匹配关系

技术转移和合并密切相关的价值链活动，可以使公司获得比各业务分别作为一个独立公司时更多的利润、更好的经营业绩。技术转移机会和通过范围经济性而节约成本的关键在于要多元化进入存在战略匹配关系的业务经营中，尽管战略匹配关系可以发生于整个价值链，但多数发生于下列四个方面：

1.技术匹配

企业在不同业务之间可以分享共同的技术，或者可以将技术秘诀转移时，彼此间就存在技术匹配。在此情况下，企业可以在技术开发和新产品研究开发上更好地节约成本，降低新产品进入市场的时间，使两种业务的销售都得到增长，提高企业整体效益。有着技术共享利益的业务在一起运作比分开运作结果更好，因为这时在技术开发和新产品中的R&D方面存在潜在的成本节约，并且新产品进入市场的时间更短，可以使两种业务的销售都得到增长。产品间重要的互补或内在相关性，以及业务间技术转移的潜力，可以使技术相关活动取得更加高效的业绩。

2.运作匹配

当不同业务间在获得原材料、R&D活动、改善生产过程、元件的生产、成品装配或实施行政支持功能方面，有机会开展合并活动或转移技术和生产能力时，就存在运作匹配关系。共享相关的运作匹配关系通常代表了节约成本的机会：有些来自于将活动合并成大规模的运营（规模经济性）；有些来自于将各种经营合在一起而带来的节约成本的能力（范围经济性）。被共享活动的成本所占比例越大，共享的成本节约越有意义，而由此导致的成本优势也越大。由于运作匹配关系的存在，最重要的技术转移机会通常可能存在于某种业务的供应链管理或专门生产技能可以在另一业务中得到有利应用的情况。

3.与销售和顾客相关的匹配

当不同业务经营的价值链活动高度交叠，产品具有相同的顾客群，通过共同的中间商和零售商销售，或者以相似的方式进行营销和促销时，这些业务间就存在与市场相关的战略匹配，这种匹配也可以创造范围经济。

多种节约成本的机会（或范围经济性）发源于与市场相关的战略匹配：对所有相关产品使用一支单独的销售队伍，而不是为每项业务组建独自的销售力量；用同样的广告和宣传材料为相关的产品做广告，使用共同的品牌名称；协调交货和运输方式，合并售后服务和维修组织；协调订货程序和记账，使用共同的促销性手段（优惠券、提供免费样品和试用品、季节性特价等类似方法），合并特约经销商网络。这样的价值链调配通常会使一个公司的营销、销售和分销成本更具经济性。

除了范围经济性，市场相关战略匹配会带来将销售技巧、促销技巧、广告技巧或产品差别化技巧从一种业务转移到另外一种业务的机会。而且，一个公司的品牌名称和信誉也可以由一种产品转移到其他产品。

4.管理匹配

当不同业务单元在企业家、行政管理或生产运作等方面具有可比性或者相通性时，企业可以将在一种业务经营中的管理方法转移到另一业务经营中，这就存在管理匹配关系。管理技能的转移可以发生在价值链的任何地方。沃玛特公司将其在廉价经销方面的管理技巧转移到新建的萨姆批发俱乐部的经营中，成功地进入了廉价批发领域。

多元化进入有着战略匹配关系的行业与得到的利益是两回事。为获取范围经济性，相关的活动必须合并成一个运作单位并使之相互协调，然后才会得到成本节约的效果，而职能的合并和协调活动需要支付重组成本，管理层必须确定某些集中的战略控制所带来的利益足以保证弥补业务单元丧失自治的牺牲。同样，将何处的技能或技术进行转移是战略匹配的基础，经理们必须在不过多抽调经营熟练的人才的前提下寻求使转移有效率的方法。一个公司的多元化战略越是紧密依靠于技能或技术的转移，就越必须建立足够大的、水平足够高的专门人才队伍，这些人才要能运用技能或技术支持新业务的经营，而且还要掌握足够的技能以建立竞争优势。

熟练把握业务间战略匹配的公司会得到另一方面的利益：扩张公司资源和战略资产的潜力，并能够比未进行相关业务多元化的对手们以更快的速度、更少的支出创建新的资源。寻求相关业务多元化的一些公司从长期看比其他公司运作更好的一个原因是它们能够很好地探求其相关业务间的联系，这方面的秘诀经过一段时间后就转变成为一种能力，这种能力能够加速创建有价值的新的核心能力和竞争能力。在一个竞争性的动态变化的世界，能比对手更快地积累战略性资产的能力是多元化经营的公司长期获得丰厚回报的一种有力的、可靠的工具。

7.4　不相关多元化战略

不相关多元化或称混合式多元化，是指增加新的与原有业务不相关的产品或服务。相关多元经营和混合式多元经营的主要区别就在于前者是基于市场、产品和技术等方面的共性，而后者则更出于盈利方面的考虑；不相关多元化战略涉及多元进入任何行业或业务，只要该行业或业务有确定的和具备足够吸引力的财务收益，寻求战略匹配关系则是第二位的。

7.4.1　不相关多元化战略经营的竞争优势

不相关多元化战略经营的竞争优势主要有：

（1）在一系列不同的行业中，经营风险得到分散。与相关多元化相比，它能更好地分散财务风险，因为公司的投资可以分别在有着完全不同的技术、竞争力量、市场特征和顾客群的业务之中。

（2）将来自低增长和低利润前景业务的现金流量转向并购或扩大具有高增长和高利润潜力的业务，投资于任何有着最佳利润前景的行业，可以使公司的财力资源发挥最大作用。

（3）公司获利能力可以更加稳定。因为一个行业的衰退阶段可以由其他行业的成长阶段的收入增加部分所抵消，除非整个市场经济景气指数都很低。理想的情况是，公司某些业务的周期性下降可以与多元化进入的其他业务的周期性上升取得平衡。

（4）当公司的经理们不但能洞察到价值被低估，而且发现具有利润上升潜力的廉价目标公司时，企业可以通过并购方式实现多元化经营，从而提高增加股东财富的可能性。

7.4.2 不相关多元经营的弊端

1.难以很好地管理不同业务

不相关多元化经营的致命弱点是，它强烈要求公司的管理人员要充分考虑到在不同行业中有完全不同的经营特点和竞争环境，并且要有能力做出合理的决策。一个公司所涉足的经营项目越多，多元化程度越高，公司的总经理们越是难以对每个子公司进行监察和尽早地发现问题，也越难以形成评价每个经营行业吸引力和竞争环境的真正技能，判断由各业务层次的经理们提出的计划和其战略行动的质量也更加困难。

2.无法获得战略匹配带来的协同竞争优势

不相关多元化战略对于单个业务单元的竞争力量没有什么帮助，每项经营都是在靠自己的努力建立某种竞争优势。由于没有战略匹配关系带来的协同优势，不相关的多种经营组合的合并业绩并不必然比各业务独立经营所获业绩的总和多。

7.4.3 不相关多元化战略的实施

多元化本质上是对人类能力有限性的挑战。专业化是普遍的、一般的，多元化是个案的、特殊的。多元化（尤其是其中的不相关多元化）的一个关键问题是，在构建业务组合时，究竟应该撒下多大的网，换言之，一个公司应投入少数几种不相关经营还是多种不相关经营?多大的多元化程度能使公司总经理进行成功的管理，解决后一问题的一种合理方法是询问“获得可接受的增长和获利能力的最小多元化程度是多少”和“考虑到多元化为公司管理增加的复杂性，能够管理的最大的多元化程度是多少”，令人满意的多元化程度通常位于这两极之间。

1.确定不相关多元化经营战略目标

企业在选择不相关多元化经营战略时，首先应考虑多元化经营的战略目标。清楚了解公司多元化经营战略目标及其合理性，旨在为探察不相关多元化业务组合中的强势和弱势，以及决定对战略进行哪些细微改进或重大变动做好准备。战略目标的确定不仅决定了投资行业的选择，而且指导着企业在较长时期内的经营和投资方针。缺乏一个明确的多元化经营战略目标，企业在竞争、多变的市场环境中很容易迷失方向，有限的企业资源将最终被耗散在盲目的多元化投资经营和内部的冲突协调之中，这就是为什么会有那么多的企业在多元化经营中失败的重要原因。在确立战略目标时，一定要想清楚：公司是加速成长、培育新的增长点、寻求相关或不相关多元化或二者的混合，还是充分利用资源和优势、突出核心竞争力？最近的购并和剥离行动的本质和目的是什么？公司管理层试图想创建的多元化经营公司的种类是什么?公司多元化的基础是宽还是窄？公司的经营范围是以国内为主，逐渐多国化还是全球化？

2.判断拟进入行业所处阶段

按发展经济学的观点，任何产品都要经历投入期、成长期、成熟期和衰退期4个阶段。在行业或产品周期的不同阶段，企业经营的难易程度是不同的，企业所采取的战略也要有所选择。企业开拓新领域要力争进入处于投入期或成长期的行业或产品中，避免进入成熟期或衰退期的行业或产品中，这是由竞争能力、发展潜力和行业壁垒所决定的。因此，对新的行业和新产品的准确预测和判断至关重要，这是进入新领域能否成功的关键因素。如果企业盲目进入处于生命周期后期的行业和产品中，不但不能降低风险，反而会带来更大的风险。

3.检验拟进入行业的吸引力

评价公司多元化进入的每一行业的吸引力，包括市场规模和表现出的增长率、竞争强度、显现的机会和威胁、需求波动情况、所需投入的资源需求、与公司既有价值链和资源能力匹配关系、获利能力、环境因素、利润率和投资回报率、风险度等。

4.测度企业自身竞争力

竞争力包括但不局限于：相对市场份额、相对于竞争对手的获利能力、靠成本进行竞争的能力、技术和革新能力、在质量和服务上能与行业对手匹敌的能力、与关键的供应商或顾客进行讨价还价的能力、品牌识别和信誉。企业其他的竞争力指标还包括有关顾客和市场的知识、生产能力、供应链管理技能、营销能力、足够的财务资源和被证明有效的管理技巧。

5.甄选目标公司

寻求不相关多元化的公司，几乎总是喜欢通过并购一家已建立的公司来进入新领域，而很少采用在自己公司的结构内组建新的子公司的形式。之所以做出多元化进入某一行业的决策，是因为这一行业可以找到“好的”可并购的目标公司。这里“好的”目标公司的含义是，任何具有有利财务条件和令人满意的利润前景的公司，资产被低估的公司，潜力较大但财务困难的公司，有着光明的增长前景但缺少投资资本的公司，这些公司就是有吸引力的“好的”公司的例子。

6.确定优先发展顺序

在历史业绩和未来预期基础上，将拟开展的业务从最高到最低优先级进行排序，再根据资源配置的优先权将业务单元进行排序，确定优先顺序的目的是将公司资源投至有最大机会的领域。然后，决定每一业务单元将采取侵略性扩张、设防保卫、彻底修整重新定位，还是收获或剥离的战略姿态。

7.5 归核化战略

进入20世纪80年代以来，美国企业的多元化扩张开始退潮，并出现“反混合兼并”、“反多元化”的呼声，许多大公司开始把多元化经营业务同归于核心经营业务，这一现象被称为“归核化”现象。必须指出的是，“归核化”不等于专业化。归核化是一种中度多元化、一种相关多元化，是多元化程度有所降低的、强调发展核心业务的适度多元化。当然，并不排除有些企业回到了专业化。

所谓“归核化”战略，其核心思想就是集中资源做好最大的强项——抓住最具优势的行业，经营重点放在该行业价值链上优势最大的环节上，识别和培育核心能力。“归核化”战略的基本步骤是：一是在战略层次上实施以剥离非核心业务、分化亏损资产为主要内容的资产重组，回归主业。不过，“归核化”不等于专业化，专业化是集中资源生产一种或几种相关专业的产品。二是在经营层次上，着力强化核心业务，通过企业再造、业务外包、人员精简等措施降低成本以提高盈利率。

7.5.1 归核化战略兴起的原因

在“归核化”的新潮影响下，大公司纷纷以多种手段清理非核心业务，并加强核心业务的经营，形成了适度的多元化状态。何以使大规模开展并在大型企业中盛行的多元化战略出现归核化的浪潮呢?

1.经营战略思维模式转变引致的归核化

经营战略思维模式主要包含两种，即战略思维的工业组织模式和资源依赖模式，不论哪一种战略思维模式，获得高于平均水平的投资收益率和创造新的竞争优势都是企业战略的两个基本目的。

采用工业组织模式的企业管理者认为，企业获得高于平均水平投资收益率的根本原因来自于企业之外的环境特点，其中尤其重要的是与所选行业特点有关的因素，并认为行业选择决策对企业投资收益率的影响比企业内部决策更大。因此，基于这种思维模式，通过对行业特点和行业竞争结构的分析，尤其是对行业规模经济、进入障碍、产品差异、市场集中度、替代产品等行业特点背后的经济因素的分析，就可以基本正确地判断一家企业可能达到的投资收益率。由于存在着企业对外部环境的这种思维模式，20世纪80年代初，迈克尔·波特教授的基于市场外部环境竞争力分析的竞争战略成为诸多企业进入多个产业并形成多元化经营格局的主导战略，并利用多元化战略的风险分散效应，将企业多元化业务的成长在20世纪80年代推向了高潮。

可以说，在市场机会多和行业竞争不够激烈的时代，战略思维的工业组织模式，以及与之相关的各种企业战略理论，对指导企业获得高于平均水平的投资收益率发挥过重要作用。但是，企业以工业化大生产为特征的迅速发展，使有限的消费者市场需求空间日趋狭小，而企业掌握的竞争手段的丰富，更使企业间的市场竞争日益激烈，竞争导致企业在行业中获得的收益越来越低，多元化扩张逐渐成为影响企业资本集聚并影响企业收益率的主要因素。

另外，在市场机会少和行业竞争普遍激烈的状况下，战略思维的资源依赖模式以及相关理论，对指导企业回归主营行业和获得高于平均水平的投资收益率发挥了重要的作用。这种模式强调，企业获得高于平均水平的投资收益率很大程度上取决于其内部特点。在20世纪90年代初，普雷哈拉德（Prahalad）和哈默（Hamel）在《哈佛商业评论》上发表的《公司核心能力》一文，掀起了这一理论研究的新高潮，并成为主张这种模式的代表。他们在该文中指出：企业应注重在企业内部培养竞争对手难于模仿或不可模仿的资源和能力，以此形成企业具有获得稳定高额收益的核心能力。基于这种模式的引导，企业开始纷纷清理自身的经营业务，将企业在各个行业的投入进行梳理，把企业的主要资源和能力在主营的业务方向实施业务集中，多元化业务紧缩状况胜过了多元化拓展的呼声，归核化浪潮成为20世纪90年代企业发展方向的主流。

我国企业也不例外，特别是1997年掀起了企业多元化经营的利与弊的争论。在先后经历了专业化发展、多元化迷恋、多元化失败、多元化反思的不同阶段后，国内外的企业战略实践一再警示企业家，多元化固然具有很大优势，但它并不是万能的，过度多元化往往会分散市场关注焦点，增加管理难度。所以，在21世纪初，国内企业界同样也开始收缩多元化的非相关业务，朝归核化方向发展。

2.产业生命周期变短引致的归核化

产品进入市场，存在着投入、成长、成熟和衰退等生命周期的四个阶段性特征。对于一家企业而言，大多数产品都存在一个有限的市场生命周期，对那些技术变革迅速的产业来说更是如此。进入21世纪，企业面临的更大挑战是，一般的产品生命周期都变得越来越短，企业采取多元化战略的风险更大。

企业高层管理人员清楚地认识到，企业如果仅生产一种产品，当这种产品处于其生命周期的衰退期时，企业的现金流可能会下降。一家企业要实现稳定的现金流常常选择产品多元化经营，并使各种产品处于生命周期的不同阶段，来稳定企业的现金流量。因此，在竞争激烈的市场环境中，企业选择多元化战略一般就是基于这种原因。而产业也存在着产生、成长、成熟到衰退的具有阶段性特征的生命周期。处于不同生命周期阶段的各个产业的发展状况是不同的，这也决定了位于该产业的企业的发展。如果一家企业处于一个成长阶段的产业，则这个企业的发展空间就会相对较大，前景较好；反之，如果企业处于一个衰退期的产业，其发展就会受到相对限制。就是说，任何企业都是处在某个产业之中，企业所处产业状况对其经营和发展有着甚至是决定性的影响。因此，当企业不能够有效掌握产业发展前景或其他多个产业存在较大市场需求空间时，企业往往运用多元化战略，同时或先后进入多个产业来进行企业经营，以期分散经营风险并获得稳定的收益。

20世纪80年代期间，美国的市场竞争还不够激烈，为使产品组合不断形成新的生命力，多数公司选择了多元化经营；同时，市场竞争不激烈及技术变革缓慢，使产业生命周期相对延长，加之一些产业的市场需求空间较大，也是促成公司选择多元化经营的又一重要原因。

然而，随着市场竞争的日益激烈，企业间技术变革速度的加快，多元化经营形成的多产品竞争，使企业的竞争成本不断增加，而技术革新的加速又缩短了产品生命周期，特别是产业的生命周期，使企业在产品生命周期内的获利不断减少。当这种获利低于竞争成本时企业的总体收益就会下降，导致企业为克服产业进入壁垒形成的高额成本支出很难收回，企业不得不退出诸多经营领域。追求获得高于平均水平的投资收益率导致的激烈市场竞争，致使产品、产业的生命周期发生了深刻的变化，集聚企业的有限资源以增强核心经营业务的竞争能力，是导致企业将多元化经营业务进行归核化决策的重要原因。

正是由于竞争的激烈，产业生命周期的缩短，考虑企业的经营风险因素，相当多的企业并不希望将企业的生命寄予某一单一产业，因此，归核化并不是专业化，而仅是多元化的程度有所降低。

7.5.2 归核化战略的经营业务整合

归核化的产生是由于产品、产业生命周期和经营战略思维模式的转变所导致的。过度扩张形成的多元化经营业务，使企业在越来越激烈的市场竞争中，难以提供充足的资源保障和疲于对越来越复杂的业务实施有效管理，企业管理成本和克服市场竞争的竞争成本的不断增加，将超过新的经营业务给企业所带来的收益增长，这种状况下企业进一步实施多元化战略以期增加收益的经营目标就不可能实现，而且造成的结果只能是投资收益率的不断降低，与企业经营战略的基本目标相背离。这种状况下，能力的局限也就使众多的企业不得不缩小多元化的经营业务范围，并将企业的注意力逐渐转移到企业自身的专长能力建设上。

企业多元化经营业务的紧缩——“归核化”，完全是出于理性的战略思维角度的考虑，而并非是多元化战略的利弊结果的影响。多元化经营中业务扩展后又紧缩的过程本身，实质是对企业多元化经营业务的整合，而企业多元化经营成功的本身，就是根据其产品及所处产业生命周期阶段的各项经营业务的不断调整所确立的。通过经营业务的整合——归核化这一过程，企业能够使产品和不同产业的产品或经营业务实现有机组合，将产品及其经营业务尽可能调整到能够使企业创造更多利润的产品和产业的成长期或成熟期的阶段上，增加企业的现金流量，而将处于衰退期的产品或产业予以清除或退出，进而实现企业利润的稳步增长。因此，归核化不应该被看做是对企业多元化经营战略实践的否定，而是企业多元化经营战略的运作中对自身业务不断进行优化和整合的决策过程。

【战略聚焦】 方太的归核

多年来，方太是唯一敢与西门子、伊莱克斯等国际大牌叫板的中国高端油烟机品牌，其产品的价格甚至比西门子还要高，而且一直坚持高端品牌的战略，逐步成长为中国高端厨电专家和领导者。2010年，方太的销售额是23亿元，品牌价值已近50亿元。

方太的品牌成长是一个不断尝试、不断纠偏的过程。每走过一步弯路，然后回归，方太就更加清楚自己的核心优势所在。在这个过程中，方太的战略定位越来越清晰，也越来越“归核化”。

2003年，方太将品牌定位战略性调整为“厨房专家”。表面上看，厨房专家的定位是建立在已有品牌的基础之上，是高端品牌战略的自然延伸。这是方太第一次通过改变战略定位，将公司主要业务从产品向服务领域转型；公司的产品不再只是厨房电器，同样也作为厨房领域的专家为顾客提供服务。茅忠群用三个“专”字解释了“厨房专家”的界定：“专心”在厨房产品领域上；“专注”于方太特色、不可复制的产品力建设；使“专业”成为广大消费者能够明确感知的方太专属特质，依靠消费者对方太产生的专业认同建立区隔。

2007年，方太进一步限定了“厨房专家”的专长范围：嵌入式厨房电器。在欧美，嵌入式厨房电器已是成熟品类，从消费者角度看，“嵌入式”代表着更高品质的生活方式；从整个行业角度看，“嵌入式”是对未来高端品类的抢先占位。

2010年，方太再度重新定位，定位于“中国高端厨电专家与领导者”，继续坚持在“专业”和“高端”的品牌发展道路上稳步前进。

从家用电器到厨房电器，再到嵌入式厨房电器，最后是“中国高端厨电专家与领导者”，方太在成长中不断“缩小”自己的产品领域，通过持续的试错让核心业务越来越聚焦，让方太的高端“厨电专家”形象逐渐深入消费者的心中。

资料来源：改编自肖文.方太：归核化制胜[J].经理人，2011（10）.

■ 本章小结

多元化经营也称为多样化、多角化经营，最初是由产品-市场专家安索夫在20世纪50年代提出的，是企业发展型战略的一种类型。根据安索夫的分类，企业多元化战略可分为四种类型，即横向多元化、纵向多元化、同心多元化和混合多元化。

企业实施多元化战略的动因包括：外部诱因、内在动因和其他动因。外部诱因有市场容量有限性、市场集中度的提高、市场需求的多样性和不确定性、政府法规的影响。内在动因有纠正企业目标差距、实现规模经济、实现范围经济、挖掘企业的内部资源潜力、转移竞争力、企业重建、协同效应原理。

相关多元化战略是指采用增加新的但与原有业务相关的产品与服务的战略。常见的相关多元化成长方向包括：一是开发紧密相关的技术；二是把诀窍和专门技术从一个业务转移到另一个业务；三是将一个品牌的商标和声誉转移到新的产品或服务；四是进入可以共享销售系统和广告影响的业务；五是进入能够对现有业务及企业的地位有重大帮助的新业务。而不相关多元化或称混合式多元化是指增加新的与原有业务不相关的产品或服务。

企业在实施不相关多元化战略时，应当注意做好六项工作，包括：第一，确定不相关多元化经营战略目标；第二，判断拟进入行业所处阶段；第三，检验拟进入行业的吸引力；第四，测度企业自身竞争力；第五，甄选目标公司；第六，确定优先发展顺序。但是，不相关多元化经营的弊端也应当引起高度重视，这种弊端表现在：首先，难以很好地管理多种不同业务；其次，无法获得战略匹配带来的协同竞争优势。

"归核化"战略，核心思想就是集中资源做好最大的强项——抓住最具优势的行业，经营重点放在该行业价值链上优势最大的环节上，识别和培育核心能力。归核化包括经营战略思维模式转变引致的归核化以及产业、产品生命周期引致的归核化。

■ 复习思考题

1.多元化战略有哪些类型？请举例说明。

2.试分析多元化战略的动因。

3.多元化战略的风险有哪些？

4.什么是相关多元化战略？相关多元化战略的成长方向有哪些？

5.简述不相关多元化战略经营的风险和实施要点。

6.什么是"归核化"战略？归核化的主要原因是什么？

7.有人认为："企业采用多元化战略有点类似于将许多鸡蛋分装到若干个篮子里，万一不小心摔跤了，也不至于全部鸡蛋都损坏。所以，企业应当采用多元化战略来分散可能带给企业的市场竞争压力。"你对此观点持有何种看法？请说明理由。

■ 案例分析题

"不务正业"的洗衣店

2011年，遍布广州地铁站的天天洗衣店里出现了一项新服务——奢侈品护理：洗个LV的小包要260元，洗件裘皮长大衣则要花去880元。

天天洗衣是行业龙头之一，但是很多市民来对其洗衣之外的业务印象更深：在店里可以买洗衣液和洗发水，也可以为手机和羊城通充值，甚至可以买电影票和彩票。

不仅如此，如果你的快递到了，家里却没人，可以让天天洗衣代收；家里没米没鸡蛋了，可以去天天洗衣买。只是，这里通常看不到摆放鸡蛋大米的货架，也看不到物流中转时堆成山的包裹。

一家原本以洗衣为主业的连锁干洗店，却不断推出与主业完全不相关的系列业务。而且，这些"非主流业务"占到了其营收的一半以上。

有趣的是，一些风投对天天洗衣"不务正业"的模式情有独钟，结果却吃了闭门羹。

20年前，广州人卢志基经常乘坐广九直通车往返粤港两地。他发现不少在广州工作的香港商人，不时大包小包地把名牌衣物带回香港洗，洗完之后，又大包小包地带回来。这让他萌生了开家洗衣店的想法。

一开始他也是仿照当时比较普遍的"前店后厂"模式——前面接衣服，就在后面洗，但一直做不大；他于是出国考察，发现洗衣店其实有多种开法。

比如，美国因为人口密度小，所有的店都配有洗衣设备。而日本和欧洲则采用分离式，一部分店配备洗衣设备，而大部分店只负责收货和配货。两者的不同之处在于：日本会设立一个洗涤中心，洗好的衣物通过物流配送到各个店铺，而欧洲则是"一带多"，一家配备洗衣设备的门店会辐射到多家门店。

卢志基认为采取"中央工厂+洗衣店"的模式比较适合人口多、密度大的中国市场。1993年，他投资1 000多万元，在广州郊区建立了一个占地2万多平方米的中央工厂。每天早上，自己组建的车队从厂区出发，将洗好的衣物分发到各个店铺中，然后顺带将需要洗涤的衣物收回来。

这种架构，将最重要的洗涤环节放到了客户看不见的工厂中，终端店无须再配设备和技术人员，变成了一个只需收发衣物的网点。天天洗衣的规模一下子开始扩大，从原来的一两家店变成了几十家店。

1999年，广州开建地铁，卢志基决定入驻，借此进一步壮大规模。彼时的地铁尚是个新鲜事物，商业前景未明，而在地铁中设立洗衣店，此前也无先例。他的这一想法在公司内迅即引来争议，但他坚持己见，拿下了在地铁沿线设立洗衣连锁店的独家授权。

然而，地铁刚开通时，人流量并没有想象的多，而且对于在地铁内消费，顾客尚还没有概念。再加上洗衣行业特有的淡季——每年的6月到9月（天气较热的缘故）的业务量不及旺季的1/5，天天洗衣彼时几乎是连年亏损。

面对这种行业共同的困境，卢志基开始寻找新的经营方法，他盯上的第一块“蛋糕”，是自营洗涤用品。原因是一些来店洗衣的客户经常问：能不能卖点给我们？

很快，这一块的营收，占到了天天洗衣总营收的30%左右。这大大增强了卢的信心。接下来，他开始全面撒网，做起地铁卡和手机充值、电影票和彩票销售等业务来。天天洗衣的“非主营服务”收益占到了天天洗衣整个收益的一半以上，不但传统洗衣的淡季被这些服务所拉平，而且也给洗衣业务带来了至少30%的增长。

多元化经营所创造的收益，给卢志基带来了新的启发。他认为，天天洗衣可以变成一个“便民服务点”。他开始和一些品牌合作，在店中卖土鸡蛋、有机大米等。只不过，店里并不铺货，顾客来洗衣时，店员会附送一张宣传单。如果有顾客下单，天天洗衣将其直接转交给上游品牌，让其负责送货到家。天天洗衣赚取一点提成。

网上购物的井喷，让天天意识到，天天洗衣或许可以在这方面有所作为。经过几年的摸索，他们找到了一家名为优点购物的网站进行深度合作。具体的合作方式为：由优点购物负责寻找货源，天天洗衣负责线下推广、终端订购等，拿到订单之后，再通过第三方物流配送到居民家中。而利润则由三家共享。

由于采取“中央工厂+洗衣店”模式，天天洗衣一直坚持直营（仅有几家为加盟，据介绍，今年之后，公司也会取消加盟，只做直营），其目前依然局限在广州市场。而他的竞争对手们，诸如北京的荣昌洗衣、福奈特等，由于采取成本更低的加盟，网点扩张已遍及大中城市。他们甚至拒绝了青睐天天洗衣商业模式的风投们，争取两年后门店数量开到300家后再考虑与资本的合作，将天天洗衣的地域模式在全国复制。

资料来源：改编自佚名．“不务正业”的洗衣店：非主业占营收一半以上[EB/OL].[2011-09-16]. http://finance.sina.com.cn/leadership/stragymanage/20110916/113710492219.shtml.

结合本案例材料，你认为：

1.天天洗衣选择实施多元化战略的动因何在？

2.在自身规模扩张和竞争对手模仿增加的情形下，天天洗衣的不相关多元化战略将会面临怎样的风险？相应的对策有哪些呢？

■ 比较研究

分别访问大连万达集团（http：//www.wanda.cn/businesses/）和恒大集团（http：//www.evergrande.com/）的网站，借此掌握多元化与专业化战略实践，请在集体讨论基础上，完成以下作业：

1.以恒大集团为例，分析公司采用多元化战略可能获得的竞争优势。

2.以大连万达集团为例，分析商业地产的完整产业链的形成和企业的核心竞争优势。

3.比较分析公司应该选择专业化还是多元化战略？各自的影响因素有哪些？

■ 推荐阅读文献

1.罗珉，李永强，饶健，等.公司战略管理理论与实务[M].成都：西南财经大学出版社，2003.

2.爱尔兰 D，霍斯基森 R，希尔 M.战略管理[M].赵红霞，张利强，等，译.10版.北京：机械工业出版社，2014.

3.巴尼 J，赫斯特里 W，李新春，张书军.战略管理[M].中国版.北京：机械工业出版社，2009.

第8章 并购战略

学习目标

企业并购是实现企业资源优化组合的重要途径，也是企业可持续成长的重要手段。并购过程充满着不确定性，成功的并购要求有科学的战略指导和管理。通过本章学习，要求重点掌握并购的类型、并购战略的动因，初步掌握并购战略的风险评价和并购后管理整合的基本原理。

开篇导读　三一重工并购德国普茨迈斯特

2012年4月17日，中国民营企业三一重工股份有限公司与德国普茨迈斯特控股有限公司在德国埃尔西塔正式对外宣布收购完成交割。三一重工和中信基金联合出资3.6亿欧元（其中三一重工出资3.24亿欧元，折合26.54亿元人民币），收购普茨迈斯特100%股权，完成了此次“狮吞象”式并购。

成立于1958年的德国普茨迈斯特，是一家拥有全球销售网络的集团公司，总部设在斯图加特附近。该集团公司已在世界上十多个国家设立了子公司。普茨迈斯特公司从事开发、生产和销售各类混凝土输送泵、工业泵及辅助设备，这些设备主要用于搅拌和输送水泥、砂浆、脱水污泥、固体废物和替代燃料等黏稠性大的物质。公司产品包括：安装于拖车或卡车上的各种混凝土泵、拌浆机，用于隧道建设和煤矿工业的特种泵以及最新研制的机械手装置等。在一些国家重点工程(如黄河小浪底工程、二滩水电站工程)以及亚洲第一的上海“东方明珠”电视塔等工程中，普茨迈斯特均发挥了不可代替的巨大作用。普茨迈斯特公司一直创造并保持着液压柱塞泵领域的众多世界纪录：排量、输送距离、扬程、产品的种类、可输送物料的多样性等。目前，在全球最高建筑——阿联酋的迪拜塔，普茨迈斯特已经创造了603米的最新的混凝土输送高度世界纪录。

三一重工集团始创于1989年，是中国最大的工程机械制造商。在国内，三一重工建有上海、北京、沈阳、昆山、长沙五大产业基地。在全球，三一重工建有30个海外子公司，业务覆盖150个国家，产品出口到110多个国家和地区。

通过本次并购，普茨迈斯特将得到三一重工资金上的保证，而三一重工将获得代表顶尖技术的“德国制造”产品标签，以及普茨迈斯特在中国以外的全球销售网络。

三一重工将中国工程机械行业近年来的海外并购推向高潮，也改写了这个行业的全球竞争格局。收购德国普茨迈斯特，将使三一重工减少了一个竞争对手，提升了三一重工的整体效益、品牌、国际影响力和筹融资平台，加速其国际化进程。

资料来源：根据相关公开资料整理而成。

企业并购也称企业兼并、企业收购，是社会化大生产的客观要求。随着现代化大生产越来越建立在广泛合作的基础上，生产技术越来越先进，生产经营的规模化趋势日益明显，它必然要求资本走向相对集中，从资产收益低的企业走向资产收益相对较高的企业。企业之间的并购成为社会资源优化配置的重要途径。

8.1　概述

企业并购自19世纪末在西方兴起以来，已经成为商品经济条件下一种重要的产权转让机制，被西方国家广为采用。近些年，随着我国社会主义市场经济体制的不断建立和完善，企业并购也已经成为我国企业在全球范围内合理配置资源、形成规模经济、发挥资产存量作用、调整产业结构的重要方式。

8.1.1 并购的基本类型

企业并购有多种类型，下面分别从并购双方所处行业、并购动机、并购的支付方式、并购前后主体资格等角度进行分类。

1.按并购涉及的行业性质分类

从并购双方所处的行业情况，企业并购可以分为横向并购、纵向并购和混合并购。具体地说：

第一，横向并购。横向并购是指处在同一个行业、生产同类产品或采用相近生产工艺的企业之间的并购。其实质是资本在同一产业和部门内集中，这种并购有利于迅速扩大生产规模，提高市场份额，增强企业的竞争能力。

第二，纵向并购。纵向并购是指生产或经营过程中具有前向或后向关联的企业之间的并购。其实质是通过处于生产同一产品不同阶段的企业之间的并购，实现纵向一体化。纵向并购除可以扩大生产规模，还能够促进生产过程诸环节的密切配合，优化生产流程。

第三，混合并购。混合并购是指处于不同产业部门、不同市场，且这些产业部门之间的生产技术没有多大联系的企业之间的并购。它可以降低一家企业长期处于一个行业所带来的风险，并使企业技术、原材料等各种资源得到最大限度的利用。

2.按并购动机分类

从企业并购的动机划分，可以分为善意并购和恶意并购。具体地说：

第一，善意并购。收购公司与目标公司双方都存在着谋求并购的内在愿望，所以，当收购公司提出收购目标公司的条件，目标公司愿意接受所有的收购条件，这种方式称为善意并购。关于善意并购的收购条件、价格、方式等可以通过双方高层管理者之间充分的协商，并经董事会批准后执行。

第二，恶意并购。如果收购公司提出收购要求和条件后，目标公司不同意接受，收购公司只有在证券市场上强行收购，这种方式称为恶意并购。在恶意收购下，目标公司通常会采用各种措施对收购进行抵制，证券市场也会对此迅速做出反应，股价上涨。所以说，除非收购公司有足够雄厚的经济实力；否则，恶意并购获得成功是十分困难的。

3.按支付方式分类

按并购过程支付方式不同，可以分为现金收购式并购、股票收购式并购和综合证券收购式并购。

第一，现金收购式并购。收购公司通过支付目标公司的股东一定数量的现金而获得目标公司的所有权。现金收购在西方国家存在资本收益税的问题，这可能会使收购公司的成本有所增加，因此在采用这一方式时，应当了解这项收购是否免税。同时，现金收购会对收购公司的资产流动性、资产结构、负债等产生影响，财务风险较高，所以，应该进行综合权衡。

第二，股票收购式并购。收购公司通过增发股票的方式获取目标公司的所有权。公司采用股票收购式的并购不需要对外付出现金，因此，并不会对财务状况产生很大的影响。但是，增发股票会影响到公司的股权结构，进一步冲击到原有股东的控制权。

第三，综合证券收购式并购。在收购过程中，收购公司采用的不仅有现金、股票等支付方式，而且还有认股权证、可转换债券等多种形式的混合。这种方式融合了现金收购式并购和股票收购式并购的优点，收购公司既可以避免支付过多的现金，保持健康的财务状况，又能够防止控制权的转移。

4.按并购前后主体资格分类

从法律的角度看，按照并购前后主体资格变动情况，广义的企业并购可以分为合并、狭义并购（接管）和收购。

第一，合并。

合并（Consolidation）是指在同一部门内由许多小企业组合成为少数大企业，以达到扩大规模的目的，即：A1 + A2 = A3或（A1A2）。

在上述合并模式中，合并前A1和A2是同一部门生产同种产品的两个独立企业，具有独立的法人资格。合并后两企业的法人资格同时消失，新组建A3公司，也可以继续保留A1和A2的法人资格，合并组建一个松散型的（A1A2）组织。

第二，接管。

接管（Takeover），又称狭义并购（Merger）。它是指在企业并购过程中，并购企业购买对方企业，获得被并购企业的产权，同时，对企业的资产和各种生产要素进行重新组合，组建一个新的企业体系，即：A + B = C。

在狭义并购或接管模式中，被并购企业随着并购过程的终结，最终丧失了法人资格，与并购企业融为一体，新组建法人企业C。

第三，收购。

收购（Acquisition）是指以并购企业为主体，通过投标方式对被并购企业进行购买，以获得一定的控制权，被并购企业的法人地位消失和转移的行为，即：$A + B = A^{+}$。

值得说明的是，我们常说的M&A，指的是狭义并购和收购的总称，在管理学上并不作过细的划分，收购、兼并、并购通常具有相同的含义。

8.1.2 并购的其他类型

1.杠杆收购

杠杆收购（Leveraged Buyout，LBO）是以少量的自有资金，以被收购企业的资产和将来的收益能力作抵押，筹集部分资金用于收购的一种并购活动。收购后公司的收入（包括拍卖资产的营业利益）刚好支付因收购而产生的高比例负债，这样能达到以很少的资金赚取高额利润的目的。杠杆收购一般是按以下步骤进行的：

第一，杠杆收购的设计准备。这主要是由发起人制订收购方案，与被收购方进行谈判，进行并购的融资安排，必要时以自有资金参股目标企业，发起人通常就是企业的收购者。

第二，集资。并购方先通过企业管理层组成的集团筹集收购价10%的资金，然后以准备收购的公司的资产为抵押，向银行借入过渡性贷款，相当于整个收购价格的50%~70%的资金，向投资者推销约为收购价20%~40%的债券。

第三，收购者以筹集到的资金购入被收购公司的期望份额的股份。

第四，对并购的目标企业进行整改，以获得并购时所形成负债的现金流量，降低债务风险。

2.管理层收购

管理层收购（Management Buyout，MBO）是指公司的经理层利用借贷所融资本或股权交易收购本公司的一种行为，从而引起公司所有权、控制权、剩余索取权、资产等变化，以改变公司所有制结构。通过收购，使企业的经营者变成了企业的所有者。由于管理层收购在激励内部人员积极性、降低代理成本、改善企业经营状况等方面起到了积极的作用，因而它成为20世纪七八十年代流行于欧美的一种企业收购方式。

国际上对管理层收购目标公司设立的条件是：企业具有比较强且稳定的现金流生产能力；企业经营管理层在企业管理岗位上工作年限较长、经验丰富；企业债务比较低；企业具有较大的成本下降、提高经营利润的潜力空间和能力。

管理层收购的主要特点表现为：

第一，主要投资者是目标公司的经理和管理人员。他们往往对本公司非常了解，并有很强的经营管理能力。通过MBO，他们的身份由单一的经营者角色变为所有者与经营者合一的双重身份。

第二，主要通过借贷融资来完成，因此，MBO的财务由优先债（先偿债务）、次级债（后偿债务）与股权三者构成。目标公司存在潜在的管理效率提升空间。管理层是公司全方位信息的拥有者，公司只有在具有良好的经济效益和经营潜力的情况下，才会成为管理层的收购目标。

第三，一般发生在具有稳定的现金流量的成熟行业。MBO属于杠杆收购，管理层必须首先进行债务融资，然后再用被收购企业的现金流量来偿还债务。由于成熟企业一般现金流量比较稳定，从而有利于实施收购方案。

8.1.3 并购的基本特征

1.并购是调整生产关系的手段

企业并购作为企业内部组织结构变动的一种行为，是属于生产关系的重要组成部分。利用并购形式来不断变革生产经营组织形式，是调整生产关系的一个重要手段，这种生产关系的调整对生产力发展起着积极的推动作用。企业通过各种形式的并购，调整生产关系，适应生产力发展水平时，经济就发展；当企业还来不及或无法改变并购形式来适应生产力水平，进行生产关系调整时，经济就呈现停滞状态。两种趋势同时并存，相互交替出现。

2.并购在资本积累中占据主导地位

资本积聚是社会扩大再生产的基础，企业家总是从企业经营中获取一定数量的利润，进行利润再投资，实现适度的扩大再生产，然后才有可能通过积聚以增大个别资本的办法去并购其他企业资本，因此，并购是以已经存在的并且执行职能的资本为前提，只有通过企业内部积聚起来的资本才能对外进行企业并购。

企业并购能够把分散的小规模资本合并成统一的大规模资本联合，从而导致个别资本的增大，因此，企业并购是加速资本积聚的重要条件。同时，并购还会推动生产要素在更大范围内的重新配置，企业内部结构的重新调整，规模经济趋向合理，从而，企业能够很好地满足资本增值的扩张性动机。

3.并购规模在不断扩大

在激烈竞争的市场上，资本集团之间充斥着弱肉强食的争夺，谁的资本实力大、垄断地位强，谁就能战胜对手，进一步巩固和扩大自己的实力地位；否则，就会被更大的垄断势力所吞并。如果不主动进行较大规模的资本集中，就有可能面临被集中了更多资本的竞争对手打败的危险，也就难以保存自己最起码的资本。所以，在激烈的市场竞争中，资本集中必然推动企业不断扩大自己的资本和实力，使企业积累的规模越来越大，这就形成了企业并购范围越来越广，垄断程度越来越高的趋势。

4.并购范围的区域性延伸

企业并购的主要目的之一在于使企业产生规模经济效益。由于地区经济结构的合理化与企业并购之间存在着密切关系，并购的区域性延伸就成为一种现实的选择。在跨地域实现企业并购的过程中，一般会考虑以下原则：

第一，原材料地指向。加工企业进行扩大再生产，企业并购的地区多趋向于原材料产地。

第二，消费地指向。消费者需求变化迅速的行业，或其产品不易运输、储存的，企业并购地区多趋向于消费地。

第三，劳动力指向。一些工资成本占生产成本比较大的劳动密集型行业，企业并购多趋向于劳动力供给充足和工资水平较低的地区。

第四，资金指向。企业并购时，特别是在跨地区并购时，应当考虑是否有可靠的资金来源，金融服务是否完善，并购后企业能否顺利地从金融渠道获得资金需求，特别是对一些资金密集型企业来说，资金来源是企业地区配置的一个重要选择条件。

第五，科学技术指向。随着科学技术的发展，技术进步促进了专业化分工和协作关系的发展，也为并购企业扩大再生产提供了可能。科技对企业并购地区的影响程度越来越大。

第六，信息指向。能否及时而准确地获得可靠信息越来越成为企业并购地区优化配置的重要条件。同时，与此相关的是，企业并购地区是否靠近科学研究机构和高等学府，是否能够迅速获取最新研究成果和高科技人才，成为影响企业地区配置趋向一个十分重要的动因。

5.并购争夺日趋激烈

在经济发展非均衡的条件下，一些企业实力不断增强，另一些企业实力则相对削弱；一些新兴部门企业兴旺发达，另一些传统部门企业不断被排挤和淘汰。冷战结束以后，各国更加重视对世界市场的争夺。谁掌握了市场，谁就赢得了主动权和获取高额利润的机会，企业之间为此通过并购活动展开了激烈的争夺战。

争夺并购对象的斗争也是十分激烈的。一家企业要并购另一家企业不是轻而易举的，可能需要打败许多竞争对手，才能最后获取成功。这些对手既有本产业部门的，也有其他产业部门的；既有本地区的，也有其他地区的；既有国内的，也有国外的。特别是在争夺一些有利可图的并购对象时，往往有众多竞争者参与其中，争夺十分激烈。

【战略聚焦】 中车改革收官或掀央企合并高潮

2014年7月，国资委决定将中国南车与中国北车进行合并重组，随后两家公司聘请中介机构进场，起草各自的重组方案。9月初双方向国资委提交各自的重组方案。而后双方还成立了重组小组。

之后的4个多月内，南北车双方都相继获得各自股东大会、证监会、商务部和各国监管机构对双方合并的认可，从法律程序上拿到了中国中车诞生的通行证。

2014年12月30日，中国南车与中国北车正式宣告，将合并为一家新公司，双方初步拟定新公司的中文名称为中国中车股份有限公司，简称中国中车。

2015年5月18日下午，中国南车召开了最后一次股东大会。会议的重头戏是在现场投票选举产生合并后新公司第一届董事会的董事席位。最终，股东大会确定了中国北车董事长崔殿国、中国南车董事长郑昌泓、中国南车总裁刘化龙、中国北车总裁奚国华、中国南车副总裁傅建国等5人均为合并后中车股份的执行董事。而中国北车当天上午也如期召开了其历史上的最后一次股东大会。至此，南北车合并走完了最后一道流程。

合并后新公司同时承继及承接中国南车与中国北车的全部资产、负债、业务、人员、合同、资质及其他一切权利与义务。同时，合并后新公司将采用新的公司名称和组织机构代码、股票简称和代码、法人治理结构、战略定位、组织架构、管理体系、公司品牌等，从而实现双方的对等合并。

中国中车从拟议到实现的诞生过程不到一年时间，真可谓神速。中国南北车合并留下的想象空间是，将如何运用到其他的央企重组事项中？颇为巧合的是，当天国务院批复了《关于2015年深化经济体制改革重点工作的意见》，对于国资改革的内容做出了进一步的诠释。或许在国有资本投资公司或国有资本运营公司下进行，在重组的过程中改革公司体制、治理结构等，以效率和质量为中心，用改革的方式推进重组进程，应当成为经济新常态下谋求央企兼并的主要发展方向。

资料来源：根据公开资料整理而成。

8.1.4 西方企业并购的五次浪潮

美国市场经济从自由竞争到资本垄断，再到混合经济，已经历了100多年的发展历史。这期间，美国经济先后发生了五次企业并购浪潮。

1.第一次并购浪潮：以大公司横向并购为特征的规模重组

美国第一次并购浪潮发生在自由竞争资本主义向垄断资本主义过渡阶段。19世纪末20世纪初，随着生产力的发展和生产社会化程度的提高，单个资本的积聚已无法满足社会化大生产的需要，出现了资本的积聚和集中，企业并购作为资本集中的重要方式应运而生。从1897年到1903年，共发生了2 864起并购案，涉及资产总额62亿美元。

第一次并购浪潮的重要结果，是家族企业开始向现代股份公司演变，各种“全美”、“美国”字头的公司纷纷兴起，造就出了像美国钢铁公司、全美烟草公司、阿纳康达铜业公司、杜邦公司、爱理斯-查莫斯公司、美国糖业公司、美国橡胶公司等这样的现代大型股份公司。大公司的出现使美国工业具备了现代工业结构，特别是基础设施的大规模并购活动，组建起规模较大的垄断公司成为现代工业化的先决条件，从而推动了工业集中化过程。100家最大公司控制了全美40%的工业资本。

第一次并购浪潮的主要特征是：伴随着市场日趋成熟化，企业规模分散、盲目竞争问题十分突出，大公司开始追求规模效益，以适应过度竞争产品的价格和成本战。因此，以扩大企业规模为直接目的的横向并购（即生产同类产品企业之间的并购）成为第一次并购浪潮的主要形式。

2.第二次并购浪潮：以大公司为主导的产业重组

第二次并购浪潮发生于20世纪20年代。美国经济在经历了1920—1921年的经济危机之后，进入相对稳定的发展时期，出现了新的工业高涨，这直接诱发了第二次并购浪潮。同时，20世纪20年代也是美国经济过热期。大量资金进入股市，极度旺盛的证券需求使企业并购活动蓬勃发展，并购高潮与经济增长相互促进。在第二次并购浪潮中，被并购企业120 000家，涉及公用事业、银行、制造业和采矿业。其中，在1928—1929年高峰期间，被并购公司达2 300家。

与第一次并购浪潮相比，第二次并购浪潮的一个显著特征是：反垄断法的出台迫使大公司并存竞争。以扩大公司规模为主要目的的横向并购受到反垄断法的限制，大公司的纵向并购成为企业并购的主要形式，同一部门内的上下游企业形成了一个统一运行的联合体。另外，在股票市场的带动下，中小企业间的并购活动异常活跃。尽管如此，大公司的纵向产业重组仍然是第二次企业并购浪潮的主流。

3.第三次并购浪潮：以跨国公司为特征的品牌重组

第三次并购浪潮发生在第二次世界大战后的20世纪五六十年代，其并购规模和速度都超过前两次并购浪潮。第二次世界大战后，美国成为世界霸主，美国经济发展到顶点，大公司实力得到充分扩展，全球性市场为跨国公司扩张奠定了基础。这次并购浪潮的规模之大是空前的。据统计，1960—1970年，共发生25 598起并购，其中工业企业占一半多。1953—1968年，工业中的并购资产数量占全部工业资产的21%。

第三次并购浪潮的特征是：混合并购即跨行业并购、多元产业发展取代了横向并购和纵向并购，成为企业并购的主导形式，出现了企业多元化发展的趋势；由于跨国界并购，产生跨国公司，出现了产业发展国际化趋势；企业的全球性发展靠品牌效应，跨国公司的市场空间膨胀，使其向多元化发展和进行多元化并购，进行全方位的品牌竞争。

4.第四次并购浪潮：以金融机构为杠杆的机制重组

第四次并购浪潮发生在1973年石油危机之后。1973年末，美国与其他工业国一样，进入了严重的经济困难时期。石油输出国组织禁运石油后，石油出口价格上涨了三倍；同时，在新科技革命的推动下，新兴技术迅速产业化，并排挤传统产业。国际竞争加剧，美国经济因贸易赤字扩大而逐渐走下坡路，制造业萧条。为摆脱困境，美国企业兴起了第四次并购浪潮。此次并购浪潮在1984—1985年达到高潮，1984年、1985年并购交易额分别高达1 222亿美元和1 796亿美元。这次并购规模空前，大大超过了前三次浪潮。1978年以前，10亿美元以上的大型并购案十分罕见。1979年，此类交易开始增多。1984年达到18起，1985年达到36起，1988年达到45起。1985年，通用电气公司以62.8亿美元并购了美国无线电公司，创美国企业并购史上的新纪录。

此次并购浪潮的特征是：混合并购所占的比重急剧下降，并购的对象主要转向与本行业有关的行业；多元产业发展的公司将非主导产业分割转让，以提高主导产业资产质量；经营者内部人控制大公司问题出现，造成大企业的惯性和惰性，各种基金等金融机构的发展，要求对大公司进行改组与改造；伴随着资本市场的发展、金融手段的创新，出现了杠杆收购方式，即举债收购，发行一种高风险、高回报的债券，使得小企业可以并购大企业，所谓“小鱼吃大鱼”现象——以小吃大的并购多以股东革命的面目出现，这是美国企业的一次机制变革。此次并购浪潮虽然伴随着大量的金融投机，但也发育和完善了产业重组的金融工具。

5.第五次并购浪潮：以“强强联合”为特征的功能重组

20世纪90年代初期，美国经济摇摆不定，无力摆脱衰退。由于银根紧缩，金融市场疲软，企业的并购也进入低谷。从1993年起，美国经济开始复苏和回升，给要求变革的美国大公司提供了巨大的市场机会，企业并购活动又呈现明显的上升势头。另外，进入20世纪90年代以来，随着高新技术应用日益普遍以及信息革命的到来，为适应信息技术迅速发展的新形势，美国政府1996年初推出新电信法，取消了实行60多年的各种限制，允许长、短途电话公司和有线电视公司进入彼此领域经营，这一举措引起了电信业的连环并购。与此同时，世界经济一体化的步伐加快，特别是冷战结束以后，跨国公司易于转移生产场所，资本进一步国际化，跨国经营趋势更为明显，推动企业通过并购集中资本，加强国际竞争力。

第五次并购浪潮的典型特征是：经过第四次并购浪潮的专业化重组，美国产业的发展面临着功能性重组的新要求。同时，为适应信息时代国际竞争的需要，大公司必须进行大规模的功能互补型重组。为此，第五次并购浪潮呈现企业规模大、产业特征强、换股方式多的特征。在并购形式多样性并存的基础上出现了引人注目的强强合并。

8.2 并购战略的动因

企业并购行为的经济动因与市场经济条件下优胜劣汰的竞争规律密切相关，可以说，企业并购是市场经济发展的必然产物。具体地说，企业并购动因包括以下七个方面：

8.2.1　追求规模经济

一家企业要取得最佳经济效益，就需要有合理的企业规模。企业的合理规模不是一成不变的，随着经济的发展、市场变化和技术进步，企业适度规模亦在不断变化。这样，企业要取得最佳经济效益，就必须适应技术变革和市场变化，对企业规模进行调整和重新组合。通过横向并购，同一行业内的两家企业进行并购，可以达到减少管理人员、减少单位产品的固定成本的目的，可以利用另一家企业的产品研究开发技术，从而节省研究开发费用，甚至在节省广告和推销费用上都能有效地降低经营成本。

8.2.2　优化企业组合

企业内部不同生产环节的组合状况，主要是依据技术和市场等因素设计而成的。对企业不同生产工序之间关系进行及时调整，其目的是发挥最佳经济效益。优化企业组合是企业经营管理的一项重要内容。

一个新兴部门的形成，一个新产品的投产，在一家企业里需要多种生产工序的配合，使企业生产程序不断完善，才能达到最佳组合。特别是一些新兴的尖端技术部门，是多个学科门类相互交叉的产物，如何使企业在多门类的新兴行业里进行合理配置，形成较完善的体系，就需要不断调整各种新兴行业之间的关系，企业间进行优化组合。在行业间调整，必然导致一系列并购活动的不断发生。

科学技术进步，企业的生产工艺或某些生产环节出现新技术，需要以新技术改造旧工艺。各个制造工序在新技术影响下，会要求舍弃部分旧的生产工序，也会要求增加新技术工序，高效率地完成新产品的制造。在完成以新换旧，或者增加新工序的过程中，企业形成最佳组合，产生最佳经济效益，这种优化企业组合也是当今企业并购的一个重要动因。

8.2.3　加强专业化与协作关系

当今世界经济联系不断趋向广泛，企业生产专业化分工不断深化，生产专业化与协作关系大大发展，企业通过多种渠道充分利用各个国家和地区的最优条件，实现资源合理配置，使公司产品成本低、利润高、市场范围大、协作关系广。并购成为各国企业之间进行专业化和协作的一种行之有效的途径，特别是一些专业化程度高的行业，并购活动特别活跃。

随着科学技术的飞速发展，部门之间关系发生了深刻的变化，部门间、行业间和产品间相互渗透，可以用新部门、新行业、新产品代替老部门、老行业、老产品，可以使生产设备改变方向进入其他生产领域，部分行业相互融合，又形成许多新兴的交叉性行业，所有这些变动，都可以形成一系列的专业化和协作关系。通过各类企业间的并购，把它们组成一个相互联系的体系，进行有效的专业化生产运营。先进技术为分散在各个地区、各个国家的生产单位和各个生产环节进行专业化和协作提供了可能，通信网络能够及时准确地对企业各个生产环节和管理环节进行处理和分析，就有可能使企业通过并购调整企业的专业化和协作关系。

8.2.4 互补企业能力

企业并购行为产生的一个重要动因是：企业之间存在着能力差异，具有各自不同的优势。如一家企业擅长于产品科研开发，而另一家企业善于市场经营；一家企业具有强有力的资本，另一家企业拥有最新科学技术；一家企业善于生产经营，另一家企业善于市场开拓；一家企业长期从事生产制造，另一家企业一直从事于流通环节的经营。所有这些分属于不同企业的独特优势可以通过企业间的相互协调、取长补短，来实现优势互补、共同发展。

8.2.5 争夺科技制高点

不管是哪一家企业都不可能在科学迅猛发展的今天，掌握和开发所有行业内的先进技术，这就需要各企业之间相互协作、彼此沟通，这种协作关系只有在共同利益的基础上才能得以实现。然而，在市场竞争日益激烈的条件下，尖端技术的转让不是轻而易举的。一般来说，过去一家企业主要依靠购买专利的办法来获得其他企业的先进技术，但这仍无法保证企业一定能获得最新的尖端科学技术。于是，企业家们采取了单刀直入的办法，借助并购手段来获得企业的所有权，从而掌握其先进技术。同时，高技术产业从研究到开发新产品的周期长、风险大，企业进行新技术研究并不是一蹴而就的。因此，一般企业获取新技术相当部分是通过并购来实现的。

8.2.6 获取高额利润

企业生产经营活动的最终目的是价值增值。一家企业生产什么、生产多少、怎么生产，都是以能否获取利润为前提的。利润是推动企业改进技术、更新设备、优化劳动组合、提高劳动生产率的基本动力。使企业不断积累，日益扩大生产规模，促进企业生产力发展，主要是依据企业能够获取多少利润来决定的。以混合并购为例，企业产品和服务项目的扩大，使企业的需求面扩大，这在一定程度上分散了单个产品或服务的需求减少可能带来的损失，确保获得高额利润。

8.2.7 增强市场控制能力

企业并购有可能把大量的资金、设备、原材料和劳动力等生产要素集中在自己手中，进而形成强大的经济实力，获得一种垄断地位。横向并购，特别是把竞争对手并购过来，可以减少竞争者数量，增加市场份额。纵向并购，可以在某种程度上提高企业对市场的垄断性，如形成对原材料或销售的垄断。这两种并购方式，都可以达到对市场有效控制的结果。这种市场控制能力的增强，有利于企业抬高价格，获取垄断利润，同时，还能降低企业的行业退出障碍。

伴随着中国政府逐渐放宽公司海外投资的限制，一批优秀的中国公司正在寻找海外并购的机会。海外并购的一个重要原因在于缩小与跨国公司的竞争能力差距，增强对更大范围市场的控制力。不过，海外竞争对手同样也开始蚕食国内的市场份额，围绕着并购与反并购的竞争将愈演愈烈。

【战略聚焦】 “一带一路”的中国跨国并购契机

2015年3月，国务院总理李克强在《政府工作报告》中明确指出，要“加快实施‘走出去’战略”，要“健全金融、信息、法律、领事保护服务；要注重风险防范，提高海外权益保障能力，让中国企业走得出、走得稳”。特别是中国政府提出“一带一路”战略以来，相关国家积极回应，“一带一路”战略契合沿线国家的共同需求，将为沿线国家实现优势互补、开放发展提供新平台，在满足沿线国家发展利益诉求的同时，也将为中国企业开展国际投资合作带来历史性的新契机。

“一带一路”将为中国企业跨国并购市场带来四大变化，包括：投资重心区域转移、投资重点行业转移、资金融通方式转移以及国企民企角色转移。具体来说，中亚、东欧、东南亚、北非等发展中国家将代替北美、西欧发达国家成为跨国并购的新热点，而高铁、电力、通信、工程机械、汽车和飞机制造以及电子装配加工也将吸引大量资金的投入。在资金融通方式上，丝路基金、亚投行及金砖银行将为中国企业走出去提供更加多元化的配套融资服务；而未来人民币国际化的实现也将为中国企业的跨国并购项目带来更富想象力的融资渠道。在“一带一路”新形势下，以国企的大型基建项目为先导，民企的制造业项目随后跟进，从而形成“国企搭台，民企唱戏”的共进格局。

中国企业“走出去”几乎覆盖所有行业。不同行业由于投资方式、行业特点等不同，面临的风险有所区别。总体而言，主要面临政治、法律、税收与投资政策、市场、金融、社会、信用、环境、技术和经营等风险，而政治壁垒、标准壁垒、融资模式、知识产权和绿色壁垒成为我国企业海外投资面临的五大困局。对大多数企业而言，政治、法律、金融汇率、信用与环境风险等是目前“走出去”面临的主要风险。

资料来源：根据相关公开资料整理。

8.3 并购风险评价

企业并购战略面临着各种风险因素，既有经济风险因素，也有非经济风险因素。企业只有正确地评价和控制各种风险因素，才能更大限度地降低并购失败的风险。

8.3.1 并购风险的类型

1.财务风险

财务风险是指由于企业并购战略的实施而出现财务损失或资金周转出现问题的各种风险。并购往往需要收购企业投入大量的现金或股票。企业为此可能需要向各种渠道融资来保障并购的顺利实施，如果不能顺利融资就可能导致并购的失败，甚至导致企业的资金链发生断裂，影响正常的运转。另外，企业在并购过程中突遇利率提高，企业财务成本就会增加。为此企业在并购之前一定要有对财务风险的充分考量，在尽量扩大融资渠道的同时也要考虑到负债比率、资金流动性、利率变动等各种可能带来财务风险的因素，并制订相应的预案。

2.目标企业价值评估风险

由于收购双方信息的不对称，收购企业掌握目标企业的信息要比目标企业本身少得多，且目标企业为了获得更多的利益可能故意隐瞒或提供虚假信息，因而对目标企业的价值评估有较高的风险。风险大小取决于收购企业能够搜集信息的质量高低和信息量多少。一般来说，目标企业如果是上市公司，则收购企业获得信息的途径和可靠性会增加；善意收购比恶意收购更容易取得目标企业的配合获取必要的信息；并购准备的时间越长，一般也能获得更多的信息。

3.运营风险

企业并购的主要目的之一是获得各种协同效应，但是如果企业并购后没能有效整合，就不能获得并购的规模经济或范围经济，甚至会增加企业的运营成本，产生运营风险。

4.反收购风险

除非善意收购，在一般收购中，目标企业往往会表现出不欢迎的态度和不合作的行为。特别是在恶意收购中，很容易招致目标企业的抵抗甚至反收购行为。在这种情况下，不仅会增加收购成本，降低收购成功的可能性，可能还会增加企业被并购的风险。因而，在并购过程中收购方要尽可能处理好和目标企业的关系，采取善意收购。

5.法律风险

为了保持市场竞争机制的有效运转，许多国家陆续制定了反垄断法。为了经济安全和保护民族产业，各个国家都有相关的法律限制对一些产业的进入。企业在进行收购之前一定要仔细研究目标企业所在地的法律规定，以免遭受不必要的损失。

6.政治文化风险

收购企业在进行跨国并购时，往往还会受到目标企业所在国的政治、文化、民族情绪等因素的干扰，而使并购不能进行或增加并购过程的困难。当今西方国家一方面打着经济自由化、全球化的大旗为它们的产品出口和对外并购制造“合理”氛围；另一方面却对外来收购采取防范甚至抵制行为，使他国跨国并购难以进行。例如2005年中海油竞购美国石油公司优尼科，就因受到美国舆论和政治的干扰而失败。联想在2004年并购IBM的PC业务后在美国也遭受了一些不公的待遇。

8.3.2　并购风险防范

在企业并购过程中，遇到的风险很多，企业只有进行全过程风险预防和控制才能有效地降低并购的风险。需要重点加以考虑的关键性环节是目标公司总体分析、目标公司价值估算、融资策略选择。

1.目标公司总体分析

在并购目标公司之前，必须对其进行全面而客观的分析，以确定其业绩及公司的机会与障碍分别在何处，从而决定是否对其进行并购、目标公司的价格以及并购后如何对其整合等相关问题。

在审查过程中，首先要从外部多渠道获得有关目标公司的信息，然后，再与目标公司进行接触。如果能够得到目标公司的配合，掌握目标公司的详细资料，那么，企业就可以对目标公司进行详尽的分析，提高企业并购的成功率。

第一，行业分析。

任何公司都处在某个行业之中，公司所处行业状况对其经营与发展有着决定性影响。行业分析主要包括以下几个方面的内容：

首先，行业总体状况。大部分行业在发展过程中都要经历一个由投入、成长、成熟到衰退的周期，处于不同生命周期阶段的各个行业的发展状况是不同的，这就决定了位于该行业的公司的发展。如果一个公司所处行业处于成长阶段，那么，这个公司的发展空间就会相对较宽，前景看好；反之，如果一个公司处于衰退期，其发展就会受到一定的限制。

在经济发展的不同时期，各个行业在国民经济中的地位是不同的。一定时期内一些行业处于主导地位，在国民经济发展中发挥重大作用。这些行业很容易受到国家重视，得到政策的扶持，如果目标公司位于这些行业中，企业并购就容易获得成功，并购后企业的运行也能够获得宽松的政策环境。

其次，行业结构状况。根据哈佛商学院波特教授的研究结论，行业中存在着五种基本竞争力量，即潜在进入者、替代品、供方、需方和行业内现有竞争者，这五种竞争力量构成了产业结构状况，五种竞争力量的不同分布决定着一个行业的竞争程度和行业内公司的盈利能力。如果目标公司在行业结构中处于不利位置，即使经营者付出很大努力，企业并购也很难获得满意的结果。

倘若是在混合并购中，企业必须分析目标公司所属行业的生命周期阶段。如果目标公司处在行业生命周期的衰退期，那么，企业并购后的运作将十分困难。一般说来，企业可以选择进入成长期的行业，这样可以与原行业互动发展。

最后，行业内战略集团。行业内各竞争者可以按不同的战略地位划分为不同的战略集团，一个行业内不同战略集团所处位置、战略集团之间的相互关系对行业内竞争有很大影响。如果一个行业各战略集团分布合理，或者公司处在战略集团的主导地位，这种企业并购的效果就比较理想。

通过以上对目标公司所在行业状况分析，可以初步判别对目标公司实施并购是否与公司整体发展战略一致，初步分析并购后通过对目标公司的改造是否能够取得更好的经济效益和持久的竞争优势。

第二，与并购事务相关的法律分析。

对目标公司法律方面的分析，主要集中在以下几个方面：

首先，审查公司组织、章程。对公司组织、章程的审查，应该注意对收购、并购、资产出售方面的认可，并购中应经过百分之几以上投票认可方能进行的规定；公司章程和组织中有无特别投票权和限制性条款。另外，对公司董事会会议记录也应当认真审查。

其次，审查对外书面合约。应对被收购公司使用外界商标、专利权，或授权他人使用的约定，以及租赁、代理、借贷、技术授权等重要契约进行审查，重点关注在目标公司控制权转移后这些合约是否还继续有效。

最后，审查诉讼案件。对公司的过去诉讼案件和现有诉讼进行审查，分析是否会对并购后公司经营产生重大影响。

第三，目标公司的财务分析。

对目标公司财务方面的分析，主要是确定目标公司所提供的财务报表是否真实地反映了公司财务状况。这项工作可以委托会计师事务所进行审查，审查的重点主要包括资产、负债和税款。审查资产时，应注意各项资产的所有权是否为目标公司所有；资产的计价是否合理；应收账款收回的可能性，有无提取足额的坏账准备；存货的损耗情况；无形资产价值评估是否合理等。对债务的审查主要集中在查明有无漏列的负债，如果有漏列的负债，应立即督促目标公司调整。同时，应查明以前各期税款是否足额及时缴纳，防止并购后由并购公司缴纳并被税务部门罚款。

2.目标公司价值估算

企业并购实施过程中，并购方必须对目标公司的价值进行估算，从而为公司的出价提供一种参考标准。另外，通过估算目标公司的价值和其现金流量，可以决定相应的融资手段。由于公司是市场经济中的一种特殊商品，其价值受多种因素共同影响，公司的盈利能力则是它的使用价值，因此，目标公司的价值估算是一个极其复杂的现实问题。在企业并购中，目标公司的价值估算一般可以用三种方法进行：净值法、市场比较法和净现值法。

第一，净值法。

净值法是指利用公司净资产的价值作为目标公司的价值，它是估算公司价值的基本依据。利用这种方法估算公司的价值，一般在目标公司不适合继续经营或收购方主要目的是获取目标公司资产时使用。使用这一方法的关键是正确估计目标公司资产和负债的实际价值，因此，必须在保证目标公司资产负债表准确的基础上进行。

在估算资产价值时，应该注意以下项目：有价证券一般以市值为基础，而不是以账面价值为基础计算；外币应计算汇兑损益；应收账款应注意其可收回性以及是否已提取足额的坏账准备；存货应合理估算其目前的市价；固定资产按其净值计算；无形资产采用合理的方式评估其价值。最终，在目标公司资产和负债净值估算以后，两者相减即得出其净值，作为目标公司的价值。

第二，市场比较法。

市场比较法是以公司的股价或目前市场上有成交公司的价值作为标准，估算目标公司的价值。有两种标准可用来估计目标公司的价值。具体地说：

标准之一：公开交易公司的股价。尤其是对于没有公开上市的公司，可以根据已上市的同类型公司的市价，估算目标公司的价值。具体操作方法是：先找出产品、市场、获利能力、未来发展趋势等方面与目标公司类似的若干家上市公司，将这些公司的各种指标与股价的比率作为参考，计算目标公司的市场近似价值。在操作中，可以根据并购公司的目的不同，选择不同的标准，尽可能使估算价值趋向于实际价值。

标准之二：相似公司近期的收购价格。假如近期市场上有同类公司成交的案例，则以这些公司的成交价格作为参考依据。由于这种方法把继续经营的溢价和清算的折价均包括在收购公司的成交价格中，所以，并购时所支付的真实价格只能作为参考依据。与此同时，这种方法还很难找到经营项目、财务业绩、企业规模等十分相似的公司作为参考，且不同的目标公司由于收购公司战略、经营条件的不同，对收购公司的作用也并不相同。所以，这一溢价很难合理确定，采用这一方法仍有很大的局限性。

第三，净现值法。

假如收购公司的目标是对其继续经营，那么，对目标公司价值估算应以净现值法较为合适。净现值法是预计目标公司未来的现金流量，再以一定的折现率折算为现值，作为目标公司的价值。

这种方法将收购后公司的利润资本化作为目标公司的价值，主要是以目标公司未来的获利能力为依据，而不是基于资产的价值来估算其价值。它符合公司这一特殊商品的本质，因为在收购后对目标公司继续经营的情况下，目标公司的使用价值是其获利的能力，而非资产本身。那种用以往年度目标公司的会计盈余为基础估算公司的价值，忽略了货币的时间价值，且没有反映未来时期公司的盈利能力、经营风险，因此，无法反映收购后公司继续经营的价值。由于上述原因，净现值法成为大多数公司并购时常用的评估方法。

以上三种方法在估算目标公司的价值时经常被采用，这三种方法适用于不同的场合，并不存在优劣之分，在并购之中可以灵活地选用，也可以同时使用几种方法。

3.融资策略选择

在实施企业并购时，公司需要支付给目标公司巨额资金，因此，如何筹集资金成为公司并购实施过程中的一个重大问题。

第一，融资渠道的选择。

从资金筹措的来源角度划分，融资渠道可以分为内部融资渠道和外部融资渠道。

企业内部融资渠道是指从企业内部开辟资金来源。企业内部融资的来源有三个方面：企业自有资金、企业应付税费和利息、企业未使用或未分配的专项基金。一般在企业并购中，企业都尽可能选择这一渠道，因为这种方式保密性好，企业不必向外支付借款成本，因而风险并不高。

企业外部融资渠道是指从企业外部开辟资金来源。其来源主要有专业银行信贷资金、非金融机构资金、其他企业资金、民间资金和外资。从企业外部融资的优点是：速度快，弹性大，资金量大。因此，在并购过程中，一般来说，它是企业筹集资金的主要来源，但其缺点是保密性相对差，企业需要负担高额成本，所以容易产生较高的风险。

第二，融资方法的选择。

随着我国金融市场的发展，企业的融资有多种方式可以选择，在并购中企业可以根据自身实际情况选择合适的融资方法。具体地说：

第一种方法：借款。企业可以向银行、非银行金融机构借款以满足并购的需要。这一方法的优点是手续简便，企业可以在较短时间内取得所需资金，保密性也很好。

但是，企业需负担固定利息，到期必须归还本息，如果企业到期不能合理安排还贷资金，会引起企业财务危机。

第二种方法：发行债券。债券是按法定程序发行并承担在指定时间内支付一定利息和偿还本金义务的公司有价证券。这一方式与借款有很多共同点，但债券融资的来源更广，筹集资金的余地更大。

第三种方法：普通股融资。普通股是股份公司资本构成中最基本、最主要的股份。普通股不需要还本，股息也不需要像借款和债券那样定期定额支付，因此，风险很低。但是，采取这一方式融资在股东极为广泛时，会引起原有股东控制权的分散和弱化趋势。

第四种方法：优先股融资。优先股综合了债券和普通股的优点，既无到期还本的压力，也不用担心原有股东控制权的分散。但是，这一方式税后资金成本要高于负债的税后资金成本，并且优先股股东虽负担了相当比例的风险，却只能获得固定的报酬，所以发行效果不如债券好。

第五种方法：可转换证券融资。可转换证券是指可以被持有人转换为普通股的债券或优先股。可转换证券由于具有转换成普通股的利益，因此，其风险成本较低，且可转换证券到期转换成普通股后，企业就不需要还本却能够获得长期使用的资本。但这一方式可能会引起公司控制权的分散，且如果到期后股市大涨，还有可能会使公司出现财务危机。

第六种方法：购股权证融资。购股权证是一种由公司发行的长期选择权，允许持有人按某一特定价格买入既定数量的股票，一般随着公司长期债券一起发行，以吸引投资者购买利率低于正常水平的长期债券。另外，在金融紧缩和公司出现信用危机时，它也是企业给予投资者的一种补偿，以鼓励投资者购买本公司的债券。与可转换证券的区别是：可转换证券到期转换为普通股并不增加公司资本量，而购股权证被行使时，原来发行的公司债券并未收回，因此，可增加流入公司的资金。

第三，融资成本分析。

资金成本是指公司为了获得使用资金而必须支付的代价，包括支付给股东的股息和债权人的利息等。在并购融资过程中，公司必须在融资风险与融资成本之间作出比较，以保持公司合理的资本结构，保障公司的良好运营状态。一般公司在并购过程中都选择从多种来源筹集并购所需的资金，所以，各种资金的成本也不完全相同。为了度量全部融资的综合成本，需要对资金成本进行加权计算，其公式如下：

$$K=\sum_{i=1}^{n}W_i R_i$$

式中：K——加权平均资金成本率；W_i——第i种资金占全部资金总额的比例；R_i——第i种资金的资金成本率。

8.4 并购后管理整合

企业并购的主要目的是通过对目标企业运营，谋求企业发展，实现企业战略目标。因此，通过一系列程序取得了目标企业的控制权，只是完成了并购目标的一半。在并购完成后，必须围绕着并购战略的目标进行有效整合，努力使其与被并购企业保持互相配合，尽快度过并购磨合期。

8.4.1 战略整合

随着市场竞争的加剧，企业并购已不再是简单地为了获取利润、扩大规模，而是在树立危机意识的基础上，从属于企业长期发展战略的一部分。如果被收购企业的战略与收购企业的战略之间无法相互配合、相互融合，那么，就很难发挥出并购战略的协同效应。只有并购后对目标企业的战略进行整合，使其发展符合整个企业的发展战略，才能使收购方与目标企业互相配合，使目标企业发挥比以前更大的效应，促进整个企业的发展。因此，在并购以后，必须根据公司的总体战略，确立目标企业在未来战略实现过程中的地位与功能，然后，对目标企业的原有战略进行调整，使整个企业中的各业务单位之间形成一个相互关联、相互配合的战略体系，以谋求公司更大、更快的发展。

8.4.2 业务整合

在对目标企业进行上述战略整合的基础上，紧接着必须进行业务整合。它要求根据目标公司在整个体系中的作用及其与其他部分的相互关系，重新调整其经营业务，把一些与本业务单位战略可能发生冲突的业务剥离给其他业务单位或者合并掉，把整个企业其他业务单位中的某些业务划到本单位之中，通过各个运作体系的分工协作，以提高协作水平，发挥规模效应和协同优势。对其资产也应相应地进行重新配置，以满足业务整合后生产经营的要求。

8.4.3 制度整合

管理制度是规范企业的经营与发展的行为准则，因此，并购后必须重视对目标公司的制度进行整合。如果目标企业过去的管理制度十分完善且行之有效，并购方就不必对此加以修订，可以直接利用目标企业原有的管理制度，甚至可以将目标企业的管理制度引进到收购企业之中。假设目标企业的管理制度与收购方的要求不相符，则并购方可以将自身一些优良的管理制度引入到目标企业之中，例如，存货控制、生产流程、销售分析等。通过这种制度输入，对目标企业原有的资源进行整合，使其创造出更好的效益。尤其是并购方拟将目标企业纳入自己的整体，为了沟通和整体性管理的需要，并购方应逐步地将规划与控制制度移植到目标企业之中。

在新制度的移植和推行过程中，时常会遇到来自目标企业的种种责难和抵抗。例如，引入的新制度与目标企业某些相关的制度不配套，甚至互相冲突，影响新制度作用的发挥。在很多情况下，引入新制度还会受到目标企业管理者的抵制。他们通常会认为，买方企业的管理者并不清楚目标企业的真实情况，而是在盲目改变目标企业的管理制度。因此，在对目标企业移植新制度时，必须全面分析目标企业的实际情况，对各种影响因素做出细致评价以后，再制定出周密可行的策略和计划，从而为制度整合奠定基础。

8.4.4　人力资源整合

在收购后，目标企业的组织结构和人力资源应根据其战略、业务和制度进行合理的整合。根据并购后对目标企业的要求，重新设置相应的部门，安排适宜的人员。一般在企业并购以后，目标企业和买方在财务、法律、研究等专业的部门和人员可以进行合并，从而发挥规模优势。如果企业并购后，企业的营销网络可以共享，则营销部门和人员也应进行相应的合并。总之，通过组织结构和人事整合，可以使目标企业高效运作，发挥协同优势，使整个企业运作系统互相配合，达到资源共享，实现规模优势，有效降低成本费用，提高企业的经济效益和市场竞争力。

从国内企业并购案例看，并购后高层管理者的人事安排是一大难题，在强强并购中，由于并购的两个企业实力都比较强，如果不注意内部关系的和谐调整，最终很有可能出现“三个诸葛亮，抵不过一个臭皮匠”的局面，导致并购失败。在强弱并购中，并购阻力则主要来自于被并购企业的高层管理者，他们有时候从内心里并不支持并购活动。

8.4.5　文化整合

企业文化是确保企业经营获得成功的重要精神动力，但它也是最容易被忽略的部分。企业文化影响着企业运作的全过程，并购后，只有买方与目标企业文化上实现融合，才意味着双方真正地融合。因此，目标企业的文化整合，对于并购后整个企业能否真正协调运作是个关键性因素。在对目标企业文化的整合过程中，应深入分析目标企业文化形成的历史背景，判断其优缺点，分析其与买方文化融合的可能性，在此基础上，吸收双方文化的优点，摒弃旧文化质的“惰性”，从而形成一种优秀的、有利于企业战略实施的企业文化，并很好地在目标企业之中传播推广，使双方真正实现融合，从而形成团结一致的凝聚力、战斗力。

■ 本章小结

企业并购是社会化大生产的客观要求。通过并购从资产收益低的企业走向资产收益相对较高的企业，已经成为社会资源优化配置的重要途径。

从并购双方所处的行业情况，企业并购可以分为横向并购、纵向并购和混合并购；从企业并购的动机划分，可以分为善意并购和恶意并购；从并购支付的方式划分，可以分为现金收购、股票收购、综合证券收购；从法律的角度，按并购前后主体资格变动情况，广义的企业并购可以分为合并、狭义并购（接管）、收购；其他并购方式包括杠杆收购和管理层收购。以美国为主的西方国家先后经历了以大公司横向并购为特征的规模重组、以大公司为主导的产业重组、以跨国公司为特征的品牌重组、以金融机构为杠杆的机制重组、以“强强联合”为特征的功能重组的五次并购浪潮，充分反映了企业并购不断深入的轨迹。企业并购的动因主要包括追求规模经济、优化企业组合、加强专业化与协作关系、互补企业能力、争夺科技制高点、获取高额利润、增强市场控制能力。成功地实施企业并购战略，必须进行有效风险评价和规避，重点做好目标公司分析、目标公司价值估算、融资策略选择等关键性活动。

企业并购后，还要进行有效的战略整合、业务整合、制度整合、人力资源整合和企业文化整合。这些工作对于巩固并购成果具有重要的现实意义。

■ 复习思考题

1.比较分析不同并购类型的联系与区别。

2.简述企业并购的基本特点。

3.简析国外五次企业并购浪潮的不同特点。

4.企业采用并购战略的动因是什么?

5.如何有效地进行企业并购战略的评价和选择?

6.有人认为："企业并购工作的完结，只是并购活动的开始，只是万里长征走完了第一步。"结合并购后管理整合活动，请你发表自己的观点。

■ 案例分析题

联想集团三次跨国并购案

以下材料显示的是联想集团跨国并购的历程，请仔细阅读。

【材料一】2004年12月8日，联想集团宣布以12.5亿美元收购IBM个人电脑事业部，包括IBM个人电脑事业部的所有业务及IBM相关研发团队和技术。同时，联想方面也拿出了包括收购价格、支付方式、合作方式等的初步商业方案。2005年5月1日，联想正式宣布完成对IBM PC业务的收购。合并后，联想PC业务的年收入将达到约130亿美元，年销售PC约为1 400万台。新联想将成为IBM首选的个人电脑供应商，而IBM亦将成为新联想的首选维修与质保服务以及融资服务供应商。

【材料二】2011年1月27日，联想集团宣布与NEC订立业务合并协议，据此，联想集团与NEC同意成立日本市场上最大的个人电脑合营公司。新的合资公司将整合双方的PC研发、生产和零部件采购业务。通过业务合并，联想集团PC重回世界前三。同年6月1日，联想集团宣布收购德国个人消费电子企业Medion，并希望通过这笔收购占据德国PC市场14%份额，以及西欧PC市场7.5%份额。该笔收购对于联想集团来说，两家公司的前后端资源可以整合起来加固西欧市场。2012年9月5日，联想集团宣布收购巴西个人电脑和消费电子行业的重要企业CCE公司，这次收购将显著提升联想在巴西这个全球第三大个人电脑市场的业务规模，并在当地获得生产制造基地。通过收购，联想集团在巴西PC市场的份额接近翻番，帮助联想快速提升市场地位。

【材料三】2014年1月30日，联想集团宣布以29亿美元收购摩托罗拉移动(Motorola Mobility)智能手机业务，包括其品牌与商标、3 500名员工、2 000项专利，以及其与全球50多家运营商的合作伙伴，联想将全面接管摩托罗拉移动的产品规划。2014年10月30日，联想集团完成从谷歌公司收购摩托罗拉移动业务。通过此次收购，联想集团在智能手机领域的市场地位将会大大增强。联想智能手机业务在北美和拉丁美洲的市场表现将会更加强劲，并在西欧市场奠定基础，与其在新兴市场增长迅速的智能手机业务形成同步发展的良好势头。

根据上述材料，请讨论以下问题：

1.联想集团的跨国并购，其动因何在?

2.联想集团跨国并购摩托罗拉智能手机后，如何才能在最短时间内以有效方式度过并购磨合期？

3.在互联网飞速发展的今天，IBM放弃个人电脑业务，堪称是一次华丽的战略转型。有学者担忧，联想集团并购IBM个人电脑业务并不一定是明智的选择。你认为这种观点正确吗？请阐述理由。

■ 比较研究

2006年12月8日，中粮集团与安徽省蚌埠市政府及丰原集团签订协议，受让丰原集团持有的丰原生化2亿股股份（占总股本的20.74%），成为公司第一大股东。分别访问中粮集团有限公司（http：//www.cofco.com）和安徽丰原生物化学股份有限公司（http：//www.zlfysh.com/index.htm），结合所提供的信息，请完成以下作业：

1.中粮集团并购丰原生化的目的何在？

2.丰原生化通过此次并购所获得的益处是什么？

3.试预测中粮集团在完成对丰原生化的并购后可能遇到的管理困境有哪些？应当如何加强并购后的管理整合工作呢？

■ 推荐阅读文献

1.龚维敬.企业兼并论[M].上海：复旦大学出版社，1996.

2.希尔，琼斯.战略管理：概念与案例[M].薛有志，等，译.8版.北京：机械工业出版社，2012.

3.巴尼.战略管理：获得与保持竞争优势[M].朱立，等，译.上海：上海人民出版社，2011.

4.项保华.战略管理：艺术与实务[M].5版.北京：华夏出版社，2012.

5.蓝海林.企业战略管理[M].2版.北京：科学出版社，2013.

6.明茨伯格，等.战略过程：概念、情境、案例[M].徐二明，等，译.4版.北京：中国人民大学出版社，2014.

7. Bert A，Timothy M D. Two merger integration imperatives： urgency and execution [J].Strategy and Leadership，2003，1（3）：42-49.

8. Homburg C，Bucerius M. Is speed of integration really a success factor of merger and acquisition?an analysis of the role of internal and external relatedness[J].Strategic Management Journal，2006，27（3）：347-367.

9.Lamont D，Polk V. Factors influencing wealth creation from mergers and acquisitions：a meta-analysis[J].Strategic Management Journal，2001，13（1）：67-86.

第9章 合作型战略

学习目标

在合作中竞争，在竞争中合作，是21世纪动态商业环境下企业战略的显著特征。战略联盟、集群化战略和虚拟经营战略是最能体现合作型倾向的战略选择。通过本章学习，要求了解企业从竞争走向合作型战略的客观必然性，掌握战略联盟、集群化战略、虚拟经营战略等三种合作型战略的实质，熟悉战略联盟、集群化战略、虚拟经营战略的具体运作形式。

开篇导读　国际"喵"

在距离阿里巴巴在美国上市后的第一个"双11"还有不到一个月的时候，天猫国际宣布与美国第二大零售商Costco开启战略合作。Costco以在天猫开设官方旗舰店的方式，开始曲线进入中国市场。

面对中国这块全球第一大网络零售市场，许多在中国设有业务的国际零售商，都曾想方设法寻求符合中国消费者口味的产品组合和店面设计。然而，乐购、玛莎、曾经和海尔合作进入中国的Argos，甚至沃尔玛等在中国市场耕耘多年的外国零售商在中国市场的表现都让人失望。

沃尔玛下调了2015年在中国的全年营收增长预估，同时声称将大力调整投资方向，不再以标志性的超级购物中心为主，而是将投资重点转向电子商务。此前，和沃尔玛一样只身打拼中国市场的英国连锁零售商乐购，在中国市场摸索、挣扎了三年多之后最终以卖给华润的形式收场。英国另一家主流零售商玛莎，目前的境况也不容乐观。

多个在华探索失败的案例，也让很多试图打开中国市场的海外零售商开始尝试合作的方式。早在两三年前，美国最大的百货零售企业梅西百货就曾尝试以合作的方式，通过中国的时尚电商尚品网试水中国市场。英国最大的家电零售商Argos也一度以和海尔合作的模式试图进入中国。在它们看来，依托本土合作获得的资源和对市场的熟悉程度，或许是成功开拓本地市场的最佳渠道。然而无论是尚品网还是海尔，都没有让它们的海外合作伙伴们满意而归。

海外零售商在中国市场的不如意，原因各不相同，但缺乏对复杂市场的及时把控、物流能力相对较弱、对本地市场和消费者认识不足等是最普遍的问题。

作为美国最大的连锁会员制仓储量贩店，中国这个新兴市场对于Costco的诱惑无疑是巨大的。实际上，Costco考虑在中国开设实体店已有15年，但一直没有下定决心，Costco在吸收此前竞争对手们的炮灰经验之后，选择和天猫合作。对于Costco来说，通过天猫向中国消费者直接销售各类商品，一方面可以借助天猫了解中国市场的团队和低成本的架构，另一方面也可以在中国市场避免甚至让全球最大零售商沃尔玛都连连遇挫的失误。天猫为海外商家提供的服务并不只是一条销售渠道，还有基于整个阿里巴巴电商生态系统的数据资源。通过淘宝和天猫的数据，Costco选择性地将一些受中国消费者欢迎的产品提前上架。

对于天猫来说，国际化也是目前最重要的方向之一，在阿里海外上市后，则更需要一个全球性公司的标签。Costco并非第一个进驻天猫国际的海外零售商，此前，阿里巴巴国际站、速卖通、天猫国也奠定了国际化的基础。Costco的进驻正是助力天猫国际化往前迈了一大步。

资料来源：改编自熊元.国际"喵"[N].21世纪商业评论，2014-11-14.

企业之间竞争是两个或多个集团组织在一定的时空条件下，为了比对手更有效地创造更多、更好、更高的价值而展开一系列活动的过程。通过竞争获取企业的优势，一直以来都是战略管理的重要内容之一。但是，随着社会的发展进步、分工的深入细化，企业独立运作的模式已经越来越难以适应现代商业环境的需要。企业之间的合作与企业间的竞争相对应，是两个或两个以上的集团组织从各自的利益出发而自愿进行的协作性和互利性的关系。战略联盟、集群化战略和虚拟经营战略正在不断地成为企业赢得竞争优势的重要的合作型战略。

9.1 竞争与合作

越来越多的企业认识到，与经济活动中的其他组织进行合作，已成为企业竞争的重要来源。那么，什么是合作？什么是竞争？两者关系是什么？在分析探讨合作型战略之前，我们有必要先对合作与竞争的相互关系进行简单的比较分析。

9.1.1 竞争的概念

在古汉语中，“竞”和“争”本是两个单音词，“竞”重在行为，“争”重在言辞。随着历史的演进，“竞”和“争”在中文中逐渐成了一个词语。在现代汉语词典中，竞争的定义是“为了自己方面的利益而跟别人争胜”。一般情况下，竞争是指两方或两方以上的人或集团在一定的范围内，为了争夺他们所共同需要的对象而展开较量的过程。只要双方都要获取各方不能得到的东西，竞争就会产生。

从企业战略管理的角度看，竞争是指两个或多个企业或集团组织在一定的时空条件下，为了比对手更有效地创造更多、更好、更高的价值而展开一系列活动的过程。我们可以从以下几个方面来加深对这一概念的理解：

第一，从竞争主体看，企业之间的竞争是企业以及相关利益集团为了实现价值最大化而展开的竞争。

第二，从竞争内容看，企业之间的竞争是企业综合运用企业的资金、技术、品牌、人力资本、企业家的创新精神等综合因素并通过企业的原材料采购、生产、研发、销售等整个价值链实现价值的能力的竞争，它主要表现为企业或集团在产品、服务、信息、交货平台上的竞争。

第三，从竞争表现形式看，主要表现为质量竞争、价格竞争、品牌竞争、速度竞争、技术竞争等，但是，所有这些竞争都是围绕商品而展开的，最终还是要落到商品上的竞争。

第四，从竞争结果看，一方面，竞争可以使企业能够更好地满足顾客的需求，为顾客创造最大价值；另一方面，只有那些能为顾客创造最大价值并能以更高效率交付给顾客的企业才能获得竞争优势。

9.1.2 合作的概念

在现实的经济活动中，个体在不断竞争的同时，随着对事物发展规律的认识不断演进，合作行动越来越多。其实，有关合作的思想，早在《国民财富的性质和原因的研究》中，亚当·斯密（Adams Smith）就有对“协同”或“合作”的描述。在我国的传统文化中，也有许多具有“和为贵”、“非攻”、“兼爱”的道德观念，这些都具有

"不相竞争"或"合作"的思想。

一般来说，合作是有关双方为了实现各自的目标，在充分认识到彼此目标差异的基础上，"求同存异"，进行广泛的、全面的协作。企业之间的合作与企业间的竞争相对应，可以看做两个或两个以上的集团组织从各自的利益出发而自愿进行的协作性和互利性的关系。为了更好地加深对合作的理解，我们还需要注意以下几点：

1.合作的前提是双方有共同的目标

如果两个组织的目标不一致，甚至截然相反，那么它们是不可能走到一起进行合作的。

2.合作目的的多样性

总的来说，组织间的合作主要有以下一些具体目的：进行技术合作或者合作开发有前途的新产品；提高供应链的效率，加快新产品推向市场的速度；获得生产和市场营销方面的规模经济；填补它们在技术和制造技能方面的缺口；获得或改善市场准入。无论合作的具体目的是什么，"双赢"或"多赢"是合作的总目标。

3.合作形式的多维性

企业之间的合作可以发生在企业生产经营活动的各个领域，它们可以在技术开发方面进行合作，可以在开发新产品方面进行合作，也可以在建立销售它们的产品的分销网络方面进行合作等等。

9.1.3　竞争与合作的关系

竞争并不排斥合作，竞争与合作是一种辩证统一的关系。从某种程度上讲，合作有利于充分提高竞争效率。合作并不是否认竞争存在，而是竞争以新的形式在新的层次上出现，有利于企业从原有的价格竞争向非价格竞争转变，从恶性竞争向塑造比较优势的竞争形态转变。

1.合作与竞争的兼容性

合作是竞争中的合作，并不排斥竞争。双方合作的目的是增强各自的竞争优势，从而进行更大范围、更高层次的竞争。例如日本的索尼公司、松下公司、日立公司首先通过组建战略联盟共同合作，为VCR确立一种能与高清晰度电视（HDTV）兼容的标准，随后又继续进行它们的市场份额大战；美国科宁公司和西门子公司为了开发新一代先进产品而携手合作，一旦新产品开发出来以后，又重新展开激烈的竞争。

布利克（Bleeke）和厄恩斯特（Ernst）在其《协作型竞争》一书的开篇中写道："很多跨国公司日渐明白，为了竞争必须合作，以此取代损人利己的行为……跨国公司可以通过有选择地与同行参与者，以及与供应商分享和交换控制权、资本、进入市场机会、信息和技术，为顾客和股东创造最高价值。"

在现实世界里合作与竞争是并存的，合作的优势可以通过外部竞争的压力来实现。例如，企业可以通过劳动力市场上的竞争来选拔合格的雇员，以实现高素质雇员在企业内部的合作优势，虽然这种合作优势是通过外部竞争实现的，但不可否认的是，这种优势是一种合作优势。与此同时，根据演化论的观点，合作与竞争共存的事实也说明，竞争与合作本身无优劣之分，只是在不同的环境下，人们会有不同的选择，但选择的目的不过是追求更多的利益。

2.合作与竞争的差异性

第一，竞争优势不同。合作和竞争有各自不同的优势，给企业带来不同的价值。合作的优势在于资源共享、信息共享、规模经济和风险共担。竞争的优势在于可以独占剩余，并且行动可以根据环境的变动适时调整。合作与竞争的不同优势适于解决不同的问题。

第二，关注焦点不同。竞争关注的是对既定市场的争夺，而合作关注的是尽可能把市场做大。

第三，运营机制不同。竞争是一种变压力为动力的机制，迫使企业不断提高自己的能力，以在竞争中击败对手。合作则没有这种机制，但是合作可以通过设计一种完善的监督考核机制，或者依赖于企业的自觉意识（合作文化）来实现合作的优势。不过这两种手段所要求的条件都比较严格。

第四，竞争结果不同。竞争的结果只是社会资源或财富的重新分配，资源或财富总量没有增加。合作则促使社会资源和财富总量的增加，有利于社会的长远发展。

9.1.4 合作型战略的动因

基于上述竞争与合作的概念性分析，在21世纪的商业竞争环境下，纯粹地沿用迈克尔·波特的竞争战略理论将遇到极大的挑战。在以科技飞速发展、消费者需求个性化为典型特征的时代，企业不能总是把竞争对手看做“你死我活”的关系，而应该采取合作型战略。

推动企业采取合作型战略的主要动因是：

1.专业化分工的要求

科学技术的进步，使产品结构越来越复杂，零部件的专业化生产已是一种必然发展趋势。一家企业不可能负责其产品每一个零件的生产；一个产品也不是由一家企业或几家企业生产的，而是靠一批企业的相互协作才能生产出来的。另外，大企业注重与中小企业竞争中的合作因素，以获得双赢效果，这些都使大企业与中小企业之间的关系由以往“弱肉强食”的“大吃小”，逐渐演变为一种“共生共荣”关系。可见，专业化分工是众多合作型企业的主要联系纽带，也是其采用合作型战略的现实基础。

2.产品寿命周期变短

快速变化的市场要求企业能迅速做出反应，企业不仅要在技术上领先一步，还要在经营模式上表现出相当的灵活性和柔性。此外，国内外企业新产品的研制周期越来越短，使得企业必须投入大量的研发，比如资金和技术人才。而大多数企业在这种压力下捉襟见肘，不得不向本企业之外寻找合作伙伴，通过采取合作型战略，以广泛地获取可利用资源。

3.资源利用的外向化

所谓外向化，是指企业有利用外部资源的趋势。资源的有限性与市场需求的无限性是企业始终面临的主要矛盾，而技术创新压力、规模的不断扩大和瞬息万变的市场使企业仅靠其内部资源已力不从心。因此，企业迫切需要突破有形组织结构的界限，充分利用外部资源，敏捷制造、虚拟制造等先进生产模式由此应运而生。

4.用户个性化需求的挑战

买方市场的到来使用户的个性化特征越来越明显，这给中小企业带来了新的挑战。传统的生产方式是“一对多”关系，即企业开发出一种产品后，可组织规模化大批量生产，用一种标准化产品满足不同消费者的需求。在新形势下，企业必须有根据顾客的特别要求定制生产、研发或服务的能力，即所谓的“一对一”的定制化服务。这迫切需要企业联合各方面的力量，发挥整体优势，以迅速满足消费者日益个性化的需求。

5.“实时经济”的挑战

所谓实时经济，是指在经济活动中，对需求响应的时间间隔几乎为零。用户不仅要求厂家按时交货，而且要求的交货期越来越短。若不通过有效的企业间合作形式在更大范围内调动整合资源，很难满足用户要求。

6.扩张驱动

对于资源有限的中小企业而言，采取垂直资源配置方式，大量建立和收购生产线是不现实的，操作成本和风险成本均会上升。一种比较切实可行的方法是，通过适当的合作型战略模式选择，实行内外大规模的资源流动、重组和利用，以获得竞争优势和发展空间。

9.2 战略联盟

随着竞争的日益加剧和科学技术进步的加速，市场发生了重大变化，呈现出以下特点：一是商品极大丰富；二是激烈的竞争使市场瞬息万变；三是经营环境的复杂多变，使经营风险无处不在。企业需要承担来自政治、技术、财务、管理等各方面的风险。所以，对现代企业来讲，追求创新、效益、速度与规避风险是永恒的主题。当企业的战略目标超过企业能力，企业自身的资源无法达到时，选择战略联盟这种现代合作型战略就成为必然。

9.2.1 战略联盟的概念与特征

现代意义的企业战略联盟兴起于第二次世界大战以后，最早起源于日本企业界的合资浪潮中。一些日本企业通过购买先进的技术，发现了具有合作价值的伙伴，这便是战略联盟的雏形。战略联盟的概念虽然起源于日本，却首先在美国企业界盛行。1990年以来，美国国内及跨国性质的战略联盟，每年以25%的增长率快速发展。

学术界至今尚无统一的战略联盟概念，甚至在研究企业组织间合作问题时，除了使用“战略联盟”这一术语外，还有多种表达，如“战略同盟”、“战略合作”、“动态联盟”、“企业联合”等，这些概念及定义在内涵和外延上都有一定的差别。我们认为，战略联盟是指两个或两个以上组织，为了达到一定的目的，通过互惠互利的方式组成的联合体。

作为一种竞争与合作高度统一的合作型战略，战略联盟具有以下特征：

1.组织松散性

参与联盟的企业数量常常在两个以上，联盟企业之间是一种合作伙伴关系，既超越一般的交易关系，又不存在控制与被控制的隶属关系，在密切合作的同时保持着各自企业的独立性与平等性。

2.目标多样性

战略联盟概念界定的困难实际上反映了战略联盟目标的多样性，这种多样性说明战略联盟能在许多方面悄然为企业提供各种各样的价值。

3.合作互利性

基本上是相互利用、提升竞争能力的合作伙伴关系，希望通过合作获取大于各自“独立”或“对立”行动所获取的利益。垄断性质的卡特尔（Cartel）、辛迪加（Syndicate）、垄断高级形式的托拉斯（Trust）及垄断高级复杂形式的康采恩（Konzern）之间的一个主要区别就在于合作企业互利性程度是不同的。

4.竞争根本性

合作是为了更好地竞争，战略联盟是合作竞争组织，竞争是其根本属性。而且，联盟企业之间的合作并不一定是全方位的。可能在某些领域合作，而在另一些领域竞争；也可能一边合作，一边竞争。合作常常在一个约定的领域内进行。

5.战略长期性

战略联盟旨在为企业创造长期竞争优势，属于公司层面战略的长期性安排，以此可以区别短期的企业合作行为。

9.2.2 战略联盟的形式

自战略联盟出现以来，不同的国家、不同的经济背景下产生了各种各样的联盟形式，这些形式不仅体现其时代特征，而且它们各自的特点不同，适用于不同的条件。

1.传统价格联盟

在工业化初期阶段，产品差异并不明显时，由于产品之间的替代性强，导致产品的竞争在市场上体现为产品价格之间的竞争。控制价格是企业取胜的关键，此时价格是企业所渴望的最稀缺资源。在不完全竞争市场中，尤其是寡头市场中，寡头企业发现如果相互联合控制价格，而不是一味地打“价格战”，就可给各自带来超额利润。

19世纪末，传统的价格联盟以卡特尔的形式开始出现。卡特尔及其以后逐渐演化出来的经济联合组织形式辛迪加、托拉斯，基本上都是以控制销售价格及采购成本为目标的联盟形式。一般认为这是战略联盟的初级形式。

价格联盟的目标单一，合作比较简单。在产品差异度小、市场集中度相对较高的产业中，价格联盟很容易被采用。但这种联盟被认为是以共谋来获取垄断的手段，违背市场竞争中的公平原则。现在西方市场经济国家均有有关立法予以限制。在严格的司法控制下，在市场中以明显的价格联合为目标的联盟已经很少被采用。

我国彩电产业曾出现过彩电价格联盟。包括康佳、TCL在内的国内九大彩电骨干企业宣布成立中国彩电企业峰会，建立彩电价格联盟，对彩电实行最低限价销售，甚至还打算进一步制订联合限产方案。联盟企业正是注意到了价格合作可能带来的利益。但是，彩电价格联盟被理论界认定是价格卡特尔，是一种反市场竞争的垄断行为。

2.现代市场联盟

战略联盟各方往往对市场有一个共同的乐观估计，并且，这种对市场的满意预期还会影响到具体的市场联盟形式。基于市场化利益的共同基础，现代市场联盟包括三种类型：

第一，合作研发联盟。

开发新产品提高自身产品的科技含量是企业产品创造价值的第一步，已成为企业发展的重要战略目标。产品研究与开发要求企业投入大量的资源、技术、财力，而且风险相当大。合作研发联盟则有利于集结各种资源，节省研究成本，分摊风险。可供选择的形式有交换技术信息、成立合作研发机构、建立共同标准联盟等。

第二，联合生产联盟。

伴随着网络信息技术的飞速发展，生产资源的开发利用可以打破地域界限，甚至可以在全球范围内实现整合。联合生产联盟使分散在不同企业中最具有比较优势的生产力结合起来，完成产品制造过程，使产品在范围更广的地域具有竞争力。可供选择的形式有产品品牌联盟、供求伙伴联盟等。

第三，市场拓展联盟。

产品在市场中的销售是其价值的最终体现。以联合销售为目标的战略联盟，使联盟一方利用另一方或双方相互利用对方的市场渠道销售自己的产品，资源共享，达到销售的规模效益。尤其是特许经营、连锁加盟等形式的销售联盟在商业领域成为当前最流行的一种商业理念。它有利于企业销售网点低成本增长，既安全又收益快。

3.新兴知识联盟

新兴的企业战略联盟是指伴随知识经济到来的知识联盟及相似的联盟形式。以往的经济社会，在企业中知识往往从属于资本，还不是一个独立的生产要素。而在知识经济社会中，知识将取代资本成为最重要的、最稀缺的资源。

知识作为一种特殊的联盟客体，它具有以下基本特征：其一，知识的开发生产需要消耗资源，而知识的使用往往不具备排他性。这使得企业趋向于使知识潜藏于组织内部，不愿向外传播。其二，知识产品的交换成本极高。因信息不对称、机会主义行为和不确定性的存在，知识难以用市场价格机制进行交易。然而，通过知识联盟，使知识的交流在一种半内部化状态下完成，进而可以扭转企业无法高效地获得自身所稀缺的知识资源的状况，并且和其他组织合作也可能创造新的能力。

【战略聚焦】 谷歌、佳能等公司成立专利联盟

2014年7月，以谷歌和佳能为首的多家科技公司组建了一个专利联盟，希望以此避免自己的知识产权今后遭到滥用。该联盟成员包括谷歌、佳能、SAP、新蛋、Dropbox和Asana等多家企业，涵盖近30万项专利。这些公司同意加入一个名为“License on Transfer”（LOT）的网络，承诺在对外出售专利时将这些专利的使用权授予该联盟的其他成员。

联盟成立的目的在于对抗专利流氓，这类专利流氓组织专门通过知识产权诉讼来赚取利润，而不会生产任何产品。

Dropbox IP法律顾问Brett Alten对此评价道：“这种模式不仅对大公司有益，同时也能让小企业受益。大公司更喜欢出售或转移它们的网络资产，而小企业则基本上能够避开这样带给它们的威胁。另外，小企业将不再需要因无法生存而不得不将专利出售给专利流氓，这让大公司间接成为受益者。”

资料来源：改编自佚名.谷歌牵头成立专利联盟：应对“专利流氓”[EB/OL].[2014-07-10]. http: //tech.qq.com/a/20140710/059394.htm.

虽然现实中也存在某些专门的知识市场，比如专利技术市场、管理咨询市场等，但是，知识联盟中的知识往往是一种组织知识，这类知识包括组织、技术、管理等方面的知识。新兴知识联盟与现代的市场联盟相比，具有四个显著特征：

第一，学习和创造知识是知识联盟的中心目标。联盟使企业在广泛的领域交换知识，既相互获取自身稀缺的知识，也创造出新的知识。而在产品联盟中则局限于产品价值的创造。

第二，知识联盟伙伴之间的关系要比产品联盟密切。企业之间要学习、创造和加强专业能力，则企业员工间必须是一种紧密工作的伙伴关系。只有消除彼此隔膜，才能掌握隐藏在企业内部的知识。

第三，知识联盟的参与者范围广泛。产品联盟通常是限于利益相关者之间，而知识联盟的对象可以是任何组织。只要它拥有专业能力，对合作就可以有贡献。

第四，知识联盟比产品联盟具有更大的战略潜能。产品联盟是一种被动的、防御性的联盟战略，而知识联盟具有战略性和进攻性，有助于从战略上更新核心能力和创造新的核心能力。

9.2.3 战略联盟的新态势

1.从强弱联合的互补型联盟向强强合作的竞争型联盟方向发展

产品联盟作为减少资本投资和进入新市场时降低风险的手段，更多体现为强弱联合的互补型。例如，20世纪90年代中期之前，在中国设立的约16.7万家外商投资企业中，有64%是合资企业，15%是合作企业，合资（合作）的外方大多数是实力较强的跨国公司，这些跨国公司通过合资、合作，成功地进入中国市场。随着技术创新的加速以及跨国公司全球市场竞争的加剧，改变了合作伙伴的实力的对比关系，新的联盟主要在实力较强的大跨国公司间进行，彼此之间在联盟领域内合作，但在协议之外的领域以及企业活动整体态势上保持着竞争对手的关系。例如IBM在20世纪80年代的联盟大多数比较接近产品联盟，但到了90年代，IBM为了竞争的需要追求更高层次的联盟形式，它与西门子公司的结盟就是一个强强联盟的范例。双方在联盟内部都集中于知识和技术的创新，并在设计、制造以及电脑晶片测试方面获得新的技术，但在开发芯片之外，双方仍然保持竞争对手的关系。

2.从线性的联盟链向立体的联盟网络方向发展

传统的战略联盟是公司根据自己的价值链活动需要而建立的线性联盟，如为了产品销售和扩大市场需求，采用下游环节的联盟；为了对抗主要的竞争对手，采用与其他公司的横向联盟。随着全球竞争的加剧，企业的战略联盟已形成了错综复杂的联盟网络，即联盟各方围绕具有主导影响力的某一方（联盟中心）周围，根据各自的核心专长，以及所处研发或生产经营的不同环节而形成距离不等、纵横交错的立体网络。联盟伙伴不仅包括跨国公司，而且同时也包括大学、研究机构等，乃至其他的联盟。联盟的目标指向也不再局限于单一产品或产品系列，而更多集中于知识的创造。通过联盟网络分享信息，实现能力互补，提供战略柔性，促进知识的创造成为联盟网络的主要特征。目前，几乎每一家大型的跨国公司都在自己的周围积聚着一大批合作伙伴。

3.从“硬约束”的实体联盟向“软约束”的虚拟联盟方向发展

虚拟联盟是为了适应跨国公司之间在联盟之外日趋激烈竞争的需要，同时也是为了减少日益复杂化的联盟所增加的管理成本而出现的新的联盟形式。虚拟联盟改变了实体联盟主要靠股份、合作协议等具有法律效力的契约约束，维系虚拟联盟更多的是靠对行业法制、法规的塑造，对知识产权的控制以及对产品或技术标准的掌握实现的，通过这些“软约束”协调联盟各方的产品和服务。美国的微软以DOS和WINDOWS控制着计算机操作系统标准，使得全球许多同类厂家必须察其言、观其色而行动，从而形成了以其为中心的虚拟联盟；同样，英特尔以其在微处理器方面无人能撼动的地位，使一批相关企业组成了虚拟联盟。

9.3 集群化发展战略

随着全球经济竞争的日趋激烈，集群化作为企业的一种战略选择或区域经济的发展模式，不仅可以为企业带来竞争优势，而且还能促进世界各地的经济增长。

9.3.1 集群化发展的特征

集群化是指产业发展演化过程中的一种地缘现象和区域性集中趋势，即相同及相关行业的大量企业在某一特定区域上的高度集中，形成结构完整（从原材料供应到销售渠道甚至最终用户）、外围支持产业体系健全、具有灵活机动等特性的有机网络体系。

一般来说，集群化发展包括“产业集群”和“企业集群”两层含义。其中，“产业集群”侧重于观察分析集群中的纵横交织的产业联系，揭示了相关产业联系和合作，从而获得产业竞争优势的现象和机制。产业集群内的相关企业可能共存于某种特定产业或部门内，不仅如此，同时也存在相关支撑产业。而“企业集群”侧重于观察分析集群中的企业地理集聚特征，它揭示了相关企业及其支持性机构在一些地方靠近而集结成群，从而获得企业竞争优势的现象和机制。

集群化发展具有以下五个特征：

1.地理临近性

企业在地理上的集中是产生外部规模经济的基础，是集群作为一种地域经济现象存在的基础。地理上的临近只是一个相对的尺度。一个企业集群可以局限在一个镇里，如诸暨的大唐袜业集群覆盖的地理范围也就不足百平方公里，也可涉及一个省，如浙江的服装产业。

2.产业关联性

集群内企业从事相同（竞争性）、相似和相辅性的经济活动，企业成员之间有广泛的劳动分工和紧密的、基于长远关系的合作，并由此构成了产业生态系统。

3.生产经营分工协作性

集群内单个企业的生产总是集中于有限的产品和过程，形成专业化的特点，专业化的分工与生产的技术可分性以及垂直分离的生产组织方式密切相关，专业化分工不仅可以降低产品的平均劳动成本，还可增加整个社会获得知识和积累知识的能力。集群内的企业在相互的竞争中相互合作，增强了企业之间的相互依赖性和集群的稳定性，使生产具有灵活性和多样化。

4.组织网络复杂性

集群网络包括贸易网络和非贸易网络（社会关系网络），贸易网络是通过市场行为建立的，而社会关系网络是指在社会团体中，个人之间的、社会的或人际的关系总和。网络中经济活动主体和与之有关的各种机构及组织存在密切的联系，是一个利益共同体，它们都有强烈的提高本区域产业竞争力的集体意识，共同投入到提高区域竞争力的行动中去。

5.社会文化根植性

社会文化的根植性既是产业地方化的重要标志，也是形成产业竞争优势的思想依托。它强调经济主体的地方联系，是指经济行为深深地嵌入到区域的社会、文化和政治等关系中，形成不可替代的社会资本。事实上，一个区域内各种传统、宗教、历史习惯，以及在此基础上形成的信任和承诺、价值观、人与人之间的关系等人文因素，本身就是一种社会资本。这种社会资本既是联系各种生产要素的纽带，也是组合这些生产要素过程中降低交易费用的重要途径。

社会文化的根植性从根本上强化了集群竞争优势，显现了生产活动的独特性及随之产生的产品和服务的特色性。更为重要的是，根植性与地方社会资本的积累有一种互动关系，使得企业集群之后的发展与本地经济、社会乃至政治、文化密切地联系在一起，并迅速使地方产业在特定区域范围内获得快速发展。

9.3.2　集群化发展战略的分类

1.按集群形成方式分类

第一，自发型集群。自发型集群是“由下而上”自发形成的企业集群，即先有相关企业的自发聚集，当集群进入成长阶段后，政府力量开始介入并主动承担应负的责任而发展起来的企业集群。这种企业集群的优点在于它是按照市场规律逐步发展起来的企业群落，具有较强的市场竞争力与市场适应能力。

第二，强制型集群。强制型集群是“由上而下”采取人为方式形成的企业集群，即地方政府从集群建立之初就制定了明确的区域发展规划，通过向集群内企业提供各种优惠政策，大力扶持集群内的关键性企业，以促进集群发展。这类企业集群多半是由政府运用分析工具，选择一个或几个有经济潜力的产业作为中心产业来带动地区发展。

第三，引导培育型集群。引导培育型集群是“上下结合”形成的产业集群，即政府通过考察，发现企业集群的雏形后及时介入，对企业集群加以培育，促其发展。在集群发展初期，由具有地方特色的企业因专业化分工与合作以及弹性生产、创新等方面的需要而开始慢慢聚集。当出现集群的雏形后，地方政府根据产业的发展特征制定相应的政策，支持产业发展，促进集群企业的进一步分工协作，同时也为产业的升级提供政策服务平台。

2.按集群发展道路分类

第一，创新型集群。创新是这种集群的显著特征，在这样的企业集群中，通过集群内企业的相互合作与学习，不断会有新的产品、服务、想法产生，推动企业集群不断更新换代。目前，由于创新的复杂性和不确定性、产品生命周期缩短、需求追求个性化等原因，创新从过去线性模式向现在的非线性、复合模式转变，单个企业难以在价值链的各个环节保证创新的成功率，集群内外的合作已成为创新型集群的唯一出路。

第二，低成本型集群。这种集群参与市场竞争的杀手锏就是产品的低成本。自然资源禀赋、地理的接近性、廉价劳动力的可得性是其取得竞争优势的基础。集群内部，企业之间很少共享信息、讨论共同的问题，相互之间信任度较低，企业间的恶性竞争大于合作。但由于同一产业的企业在地理上集聚，会促进企业在区域内的分工，使厂商能够招聘到有专业技能和工作经验的雇员，及时得到本行业竞争所需要的信息，比较容易获得配套的产品和服务，并以较低的价格从政府以及其他公共机构获得公共物品或服务。这样使得集群内企业具有明显的成本优势，奠定了其价格竞争的基础。

3.按集群产业特征分类

第一，传统产业集群。传统产业集群指技术含量比较低的企业集群，通常此类企业集群中的企业很少使用尖端技术设备，大部分工作由手工完成，属于劳动密集型产业，多数出现在发展中国家，如中国浙江嵊州的领带企业集群、海宁的皮装企业集群等。

第二，高科技产业集群。高科技产业集群指高新技术企业的地理集群，它所提供的产品主要集中在当前世界各国技术研究的高新领域，比如生物技术、电信技术等领域，通常这些企业集群属于该技术领域的领导者与扩散地，如美国的硅谷、印度的班加罗尔、以色列的特拉维夫等。

4.按集群内价值链活动相似性分类

第一，互补型集群。互补型集群也称垂直一体化集群，它是指在同一地域内的企业群体分属两个或两个以上的产业，且产业之间存在着互补、合作关系，通常以某一个产业为中心产业，其他产业为辅助产业。互补型集群的形成主要是由于相关企业根据自身的生产特点和产业关联程度，为降低空间交易成本而出现的区位选择趋同。这种类型的企业集群主要集中在钢铁、石化、医药、航天等行业。

第二，共生型集群。共生型集群也称水平一体化企业集群，它是指在同一地域内的企业群体基本属于同一产业，相互之间以一种竞争型合作的形态共存。共生型企业集群是由共享终端产品市场，使用共同技术、技巧及相似自然资源的企业所组成的。通常，企业之间存在着一定程度的产业内分工和产品差异，但在总体上还是属于同一产品的市场供给者。目前国内外出现比较多的是共生型企业集群，如硅谷的软件业、加利福尼亚的多媒体、意大利的第三产业区等，以及我国的长江三角洲和珠江三角洲等地出现的“一地一品”的局面，如绍兴的轻纺群落、义乌的小商品群落等。

5.按集群企业构成分类

第一，轮轴式集群。轮轴式集群是指围绕一个特大型成品提供商而形成的产业集群，集群内其他企业均为此大型企业提供零部件或支持性服务。例如，日本的丰田汽车城，就是围绕丰田汽车公司而形成的汽车产业集群。这种企业集群的优点在于地理上的接近、能够更好地实现专业化分工、减少市场交易成本，但集群内部供应商容易产生恶性竞争，且集群过分依赖于某个企业，一旦该企业陷入困境，可能给地区内的所有企业带来灾难。

第二，多核式企业集群。多核式企业集群是指围绕3~5个大型成品提供商而形成的产业集群，如美国的底特律汽车城是围绕着通用、福特和克莱斯勒三大汽车公司而建成的汽车产业集群。相比上者，集群内部制造商之间、供应商之间都存在着更多的竞争压力，有利于促进企业革新，提高企业生产率。这种企业集群应该是世界各国集群发展的目标。

第三，葡萄式集群。葡萄式集群是指由众多规模相差不是很大的企业构成的集群，如由众多中小企业构成的“第三意大利”产业集群，也就是马歇尔最初观察到的产业集群，故又称之为“马歇尔产业集群”。集群内部，由于企业规模偏小，产品差异不大，各自所占的市场份额都很小，内部市场竞争类似于完全市场竞争，因此，企业能够很容易进入与退出，保持了集群内部的市场竞争活力。如果内部企业要取得超额利润，就必须加强产品、服务创新，走差异化道路，这样有利于提高集群的创新功能与产业的更新换代。

9.3.3 集群化发展战略的意义

集群化发展战略是新形势下企业可以选择的一条重要发展之路，它能够给企业在未来的竞争环境中带来显著的比较优势。这是因为：

1.集群化发展战略有利于降低成本和提高生产率

从经济学角度，韦伯（Weber）从工业区位理论视角阐述了企业集群化发展成功的四大功效：一是集群强化了技术设备专业化的整体功能；二是集群强化了劳动力市场的优化配置和使用效率；三是集群大大提高了批量购买和出售的规模，得到更为低廉的信用，甚至消灭“中间人”，从而降低交易费用；四是集群发展可以做到基础设施共享和减少经常性开支成本。

2.集群化发展战略有助于增强企业成长资源的获取能力

从社会学角度看，本地企业在空间上相互靠近，不仅因为硬距离的缩短而降低了运输成本，而且因为同一区域内的人、组织往往具有相同或相似的社会文化背景和价值观念，容易缩短企业之间的软距离或“心理距离”，可以在长期的交往中逐渐建立起信任关系和保障这种信任关系的社会制度安排，可以减少机会主义行为的发生，从而积累企业和企业家的社会资本。这种社会资本不仅会增强企业成长的信心和对成长机会的感知能力，而且能够为获取企业成长所需的知识、技术、信息、市场等资源要素创建有利的途径。

3.集群化发展战略有益于知识的传播和创新扩散

集群网络内松散的联结为企业参与相互学习和创新提供了满意的条件，因为网络提供了纷繁复杂的信息资源，便利了企业与其他组织之间面对面的交流，特别是获取隐含经验类知识，这类知识是企业持续成长的关键。因为地理接近使得一家企业的知识创新很容易外溢到区内的其他企业，这些企业通过实地参观访问和经常性的面对面交流能够较快地学习到新的知识和技术，从而形成一种独特的与产品制造服务相关的创业文化。

9.4 虚拟经营战略

企业虚拟经营战略既是网络经济的产物，又是网络经济发展的重要表现。美国著名学者内杰尔（Nagel）在1991年首先提出虚拟企业的概念。他认为，虚拟企业主要针对市场需求急速变化、产品周期日益缩短的现状，建议采取企业内部和企业间的资源灵活重组，以企业联盟体形式共同应付市场挑战。

9.4.1 概念

虚拟经营作为一种新型的企业战略经营模式，是指企业在组织上突破有形的界限，为了达到共享技术、分摊费用以及满足市场需求的目的，通过信息技术联成的临时网络组织。采取虚拟经营战略的虚拟企业，虽然具有生产、设计、营销、财务等功能，但企业内部没有完整地执行这些功能的部门。企业仅保留最关键的功能，而将其他的功能虚拟化。

要正确理解虚拟经营的概念，必须注意以下两点：

第一，虚拟经营的精髓是企业将有限的经济资源集中于关键性的、高附加值的功能上，而将次要的、低附加值的功能虚拟化，从而发挥自身最大的优势并最大限度地提高竞争能力。从价值链的角度看，世界上无论大企业还是小企业，没有一家会在所有的业务环节都具有竞争优势。所以，为保持和强化核心业务，使企业更具竞争力，企业可只保留最关键的核心业务环节，其他在本企业资源有限约束下无法做到最好的环节，让其他企业去做。

第二，虚拟经营作为一种全新的经营战略模式，是对传统企业那种自给自足式生产经营的一次革命，是新型的、独特的经营模式和管理方式的融合。虚拟经营所实现的企业经营扩张是技术、生产、管理和销售等功能的延伸扩大，而不是追求对这些功能的载体的最终占有。只要这些载体的功能与企业整合，为其所用，实现企业销售规模的扩大、新产品开发速度的加快、企业利润的增加，企业扩张的目的就实现了。企业规模的大小，不再主要以资产和组织规模的大小为衡量的尺度，而是主要以销售额、利润额的多少为衡量的尺度。

如今，虚拟经营在世界范围内广泛应用，并深入到社会与技术经济相关的各个领域中。许多国际知名品牌企业，正是通过虚拟经营创造了辉煌的业绩。比如，全球最大的运动品牌制造商耐克公司，自身并不拥有制造工厂，而是全部委托给劳动成本低廉的发展中国家的企业代为加工生产，公司只负责产品的设计和市场营销。美国的波音公司，作为世界知名的飞机制造公司，其本身只生产座舱和翼尖，其他都是靠虚拟经营来完成的。

9.4.2 虚拟经营的运作形式

1.外包加工

任何企业不可能在所有业务环节都有竞争优势，所以当某一环节不具有比较优势，而这一环节又不是企业的核心功能时，将此业务外包给有优势的其他公司，以提高企业的整体竞争优势。

2.共同加工

当企业本身并不擅长某一方面的工作又不易外包时，几个公司可共同组成一个作业中心，共同分担经营成本。

3.虚拟销售

通过整合外部的销售力量或销售网络为自己所用，以扩大或完善自己的销售网络，或对下属的销售网络剥离，使其成为独立法人资格的销售公司。这样，公司不但可以节省一大笔管理成本和市场开拓费用，而且使本公司能专心致力于新产品开发和技术革新，从而保持公司的核心竞争优势。

4.虚拟管理

企业可将一些职能部门的管理工作委托给一些专门的管理机构，如信息管理、招聘和培训、应收账款管理。

【战略聚焦】 透视百安居的业务外包策略

百安居隶属于世界500强企业之一的英国翠丰集团，是世界第三、欧洲第一的大型国际装饰建材零售企业。自1999年以“百安居”为品牌登陆中国市场以来，百安居已经成为中国装潢建材市场中的佼佼者。2014年，百安居在全国共30多个城市开设分店，连锁店总数达到100多家。

与百安居零售业务相关的IT服务是通过业务外包来实现的，主要有三部分：惠普为百安居提供日常系统的支持服务；西门子旗下的德利多富提供开店支持系统（也就是前台与消费者有关的POS机系统）；IBM承担核心业务的后台服务（ERP软件的托管服务）。

惠普为百安居提供的日常系统的支持服务包括IT热线响应中心与现场桌面支持、IT资产管理、多厂商基础架构管理（包括对服务器及网络设备的24×7的监控）、商业应用客户端支持（包括SAP、数据仓库、POS机应用系统及其他零售业应用）、应用系统日常运营管理及机房设备日常检查、IT设备维护以及包括新店开业的用户培训和日常IT培训等。

百安居拥有大量的桌面办公设备，分别于不同时期购买，情况复杂：其中既有出保修期设备，也有在保修期设备；既有需要升级维护的设备，也有需要及时处置的设备。如何管理好这些资产，使其发挥出最大效能，是考验服务提供商自身服务水平和服务理念优劣差别的关键。惠普定期向百安居中国提交“资产管理分析报告”，对不能满足业务需要，但有升级空间的设备，提前制订升级计划，或购买配件，或安排升级；对于不能满足业务需要且无升级空间的设备，做降级使用，或进行资产处置；遇有新增业务或新增人员，首先从内部调拨资源，若无可调拨资源，则制订采购计划，进行设备采购等等。

资料来源：改编自佚名.百安居——业务外包案例[EB/OL].[2013-08-03].http：//www.docin.com/p-685126348.html.

9.4.3 虚拟经营的竞争优势

企业虚拟经营独特的运营方式，时间和机遇导向的经营特点使它与传统经营方式相比，具有如下竞争优势：

1.集聚企业核心竞争力

企业实施虚拟经营时，把多家公司的核心资源集中起来为我所用，通过虚拟联合，用最快的速度、最低的成本，实现生产能力的扩张和放大。由于仅保留最关键功能，而将其他的功能虚拟化，一方面，企业可以借助外部的人力资源，来弥补自身智力资源的不足；另一方面，可以把有限的资源集中在附加值高的功能上，从而避免出现企业的部分功能弱化而影响其快速发展的情况，为企业扩张创造了多、快、好、省的途径，也使企业自身的核心竞争力得到巩固和发挥。

2.协同企业间竞争关系

在一个虚拟组织中，组织成员之间是一种动态组合的关系，虽然也有竞争，但它们更注重于建立一种双赢的合作关系，相互之间以协同竞争为基础，资源和利益共享、风险共担、各展其长、各得其所。企业间从排斥性竞争走向合作性竞争已是竞争战略发展的必然趋势。

3.提高市场响应速度

虚拟经营运作方式高度弹性化，核心企业的整体运作更有效率，能在最短时间内对市场做出反应，且更为敏捷有效，实现了超越空间约束的经营资源的功能整合。

4.避免重复建设

虚拟经营不是以单位进行资源配置，而是在全社会范围内优化资源配置，将虚拟经营节约的投资，投向企业战略环节的建设，增强企业竞争能力，减少了“大而全”、“小而全”企业，提高了企业的专业化水平，有利于企业精细化管理。

9.4.4 虚拟经营战略的实施

虚拟经营作为一种新型的、高弹性的企业经营模式，对于提高企业的应变能力、促进产品快速扩张、发挥市场竞争优势具有重要的作用。但是，企业在实施虚拟经营战略时，必须妥善处理好下述四个问题：

1.掌握关键性资源

无论选择何种形式的“虚拟”，都必须建立在自身竞争优势的基础上，必须拥有关键性资源，必须根据环境的要求把有限的资源应用到“创造财富的关键领域”上，如产品的设计、研发能力、销售网络等，以自身的核心优势为依托，确保自己居于主导地位，以免受制于人。对于企业来说，生产经营活动中的各个环节，哪些可以虚拟，哪些不可以虚拟，这是一个十分重要的问题。因为如果企业将自己的战略环节进行虚拟经营，不仅达不到企业扩张的目的，甚至会使整个企业“虚脱”。

2.保护知识产权

企业实施虚拟经营时，有时只负责产品总体设计和生产少数部件。这样一来，合作厂家很容易掌握关键技术，从而为仿制打开方便之门。这时重要的防范措施就是依靠专利等知识产权的保护，确保自己在“动态企业联盟”中的利益。

3.培育核心竞争优势

任何一种虚拟经营策略的实施，都要建立在自身竞争优势的基础上，都要有自己的核心竞争优势。有了这种优势，才会有对资源的整合力量，实施虚拟经营策略也才会有可靠的基础，与虚拟对象的合作才能长期稳定，并能不断吸引新的虚拟对象加入队伍。企业自身的条件与优势，以及企业在发展过程中已经形成的竞争优势环节，是企业确定战略环节的重点。

4.释放无形资产的正能量

虚拟经营离不开无形资产，像专利权、商标权、行销通路、品牌、商誉、客户忠诚度、信息管理系统等无形资产是企业虚拟经营成功制胜的法宝。随着市场经济的发展，无形资产的作用越来越明显，在企业资产中所占比重越来越大。一家企业拥有的无形资产数量多少、价值高低决定了企业在虚拟经营中的权重和驾驭能力。

■ 本章小结

竞争是两个或多个企业或集团组织在一定的空间内，为了比对手更有效地创造更多、更好、更高的价值而展开一系列活动的过程。合作是指两个或两个以上的集团组织从各自的利益出发而自愿进行的协作性和互利性的关系。竞争并不排斥合作，合作有利于充分提高竞争效率。合作并不是否认竞争存在，而是竞争以新的形式在新的层次上出现。

战略联盟是指两个或两个以上组织，为了达到一定的目的，通过互惠互利的方式组成的联合体。它有利于联盟企业的资源、优势互补，降低企业发展不确定性风险，增强企业的生存能力。

集群化是指产业发展演化过程中的一种地缘现象和区域性集中趋势，即相同及相关行业的大量企业在某一特定区域上的高度集中，形成结构完整、外围支持产业体系健全、具有灵活机动等特性的有机网络体系。集群化发展战略可以通过“产业集群”和“企业集群”两种途径，能给企业在未来的竞争环境中带来优势。

虚拟经营的企业突破了组织有形的界限，虽有生产、设计、营销、财务等功能，但企业内部没有完整的执行这些功能的组织，企业仅保留最关键的功能，而将其他的功能虚拟化。虚拟经营对于提高企业的应变能力、促进产品快速扩张、发挥市场竞争优势具有重要的作用。

■ 复习思考题

1.合作、竞争的概念是什么？如何正确理解竞争与合作的关系？

2.什么是战略联盟？它有哪些基本的形式？

3.请举例简要说明战略联盟发展的新态势。

4.企业为什么要采用集群化发展战略？

5.企业虚拟经营可以采用哪些运作形式？企业应当如何有效实施虚拟经营战略？

6.有人认为：“城市化集聚是产业集群的前提。当我们把分散于各地的企业集中到一个人口密度较高的城镇时，就极其有利于形成企业集群。”你对这种观点持有何种看法？请说明理由。

■ 案例分析题

开放式创新

开放式创新是各种创新要素互动、整合、协同的动态过程。它要求企业与所有的利益相关者之间建立紧密联系，以实现创新要素在不同企业、个体之间的共享，构建创新要素整合、共享和创新的网络体系。请仔细阅读：

【材料一】英特尔公司并不像想象的那样技术领先，它很少进行基础研究，很少拥有速度最快或价格最便宜的处理器。但是，它的处理器的销售额却能够超过其最大竞争对手四倍，多年来一直如此。原因就在于，与任何其他处理器企业相比，英特尔得到更多企业中更多人员的技术支持。它主要通过关注企业外部的学术研究活动和对其他新建企业进行风险投资（即设立“创投基金”）保持自己的技术地位。英特尔在许多大学成立“Lablet”研究所以获得原创技术，并每年花费1亿多美元用于资助大学的学术研究，寻求“可能有用”的创意。英特尔也积极尝试合作创新，如2006年11月宣布成立“英特尔平台应用创新同盟”，与众多软硬件企业进行合作。内部技术创新活动要围绕着外部可获得性技术资源进行，而不是与之竞争或是忽略不计。英特尔努力成为一名最新技术的“快速跟随者”，只要有利于自己的产品，就采取“外部技术内部化”式的“拿来主义”策略。

【材料二】宝洁公司在研发部旗下建立“联系与发展”部门，与供应商、大学和研究机构、大公司、中小企业甚至是竞争对手合作研制产品。在践行开放式创新的过程中，宝洁已成为400多个知名企业的合作伙伴，使其全球9 000名公司内部研发人员得以与全球公司外部相关的180万研发人员对接，从而形成了巨大的创新源泉。宝洁设置了“外部创新主管”这个职位和创建了分布在世界各个角落的“创新侦察员”队伍，这个多达70人的队伍每天的工作就是借助复杂的搜索工具查看上亿的网页、全球专利数据库和科学文献，以类似于大海捞针的方式找到对公司有利的重大技术突破和专家学者。宝洁还启动了“技术型企业家计划”，使全球50多万名独立发明家成为宝洁的创新服务提供商。实行开放式创新以来，宝洁的研发生产力提高了近60%，创新成功率提高两倍多，而创新成本下降了20%。

【材料三】美的公司创造了创意与创新“走群众路线”的开放模式，即向消费者征询新产品创意，并请消费者参与到产品前期的研发活动中来，让研发人员准确地把握消费者的需求，以适时互动完善新产品。春兰集团不仅拥有国内企业界最大的全球开放式创新平台，而且于2004年率先建成了赶超世界最新技术的企业博士后开放式创新基地，以吸引全球“智库”中的一流科研人才，整合世界最新科技创新成果，从而取得能支撑春兰新产业的产生或现有产业更新换代项目的突破。

【材料四】严格来讲，并不是苹果开创了“智能手机”的品类。2007年，在第一款iPhone之前，诺基亚、黑莓和奔迈（Palm）等公司已经出售智能手机，但所谓的“智能”只是能接发邮件。第一款iPhone的市场好评和接受度主要有赖于其设计和用户界面的特殊性——用触摸屏替代了数字键——使得iPhone成为一款漂亮、优雅的硬件艺术品。苹果针对3G网络的iPhone4在2008年采用了完全不一样的开发模式，独立开发者可以通过苹果商店面向用户出售App。这样iPhone与以前的智能手机有了本质的差别，不再依靠公司内部的研发而是建立了一个研发生态系统。如今苹果商店上架的App已逾百万款，这显然是无法单靠苹果公司的研发团队就能够完成的规模。苹果同样依赖协作创新模式来设计硬件。iPhone5的基带处理器和触摸屏处理器由高通提供，App处理器由三星提供，触摸屏来自全世界最大的面板玻璃制造商康宁公司……几乎所有的组件都由世界最顶级的技术合作商提供，它们共同组成了苹果的生态系统。

资料来源：改编自古普塔，王海燕.巨头们的创新黑匣子[J].李钊，译.哈佛商业评论，2014（4）；王圆圆.企业创新：从封闭到开放[J].管理学家，2008（2）.

结合上述案例，试讨论以下问题：

1.竞争与合作是不是两个势不两立的概念？

2.开放式创新是何种合作型战略？开放式创新可能带来的竞争优势体现在哪些

方面？

3.你认为只有大型企业才可能取得开放式创新的成功吗？为什么？

■ 比较研究

携程作为中国领先的在线旅行服务公司，成功整合了高科技产业与传统旅行业，被誉为互联网和传统旅游无缝结合的典范。请访问携程旅行网（http：//www.ctrip.com）和其相关的中国香港永安旅游公司（http：//www.wingontravel.com）网站，根据所提供的信息，请回答：

1.携程独特的商业模式有什么特点？

2.从价值链的角度，分析这种商业模式与上下游企业间的竞争与合作关系。

■ 推荐阅读文献

1.希特，爱尔兰，霍斯基森.战略管理——竞争与全球化[M].吕巍，译.北京：机械工业出版社，2002.

2.阿克塞尔罗德.合作的进化[M].吴坚忠，译.上海：上海人民出版社，2007.

3.吉野.战略联盟：企业通向全球化的捷径[M].雷涯邻，等，译.北京：商务印书馆，2007.

4.切萨布鲁夫.开放式创新：进行技术创新并从中赢利的新规则[M].金马，译.北京：清华大学出版社，2005.

5.波特，贺普曼.物联网时代的企业竞争战略[J].哈佛商业评论，2014（11）.

6.Masrurul M M.An overview of strategic alliance：competitive advantages in alliance constellations[J].Advances in Management，2012，5（12）.

第10章 国际化战略

学习目标

企业参与国际市场竞争，必须选择合适的进入国际市场的方式和国际化战略，同时还要尽可能地避免国际化风险。通过本章学习，要求理解影响国家竞争优势的关键要素，重点掌握国际战略、多国战略、全球战略和跨国战略之间的差别，掌握企业进入国际市场的四种模式，了解影响国际化战略实施的关键因素。

开篇导读　德国中小企业国际化之路

德国有全球知名大企业集团，如奔驰、宝马和大众汽车、西门子、SAP等，但德国经济的核心是中小型企业，其产值占到德国经济总量的80%以上。而这些德国中小企业在其国际化过程中也是独领风骚，其成就绝对不逊于那些来自本国的明星企业。一般而言，中小型企业在国际化进程中处于劣势地位，因为它们不具备大企业的雄厚资源和知名度，而且，中小型企业也往往满足于应对其国内的需求。所以，国际化几乎被认为是大企业集团的专用名词。但是德国的中小型企业却完全不同，表现为：第一，它们雄心勃勃，一直都在向国际市场扩张；第二，尽管它们也具有中小型企业的普遍局限性，但是它们在国际化进程中却相当成功，堪当世界各国中小企业的典范。

首先，90%的德国中小企业都在企业对企业（B2B）市场中经营，而非面对大众用户（B2C）。与B2C市场相比，在B2B市场运作具有若干优势：第一，B2B市场的竞争程度相对较低。这就使得德国的中小企业在国际市场上面对较小的竞争压力，从而也更容易取胜。第二，B2B市场的变化和动荡较小，比较容易应对。第三，B2B市场上取胜的核心往往是产品质量和性能等理性的指标，而非广告品牌和促销等非理性的指标，所以企业对其产品在市场上的表现比较容易把握。另外，B2B市场的销售往往依靠口碑和长期的合作关系，不需要大量的广告和品牌费用的投入。所以，从企业的总体定位上讲，德国中小企业在国际化进程中已经占有优势。

其次，德国的中小企业都专注于B2B中的小众市场(Niche Market)而非主流市场。而且，它们一般都选择打入壁垒比较高的机械工程领域的小众市场，这也是德国企业的传统优势。进入这些小众市场一般需要比较复杂的技术和生产能力。所以，和时尚的高科技产品领域，如软件、网络产品相比较，这些小众市场比较难以进入，但一旦进入就比较容易进行市场保护。例如，德国的Rational专门生产专业厨房使用的烤炉，Hako生产清洁和清洗设备，而Tente则专门生产医院用床的各类滑轮。这些德国中小企业的经营原则是：不在大象的领地跳舞（避免和国际大企业集团直接竞争）。所以，德国中小企业在这些小众市场进行国际化时，面临较小的竞争压力，同时它们的产品也具有传统的优势。

最后，德国的中小企业都相当注重产品和技术创新。它们普遍把产品服务而非产品销售作为收入的核心来源。例如，专门生产清洁设备的Hako有超过80%的收入来自于服务。这种从机械制造到以服务为核心的转型使得这些德国企业与用户之间建立了长期稳定且相互依存的共生关系，也为它们国际化的成功奠定了坚实的基础。

德国中小型企业的国际化发展之路充分证明国际化并非只是大企业的专利，中小企业只要具有优异的产品，一样可占领全球市场。

资料来源：根据相关公开资料整理。

全球化作为当今世界经济发展中最显著的特征之一，已经对国际分工体系和国际竞争格局产生了日益深远的影响。经济全球化时代，商品和生产要素在世界范围内流动的障碍减少，流动速度明显加快，流动规模也逐步扩大。在这一过程中，不论是各国经济的相互竞争程度，还是相互依存程度都不断提高。企业一旦从国内经营走向跨国界经营，其外部经营环境将更加扑朔迷离，对于企业管理者的素质和能力要求也越高。

10.1 竞争无国界化

在全球化的背景下，商品和生产诸要素在世界范围内的自由流动，实际上就是各国经济及综合国力竞争的过程。也就是说，全球化为各国竞争创造了更加方便的条件，强化了各国、各地区、各企业间的竞争，形成了竞争的无国界化。

10.1.1 跨国公司成为国际市场竞争的主角

在全球竞争时代，跨国公司成为国际竞争的主角。目前，跨国公司控制了全球50%的国际贸易，90%以上的国际直接投资，80%以上的新技术、新工艺和专利权，并有70%的国际技术转让是由跨国公司完成的。跨国公司凭借各自的竞争优势，运用各种竞争策略，争夺有利的市场地位。

20世纪90年代中期以来，跨国公司不断对其战略、组织结构和管理模式进行调整，通过有效的内部和外部资源整合，适应经济全球化下国际竞争新形势的要求。跨国公司通过扩大竞争的地理范围来加剧行业竞争。跨国公司不同的背景（战略、组织结构、管理模式等）会导致它们寻求不同的目标和竞争策略，各跨国公司之间的全球竞争将会更加激烈。

由大跨国公司推动的第五次并购浪潮直接导致了世界范围内汽车、医药、化工、电子、通信、航空、传媒、银行等行业市场结构的变迁，在这些全球化行业中，寡头垄断成为市场结构的主要形态。同时，跨国公司的核心能力构建、网络化、复合一体化、当地化以及各种形式的战略联盟等，对国际竞争的游戏规则和竞争格局产生了重大影响。

当代国际竞争的主旋律已经演变成了同一行业内大跨国公司之间的较量，跨国公司之间的竞争成为全球体系之间的角逐，而不再仅仅是单个国家之间一对一的争斗。

10.1.2 国家之间经济相互依赖性增强

国家之间相互依赖的一个原因是位于不同国家的企业之间对价值活动的共享。例如，一家企业可能会利用在墨西哥的一个工厂向美国和日本提供产品，于是在日本赢得的市场份额将会影响到墨西哥工厂的产量，这种产量又将会接着影响成本和最终影响该企业在美国的市场份额。因此，通过这种国家之间的相互依赖关系，一个竞争者在一国的市场份额会影响到其总体成本地位，并进而会影响到其在另一国的市场份额地位。这种相互依赖性有助于企业抵御不同国家竞争者的进攻。

然而，这种相互依赖性还要求企业统一管理其在每个国家的竞争地位，而不是将这项任务交给地方管理。其他竞争者则需要通过增加全球市场参与、全球营销或全球一体的竞争战略做出回应，以避免其在各国被不断削弱的地位进一步下降。

2007—2009年期间的世界性金融危机，有学者将其更名为“金融海啸”及“华尔街海啸”等，足以证明世界经济一体化趋势以及相互的彼此关联性。自次级房屋信贷危机爆发后，投资者开始对按揭证券的价值失去信心，引发流动性危机。即使多国中央银行多次向金融市场注入巨额资金，也无法阻止这场金融危机的爆发。当金融危机出现失控时，多家相当大型的金融机构倒闭或被政府接管，金融市场的急速收缩使世界经济深度“缺血”。当我国出口对GDP的贡献率多年来首次由正转负时，中央政府果断决策，将治标与治本相结合，把保增长与调结构相结合，把应急措施与长久大计相结合，宏观调控政策显成效，也让大家明白“危机是传统模式之危，科学发展之机”的深刻道理。

10.1.3 移动互联网对时空距离的深刻影响

互联网，特别是移动互联网通过多种方式迅速增强了竞争无国界化程度。第一，“互联网时速”加快了攻击和反击所需的速度。第二，网络创建了一个发送信号的公共平台，使竞争者能够更方便地进行合法的相互交流。第三，对于潜在客户来说，互联网使他们可以更容易地对竞争者进行比较，特别是互联网增加了价格的透明度，允许客户不仅可以比较不同竞争者的价格，还可以比较不同国家的价格。第四，网络使具有某种竞争优势的企业可以在全球范围非常容易地转移和利用该优势。第五，对于行业内处于领先地位的竞争者来说，互联网时代造就了一批具备全球可达性的新的“天生的”国际化竞争者。

【战略聚焦】 全球化的三个版本

全球化问题专家托马斯·弗里德曼在《世界是平的》(The World is Flat)一书中，提出了三个版本的全球化概念，即国家的全球化、公司的全球化和个人的全球化。尤其是弗里德曼提出的把世界经济夷平的十大机制，更是每个人都能感受到的东西。

全球化1.0时代始于1492年哥伦布发现“新大陆”之时，持续到1800年前后，是劳动力推动着这一阶段的全球化进程。此时的全球化是指国家间融合和全球化，世界从大变为中等，哥伦布也因环球旅行并发现“世界是圆的”这一结论而名垂青史。

全球化2.0时代大约从1800年至2000年。此时的全球化是一种企业层次的全球化，前半段的全球整合，是由于蒸汽引擎与铁路的问世，运输成本降低；后半段则是有了电报、电话、个人计算机、卫星、光纤电缆、初期的网际网络，造成通信成本降低。大型跨国公司成为全球化的主要推动力量，沃尔玛一年的产值比很多国家的产值都要多，类似的还有戴尔、微软等，它们在全球化下获得更多利益。

自2000年开始，世界进入一个全球化3.0的新时代，此时日益深入的全球化动力源于个人层次，不同种族、不同肤色、不同国家、不同区域的人们正逐渐融合到一个体系中来。

10.2 国际市场进入方式

当企业决定向国际市场扩张时，它有很多选择。总体说来，国际市场的进入方式包括出口、许可协议、国际战略联盟和对外直接投资。进入国际市场的方式及其特点如表10-1所示。每种方式都有其优缺点，选择合适的方式进入国际市场，将有助于提高企业的业绩。

表10-1 国际市场进入方式及其特点

进入方式		特点
出口		高成本、低控制
许可协议		低成本、低风险，几乎没有控制，低回报
国际战略联盟		成本分担、资源共享，共同承担风险
对外直接投资	并购	快速进入新市场，高成本，谈判复杂，合并中的问题较多
	新建企业	复杂，通常成本高、时间长，高风险，最大控制，高于平均的潜在回报

10.2.1 出口

出口是指在一个国家生产出产品，到另一个国家进行销售。出口分为直接出口和间接出口。直接出口是指企业将产品出口到国外客户，这些客户可能是最终用户，也可能是中间商；间接出口是指企业通过国内的中间商或国外企业设在本国的分支机构出口。小企业和刚刚涉足国外市场的大中型企业通常认为，间接出口是最可行的选择。

在间接出口中，企业将产品销往国外，企业自身并不直接参与该产品的国际营销活动。间接出口的优点是，风险较低，企业在资金、人力等资源方面的投入较少，缺点则包括企业控制国际营销活动的能力较弱，向国际企业学习经营管理的潜力较低。

在直接出口中，企业对出口产品的经营管理保留部分或全部的控制权，并要参与国际营销活动，如市场调研、寻找潜在客户、办理出口相关手续等。其优点在于企业可以加强对国外市场的控制力，能更加有效地遵循企业总体战略的发展要求，有利于积累国际营销经验，培养国际营销人才。但是，相对于直接出口来说，直接出口虽有较大的潜在利益，但财务风险更高，而且对企业的资源和能力有更高的要求，如精通外语、熟悉国外市场和国际惯例、管理国外中间商的能力等。

此外，直接出口和间接出口都面临一个共同的问题：高运输成本及关税壁垒使出口变得不经济。

10.2.2 许可协议

国际许可协议是在国内许可方与国外受许可方之间的一种协议。许可方把自己的商标、专利、专有技术或其他有价值的智力资产的使用权授予被许可方使用一段时期，被许可方向许可方支付使用费。

在国际市场上，这种方式的优势是：许可方成本较低、风险较小，因为无须承担开拓国外市场所需的成本和风险；被许可方获得了商标、专利等的使用权，能够潜在地创造竞争优势。

对于那些缺乏开拓海外市场所需资源的企业而言，许可协议是一个非常有吸引力的选择。另外，当企业不愿意在不熟悉或者政治不稳定的外国市场投入大量资源时，许可协议也是一个很好的选择。当企业希望进入外国市场而与此同时又由于投资壁垒的限制而不能如愿时，企业通常也采用许可协议。

但是，许可协议存在四个方面的缺陷：首先，企业（许可方）很难控制国外被许可方的生产和销售。一旦签署了许可协议，转让了商标、专利或专有技术，许可方就很难控制被许可方的行为，即使被许可方没有充分地或正确地营销该产品，许可方也难以废除许可协议。其次，许可协议可能创造新的竞争对手。当许可协议到期后，被许可方可能最终非常熟悉专利和专有技术，成为许可方的竞争对手。再次，许可协议提供的潜在回报较少，因为回报必须由许可方和被许可方共享。最后，存在机会成本。许可方失去了通过出口或对外直接投资等其他方式进入国外市场的机会，许可协议通常赋予被许可方在东道国排他性使用商标或技术的权利，有时甚至也将许可方排除在外。

10.2.3 特许经营

虽然许可协议与特许经营是两种契约安排方式，但特许经营是一种综合性的许可协议。特许经营权许可方不仅把自己的无形资产（通常是商标）销售给被许可方，而且还要求被许可方遵守严格的经营规则，通常按照被许可方经营收入的一定比例取得特许权费。许可方经常为被许可方的连续经营提供帮助。麦当劳就是通过特许经营模式发展起来的。对于被许可方应该如何经营餐馆，麦当劳都定有严格的规则，这些规则涉及对菜单、烹制方法、员工政策以及餐馆的设计和选址等方面的控制。麦当劳还为它的被许可方组织供应商链条并且为它们提供管理培训和财务支持。

特许经营的优势是，服务性企业可以迅速地以低成本和低风险进入全球市场，并扩展了其收入基础，正如麦当劳所做的那样。不足之处是：许可方只以特许费的形式得到了一部分收入，而不是全部收入，除非企业通过直接投资从事经营活动；遥远的地理距离和被许可方的数量过多（麦当劳有数万家被许可方），使许可方对被许可方的质量控制变得困难。

10.2.4 国际战略联盟

国际战略联盟是指来自不同国家的两个或两个以上的企业参与商务活动的合作性协定。这些活动可能涉及从研发到销售和服务的任何价值链活动。国际战略联盟的基本类型主要有两种：股权型国际合资企业和非股权型联盟。前者即通常所说的国际合资企业；后者则通常被称为国际合作联盟。

股权型国际合资企业是由来自不同国家的两个或两个以上的企业共同拥有的企

业。合资方可能在合资企业中拥有多数、少数或对等股权。非股权型国际合作联盟是指来自不同国家的两个或两个以上的企业在任何价值链活动上的合作，这是一种契约性的合作协定，并不要求建立独立的企业。

国际战略联盟能使企业分担风险、分享潜在的收入与利润；得益于当地伙伴对东道国当地消费者偏好、竞争环境、文化差异、政治法律环境和行业惯例的了解；通过接触新的知识和能力，这种模式可以帮助企业发展核心竞争力，从而获得竞争优势。

但是，国际战略联盟也存在一些风险。国际战略联盟的成功需要联盟各方贡献出有价值的资源和能力、联盟各方高层领导层强有力的支持、联盟各方建立信任。文化问题在国际战略联盟中比较突出。文化冲突是国际战略联盟失败的一个重要原因，因此，承认存在文化差异、实行跨文化管理对于跨国战略联盟的成功至关重要。

10.2.5　对外直接投资

对外直接投资是指企业用股权控制的方式，直接参与目标国市场厂商的经营管理，以获取一定收益的投资活动。对外直接投资是国际经营活动的最高形式，也是企业国际化程度较高的标志。但是，对外直接投资风险更大，而且灵活性差，一旦受挫，可逆转性差。

对外直接投资主要有两种常见方式：新建投资和跨国并购。新建投资是指在东道国建立一个全新的企业，它需要企业自己重新建立生产经营设施、安排人事。这种方式进入当地市场速度缓慢，工作也比较复杂，但是企业在工厂设计、供应商选择、人员配备等方面有更多的选择空间。跨国并购是指企业通过购买东道国一个现有企业的部分或全部股权，将被并购企业的业务纳入其战略投资组合，从而达到更有效利用其核心竞争力的目的。并购的优点在于能迅速获得生产经营所需的资源和能力，比如技术、设备、人才以及营销网络等。但是，并购的成本很高，常常需要借债融资，并购后的整合难度较高，跨国并购不仅要处理不同的企业文化，还要处理潜在的不同社会文化和习惯等。

从投资方式看，对外直接投资包括全资子公司、分公司和合营子公司。在全资子公司中，母公司拥有100%的股权。这是对外直接投资中母公司介入程度最大、控制性最强的方式。全资子公司的效率一般比合营企业高，能保护技术秘密、保证产品质量，有利于贯彻母公司的战略。在合营子公司中，母公司拥有非全部股权，可能占多数股权，也可能占少数股权。分公司是母公司在东道国的分支机构，无独立法人地位。合营子公司包括合资经营公司和合作经营公司。合资经营公司中，合资各方按股权比例共担风险、共负盈亏；合作经营公司中，合作各方不按股权，而是通过契约来规定各方的权利和义务。

10.3　国家竞争优势

尽管实施国际化战略有很多好处，但也伴随着复杂性和更大的不确定性。例如，当企业在几个不同的国家运作时会产生多种风险，企业可能变得非常庞大和过度多元化，以至于难以管理或者管理成本超过了收益。

企业在国际市场中竞争，其竞争优势不只来源于企业自身，还来源于一个国家的竞争优势。迈克尔·波特的国家竞争优势理论表明一个国家持久的竞争优势体现在行业竞争力上，行业竞争力势必影响企业的竞争力。行业竞争力取决于该国的生产要素、需求条件、相关行业与支持性行业以及企业战略、企业结构和同业竞争。决定国家竞争优势的四个因素分处四角（如图10-1所示），形似钻石，因此又称国家竞争优势理论为钻石理论。

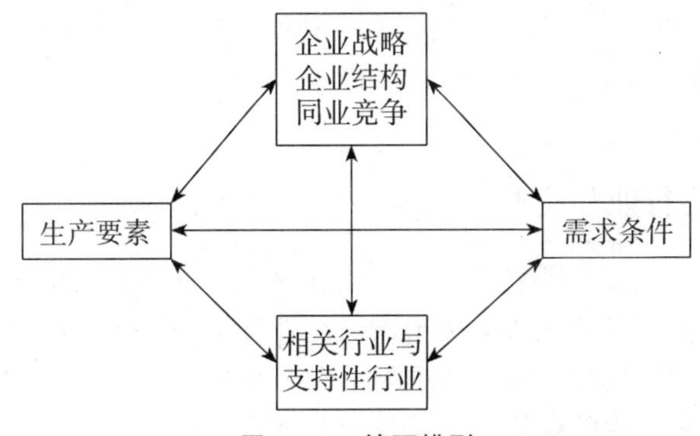

图10-1 钻石模型

钻石模型是一个系统，四个要素形如构成钻石体系的四个不同点。每一个点的效用取决于其他各点的状态。比如，挑剔的客户（需求条件）不会自动转化成好的产品，除非有好的人力资源（要素条件）；如果同业厂商之间缺乏竞争（同业竞争），生产要素的不利条件也不会刺激企业创新。由四大要素所构成的和谐系统，能够对竞争优势起有效支撑作用，并不断自我强化这种竞争优势。

10.3.1 生产要素

一国的生产要素主要指企业发展所需的资源。生产要素可分为基本生产要素和高级生产要素。基本生产要素包括自然资源、地理位置、气候条件、初级劳动力等。基本生产要素决定了某些国家的一些行业的竞争优势，如南非的钻石业、中东国家的石油开采与冶炼业等。但是，在全球化竞争中基本生产要素的地位正在下降，取而代之的是高级生产要素。高级生产要素包括数字通信网络、受过高等教育的人才以及科研与开发能力等。

生产要素按专业程度可分为一般生产要素和专业生产要素。一般生产要素包括公路系统、资本市场、受过大学教育的员工。专业生产要素则限制在技术型人才、先进的基础设施、专业知识领域和针对某一特定行业的因素，如专门研究光学的研究机构、石化业专用码头、汽车模型设计群等。

基本生产要素和一般生产要素是普遍供给的，任何企业都可获得，它们不构成竞争优势，全球化情形下更是如此。相反，高级生产要素和专业生产要素是经过长期投资培养起来的，而不是继承的，是相对稀缺的要素。一个国家拥有充裕的高级生产要素和专业生产要素就会提升该国的竞争优势。生产要素如果不能持续升级和专业化，它对竞争优势的贡献就会越来越低。

10.3.2 需求条件

需求条件体现在国内市场的性质、大小与成长速度。国内消费者对产品和服务越挑剔，企业改善、升级和提高产品和服务的压力就越大。拥有苛刻消费者的国家会推动本国企业为满足高标准而更新产品和服务、创造新产品和服务。因此，需求条件影响企业如何看待市场，挑剔的消费者促使企业不断对其产品和服务进行升级换代。例如，丹麦以环保意识闻名于世。消费者对环保产品的需求促使丹麦制造商在控制水污染设备方面取得了领先地位，它们成功地将这些产品推向国际市场。

10.3.3 相关行业与支持性行业

相关行业与支持性行业既包括同类型的行业，也包括上游和下游行业。能否成功地培养某个行业的国家竞争优势取决于该国是否有具备国际竞争力的供应商及相关行业。美国之所以在计算机和软件行业中处于世界领先地位，原因之一是由于美国“硅谷”集中了众多世界顶尖的计算机公司及配套企业，这些企业拥有众多的专家和技术人员。相关行业的竞争优势取决于以下因素：紧密合作的可能性、互补性和需求拉动作用、相关企业密集度和信息环境质量。

10.3.4 企业战略、企业结构和同业竞争

一个国家的体制、文化和历史等决定了一家企业的创建、组织和发展以及管理模式。由于不存在通用的管理模式，因此，企业应根据自身的条件、国家环境的特色（如民族文化、政府政策、民众对待权威的态度、学习外语的兴趣等）创造克敌制胜的能力。

在本要素中，一国范围内的同业竞争因素作用最大。激烈的国内竞争会推动企业进行创新，致力于寻找新的竞争优势源泉，从而提高企业的国际竞争力。

【战略聚焦】　打好“一带一路”组合拳

“一带一路”是在经济新常态下我国对外开放的新战略，旨在打造中国与相关各国互利共赢、共同发展繁荣的伟大构想。同时，“一带一路”也是带动中国西部开放、解决中国的区域间发展差距问题的大战略。因此，“一带一路”实际上是统筹改革、开放的全新战略，是我国新时期对外开放的“龙头”。然而，还应该看到，“一带一路”将深入安全高风险、经济发展水平差异巨大、地缘政治复杂的多个区域。同时，它还是在企业准备严重不足，但又不得不快速走出去的形势下进行的，风险很大，陷阱很多。在此，我们特提出组合拳式的走出去投资方式，发挥我们的优势，整合各种资源，真正地实现与相关各国互利共赢的“利益共同体”和共同发展繁荣的“命运共同体”。

推动"一带一路"发展的最核心部分，实际上就是中国企业"走出去"。据预测，到"十三五"末，中国企业对外直接投资总额将超过1万亿美元，其中在"一带一路"上的投资将会占很大比例。如此大规模的对外投资，风险不可低估。其中最大的风险在于我国的企业准备不足。另一个问题是很多发展中国家政局动荡，突发事件可能导致投资企业经营困难，甚至人身安全受到威胁。另外，企业国际化经营和管理的专业人才储备严重不足，内部管理机制跟不上。政府的有关部门经验也不足，对我国企业保护不够。从多年来境外直接投资年检的情况看，国内企业"走出去"总体盈利情况并不理想，盈利能力不强，亏损企业数量比较多。在这种情况下，企业单打独斗式地走出去，风险极大。有必要把企业组织起来，抱团取暖式地走出去，通过在当地建立工业区，再与我国参与建设的基础设施相配合，从整体上发挥我们的优势。

要真正发挥好在"一带一路"上的投资组合拳效应，我们需要有一系列开拓性的政策协调与实施措施。

第一，规划要先行。组合拳式的投资需要很好地规划，把投资的各个组成部分有机地结合起来。一定要建立有效的"一带一路"政府间的合作与协调机制，尽快推出一批"一带一路"投资项目清单。第二，互联互通，基础设施建设优先。帮助沿线国家落实基础设施的互联互通、资源的合作开发、贸易与投资的自由化等一揽子安排，推动亚欧经济一体化。第三，跟世界银行、亚洲开发银行等国际组织不一样，我们的对外投资除了基础设施外，还可以有其他的产业投资同时跟进。第四，把建设境外工业园区作为国内企业走出去的抓手。第五，在"一带一路"上，长期以来已经形成了很多区域的、多边的、双边的合作机制。要充分利用这些资源，与国际机构合作，通过"一路一带"把已经形成的亚太经济合作推到更高的层次上。第六，要积极构建多元化投融资框架。第七，要提高走出去企业的环保意识并切实履行环境保护社会责任。

资料来源：改编自汤敏.打好组合 拳推动"一带一路"[EB/OL].[2015-03-09].http：//lianghui.people.com.cn/2015npc/n/2015/0309/c393680-26661377.html.

10.4 国际化战略选择

国际化战略的类型包括国际战略、多国战略、全球战略和跨国战略四种主要形式。就单一企业或者单一产品而言，究竟选择何种战略，既要充分考虑到不同战略的特点，又要充分结合本企业的实际，然后做出科学的选择。

10.4.1 国际战略

国际战略（International Strategy）是指母公司开发核心能力，并将有价值的技能和产品转移到海外子公司。总部设在技术领先的国家的企业常常采取国际战略，它主要是利用母公司创新来提高海外子公司的竞争地位。

国际战略假设与维农（Raymond Vernon）提出的产品生命周期理论具有一致性。具体地说：产品的开发和生产主要是为国内市场，只是把国内市场的剩余产品销往国外；技术和其他知识从母公司向海外子公司转移；海外制造被看做保护母公司国内市场的一种手段。

实施国际战略的企业倾向于把研究与开发活动放在母公司，子公司在新产品、新工艺、新技术上依赖于母公司，需要母公司进行大量的协调和控制。企业也倾向于在有业务的主要国家设立生产和营销职能活动。虽然子公司也根据当地的条件制定产品和营销战略，但是，母公司最终保持着对营销和产品战略的控制权。

20世纪50—60年代，向海外扩张的大多数美国企业都采取国际战略。譬如，宝洁公司传统上在它的所有主要市场（包括英国、德国和日本）都有生产设施。然而，这些生产设施所生产的具有当地特性的产品都是由美国的母公司开发出来的，并且这些产品的营销广告词也是在美国形成的。从历史上看，宝洁公司对于各国市场差别的反应能力是相当有限的。

国际战略的一个突出的缺点是：既无法获得规模经济，又丧失对当地市场环境的反应能力。

10.4.2　多国战略

多国战略（Multinational Strategy）是指母公司在各国建立子公司，并将战略决策权分配到各子公司，这些子公司在母公司的总体战略指导下，设计、生产和营销适合当地市场的产品或服务。多国战略的根本假设是不同国家的市场和经营环境存在差异，因为不同国家的消费者需求、行业结构、政治法律环境和社会环境等各不相同。

1.多国战略的优点

第一，对各东道国不同市场环境的适应能力较强。实施多国战略的企业常常通过差别化的产品，对消费者需求、行业特性和政府法规方面的国别差异做出反应。这个过程要求企业的子公司不仅识别当地需求，而且使用它们拥有的当地资源对这些特殊的需求做出反应。

第二，各东道国的子公司开展从研究与开发、生产、销售到售后服务等范围广泛的价值链活动。这些活动的自给自足总伴随着相当程度的地方自治，从而提高了子公司的经营自主性。许多欧洲企业，如联合利华、飞利浦、雀巢等采取了多国战略。

2.多国战略的缺点

第一，较高的经营成本。采取多国战略的企业倾向于在有业务的主要国家建立一整套的价值创造活动（包括生产、营销和研究与开发等），在组织结构、人员配置和经营活动等方面存在重复建设，从而导致较高的经营成本。尽管采取多国战略的企业将其核心技术向各子公司转移，但是，不能通过实行集中生产和向全球市场提供标准化产品的方式实现规模经济。因此，在一般情况下，这些企业无法获得规模经济效应，从而导致企业的经营成本很高。

第二，子公司之间较少的知识和能力转移。很多采取多国战略的企业最后发展成为由较为独立的各国子公司组成的松散的联盟，知识和能力很少在企业的全球各子公司之间相互转移。因此，在许多情况下，企业难以向竞争对手发起协调一致的全球性进攻。20世纪70年代晚期，飞利浦NV公司试图使它的V2000型录像机成为录像机行业的主要标准，从而与松下公司的VHS版本竞争。但是，由于飞利浦的美国子公司拒绝采用V2000型版本，这个计划被扼杀了。相反，那家美国子公司转而购买了由松下公司生产的录像机，并且贴上自己的商标。

第三，位于不同国家的子公司或战略经营单位在不同的市场上采用不同的战略，这样对于整个企业来说，因战略的差异性和由此带来的管理复杂性将增加企业的不稳定性。

10.4.3　全球战略

全球战略（Global Strategy）是指母公司集中决策，在不同国家的市场中销售标准化产品。全球战略的根本假设是，不同国家的习俗和偏好的共同之处大于相异之处，换言之，通过给消费者提供具有适当成本和质量优势的标准化产品，促使过去形成的国家之间的多样化习俗和偏好逐步趋同。采用全球战略的企业赞成莱维特（Theodore Levitt）教授的观点：未来属于那些无论在哪里都以相同方式制造和销售相同产品的公司。

1.全球战略的优点

第一，降低成本。采用全球战略的企业主要依赖于提高全球经营效率，它们把生产、营销和研究开发活动集中在少数几个最有利的地点进行，以获取存在于这些活动中的规模经济。实施全球战略的企业一般不针对各个国家的市场情况调整它们的产品和营销战略，因为这种调整会增加成本。此外，全球战略倾向于集中生产。集中生产主要是指减少产品生产的种类。当产品种类减少时，产品的单位成本便会随之下降。产品种类的减少会降低由建厂、停工、额外存货和其他诸如此类因素所产生的成本。

美国吉列（Gillette）公司是实施全球战略的典范之一。该公司在所有开展业务的国家销售相同的产品，使用相同的生产方法，推行相同的营销策略并发布相同的广告。目前该公司控制着全球剃须产品70%的市场份额。这种战略的主要优点是具有规模经济效应，主要表现在研发和全球范围内最有效地利用智力资本上。许多日本企业，如丰田、佳能、小松制作所（Komatsu）等，都是成功实施全球战略的典范。

第二，提高质量。全球战略集中生产较少的产品，能够提高产品的质量。当产品种类减少时，企业集中其资源于少数几种产品上，在财力和管理资源不变的情况下，分配到每个产品上的资金和管理资源将增加，产品的质量将得到更好的改善。

2.全球战略的缺点

第一，管理成本的增加。实施全球战略的企业需要做大量的跨国协调工作，由于协调工作的增加、各种传达需求和人员的增加，全球战略会带来显著的管理成本。

第二，对各东道国不同经营环境的适应能力削弱。产品标准化可能会导致其无法充分满足任何一个东道国消费者的需求。任何价值活动在地理上的集中可能会加大该活动与消费者的距离，可能会降低对消费者需求变化的敏感性和灵活反应能力。此外，在全球推行一致性的营销策略可能会削弱对各东道国不同营销环境的适应能力。

第三，把一项活动集中在一个单独的地区也会使企业其他活动依赖于这一地区。这种对单一资源和地区的依赖可能不利于企业的长期竞争力的提高，因为这种单一资源或地区往往会成为竞争对手的主要进攻对象，而且如果集中化的活动发生失误，该失误将会波及整个企业，企业的竞争地位就会被侵蚀。福特汽车公司欧洲区经理反思了在20世纪90年代中期的全球战略中公司活动的集中化。他哀叹道："现在，如果你对市场判断错误，那么你会在15个国家出现错误，而不仅仅是一个国家。"

第四，母公司的过度集中决策可能会挫伤子公司的自主性和士气，影响子公司的经营灵活性，从而导致子公司经营效率的降低。

3.全球战略的适用条件

实施全球战略的企业，必须事先考察不同市场中的消费者需求是否相似，确定什么样的产品是全球产品，怎样在全球范围内合理配置价值链活动，实现全球产品的大规模生产，如何通过企业总部的集权管理和决策，有效协调和控制全球范围内的生产活动，从而提高全球经营效率。实施全球战略的企业需要做大量的跨国协调工作，而且还倾向于利用自身的成本优势为在不同国家的子公司之间进行的产品转移确定价格。

10.4.4　跨国战略

跨国战略（Transnational Strategy）是指在全球经济中，母公司需要寻求全球化的效率和当地化反应敏捷的统一，从而获得竞争优势。母公司将某些价值活动集中在最能节约成本的地方，把其他一些价值活动交给子公司以便较好地适应当地的环境，并促进子公司之间的知识和能力转移。

1.跨国战略与国际战略、全球战略、多国战略的联系和区别

全球战略假设最好的成本定位是竞争优势的主要源泉，多国战略把差别性看做增加效益的主要途径，而国际战略则希望通过创新来降低成本、增加收入或同时实现这两者。

与全球战略相比，跨国战略认识到灵活的重要性，并强调适应东道国市场；与多国战略相比，跨国战略强调母公司与子公司之间以及子公司之间的联系、协调和知识分享能力。

采用跨国战略的企业认识到，每一种战略都是不完整的。跨国战略试图同时寻求区位优势和从世界范围的经营中获取经济效益，即较高的全球经营效率、灵活性和学习能力。区位优势是指企业根据条件要求，将其价值活动（制造、研发以及销售等）配置在企业能够"以最好或以最低成本"进行这些活动的世界上任何地方。

为此，跨国战略对组织结构的要求也不同于国际战略、全球战略和多国战略，企业需要重新对资源和能力进行组合。全球战略倾向于集中所有的资源在母国或具有低要素成本的东道国，以获取存在于每一经营活动中的规模经济；多国战略将其资源分散于各东道国的子公司，使其子公司能够对当地需求做出反应；国际战略则倾向于集中那些对发展创新极为重要的资源，其他资源则分散在各东道国的子公司，使其创新适应于全球范围。实施跨国战略的企业必须创造一个更为精致而多样化的资源和能力

的组合。

2.跨国战略的优势

第一，能够实现规模经济。实施跨国战略的企业通过对其某些价值活动的集中，以实现规模经济。一般地，生产和后勤或其他远离消费者的主要活动趋于集中化，因为这些活动所面临的适应当地市场的压力较低。另外，为了提高规模经济的潜力，信息系统和采购等支持性活动也趋于集中化。

第二，能够适应东道国当地市场。实施跨国战略的企业倾向于将营销、销售和售后服务、装配等主要活动分散在各东道国的子公司中，以提高子公司经营的灵活性和适应当地市场的能力，而且也能减少运输成本和协调成本。

第三，能将活动定位于最佳地区。实施跨国战略的企业需要决定，哪些重要的资源和能力最好集中在母公司。研究与开发活动一般放在母公司进行，减少核心技术外溢的可能性，以保证战略的安全性。其他一些资源可以集中使用，但并不限于母国。企业可以把劳动密集型产品的全球制造中心建在低劳动力成本的国家，把技术密集型产品的制造中心建在技术先进的国家。其他资源最好在地域上分散使用。

第四，能增加知识流动和学习。跨国战略需要母公司和子公司以及子公司之间的大量和广泛的沟通和知识流动，以增强对所有竞争环境的适应性和灵活性。实施跨国战略的企业在全球范围内建立学习网络，母公司和所有子公司的有价值的知识和能力都会整合到该网络中，以确保企业的全球生产体系的有效运行。

3.跨国战略的风险

第一，为保证成本和质量，在决定价值活动的最优区位时面临挑战。关于价值活动的地点选择很难在要素投入（如劳动力和原材料）的质量和成本两方面都达到最优。管理者必须确保区位优势能真正实现。譬如，低劳动力成本所带来的优势有可能会被低生产率和内部运营质量所抵消。

第二，虽然知识转移可能成为竞争优势的一个重要源泉，但知识的传递并不会“自发地”产生。不论知识的流动和学习发生在母公司和子公司之间还是子公司之间，都需要目标企业认识到知识的价值。此外，地理距离以及语言和文化差异也会阻碍知识的流动和学习。企业必须创造一些机制，以促进子公司之间知识流动的常规化、系统化。

【战略聚焦】 全球品牌一致性与适应本地诉求

制定一个品牌的国际战略取决于现有品牌的实力、本地品牌的知名度和本地市场的偏好。一个统一的国际化品牌或许可以实现成本最小化，但它却不能很好地适应各个市场偏好存在的差异性问题，而一个混合的品牌操作模式融合了国际化的品牌和针对特定地区的产品，这个模式可以有效地覆盖多个消费群体，而与本土品牌的联盟可以让公司更加精细化地调整产品和服务，以应对不同地区的不同偏好。

不同品牌模式的比较见表10-2。

表 10-2 **不同品牌模式的比较**

品牌模式		
单一品牌	混合品牌	与本地品牌建立联盟
耐克 海尔 美津浓	联合利华 顶新国际	雀巢 朝日啤酒

提高本地适应性（文化偏好）→

增加成本 / 降低利用现有品牌资产的能力→

公司	方案
单一品牌	
耐克	全球最大的运动鞋和服饰生产厂商，使用其注册商标（耐克加对勾的那个标志）几十年来得以在全球范围内推广其产品。这种品牌战略使其更加容易地进入新的服装、配饰和运动项目（如高尔夫）市场
海尔	一家领先的中国企业，目前在全球有超过 8 000 名员工，年销售额接近 240 亿美元
美津浓	在日本创立的体育用品品牌，提供棒球、高尔夫等运动器材以及运动服和鞋类。目前销售额接近 20 亿美元，业务遍及美洲、亚洲和欧洲主要市场
混合品牌	
联合利华	联合利华拥有许多国际旗舰品牌，包括德芙、立顿、本杰里和赫尔曼。针对特定市场的产品包括一种在亚洲、非洲和拉美销售的廉价香皂品牌——Lifebuoy，同时发起公共健康意识活动，以帮助提高卫生习惯。联合利华一半以上的销售额来自新兴市场和发展中国家
顶新国际	中国台湾公司，其在亚洲的旗舰品牌包括康师傅、味全、全家和迪高
与本地品牌建立联盟	
雀巢	雀巢建立了包括非洲、亚洲、欧洲和拉丁美洲的 64 个水饮料品牌。借助这些品牌，雀巢有效地完善了在全球水饮料市场的布局
朝日啤酒	全球公认的啤酒品牌。在中国选择了多品牌战略，在各个地区联合当地品牌，如西湖啤酒、青岛啤酒、北京啤酒和烟台啤酒等

资料来源：改编自 Evans A， Rees A，陈源道.跨国扩张的四大权衡[J].商学院，2013（9）.

10.5 国际化战略实施

要有效地实施国际化战略，必须充分认识到不同国家和不同文化的差异性。在众多影响战略实施的因素中，必须重点注意以下四个方面：

10.5.1 选择合作伙伴

通过合资企业或许可协议结成战略联盟，正在成为企业进入别国市场的普遍方式，尤其是对进入发展中国家市场而言。由于许多发展中国家政局不稳，政策易变，市场态势十分复杂，而且信息封闭，导致许多公司宁愿采取战略联盟的形式来规避风险。战略联盟成功的关键在于联盟伙伴的选择。联盟双方不但要考虑各自的战略目标，而且要考虑各自的资源和能力。缔结一个成功的战略联盟，要求联盟伙伴在合作之前至少有两年以上的贸易关系。事实上，战略联盟失败率较高，这一点使有些跨国公司不愿采取这种战略。但是，也有调查发现，如果联盟各方互相信任、资源和能力互补，战略联盟能取得更大的成功。越来越多的企业把战略联盟作为一种重要的战略，参与国际竞争。

10.5.2 重视跨文化管理

为了成功地实施国际化战略，企业必须考虑由于语言和文化差异，各国管理人员及普通员工能否适应同一种管理风格，当具备不同文化价值观的人员在一起工作时，是否需要跨文化管理。

荷兰学者霍夫斯特德（Hofstede）对53个国家的文化进行了研究，他用了5个指标对管理文化与价值观进行分析和比较。

1.权力距离

权力距离（Power Distance）是指一个社会对组织内的权力可接受的程度。若某国的权力距离大，则表示该国的企业管理者非常看重权力，宁愿独断专行而不愿其他管理人员参与。

2.不确定性回避

不确定性回避（Uncertainty Avoidance）是指一个人在不确定或模棱两可的情况下所感受到的压力大小。若某国的该指标值较大，则表示该国的人看重风险回避，因而倾向于维持工作的稳定性、制定规范化的规则和对业绩进行精确的衡量。

3.个人主义与集体主义

个人主义（Individualism）倾向于个人自由和行动的独立性。有些国家的人崇尚个人主义，主张通过竞争来获取个人的成功，如美国。集体主义（Collectivism）则正好相反，有些国家贬低个人主义而主张通过集体的共同努力来获得成功。

4.阳刚与阴柔

阳刚（Masculinity）是指人们注重金钱和物质，而阴柔（Femininity）是指注重人。阳刚文化看重男性的作用，强调结果和独立性；而阴柔文化主张男女平等，强调过程的互相依赖性。

5.人本主义与物本主义

人本主义（Confucian）主张人与人之间的和谐关系及与社会环境的和谐，提倡教育、勤俭节约和毅力等；而物本主义（Dynamism）则认为只有具备物质条件，才能获得组织和个人的生存和发展。

霍夫斯特德认为，由于文化不同，某些管理技术和方法在一些国家很有效，而在另一些国家却可能无效。例如，目标管理起源于美国，在德国也很有效，符合德国人低权力距离和高风险回避的文化特点，但是在法国却不行，因为法国文化的特点是高权力距离，即习惯从高度权威的个人那里接受命令，这与目标管理特点相背离，因为目标管理看重的是目标而非个人权威。同样，不同的文化背景还影响到战略决策，如阿拉伯人在作战略决策时要比美国人考虑到更多的变量，而拉丁语系的欧洲人则更愿把战略解释成危急，并主张立即进行积极的战略行动。霍夫斯特德进一步指出："不管愿不愿意，现在跨国公司的总部都要面临多元文化的管理。"

10.5.3 防范外汇风险

企业国际化战略一般风险比较高，其中，外汇风险是不可避免的。由于外汇汇率的经常性波动，会导致企业的盈利能力、现金流量等发生变化，制约企业的发展。外汇汇率的多变性使得区域性成本优势变得复杂化。

外汇风险主要有三种类型：经营风险（Operating Exposure）、交易风险（Transaction Exposure）和换算风险（Accounting Exposure）。经营风险是指由于东道国突发性的政治、经济、自然事件使企业经营性现金流量发生变化，可以通过经营多元化和融资渠道多元化来防范。交易风险是指已达成协议而尚未结算的外币交易因汇率波动而发生汇兑损益，可采用套期保值、外汇期权、合理选择币种等办法来加以防范。换算风险是指会计报表中不同货币之间换算造成的损益，是纯粹会计上的损益，并没有实质性的妨碍。

10.5.4 建立系统控制机制

战略的有效实施必须有良好的控制措施作为保障。国际化战略的控制比国内经营难得多。由于世界各地的文化差异、通信延误以及复杂的国际化经营环境，也使国际化战略的控制技术要高于传统的控制技术，也有别于国内的控制技术。

国际企业对国际化战略的系统控制要从所有权、人员、信息和财务控制等方面着手进行。

1.所有权控制

占有公司的所有权比例意味着对公司控制程度的大小，如美国就信奉"所有权即控制"，对其他国家的子公司倾向于获得控股地位。通过控股，母公司可以控制子公司重要事项的决策。

2.人员控制

人员控制主要有两种形式：个人控制和私访控制。个人控制是指国际企业让海外子公司的关键人物参与母公司的正式或非正式的组织活动，从而达到控制子公司的目的。私访控制则是通过旅行、考察、个人接触等私访活动，使企业内人人感到同处在一个和睦的大家庭里，从感情上维系住子公司。

3.信息控制

从某种程度上，国际企业可被看做不同国家企业之间的资本、产品和知识交易构成的网络。信息不断从一个子公司流向其他公司，然后又反馈回来，结果，国际企业越来越依赖国际信息网络来协调它们的国际经营活动，加强对于公司的控制。

4.财务控制与评价

对海外子公司的经营业绩评价主要有三种方法：投资回报分析、财务预算分析和历史比较分析。在一项研究中，95%的企业对海外子公司采用上述三种方法，而且投资回报率是最为重要的一个指标。对海外公司来说，由于汇率不同、通胀率不同、税率不同和转移价格的影响，净现金流量和投资回报额容易被扭曲，无法准确地评价其经营业绩的好坏。

■ 本章小结

企业在国际市场中竞争，其竞争优势不只来源于企业自身，还来源于一个国家的竞争优势。按照波特的钻石模型，一个国家持久的竞争优势取决于该国的生产要素、需求条件、相关行业和支持性行业以及企业战略、企业结构和同业竞争。

国际化战略包括国际战略、多国战略、全球战略和跨国战略四种。国际战略倾向于集中那些对发展创新极为重要的资源，使其创新适应于全球范围。多国战略将其资源分散于各东道国的子公司，使其子公司能够对当地需求做出反应。全球战略倾向于集中所有的资源在母国或具有低要素成本的东道国，以获取存在于每一经营活动中的规模经济。而跨国战略寻求将当地化和全球化结合起来，既强调全球整合和协调，又强调当地反应。

企业可能选择不同方式进入国际市场，主要包括出口、许可协议、国际战略联盟和对外直接投资。其中，出口和许可协议的成本和风险较低，对外直接投资的代价最高、风险最大。

企业国际化战略的实施要注重选择合作伙伴、重视跨文化管理、防范外汇风险、建立系统控制机制。

■ 复习思考题

1.竞争的无国界化是怎样形成的?

2.决定国家竞争优势的关键要素是什么?

3.国际化战略包括哪几种?试分析它们各自的优缺点。

4.企业进入国际市场的方式有哪些?如何比较选择?

5.结合实际，谈谈企业实施国际化战略的管理策略。

6.有人认为：“对于一家生产经营范围均局限在国内市场的企业来说，没有必要去关心国际化经营问题，也暂时不必去考虑国际化战略。”你对此观点持有何种看法?请说明理由。

■ 案例分析题

华为的国际化战略

以下材料显示的是华为公司的国际化战略历程，请仔细阅读。

【材料一】华为技术有限公司成立于1988年，主要从事通信网络技术与产品的研究、开发、生产与销售，为电信运营商提供固定网、移动网、数据通信网和增值业务领域的网络解决方案，是中国电信市场的主要供应商之一，并已成功进入全球电信市场。华为从1996年开始全球化战略布局，至今已在全球共设立了23个研究所与90多个海外办事处，销售市场遍布亚太、欧洲、拉美等9大区域，堪称中国企业成功实施“走出去”战略的楷模。

华为的国际化过程可分为四个步骤：第一步，进入中国香港。1996年，华为与和记电信合作，提供以窄带交换机为核心产品的“商业网”产品，通过这次合作，华为取得了国际市场运作的经验。第二步，开拓发展中国家市场，重点是市场规模大的俄罗斯和南美地区。1997年华为在俄罗斯建立了合资公司，同年华为在巴西建立了合资企业。第三步，全面拓展其他地区，包括泰国、新加坡、马来西亚等东南亚市场，以及中东、非洲等区域市场。第四步，开拓发达国家市场。

在西欧市场，从2001年开始，通过与当地著名代理商合作，华为的产品成功进入德国、法国、西班牙、英国等发达国家和地区。北美市场既是全球最大的电信设备市场，也是华为最难攻克的堡垒，华为先依赖低端产品打入市场，然后再进行主流产品的销售。

另外，为配合市场国际化的进展，华为不断推进产品研发的国际化。1999年，华为成立印度研究所。2000年之后，华为又在美国、瑞典、俄罗斯建立研究所，通过这些技术前沿的触角，华为引入了国际先进的人才、技术，为总部的产品开发提供了支持与服务。

【材料二】2008年，华为与贝恩资本曾试图联合并购3Com，但却被CFIUS（美国外国投资委员会）否决。2010年8月，华为与美国电信商Sprint洽谈一份60亿美元左右的电信合同，美国政界认为如果由华为向Sprint提供设备，会对后者在公共和私人部门的客户（包括军方）都构成“重大风险”，其后华为被告知不能再参与合同竞购。2010年5月，华为以200万美元收购了美国旧金山湾区技术开发商3Leaf的专利技术，但这项交易再次被CFIUS认为会“威胁美国安全”，华为最终于2011年2月18日撤销该交易。而在2012年摩托罗拉宣布出售资产时，华为也曾有意参与并购，但同样被美国政府认为存在国家安全问题而拒绝接受申请。

【材料三】2013年11月27日，国务院总理李克强视察华为罗马尼亚子公司。经过10年运营，华为目前在罗马尼亚电信综合市场占有率排名第一。华为罗马尼亚子公司的员工70%是当地员工，为当地创造了大量就业岗位，是中欧互利共赢的写照。

2015年1月4日，李克强总理考察了华为公司最新技术实验室、“专利墙”及终端产品展示。华为在全球已创立16个研究中心，获得专利36 500多项，在技术的积累方面已经跻身全球顶尖行列。公司一半以上员工持有股份。研究机构普遍认为，股权激励是华为取得成功的关键“密码”。

根据上述材料，请讨论以下问题：

1. 华为的国际化战略有何阶段性特点？

2. 华为的国际化战略遭遇到哪些障碍？

3. 企业国际化战略的实施要考虑哪些因素？

■ 比较研究

请访问中国石油天然气股份有限公司（http：//www.petrochina.com.cn）和中国石油化工集团公司（http：//www.sinopecgroup.com）官方网站，根据所提供的信息，请比较分析：

1.两家公司的主要经营业务及其业绩构成。

2.两家公司实现国际化经营的主要方式、历程和现有进展。

3.两家公司国际化经营模式可能遇到的风险。

■ 推荐阅读文献

1.库伦.跨国管理：战略要径[M].赵树峰，译.2版.北京：机械工业出版社，2003.

2.伊普.全球战略[M].程卫平，译.2版.北京：中国人民大学出版社，2005.

3.希尔，琼斯，周长辉.战略管理[M].7版.北京：中国市场出版社，2007.

4.明茨伯格，等.战略过程：概念、情境、案例[M].徐二明，等，译.4版.北京：中国人民大学出版社，2014.

5.希特，等.战略管理：竞争与全球化[M].吕巍，等，译，9版.北京：机械工业出版社，2013.

6.希尔，琼斯.战略管理：概念与案例[M].薛有志，等，译.8版.北京：机械工业出版社，2012.

7.项保华.战略管理：艺术与实务[M].5版.北京：华夏出版社，2012.

8.戴维.战略管理：理论与案例——获取竞争优势的方法[M].徐飞，等，译.14版.北京：经济科学出版社，2015.

9. Barney J B. Firm resources and sustained competitive advantage[J].Journal of Management，1991，17（1）：99-120.

10. Luo Y，Rui H C. An ambidexterity perspective toward multinational enterprises from emerging economies[J].Academy of Management Perspective，2009，11（1）：49-70.

11.D'Aveni R A，Dagnino G B，Smith K G. The age of temporary advantage[J]. Strategic Management Journal，2010，31（10）：1 371-1 385.

▼▼▼▼▼▼▼▼▼▼▼▼▼▼▼▼▼▼▼▼▼

第四部分

战略选择与执行

▲▲▲▲▲▲▲▲▲▲▲▲▲▲▲▲▲▲▲▲▲

战略基础
战略环境评价
战略模式设计
战略选择与执行
战略变革与创新
战略制定
• 关键：战略问题的识别
战略选择
战略计划系统与任务说明书
战略实施模式
战略执行的三大核心问题
• 组织结构与战略匹配
• 组织战略与文化匹配
• 治理结构与战略匹配

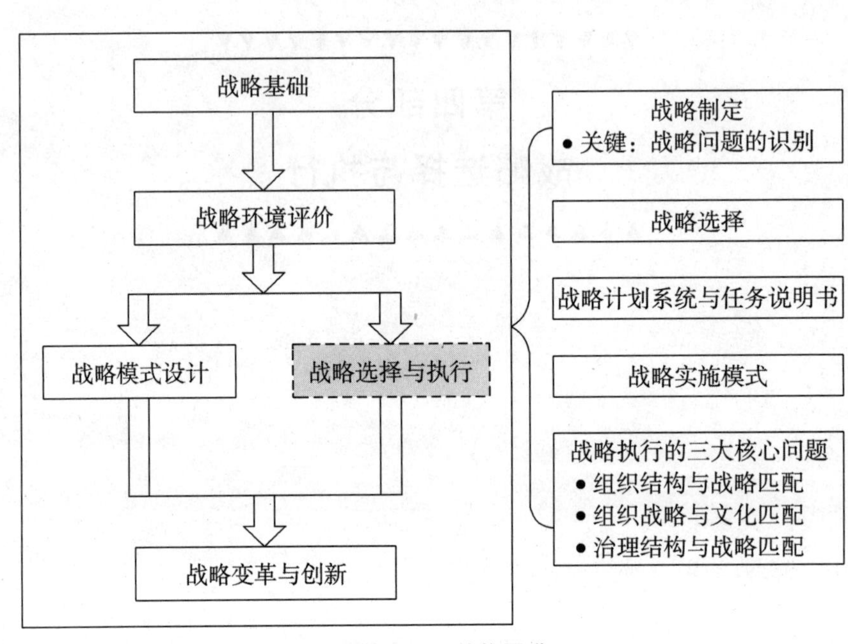

战略管理知识结构图谱

第11章 战略制定与战略实施

学习目标

要使一种有价值的战略方案取得满意的组织绩效，必须重视将抽象的战略方案转化为具有可操作性的实施计划。通过本章学习，应当学会识别战略问题，重点掌握战略制定与战略实施的关系，理解战略选择矩阵和战略聚类模型的应用价值，并了解战略计划系统和战略任务说明书。

开篇导读　联想集团“双模式”战略实施过程

自1994年杨元庆建立微机事业部开始，联想在中国逐渐建立起了分销渠道网络。很多渠道商是联想多年的合作伙伴，它们在长期多层次的交往中与联想建立起了牢固的合作关系，被称为“大联想体系”。这个坚固的渠道体系帮助联想在交易型客户中获得很高的市场份额。中国巨大的市场也吸引了众多国际电脑厂商的注意，如惠普、IBM也纷至沓来。1998年，以直销模式为核心的戴尔在中国厦门设厂，以大客户为主要市场，开始进军中国市场。随后几年，戴尔在中国的市场份额逐年攀升。这种急剧上升的势头，使联想感到了威胁。

2004年联想集团明确提出实施“双模式”战略。随后，在原本相对较弱的大客户市场取得了骄人的业绩增长。所谓“双模式”，即针对消费市场和商用市场，联想把其服务的客户群分为两大类：第一类是交易型客户（简称T模式），主要是指个人、家庭等零售客户，以及成长型企业和少于1 500人的中小型政府和教育机构；第二类是关系型客户（简称R模式），主要是指1 500人以上的大型企业、政府和教育机构以及其他大型商业用户。这些大客户通常也被称为战略性客户或关键客户。

自2006年开始，联想利用收购IBM PC业务的契机，将IBM在大客户管理方面的有益经验与联想自身的实践相融合，针对两类不同客户群采取不同的品牌策略，即针对关系型客户使用Think作为主品牌，而针对交易型客户使用Think Edge和Idea作为主品牌，分别覆盖中小企业客户和消费类客户。根据联想发布的财务报表，2010年联想集团全球市场营收中近70%来自于关系型客户。而在占据了联想集团营业收入37.5%的中国市场，51%的营业收入来自于关系型客户，另外49%的营业收入来自于交易型客户。可以说，“双模式”战略的成功实施，对联想集团在日益激烈的PC市场竞争中保持发展和壮大功不可没。

联想“双模式”战略的实施是一个“自上而下，逐步深入”的过程。为了进军商用大客户市场，联想的管理团队首先成立了专门的事业部来运营业务，然后以事业部为驱动力，从满足客户需求的角度，推动公司各个业务部门实施调整，并不断优化端到端的流程，形成销售、研发、制造、供应、服务紧密衔接的体系。“双模式”战略是差异化战略思想的产物，它对大客户群体与数目众多的一般客户加以区分，并为大客户提供“差异化”的产品或服务，从而赢得了更为广阔的市场。联想“双模式”战略的实施和调整过程，实际上是将企业的资源与能力不断与客户需求相匹配的过程。在联想“双模式”战略的实施中，公司管理层和客户经理发挥的作用尤为重要。

联想的“双模式”战略实施过程，实际是一个企业价值链的改造过程。联想的“双模式”战略，使得公司在原先相对较弱的关系型客户业务中取得突破，在此过程中，联想以大客户的需求为驱动力，不断地对其原有的各个价值链环节进行“改造”，最终使企业内部的各个部门形成一条最能令客户满意的“黄金价值链”。当然，这是一个充满艰辛的过程。

资料来源：根据相关公开资料整理。

战略管理是一个动态的过程。对企业战略问题的识别是制定战略的核心，制定一个良好的战略需要把握好战略设计系统以及重点环节，编制战略计划系统和战略任务说明书是一项非常细致的工作。战略实施是战略真正付诸行动的阶段。如何根据责任和权力在企业不同管理层次的转移程度，选择合适的战略实施模式，将直接关系到战略所产生的绩效。

11.1 战略问题的识别

战略问题是指那些对实现企业战略、对达到预定的战略目标的能力会产生重大影响的企业内部和外部即将出现的问题。它们可能是机会问题，也可能是威胁问题。企业在战略制定时，首要的工作就是要准确识别企业战略问题。

11.1.1 识别战略问题的标准

在一定时期内，企业内部和外部可能出现许多制约企业目标实现的问题。战略管理者对每一个问题都“眉毛胡子一把抓”地给予关注是不现实的。战略管理的顺利进行，必须要求企业能在问题还没有形成、发展或巩固之前，区别问题类型，识别出对战略全局会产生重大影响的战略问题。

判别战略问题的主要标准如下：

第一，问题的重要性。只有那些对企业或社会产生重大影响的重要问题，才是战略问题。

第二，问题与战略的相关程度。出现的问题如果与企业战略不相关，即使它对整个社会很重要，企业也不需要考虑对它进行管理。

第三，能否对问题采取行动。如果该问题具有战略的相关性，但不能对它采取行动或暂时不能采取行动，则只能关注这一问题的发展，等待解决的时机。

第四，问题的紧迫性。在问题性质重要、与战略有关、可采取行动的情况下，企业要优先处理比较紧急的问题。

11.1.2 战略问题的管理过程

战略问题的管理过程包括以下几个步骤：

1.识别问题

即将发生的战略问题有三种信息来源，即企业外部环境变化趋势、企业内部演变趋势和企业的效益发展趋势。企业可以从相互依存和相互影响的环境因素与企业各职能领域之间的变化上找出问题，并判定它对整个企业的影响。

2.评估问题的重要性

企业应将战略问题整理分类，按重要程度加以排序。最重要的战略问题应由企业总部详尽分析；一般重要的战略问题可放在经营单位或事业部层次详细分析；而一般性的问题只需加以注视，不必详加分析。

3.分析方法

战略问题排序以后，企业管理人员应对每个问题加以分析。分析方法主要有：

第一，战略问题寿命周期法。管理人员从过去、现在和将来等方面，分析问题的发展趋势。这种方法适用于分析对企业全局会产生重大影响的问题。

第二，战略问题分解法。管理人员将战略问题逐层分解，以便更有针对性地作出判断，研究各个层次的问题以及它们对企业战略的影响，进而有助于管理人员更为系统和翔实地掌握企业的战略问题。

第三，假设分析法。管理人员从相关利益群体角度，对战略问题提出正反两方面的假设，并对两种假设下的企业效益做出评价。然后，再对这些假设的重要程度和可靠程度进行分析，以便将注意力集中在最重要并且可靠的假设上，供管理人员制定战略时参考。

4.提出与问题相关的战略

企业对战略问题进行分析后，就须考虑是否需要提出战略。如果这些问题牵涉的面较广，则应考虑制定总体战略；如果问题只涉及职能部门，则可只制定相应的职能部门战略。

5.战略的实施

企业提出的战略，要有计划地付诸实施，从而避免减少企业的效益。

6.战略的控制与反馈

企业管理人员对战略的实施结果，要用一定的方法加以评价，并向企业反馈，以改进对战略问题的管理。

11.1.3　战略问题的抽象过程

第一步抽象过程是运用“脑力激荡”和征求意见的方法，集中并详细列出公司与竞争对手相比的不利条件。

第二步是将具有共同特征的现象合并为一类，以每类为单位再次检查，看这一类提出了什么关键性问题。在寻找解决问题的办法之前，务必弄清问题产生的根源。这样的抽象过程能使人们看清关键问题并强调某一因素的重要性。

上述战略问题的抽象过程及其管理方式如图11-1所示。

一旦抽象过程结束，我们必须确定下一步能找到解决问题的正确方法。当解决问题的办法原则上确定后，留待完成的任务就是如何拟订详细的行动计划。许多公司的经理总想简化确定关键性问题和付诸实施之间的必要程序，跳过部分步骤，直接进入管理的改进计划和具体活动的组织。实际上，即便是最有才华的第一线经理，也不能只通过一个步骤就使抽象计划变为行动。

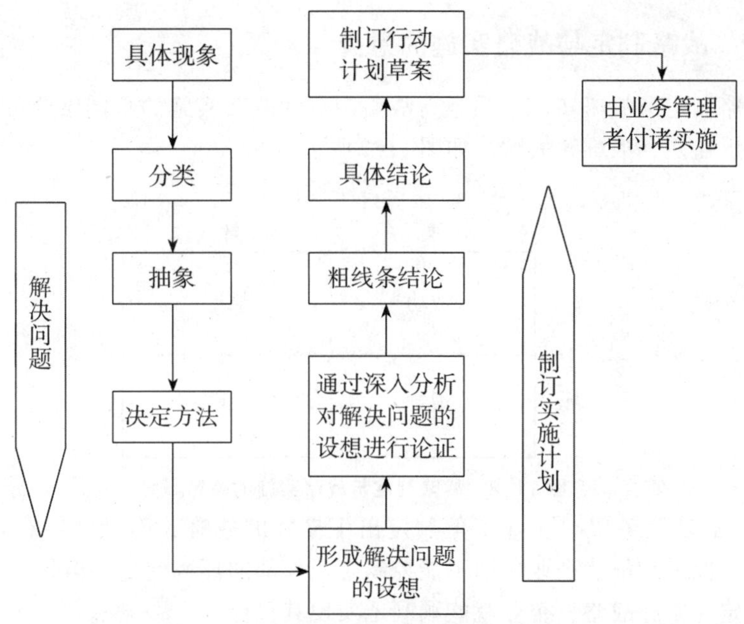

图11-1　战略问题的抽象过程及其管理方式

11.2　战略制定与战略实施间关系

战略制定完成以后，战略管理过程并没有结束。必须将战略思想转化为战略行动。企业战略制定和战略实施同等重要，轻视任何一方都是不正确的。

11.2.1　战略制定和战略实施的不同点

美国战略管理学者戴维（David）曾指出，企业应当采取主动而不是被动的态度，去影响、预测和发起事件，而不仅仅是对事件做出反应。在现实中，做一件事（战略实施）总是比决定做这件事（战略制定）要复杂得多。许多事先没有考虑的因素，往往会影响所制定的战略发展方向。那些成功的战略者喜欢拥有足够多的时间来思考企业正处在何处，未来应当朝什么方向发展，并据此确定在一定时间内实现发展目标的具体途径。

虽然战略制定与战略实施两个环节密不可分，但是，两者之间还是有根本性的差别（如表11-1所示）。

表11-1　战略制定和战略实施的比较

项　目	战略制定	战略实施
行为特性	在行为之前部署力量	在行动中运用和管理力量
战略侧重	注重效能	注重效率
过　　程	一种思维过程	一种行动过程
技能要求	良好的直觉和分析能力	特殊的激励和领导技能
参与人员	少部分人进行协调	众多人之间协调

11.2.2 战略制定与战略实施的组合

根据战略制定和战略实施的质量，战略制定和战略实施的不同组合可以分为4个象限：成功、摇摆、艰难和失败（如图11-2所示）。

		战略制定	
		好	坏
战略实施	好	成功	摇摆
	坏	艰难	失败

图11-2　战略制定与战略实施的关系

第一，“成功”象限。企业不但制定出了良好的战略，而且能够有效地实施战略。在这种情况下，虽然企业仍旧不能控制企业外部的环境变量，但是，由于企业能够成功地制定并实施战略，企业就能顺利地实现其目标。

第二，“摇摆”象限。企业没能制定出符合自己的战略，但执行这种战略时却还是一丝不苟的。在这种情况下，企业会出现以下两种不同的结果：

首先，由于企业能够很好地执行战略，可以克服原有战略的不足之处，或者至少可以为管理人员提出可能失败的一些信号。例如，企业的销售人员发现企业战略在售后服务方面存在问题，便将战略的重点放在改进售后服务方面。

其次，企业认真地执行了一个不完善的战略，加速了企业的失败。例如，企业对一个处在产品生命周期后期的产品所制定的战略是迅速扩大生产规模，如果在执行过程中，企业不加任何变动而认真执行的话，则只会加速企业的失败。

面对这两种情况，企业要及时准确地判断出在这个象限里的战略会造成什么样的结局，主动采取措施避免失败。

第三，“艰难”象限。企业战略虽然制定得很不错，但贯彻实施却并不得力。这种情况往往是由于企业管理人员过分注重战略的制定，而忽视战略实施的缘故。一旦问题发生，管理人员的反应常常是重新制定战略，但仍按照老办法实行，不会分析战略实施过程中存在的问题，结果仍旧会遭遇失败。如果不被实施或实施不力，即使技术上最完善的战略方案也不会达到目的。我们不能把战略看作是形式主义的、呆板的、特意安排的、自我凝固的官僚化机制。

第四，“失败”象限。企业所面临的问题十分严重，本身不完善的战略又没有很好地执行。在这种情况下，企业的管理人员很难保证战略会取得预期的成效。因为，企业如果保留原来的战略而改变实施的方式，或者改变战略而保留原有的实施方式，都不会出现好的结局。此时，企业的中层以上管理者必须重新审视战略思维模式，进行战略再设计。

【战略聚焦】 回归人性化的供应链再造

在安利大中华区副总裁刘明雄看来，与其他行业不同，直销行业并不直接面对终端用户，而是营销人员层层递进，最终将产品送到用户手中。其供应链体系与其他行业相比，看似简单却有多种可变性。

在近5年的时间里，随着电子商务以及移动浪潮来袭，90后用户的崛起，传统企业的营销模式遭遇巨大冲击。就在外界纷纷质疑安利是否能够继续成长之际，尤其是在2014年其拳头产品纽崔莱欢度80岁生日之际，安利给出市场的答案，就是全面移动化乃至云化。

“安利微购”于2014年9月开通，营销人员可以在这个平台上实现自购和代购的操作，而“安利数码港”则于之前一月开通，这是集客户管理以及购物和订单管理等功能于一身的移动商务平台App。

安利刚刚进入该领域不久，就开始建立并运营易联网。截至2014年11月，易联网订单占全国总金额的29.9%。建立于其上的会员平台“安利悦享荟”也获得不小的成功，截至2015年7月，会员人数已经超过470万，每月有近万名会员通过抽奖、兑换和竞拍的模式获得相应的礼品与服务。

如今的安利早已经不是纯粹的传统直销公司，而是日益成为线上业务巨头，特别是在移动端。在疯传开设微店之前，安利已经尝试将业务与微信融合。也是在2014年，安利开通了以“安利云服务”为主的微信公众号群，很快又上线了安利微购，与微信支付打通，从而支持客户通过微信直接完成产品挑选和购买。

资料来源：改编自邓纯雅.回归人性化的供应链再造[J].中外管理，2015（7）.

通过上述分析，我们可以清楚地得出以下两点结论：

第一，战略实施与战略制定同等重要。企业管理人员在制定战略时，常常会简单地假定企业能够有效地实施这一战略。这种观点和战略实践是不对的。

第二，如果战略实施不力，也很难判断出企业制定战略的质量。因此，企业需要在“摇摆”、“艰难”和“失败”象限里查明战略失败的真实原因。如果发现战略制定比较完善，则应当把注意力集中于改变战略实施的模式，以便取得成功。

11.3 战略选择模型

企业战略选择是指企业战略决策者通过对制订的战略方案进行科学的评估和比较，从中选出一种较为满意的战略的一项重大决策活动。选择一种战略将受多种因素影响，战略选择正确与否，直接关系到企业的命运。

11.3.1 影响企业战略选择的因素

战略选择是确定企业未来战略的一种决策，它对未来的战略实施会产生强烈影响。影响战略选择的因素有：

1.企业拟定的战略目标

根据企业拟定的具体战略目标，如果目标可以量化的话，则尽可能将量化目标作为比较标准来评估选择战略，这是一个理性化的影响因素，也是一个被广为接受的战略选择准则。不过，随着时间的推移，不断地调整目标也是必不可少的。

2.企业过去的战略影响

高层管理者在开始进行战略选择时，首先会想起企业过去所制定的战略以及实施效果。过去战略的效果对现行战略的最终选择有极大的影响。现在战略决策者往往也是过去战略的缔造者。如果企业高层管理者中的绝大多数任职年限较长，他们对过去的战略又投入过大量的时间和精力，会很自然地倾向于选择不改变过去的战略或选择与过去战略极为相似的战略。事实上，如果战略的选择与现行战略有某种相似，这种战略推行起来的阻力也较小，但可能会贻误企业进一步发展的机会。

3.企业对外界的依赖程度

在进行战略选择时，企业必须充分考虑产品生命周期、技术变革以及实际存在的和潜在的竞争者，充分考虑供应商、消费者、政府及外部其他利益主体等环境因素。

企业对上述外界因素中的一个或几个因素依赖程度的高低，会影响战略选择的过程。企业对外部环境的依赖程度越大，战略选择的灵活性就越受限制。

4.企业对待风险的态度

企业对待风险的态度影响战略范围的选择。如果企业对风险持乐观态度，战略选择的范围和多样性便会得到拓宽，风险大的战略也能被管理者所接受；反之，如果企业持有畏惧、反对风险的态度，战略选择的范围就会受到限制，风险较大的战略就会受到排斥。一般而言，风险型管理者喜欢挑战型战略，保守型管理者喜欢防守型战略。

5.时间因素

根据哈默尔和普拉哈雷德的观察，高级职员40%的时间投入到向外界看，在这些时间中，大约30%被用在关注未来3～5年或者更长时间的情况。花在思考未来的这些时间中，不到20%的时间用在建立一个未来统一的观点上。由此看来，高级管理人员还没有花到3%的时间（40%×30%×20%）用于思考公司的未来。时间因素主要从以下三个方面影响战略选择：

第一，外部时间制约对管理部门的战略决策影响很大。如果外部时间紧迫，来不及作全面仔细的分析，管理部门倾向于把否定因素看得比肯定因素更重要，往往不得不选择防御性战略。

第二，做出战略决策必须掌握时机。实践证明，如果好的战略出台时机不当，企业内部员工以及外部利益相关者都表示反感，战略实施后也可能带来灾难性后果。

第三，战略选择所需超前时间同管理部门考虑中的前景时间是相关联的。如果企业着眼于长远的前景，战略选择的超前时间就会长一些。

6.竞争者的反应

在进行战略选择时，必须考虑到自己的战略可能会引起竞争对手的反击。特别是直接针对竞争对手的进攻型战略，必须充分考虑到竞争者反击的概率和反应的能量，以及它们对战略成功可能产生的影响。

7.管理者的商业哲学与伦理信条

公司的管理者并不是不偏不倚地在评价各种不同战略方案基础上做出选择的，无论是管理者本身不经意的观点还是正式的研究，都暗含着管理者的个人价值观、商业哲学、道德伦理观对战略产生的重要影响。如果一位管理者具有很高的道德素质，那他就可能会不遗余力地确保公司各项业务都遵守严格的伦理法则，如禁止各种商业贿赂、禁止诋毁竞争对手的产品等等。

8.企业内部的政治利益群体

企业中固有的等级关系、各种人员对职业发展的渴望和对有限资源的分配，客观上也促进了形成不同的政治利益群体。政治利益群体之间的权术活动、勾心斗角将分散战略管理层的时间和精力，并会影响到企业的战略选择。高层管理者的一项重要责任就是要引导不同政治利益群体走向大集体观念，使战略选择得到关键人物和政治利益群体的有力支持。

11.3.2　战略选择矩阵

战略选择矩阵是根据企业自身的优势和劣势以及可运用的内外部资源的情况，为企业选择适合自己的战略而提供的一种工具（如图11-3所示）。该矩阵为企业战略选择指明了方向。

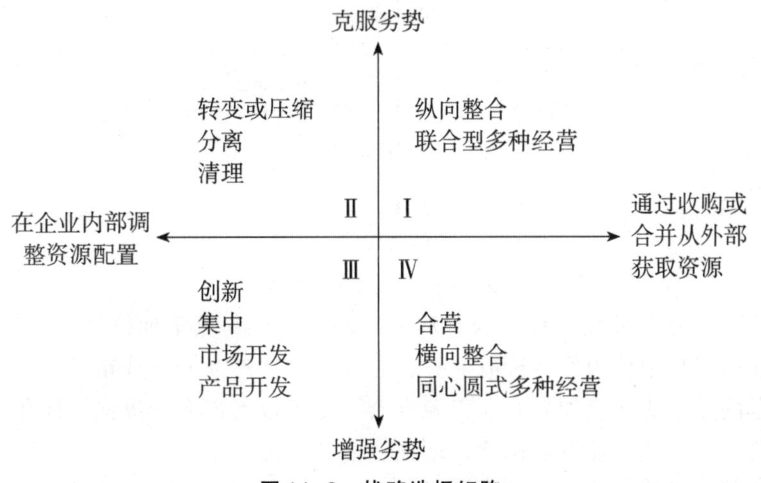

图11-3　战略选择矩阵

第Ⅰ象限：采用纵向整合战略，以减少原材料供应或顾客渠道方面的不确定性所带来的风险；也可以采用联合性多种经营战略，既能投资获利，又不用转移对原有经营业务的注意力。

第Ⅱ象限：在保持企业使命不变的前提下，企业在内部将资源从一种经营业务转向另一种经营业务，以加强有竞争优势的经营业务；或采用压缩战略，精简现有业务，以提高效率，消除浪费；如果障碍较大，采用分离战略，同时获得补偿。

第Ⅲ象限：采用集中战略，即市场渗透，全力倾注于现有产品和市场；市场开发和产品开发都是扩展已有业务；也可以通过创新产品达到目的。

第Ⅳ象限：企业通过积极扩大业务活动范围来增强优势。这是一种更加注重外部扩张的战略。一是横向整合，以迅速增加产出；二是同时进行多种经营，可以使企业平衡地、协调地发展；三是合资经营，可以使企业优势拓展到原来自己不敢独自进入的竞争领域，合伙者的生产、技术、资金或营销能力可大大减少金融投资，从而增加企业盈利的可能性。

11.3.3　战略聚类模型

美国管理学者汤普森（Thompson）和斯迪克兰德（Strickland）在波士顿矩阵基础上提出了战略聚类模型。它是根据市场增长率和企业竞争地位两个指标，为企业选择合适的战略所设计的一种分析工具（如图11-4所示）。

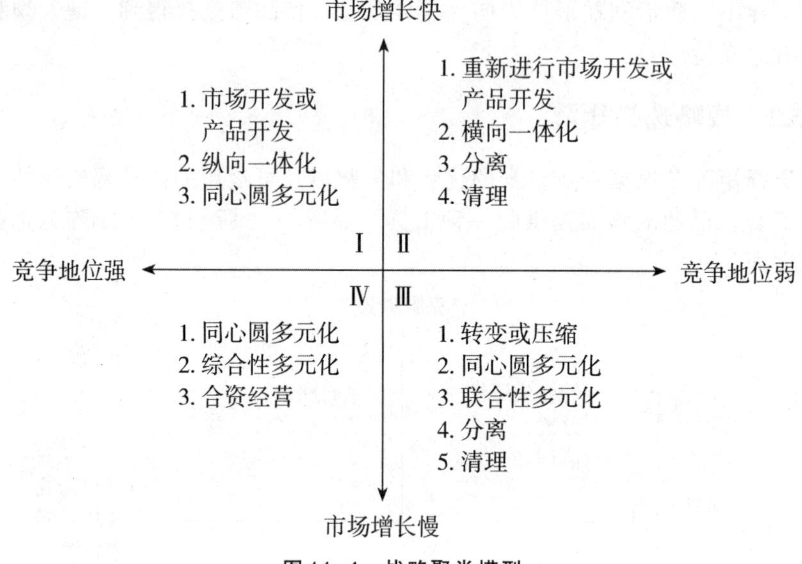

图11-4　战略聚类模型

第Ⅰ象限：企业处在一种极为有利的战略环境，其竞争地位强，市场增长又快。此时，企业可以集中精力经营现有业务，并着力进行产品开发或市场开发，万不可随意转移既有的竞争优势。如果企业资源有余，也可以考虑实行纵向一体化或同心圆多元化，以最大限度地抓住发展机遇，增强企业竞争能力。

第Ⅱ象限：尽管企业所处的市场增长快，但企业却处在不利的竞争地位，此时首要的任务是重新审视现行战略，找出企业经营业绩不好的根本原因。从总体上说，可供选择的战略有四种：重新进行产品开发或市场开发、横向一体化、分离、清理。在增长迅速的市场中，企业可以尽力通过产品开发或市场开发寻找有利可图的机会。如果实力不济而无法获得成本效率，可以考虑横向一体化方式。当然，也可以考虑分离部分投入大、效益低的经营业务或产品领域。如果经营失败，则可以实行清理，以避免产生更大的损失。

第Ⅲ象限：企业处在一种极为不利的战略环境，其竞争地位弱，市场增长又慢。

企业通常的战略选择是设法压缩经营业务或转移经营业务，尽力做到既能得到转移投资所需资金，又能促进提高生产效率和员工积极性。同心圆多元化或联合性多元化还可以实现进入富有前途的经营领域。如果能够找到合适的买主，企业不妨采取分离或清理战略。

第Ⅳ象限：企业竞争力强，但市场增长缓慢。企业可以考虑将经营业务拓展到那些市场增长较快的行业领域内，充分利用原有竞争优势实现多元化战略，既能分散风险，又能获取最大化利润。另外，合资经营也可以成为企业实施跨国经营战略的有效方式，可以使企业在国际市场上寻找生存空间。

11.4　战略计划系统和战略任务说明书

战略计划是战略管理的脊梁，它支持着整个战略管理。战略计划的目的有两个：一是降低企业风险；二是提高企业成功程度。

11.4.1　战略计划与长期计划的区别

计划是企业在分析、评价和选择各种机会的过程中，系统地制定可以实现预期经营目标的各种项目和措施。战略计划是指把企业诸要素视为一个整体，规定在3～5年内，所要达到的经营目标的一种长期计划。

战略计划与一般意义上的长期计划区别有以下两点：

1.两者对未来看法不同

战略计划认为未来并不一定比过去更好，应当根据内外部条件，进行前景分析、竞争分析、战略组合运用、技术分析等，审时度势做出最佳决策。长期计划则认为未来比过去更好，企业高层管理者往往是根据历史数据用外推法预测企业发展的未来。

2.两者制订过程不同

在长期计划中，企业首先要运用外推法来预测未来计划期内的综合指标，然后确定目标，并将目标分解到行动项目、预算和利润计划之中，最后由企业的相关单位执行。在战略计划过程中，企业首先要进行战略分析，谋求企业的前景与目标之间动态的平衡，形成战略。然后，企业根据近期效益目标和战略目标，将战略目标分解为若干个战略阶段去实现，分别设立作业项目和预算，以及战略项目和预算。作业项目与战略项目分别由不同的单位与控制系统贯彻执行。

由此看来，长期计划适用于稳定的环境或可预期的环境，而战略计划则可应对突然变化的环境。

11.4.2　战略计划的地位

战略计划能够增进对企业自身的了解，并增强在竞争对手察觉并作出行动部署之前对新的趋势与问题的反应能力。

1.战略计划是指导战略管理的重要过程

从高层管理者的任务看，战略计划虽然不是战略管理的全部工作，但它是指导战略管理的一个重要过程，支持着战略管理。德鲁克（Drucker）曾经指出，高层管理者的首要任务就是制定与实施战略。他认为，要通过企业使命来设计管理的任务，即要提出这样的问题：我们的企业是个什么样的企业？它应该是什么企业？为了回答这两个问题，企业必须建立自己的目标，制定战略与计划，其实质就是战略计划过程。

2.战略计划是所有管理人员的职能

战略计划是企业各个管理层次上的管理人员的一个重要职能。每个管理人员都参与制订或实施战略计划，只不过参与的程度因其所在的管理层次和重要程度有所差别。无论是企业内哪一层次的管理者，战略计划都是一个共同职能。战略计划中所设置的战略目标及各个战略阶段的分目标，为管理人员进行控制提供了依据。所以说，战略计划联结着战略管理、经营管理与作业管理的相互关系，促使企业管理人员形成强大的凝聚力和归属感。

11.4.3　战略计划系统的制定过程

战略计划系统是将战略方针、目标、环境因素等各要素融为一体的过程，并用来指导企业合理分配有限资源，以期达到目标的具体管理活动。这种战略计划系统强调适应机制，即适应预期的环境变动，而不是呆板地适应眼前的局部环境。

战略计划系统是战略管理展开的重要过程，通过对战略计划全过程的设计及重点环节的把握，最终确保企业获得长期竞争优势。

要有成效地制定战略计划系统，必然要求企业能够以一种强有力的组织方式去从事这项工作。企业在制定战略计划系统时，必须设计相应流程以便审核企业中各部门之间，以及它们的活动和计划之间的相互关联、相互影响及相互依存性。战略计划系统的制定过程包括两大部分：战略制定过程（图11–5上部虚框）和具体规划制定过程（图11–5下部虚框）。

对每一家企业来说，企业战略计划系统的制定过程只能说是一种原则性的参考。不过，无论采取什么样的制定过程，都应考虑以下几个方面的问题：

第一，广泛搜集企业外部环境变化的信息，必须考虑到一系列的连锁效应及派生的社会后果。事先对未来环境的预测越准确，考虑问题越周全，战略计划系统的适应能力就越强。

第二，战略计划系统必须超越可直接控制的有限界限，包括制约着企业经营活动的广泛要素。为了不只是在表面上考虑到这一点，要求企业自觉地考虑与绝大多数日常工作无多大关系的环境影响。因此，战略计划系统必将是能够适应错综复杂环境的一个系统。

第三，企业战略计划系统不仅包括总体计划工作，而且还包括千变万化的子计划工作。总体计划必须与各个子计划存在着一种内在逻辑关系，它们相互支持，也体现了战略计划的系统结构，这种系统结构是有效协调的有效手段。

第四，战略计划系统虽是一个长期计划，但它必须兼顾到短期的影响。企业高层决策者必须考虑这种短期与长期的辩证关系，切不可因一时或局部的因素，在实践中造成偏废一方的结果。

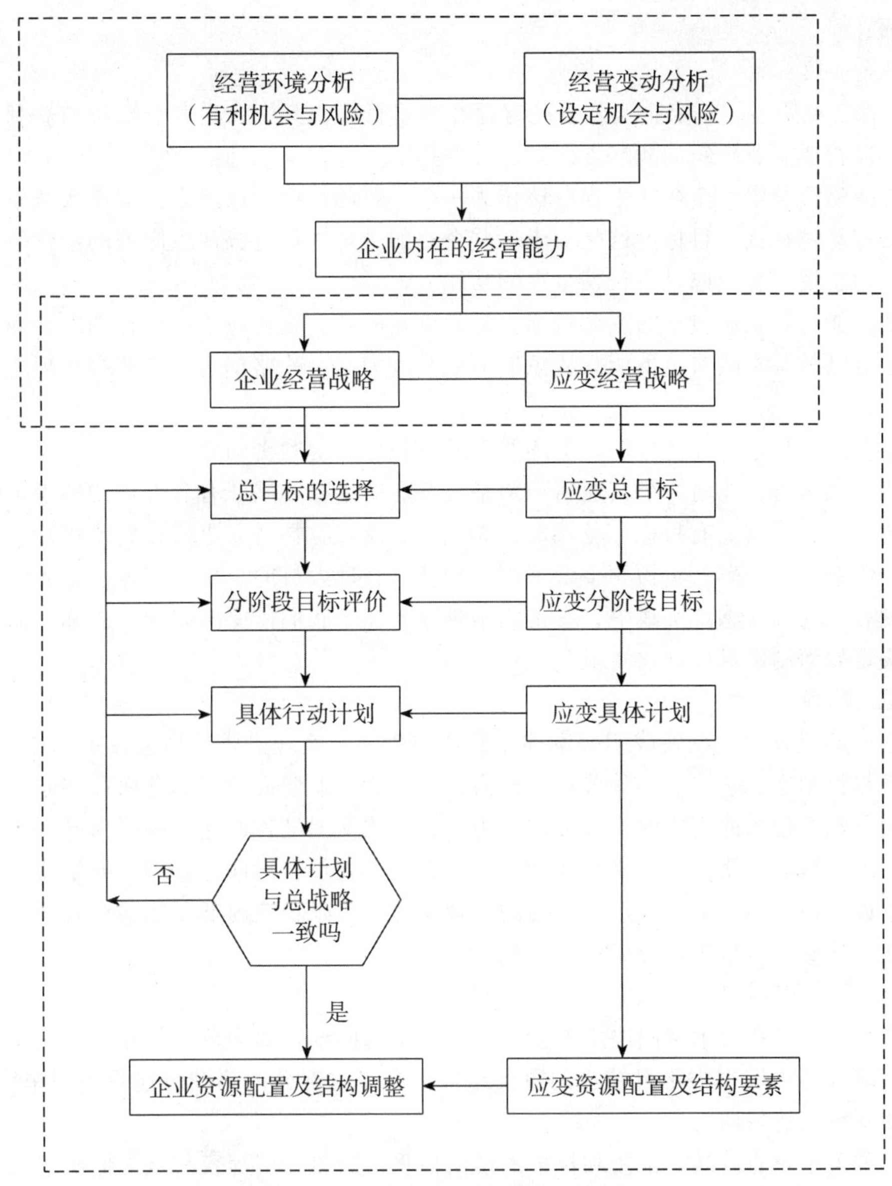

图11-5　战略计划系统的制定过程

11.4.4　战略任务说明书

企业战略任务说明书是一项重要的战略管理工具，主要用来回答企业处在什么经营领域、顾客是谁、企业为什么要存在等问题，进而强化企业的目的感、企业员工的使命感。它不仅将战略决策者的企业哲学具体化，而且还揭示了企业形象，指出了企业的服务范围和服务重点。

企业战略任务说明书作为一种交流与控制的工具，最明显的作用是为协调一致，以确保组织中的所有成员都朝同一个方向努力。为了清晰地说明企业任务，战略任务说明书在企业里往往是以书面的形式存在的。战略任务说明书的基本内容包括以下六个方面：

1.企业目标

如第2章所述，一家企业几乎同时存在多重目标，其中，生存、增长与获利能力三者共同构成企业组织的战略方向。

在战略决策中，企业的生存应该作为一个重要的目标加以考虑。但在实践中，人们却很容易忽视这一目标。这是由于一些企业的管理人员过分注重眼前的经营效果与利益，而忽视了企业应具有长期生存的功能。

获利能力是企业追求的主要目标。最为重要的是：企业应该根据长期的获利能力来制定自己的基本战略，不能只凭短期的获利能力制定战略，否则企业会出现严重的财务危机。

企业的增长这一经济目标与上述两个经济目标有着紧密的联系。

德鲁克认为，任何一个其业绩和结果对企业的生存和兴旺有着直接的和举足轻重影响的领域，都需要有目标。他同时还指出8个领域需要制定业绩和成果目标：市场地位、创新、生产率、实物和金融资源、利润、管理人员的表现和培养、工人的表现和态度、公共责任感。实践中，真正的困难并不在于我们需要确立什么目标，而在于我们决定如何制定目标。

2.经营理念

企业的经营理念反映或明确阐述了战略决策者在企业管理中所主张的基本信念、价值观与哲学观。它一般伴随着企业使命，或作为企业使命的一部分而存在。一般地讲，企业经营理念的主要内容常常被作为一种不成文但又普遍适用的行为准则，控制企业的组织行为，使企业形成自我约束。战略管理人员在形成经营理念的宗旨时，总是试图成功地提出一个既清楚又准确的管理思想，明确企业内部不同层级管理者的管理责任，达到经营自主权与灵活性的统一。

3.产品、市场和技术

产品、市场和技术共同决定着企业目前与未来的经营活动范围与能力。它们都是企业战略任务说明书中不可缺少的重要组成部分。这部分内容的陈述只要简单明了，能够使外行人清楚即可。

这种关于企业产品、市场和技术的说明似乎很简单，但却容易被人们所忽视，结果给企业自身与用户带来许多不必要的麻烦。因此，在企业战略任务说明书中将企业任务以文字形式公之于众，可使企业的各层管理人员、职工以及用户感到心中有数。

【战略聚焦】 Kindle开局之年

2012年12月，Kindle电子书商店在亚马逊中国网站正式上线。从Amazon.cn的相关页面上，我们可以看到，Kindle电子书商店的经管类主要显示了4个子类：投资理财、通俗读物、管理学、企业家。而纸质经管书商店的分类是：投资理财、经济与金融。这不是亚马逊主观进行分类的，而是根据读者的实际购买习惯和结果而设计的。26岁到35岁的男性读者是电子书购买与阅读的主力，他们代表了当今社会前沿的中坚力量。

亚马逊中国认为，Kindle的实践也改变了电子阅读是碎片化阅读的论点：在Kindle商店里，销售的是完整的长篇内容，读者阅读这种电子化的完备的长文也没有任何障碍。由此可以预见未来两大阅读行为：一是碎片化阅读；二是长文化阅读。阅读行为分化导致新的市场在形成发展。

资料来源：石丹所.Kindle开局之年[J].商学院，2013（11）.

4.自我观念

在充满激烈竞争的外部环境中，企业要取得持续的成功，其中一个重要的决定因素就是它如何确定自己在行业和市场中的位置，从而与外部环境进行有机的协调。要做到这一点，企业应能够如实地评价自己、认识自己、了解自己。这种自我定位就是企业的自我观念。

5.公众形象

在任何一个用户的心目中，每一家企业都有其自身的形象。这一形象与企业的声誉紧密相关，同时对巩固与发展现实用户和潜在的用户都会产生极大的影响。因此，企业战略任务说明书应该反映出公众对企业的期望，既保持自己特有的形象，又努力使用户不断接受企业所推出的新产品，使用户更加信任自己。即使在公众尚普遍缺乏对本企业了解的前提下，企业也要关注自身的形象，努力使公众对自己逐渐产生好感。

6.权变计划

权变计划是指在特定的关键事件没有按照预期发生的情况下可采取的变通战略。企业选定了某种战略以后，并没有也不可能对所有可能发生的事件做出计划，所以，还应制订经营战略的权变计划。当战略依据的假设条件发生变化时，或者战略没能产生出预期的结果时，企业则应该采用这一权变计划。

制订权变计划，首先要识别那些需要在战略上做出改变的主要潜在问题和机会，以及它们可能发生的概率。这些问题和机会通常产生于企业竞争所在的市场发生重要变化、主要竞争对手战略上发生变化，或者企业可用资源发生变化。

一些广泛采用的权变计划如下：

第一，如商业情报显示主要竞争者正在从特定的市场退出，本公司将如何做？

第二，如果本公司销售目标未能达到，应采取何种措施防止盈利损失？

第三，如果对本公司新产品的需求超过原来计划，应采取何种措施，以满足这一更大的需求？

第四，如果某种新技术的出现使公司的某种新产品比预期的要提前过时，公司应采取何种行动？

在某些情况下，内部及外部条件变化会提供一些意料之外的机会。此时，权变计划可以使企业及时地抓住并利用这些机会。总体上说，权变计划至少有三个好处：一是迅速对变化做出反应；二是防止在危机中陷于慌乱；三是提高企业对外部环境的适应能力。

11.5 战略实施模式

除了简单直线制组织以外，从战略制定到战略实施，还需要有一个从高层战略管理者到各分部主管和职能部门主管的责任转移。根据责任与权力转移程度的不同，战略实施可以采取5种基本模式。

11.5.1 指挥型模式

在指挥型模式里，企业管理人员运用严密的逻辑分析工具，重点考虑战略制定问题。高层管理人员或者自己制定战略，或者命令战略计划人员去决定企业所要采取的战略行动。一旦企业制定出满意的战略，高层管理人员便强制性地让下层管理人员去执行战略，而自己并不介入战略实施的具体过程。

这种模式的运用需要以下约束条件：

第一，高层管理者拥有较高的权威，能够通过权威发布各种指令推动战略实施。

第二，战略在比较容易实施的条件下运用，这些条件包括战略制定者和战略执行者目标一致、战略并不会冲击现行运作系统、环境简单并且稳定等。

第三，要求能够及时、准确、有效地收集信息，并能让高层管理者所掌握。

第四，要求有较客观的规划人员。

这种模式也有明显的缺陷，主要表现在不利于调动企业职工的积极性。职工会因此感到自己在战略制定上没有任何自主权，处在一种被动执行的状态。长期这样下去，会挫伤广大职工的自尊心。不过，在环境较为稳定的行业里，或在规模不大的企业中可以有效地运用这种模式。

11.5.2 变革型模式

变革型模式的企业高层管理人员，重点研究的是如何在企业内有效实施战略。他的作用是为有效地实施战略而设计适当的行政管理系统。为此，高层管理人员本人将在有关方面的配合下，采取一系列变革措施，例如，建立新的组织结构、新的信息系统，甚至兼并以扩大经营范围，采取激励手段增加战略成功的机会。

变革型模式大多是从微观角度考虑战略实施过程的，可以实施较为困难的战略。高层管理者的作用可以通过以下几种方式体现：

第一，利用新的组织结构和参谋人员，向全体员工传递新战略的重点。

第二，建立企业的战略规划系统、效益评价系统及控制系统。

第三，充分调动企业内部员工的积极性，争取大多数人员的支持。

但是，这种模式也有局限性，只能使用于稳定行业中的小型企业。如果企业外部环境变化频繁，企业根本来不及改变自己的内部状况，这种模式便发挥不出作用。同时，这种模式也是自上而下地实施战略，同样也可能不利于员工积极性、创造性、主动性的发挥。

11.5.3 合作型模式

在合作型模式里，负责制定战略的高层管理人员发动并利用下属管理人员，运用“头脑风暴法”、“战略规划小组”等方式来考虑战略制定与实施的问题。各级管理人员在这里可以充分发表自己的意见，提出各种不同的方案。这时，高层管理人员所起的是一个协调作用，他和企业其他管理人员一起对企业战略问题进行充分讨论，确保其他管理人员所有好的想法都能够讲出来，再进一步得到落实。

合作型模式可以克服指挥型和变革型两种模式的缺陷。这是因为，高层管理人员在作决策时，可以直接听取来自基层管理人员的意见，并将他们的意见加以综合分析，保证了决策时所使用信息的准确性和全面性。以此为基础，企业可以提高战略实施的有效性。

在实践中，对合作型的模式也有不同的看法。首先，在这种模式下决定的战略实施方案会过于四平八稳，由个人或计划人员提出的方案带有一定的倾向性。其次，战略实施方案的讨论时间可能会过长，以至于错过了企业面对的战略机会，不能让较高层的管理人员保持集中式的控制，不能听到企业里所有的意见。

11.5.4 文化型模式

文化型模式扩大了合作型模式的范围，将企业基层的职工也包括进来。在这种模式里，负责战略制定与实施的高层管理人员首先提出自己对企业使命的看法，不断向全体成员灌输这一战略思想，建立共同的价值观和行为准则，然后，鼓励企业职工根据企业使命去设计自己的工作活动。在这里，高层管理人员所起的作用就是指引总方向，而在战略执行过程中则放手让每个人做出自己的行为选择。

在传统的战略制定和实施模式中，人们往往认为思想家在上而实干家在下，文化型模式打破了战略制定和实施中存在着只想不做与只做不想之间的障碍，每一个企业职工或多或少地都参与战略的制定与实施，从而打破了战略制定者与执行者的界限，这是与前三个模式相区别的最大特点。自上而下方法容易取得战略目标的统一性，自下而上的方法则能够考虑到战略选择的多样性。如果没有统一性，多样性会导致资源分配的随意性和浪费现象；如果没有多样性，那么统一性又会导致战略决策的武断性和教条现象。文化型模式力求在统一性和多样性上获得一种平衡关系。

这种模式也有它的局限性。它要求企业员工具有较好的心理素质，受过较好的教育；否则，很难使企业战略获得成功。现实中的问题，采用这种模式往往会浪费大量的人力和时间，而且还可能因为高层管理者不愿意放弃控制权，从而使职工参与流于形式，徒有虚名，最终还是由高层管理人员说了算。

11.5.5 增长型模式

在增长型模式里，企业高层管理人员鼓励中下层管理人员制定与实施自己的战略，以确保企业能更好地增长。这种模式与其他模式的区别之处在于：它不是由高层管理者自上而下地灌输企业战略，而是从基层开始自下而上地提出战略。这种战略集中了来自实践第一线管理人员的经验与智慧，而高层管理人员只是在这些战略中做出自己的判断，并不将自己的意见强加给下属成员。在大型的多种经营企业里，高层管理人员面对众多的事业部，不可能真正了解每个事业部所面临的战略问题和作业问题，不如放权给事业部，以保证成功地实施战略，所以，这种模式比较适用于大型企业组织。

这种模式的优点在于：它给予了中层管理人员充分的自主权，鼓励他们制定战略并为他们按照自己的计划实施战略提供条件。同时，由于中下层管理人员和职工更直接地面对战略机会，因此可以迅速地把握时机，自行调整并执行战略。

在增长型模式中，高层管理者必须要有这样的思想认识：

第一，他不可能控制所有重大的威胁和机会，很有必要给下层管理者宽松的环境。

第二，管理者的权力是有限的，不可能在任何方面都把自己的意志强加于组织成员。

第三，只有充分调动及发挥下属管理者的积极性，才能正确地制定和实施战略。

这五种战略实施模式与管理实践是分不开的。在企业管理者需要拥有绝对权威的情况下，指挥型模式就是最佳选择。在为了有效地实施战略，需要调整企业的组织结构时，在战略实施中便出现了变革型模式。合作型、文化型和增长型三种模式的共同认识基础是：战略实施过程与战略最初制定过程一样，都充满着环境的变动。

在战略实施过程中，企业管理人员必须调动各种积极因素，利用各种力量，才能使战略获得成功。原则上说，每一种模式只适用一种特定的环境条件，而在实际中这些模式往往是交叉或混合使用的，并不能截然分割。美国管理学者彼得斯（Peters）和沃特曼（Waterman）提出如图11-6所示的7S模型，对战略实施具有启发意义。

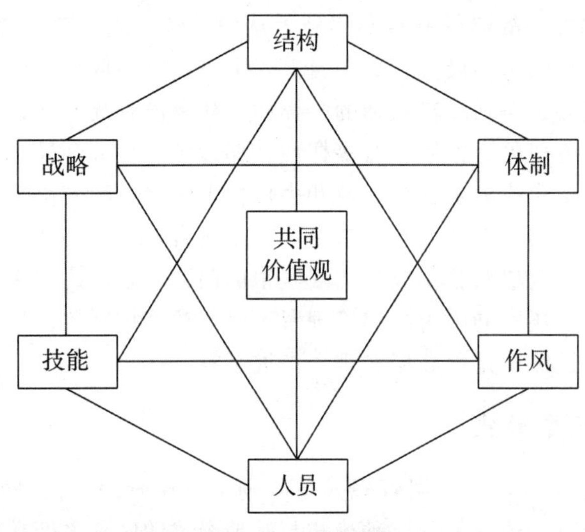

图11-6　7S模型图

这个模型强调在战略实施的过程中，要考虑企业整个系统的状况，即既要考虑到企业的战略、结构和体制三个“硬”因素，又要考虑到作风、人员、技能和共同价值观四个“软”因素，只有上述七个因素相互很好地沟通和协调的情况下，战略实施才能获得成功。

■ 本章小结

对企业战略问题的识别是制定战略的核心，是企业战略制定和战略实施的首要前提。战略制定和战略实施是两项十分细致具体的工作安排，对于每一位身居要职的战略管理者来说都显得尤其重要。一位优秀的战略家会进行战略规划并控制其计划的实施进程，而那些差的战略者从不做规划却又喜欢去控制别人。

战略问题是指那些对企业实现战略、达到目标的能力有重大影响的企业内部和外部即将出现的问题。它既可能是机会，也可能是威胁。判定战略问题的标准包括：问题的重要性；问题与战略的相关程度；能否对问题采取行动；问题的紧迫性。企业战略制定和战略实施是同等重要的。轻视任何一方都是不正确的。战略制定和战略实施不同的组合可以分为四种情况：成功、摇摆、艰难和失败。

战略选择是一种确定企业未来战略的决策。可能影响到战略选择的主要因素包括六个方面：企业拟定的战略目标；过去战略的影响；企业对外界的依赖程度；对待风险的态度；时间因素；竞争者的反应。战略选择矩阵和战略聚类模型是为企业选择适合自己战略而提供的有效工具。

战略计划支撑着战略管理活动，是战略管理的“脊梁”。战略计划的目的：首先，降低企业风险；其次，提高企业成功程度。战略计划系统的主要内容包括：对企业总体战略的说明；企业分阶段的目标；企业行动计划和项目；企业的资源配置；各战略子系统的衔接及组织保证；应变计划。

战略任务说明书是战略管理的工具之一，在企业内部可以用书面表达。其基本内容包括：企业目标；经营理念；产品、市场和技术；自我观念；公众形象；应变计划。

企业战略实施的基本模式有五种：指挥型；变革型；合作型；文化型；增长型。不同的战略实施模式中，高层战略管理者与其下属机构之间的责任与权力转移程度是有差别的。

■ 复习思考题

1. 什么是战略问题?简述战略问题的管理过程。

2. 试述战略制定与战略实施的相互关系。

3. 影响战略选择的因素有哪些?

4. 简述战略计划系统的基本内容。

5. 比较分析五种战略实施模式。

6. 有的企业家认为：“由于今天的商业竞争环境越来越具有不确定性，所以，制定战略计划系统的功能在不断弱化。”你对此观点持有何种看法？请阐述理由。

■ 案例分析题

陕鼓动力的服务转型之路

以下材料陈述的是陕鼓动力的服务转型战略历程，请仔细阅读。

【材料一】制造业的快速发展在造就中国经济高速增长的同时，也暴露出了高能耗、低附加值和低效率等难以保持持续竞争优势的问题。2008年以来，我国每年都有数以万计的中小型制造企业由于产品滞销而破产。2013年5月，李克强总理在京交会暨全球服务论坛北京峰会上指出：我国服务业依然是经济社会发展中的一块短板。2012年服务业增加值仅占国内生产总值的44.6%，远低于发达国家70％以上的份额，也比同等收入水平的发展中国家低约10％。所以，有学者认为，我国制造企业的经济利润大都来源于价值链的低端，处于微笑曲线的底部，在同发达国家的产品竞争中处于劣势。

实践一再证明，以出售有形产品为核心的传统制造不能实现顾客价值的最大化，通过设计并搭载产品和服务的整体解决方案，来提供产品在生命周期中的价值，已成为许多制造企业的战略指向。但也有学者指出，传统的制造企业自己来做服务并且兼顾社会环境问题，势必要承担一部分成本，可能会丧失企业已有的竞争优势，并且一些知名企业产品服务化转型的失败也似乎证实存在“制造企业的服务悖论”。

【材料二】1968年，在西安的骊山脚下，陕西鼓风机厂（陕鼓的前身）正式成立。当时的机械工业部已经决定了这家企业需要生产什么，然后再卖给谁。改革开放后，很多轻工业企业抓住了市场机遇，但大多数装备制造企业还未觉醒。在20世纪90年代，陕鼓虽然持续盈利，但因为产品单一，一直处于“保吃饭但又吃不饱”的状态。

2001年，印建安正式执掌陕鼓，就在这一年，他们遇到了一个大单。首钢集团的高炉需要一个能量回收机组，并希望供货方能以工程总包的方式来做。经过分析，印建安认为这是一个绝好的机会，没想到却遭到众人反对：和配套设备厂商进行协调就够麻烦了，再去做工程，我们做得了吗？土建这种技术含量低的活，不应该由我们做吧？印建安只能一次次地做思想工作，最终，大家同意试一试。这是陕鼓第一次参加工程总包的招标，三个多月后，方案终于成熟。但时间不等人，首钢已经将项目交给了其他厂家。在大家惋惜之时，市场机会再次来临，宝钢集团上钢一厂要上高炉项目。陕鼓提出可以用工程总包的方式来做。但这一次，宝钢很犹豫，在主机上，陕鼓是国内名副其实的“老大”，但在工程总包方面，陕鼓还是一张白纸。为了打动客户，陕鼓使出了“杀手锏”：愿意垫付一半的资金（1 500万元）做项目，若延期完工，甘愿接受罚款。最终，陕鼓拿到了订单。为了做好项目，陕鼓让时任副总工程师的马德洁领头成立项目组。在众人的努力下，陕鼓提前40天顺利完成了项目。事后，陕鼓进行了分析，如果只卖产品，只能拿到684万元的主机合同，但做工程总包，合同额增加到了3 080万元，是主机合同的5倍。另外，做工程和项目管理所带来的利润是主机利润的2.7倍。

【材料三】如果只卖产品，不但市场空间有限，而且可能永远是配角，只能为他人做嫁衣。最终陕鼓决定，不做“民工”而是要做“包工头”。陕鼓从2002年开始进行服务转型，经过几年的摸索后，在2005年，陕鼓正式提出了“两个转变”：从出售单一产品向出售解决方案和系统服务转变，从产品经营向品牌经营转变（之后又增加了“资本运作”，即从产品经营向品牌经营和资本运作转变）。在陕鼓看来，这是一条差异化道路，不但能满足市场需求，还能让陕鼓过得更好。“所有人都往高速公路上挤，一定是会塞车的。在转型后，我们就一直在讨论，能不能自己开一条路，这条路虽然不太好走，但路上几乎没有人，也没有车。”印建安说。向服务转型，让陕鼓尝到了甜头。

从2001年到2012年，陕鼓的营业收入增长了近20倍，净利润增长了46倍。陕鼓2013年度业绩快报公告显示，2013年，源于服务和运营的订货已占当年总订货量的近50%，逐步显现出了企业转型的成果。

资料来源：根据CCTV纪录片《大国重器》整理而成。

根据上述材料，请讨论以下问题：

1.陕鼓动力为什么要进行服务转型？

2.陕鼓动力是怎样打破“制造企业的服务悖论”的？

3.在中国制造企业实施服务转型过程中会出现哪些障碍？其中最关键的障碍是什么？

■ 比较研究

请访问当当网（http：//www.dangdang.com）和淘宝网（http：//www.taobao.com），根据网站所提供的关于综合性中文网上购物商城信息，请比较分析：

1.公司使命和战略目标的差异性。

2.公司在实施其商业模式时所采用的组织结构差异性。

3.影响网上购物商城发展的关键因素有哪些？两家公司采取了什么样的防范措施？

■ 推荐阅读文献

1.戴维.战略管理：理论与案例——获取竞争优势的方法[M].徐飞，等，译.14版.北京：经济科学出版社，2015.

2.希特，等.战略管理：竞争与全球化[M].吕巍，等，译.9版.北京，机械工业出版社，2013.

3.项保华.战略管理：艺术与实务[M].5版.北京：华夏出版社，2012.

4.陈忠卫，潘莎.组织公正感的理论研究进展与发展脉络述评[J].现代财经，2012（7）.

5.Coase R H. The problem of social cost[J].Journal of Law & Economics，1960，3（1）：1-44.

6.Eisenhardt K M. Making fast strategic decisions in high- velocity environments[J].Academy of Management Journal，1989，32（3）：543-576.

7.Smith W K. Dynamic decision making：a model of senior leaders managing strategic paradoxes[J].Academy of Management Journal，2015，1015（1）.

第12章 组织结构与战略

学习目标

组织结构是保证战略实施的必要手段。公司治理结构和组织结构要与企业发展战略相匹配。企业战略具有前导性，而组织结构却具有滞后性，正确处理两者间的关系充分体现了战略管理活动的艺术性。通过本章学习，要求把握组织结构设计的基本工作，理解分析组织结构设计的影响因素，分析公司治理对战略管理的作用，重点掌握组织结构和战略的关系。

开篇导读 新海尔无边界

基于互联网给商业环境带来的改变，经济学家提出面向数字经济时代有八大商业模式：数字化大集团、数据挖掘、新聚合、众筹、创意集市、产销者、分享经济、创业平台。为适应互联网以及数字技术所带来的变革，海尔正在尝试上述商业模式。2014年，海尔全球营业额实现2 007亿元，利润达到150亿元，增幅达39%，线上交易额实现548亿元，增幅达200多倍。海尔取得的平稳发展得益于海尔商业模式创新和平台化的转型，特别是在企业平台化转型方面，海尔打造了三个平台。

第一个是智慧家庭平台，它是海尔在上海的上市公司的业务，它对外体现智慧家庭U+生活平台，对内靠互联工厂保证，企业的产品不再是冰箱，而是一个食品解决方案，洗衣机不再是一个硬件，而是一个健康洗涤解决方案，每一个产品都是网器，每一个解决方案都融合一个统一平台，这个就是U+的智慧生活解决方案平台。对内海尔的变化从一个工序无人到无灯工厂一直到互联工厂，用户个性化需求汇聚到工厂，通过大数据可以实现大规模的生产制造，实现个性化生产到大规模制造的转变。

第二个是价值交互平台，它以海尔在中国香港的上市公司为主体，实现了海尔从制造向服务的转型，同时通过三张网络的融合提供交互交易到交付的全流程体验。巨商汇是B2B从生客生意到熟客生意的价值交互平台，日日顺商城聚焦家电，为用户提供家电家具家装全流程虚网实网相结合的解决方案平台，日日顺国际解决的是一个3.0的跨境电商平台，让没有外贸经验的人也可以非常好地走向国际市场。接下来，海尔在全国有9万“车小微”可以给用户提供24小时之内的快速送达服务。而云店网络则可以通过海尔3万微店，把终端和云端结合起来，可以深入每个社区，实现价值交互平台。

最值得关注也最具行业创新性的是第三个平台，也就是海尔集团从过去制造产品转化成一个制造创客的平台。在这个平台上，海尔内部拥有了无数的创客，实现了“人人都是CEO”。2014年海尔集团孵化出来100多个创业“小微”，它们都可以像两个上市公司一样独立发展甚至可以独立上市，海尔外部则是企业整个供应商和品牌的生态圈。

正因为平台化的转型，使海尔集团不仅实现收入、利润、交易额的增长，更主要的是收获了用户和用户的黏度。2014年海尔注册用户已经达到3 685万，其中活跃用户达到1 570万，极客粉丝达到近13万。正是因为有了用户的黏度，海尔的品牌才能够与时代同行。目前海尔已经是中国市场最有价值的品牌，连续13年蝉联品牌价值第一，达到1 038亿元。

创新不仅仅是一个新产品的开发，更为重要的是通过创客对生产要素的重新组合来适应用户需求，适应市场需求。海尔正是通过这种不断打破组织边界的变革，创造着一个新的神话。

资料来源：改编自屈丽丽.2015新海尔无边界[J].商学院，2015（Z1）.

组织结构设计与组织结构调整是战略实施的重要环节。企业处在特定的发展阶段，要有特定的组织结构设计相对应，没有一种永恒不变的组织结构可以让企业始终充满活力；同时，企业发展战略必须要有公司治理结构和动态的组织结构作保证。企业战略的前导性和组织结构的滞后性，要求我们根据战略进行组织结构调整。

12.1　组织结构的设计要素

组织结构是指组织各部分排列顺序空间位置、聚集状态、联系方式以及各要素之间相互关系的一种模式。它决定工作任务如何进行分工、分组和协调合作，是执行管理任务的基本体制。管理者在进行组织结构设计时，必须做好五项基本工作，即工作分工、部门化、管理跨度、职权关系和规范化工作，这五项工作构成了组织结构的基本要素，也是建立组织结构的基本任务。

12.1.1　工作分工

工作分工也称为工作专门化或劳动分工，即把组织中的工作任务划分为若干任务的细化程度。例如，20世纪初，亨利·福特通过建立汽车生产线而富甲天下，享誉全球。他的做法是，给公司每一位员工分配特定的、重复性的工作，例如，有的员工只负责装配汽车的右前轮，有的则只负责安装右前门。通过把工作分化成较小的、标准化的任务，使工人能够反复地进行同一种操作，福特利用技能相对有限的员工，每10秒钟就能生产出一辆汽车。

企业的实践表明，工作分工能提高组织的运行效率，具有经济上和技术上的优势。第一，能有效地利用员工的技能。对于大多数组织，有些工作需要技能很高的员工来完成，有些则不经过训练就可以做得很好，如果所有员工都完成一项工作的全部，那么具有较高技能的人将浪费大量时间在低技能的工作上，这对人力资源是一种浪费。第二，有利于员工技能的提高。工作的单一化和重复性，有利于员工技能的提高，有利于产品质量和工作质量的提高。第三，有利于提高培训效率。从组织培训的效率方面来看，挑选并训练从事具体的、重复性工作的员工比较容易，成本也较低，通过鼓励员工在具体的、重复性的专门领域进行发明创造，有助于技术创新和生产效率的提高。

12.1.2　部门化

通过工作分工将总任务细分之后，下一步就需要把各个有关的或类似的工作进行归类合并，以便使性质相同或相似的工作可以进行有效协调。通过工作归类，形成一个个专业化的部门。每个组织都建立了若干部门，部门在不同的组织有不同的称呼，如企业里有部、处、分公司等；军队里有师、团、营等；政府单位则有部、局、处、科等。

如何把各种工作进行归类，建立部门呢？下面介绍一些部门化的基本方法：

1.按管理职能组建部门

以组织的职能为基础进行工作归类，是一种广泛采用的方法。一家企业的基本职能是生产、销售、人事、财务等；一个学校的基本职能是教学、科研、人事、财务等；一家医院的基本职能是门诊、手术、住院等。

2.按产品类别组建部门

随着组织规模的扩大，控制和协调多个职能分部的工作会变是更加困难，这时，一些大型企业往往采取按产品组建部门的方法。具体地说，这种方法就是把某一产品或产品系列的有关活动归并到同一部门，然后，在这个部门内按照职能进一步组建具体部门，这些产品部门可以实行自负盈亏。每个部门经理对产品的生产、销售、技术和财务活动拥有广泛的权力。通常，这种组建部门的方法主要适用于产品种类复杂的大企业。

3.按业务覆盖区域组建部门

对于地理位置上比较分散的组织来说，按地区组建部门是一个较为普遍的方法。它的特点是，把同一区域内发生的各种业务活动并入同一部门。然后，在这个部门中按所需要的职能活动，进一步建立职能部门。这样，一个地区的业务活动就被集中起来，交给一个管理者负责，这种组建部门的目的是充分利用本地的人力、物力和财力，调动各个地区积极性，取得地区经营的效益。

4.按顾客类型组建部门

这种方法以不同类型的顾客作为建立部门的基础。它针对不同类型的顾客，设立不同的部门，进行专门的服务。例如，一些大百货公司除了组建市场、采购、人事、财务等职能部门外，还按不同类型的顾客建立了不同的商品部门，例如，老年人商品部、儿童商品部、学生商品部以及成人商品部等。

5.按生产作业流程组建部门

根据生产作业流程划分部门是指把完成任务的过程分为若干阶段，以这些阶段组建部门，这种方法在企业中最常用。在机械制造企业常常可以看到铸工车间、锻工车间、机加工车间和装配车间等。

12.1.3　管理跨度

管理跨度也叫管理宽度，是指一个主管人员有效地监督、指导其直接下属的人数。管理跨度的多少对于组织工作非常重要，因为在很大程度上，它决定组织要设置多少个层次，配备多少管理人员，而这又影响着组织的效率。

20世纪70年代，美国洛克希德导弹与航天公司对管理中依据的变量与管理跨度的关系进行了研究。其验证了以下决定管理跨度的重要变量：

第一，职能的相似性，指一名主管人员领导下的各部门或人员所执行的职能异同程度。显然，下属职能相似程度高，则管理跨度可较大。

第二，地区的邻近性，指一位主管人员领导下的单位或个人在地理位置上的集中或分散程度。下属较为集中的，管理跨度可较大。

第三，职能的复杂性，指需要完成的任务和需要管理的部门的特点和工作性质的难易程度。

第四，指导与控制的工作量。它包括领导一方与被领导一方的工作能力、业务熟练程度、需要训练的工作量、授权的多少以及需要亲自关心的程度等。

第五，协调的工作量，指本单位与上级单位、同级单位之间，以及下属各部门之间的协调配合所需花费的精力和时间。

第六，计划的工作量，指用来反映主管人员及其所在单位的计划工作职能的重要性、复杂性和时间要求。

12.1.4 职权关系

确立职权关系就是要对各个部门和各层次的职权与职责范围及其相互关系加以明确而具体的规定，以便各部门、各管理层次的工作相互配合和衔接，形成一个协调一致的管理工作系统。

职权（Authority）是指经由一定的正式程序所赋予某项职位的一种权力。居其位者，可以拥有指挥、监督、控制、惩罚和裁决等权力。与职权共存的是职责(Responsibility)，即占有某职位、担任某职务时应履行的责任。职权和职责都是针对某一任务而言的，作为财务经理为达到某一目标，把某任务分配给会计科长，必须把执行这一任务的权力授予他，使权责共存一体，这样他才能顺利地执行这一任务，即权责应对等。

在现代组织中，任务的分配、信息的反馈、有效的控制、合理的决策都是通过职权关系来实现的。因此，要保证组织的正常运转，必须处理好职权之间的关系，包括处理好直线职权之间的关系、直线职权和参谋职权之间的关系、直线职权和职能职权之间的关系。

12.1.5 规范化

规范化是指组织中各项工作的标准化程度。具体来说，就是有关指导和限制组织成员行为的政策、规章制度、工作程序、工作过程的标准化程度。在一个高度规范化的组织中，有明确的工作说明书、严密的规章制度，对工作过程有严格而详尽的规定；而规范化程度较低的组织，工作程序不那么死板，员工对自己工作的处理权限就比较宽，即工作规范化程度和员工在工作中自由发挥的程度成反比。一般来说，一些技能简单而又重复的工作应具有较高的规范化程度；反之，一些技术性强的工作，如销售工作、研究工作，规范化程度就不高。

在组织中对人的活动和行为实行一定程度的规范性可以提高组织的效益。实行规范化，可以减少许多不确定的因素，可以对工作的绩效进行有效的评估，而且工作越规范，越有利于管理控制，意味着控制成本较低。如麦当劳快餐连锁店的成功，在很大程度上应归功于它的规范统一。该公司制定了长达385页的产品制作说明书和销售说明书，对生产和销售中的每一细节都做了严格的规定，对员工行为作了严格的规范。

12.2 组织结构设计的影响因素

12.2.1 机械式组织结构与有机式组织结构

组织结构设计呈现出两种极端设计：一个极端是机械式组织结构；另一个极端是有机式组织结构。表12-1表明了这两种组织结构的特点。机械式组织结构和有机式组织结构代表着一个连续统一体的两个极端，在管理实践中存在着无数的中间状态，可以表现出不同的形式。

表12-1　　机械式组织结构与有机式组织结构

机械式组织结构	有机式组织结构
高度专门化	多功能的团队
僵化的部门制	跨等级的团队
明确的命令链	信息自由流通
管理跨度窄	管理跨度宽
集权化	分权化
高度正规化	低度正规化

机械式组织结构的特点是：僵化的部门分工制度，高度的规范化，管理跨度窄，授权程度低，命令指挥系统明确。这是一种多层次的结构，也叫做官僚结构、直式结构或集权结构。

有机式组织结构的特点是：管理跨度宽，组织扁平，组织的规范化程度低，部门分工不明显，工作多运用跨功能、跨等级的团队来进行，权力结构比较分散。这种组织结构也叫做横式结构或分权结构。

12.2.2　影响组织结构设计的关键因素

根据权变组织理论，一个合理的组织结构设计应该根据组织的环境、企业战略、组织规模和组织的技术等情境来决定。无论是企业战略的执行和实施，还是企业战略控制活动，都必须充分考虑影响组织结构设计和调整的诸多因素，主要包括：

1.环境与组织结构

组织的环境是指组织决策时所直接考虑的物质以及社会的各种因素的总和，主要包括供应商、竞争者、顾客、政府、公众及社会文化等。环境是不确定的，不同的组织面临的环境因素也各不相同，每个组织都会受到环境的变化程度和复杂程度的影响。所谓变化程度是指环境因素在一段时间内处于相对稳定或动荡变化的程度；所谓复杂程度是指环境因素相似或彼此不同的数目的简单与复杂程度。我们在分析环境对组织结构的影响时，往往会发现不同情况的环境，与其相对应的组织结构形式也是不同的。

机械式的组织结构在简单的、稳定的环境中运作最为有效，它并不适合于对快速变化的环境做出反应；有机式的组织结构则与动态的、复杂的环境相匹配。如一家生产标准化产品的公司，处在稳定的环境中，其相应的组织结构设计可能是高度部门化、集权、专业化分工清晰、正规化控制程序，但这种结构设计可能完全不能使一家生产高技术产品、行销于动态环境中的企业高效运转。

2.规模与组织结构

大量研究和实践表明，组织规模对组织结构有一定的影响。这种影响表现在以下三个方面：

第一，组织规模影响组织的复杂性程度。组织规模越大，组织结构越复杂。如一个规模较大的公司，专业分工很细，部门化程度较高，垂直层次较多，部门和部门之间的协调工作量较大。

第二，组织规模影响组织的规范化程度。管理者往往会采用两种方法来控制成员的行为：一种是采用直接的监督，即增加管理人员，减小管理幅度；另一种是通过规范化的准则来控制。在小型组织中，通过人对人进行直接监督可能问题不大，但随着组织规模的扩大，人员监督的成本会增加很快。因此，管理者在组织规模扩大时，采用标准化、规章制度等规范化技术来代替成本高昂的人格化的直接监督是合理的、有效的。

第三，组织规模影响组织的集权和分权程度。组织规模越大，管理活动越复杂，面临的环境因素变化程度和复杂程度越高，实行分权结构的可能性和必要性越强。如事业部制结构或动态网络结构等有机结构，能迅速适应环境的变化，保证决策的迅速和正确。另外，组织规模的扩大使得组织的最高层难于直接控制下属的一切活动，从而规模的扩大必然会导致分权。

3.技术与组织结构

绝大多数研究者对技术所采取的普遍而抽象的概念是：一个组织的技术是指其将投入的资源转化为产出的方法，即在投入转化为产出的整个过程中的信息决策和沟通系统、机器设备、工艺流程的总和。任何组织都需要借助某种技术，将投入转化为产出。为达到这一目标，组织需要使用设备、材料、知识和富有经验的员工，并将这些组合到一定类别和形式的活动中去。研究表明。一般来说，技术越是常规，结构就越是标准化，企业管理者应当以一种机械式组织结构与常规技术相配合；越是非常规的技术，就越倾向于用有机式组织结构。

组织的技术越复杂，组织结构也会变得越复杂。一方面，要把大量的责任和权力下授给与技术本身相关的专业技术人员，组建起临时委员会组织结构；另一方面，还需要在复杂技术推动和分权程度加深的背景下，在专门技术人员和高层管理者之间加强沟通，形成委员会、工作（项目）小组之类的联合与协调组织。

【战略聚焦】　思科瘦身再出发

思科一直在进行多元化与转型，但是效果并不理想。从2003年开始，思科先后收购家庭网络产品供应商Linksys、机顶盒厂商Scientific Atlanta、社交网络工具提供商Five Across等，领域五花八门，不一而足，但因规模小，让人怀疑钱伯斯在这件事上的诚意。

直到2007年思科以32亿美元巨资收购WebEx，才被认为是“新思科”的开始，其触角也真正触及了软件业务。同年，思科发布了Eos，这是一个向在线社区提供多媒体内容的平台。接下来又是一连串的兼并。2010年6月思科发布企业社交网络平台Quad，同年发布了两款社交CRM（客户关系管理）产品。

收购Flip Video数码摄像机制造商Pure Digital，现在看来是失败的决策，但当时这必须放到思科的整体视频战略下考虑。2011年，思科宣布，尽管Flip摄像机卖出了200万台，但决定终止该产品生产。随后，该公司又宣布关停Eos平台。业内的共识是，Flip无法获得足够利润，这或许是因为智能手机兴起，后者也拥有拍摄与分享视频的功能。

2012年年底，思科董事长兼CEO约翰·钱伯斯宣布思科转型新战略，从网络设备（主要为路由器和交换机）厂商转型为一家软件和服务的设计商和销售商。此前，思科宣布其业务架构和运营的重要调整，对销售、服务和技术事业部门进行精简，专注于推动网络和互联网发展的五大领域，将全球销售运营划分为三个地理大区，分别是美洲，欧洲、中东和非洲，亚太/日本/大中华区。其中，技术事业部按职能进行划分，针对五大重点领域推进技术创新。这被视为思科新转型的开端。

思科高度重视将客户群定位为政府和大企业客户。例如，在高效交通和城市净水等领域，与政府官员和土木工程公司展开密切合作。此外，思科的新版图上还包括合作开发高效的采矿、制造和物流系统等。让思科报以极大热情的物联网是转型的重点。基于物联网技术，思科的商业构想很宏大，在它的“智慧互联城市”里，通过整合式的公共通讯平台，以及无所不在的网络接入，消费者可以进行远程教育、远程医疗、远程办理税务事宜，还可以实现智慧化地控制房间的能耗。

资料来源：改编自李晶.思科的最后机会[N].经济观察报，2013-08-05.

12.3 企业战略与组织结构的关系

组织结构是保证战略实施的必要手段。通过组织结构，企业的目标和战略转化成一定的体系或制度，融合到企业的日常生产经营活动中，发挥着指导和协调作用，从而确保企业战略的实现。

12.3.1 战略前导性和结构滞后性

关于战略与组织结构关系的理论研究，美国管理学家钱德勒（Chandler）教授做出了重要的贡献。他通过对美国70家大型公司，特别是通用汽车公司、杜邦公司、新泽西标准石油公司和西尔斯公司的企业发展历史的广泛而深入的研究，得出一个著名的结论：组织结构服从战略。

战略的变化推动组织结构的变化。组织结构的重新设计又促进了战略实施。离开了战略任务，组织结构将失去意义。

1.战略前导性

战略前导性是指企业战略的变化速度快于组织结构的变化速度。其原因是，企业如果意识到外部环境和内部条件的变化提供了新的发展机会和市场需求，首先会在战略上做出反应，力图尽快谋求经济效益的增长。例如，经济的繁荣、技术革新的发展都会刺激企业发展，经济萧条则可能减少现有企业的产品或服务。当企业自身积累了大量的资源以后，企业也会因此制定新的发展战略。当然，一个新的战略需要有一个新的组织机构作支撑，至少在一定程度上调整原有的组织结构。如果组织结构不作出相应的调整，新战略再完善，也不能保证企业获得更大的发展。

2.结构滞后性

这是指企业组织结构的变化常常慢于战略的变化速度。特别是在经济快速发展时期，更容易出现这种情况。结果，组织内部机构的职责在变革的过程中常常显得杂乱无序。导致这种现象的主要原因有以下三个方面：

第一，新旧组织结构更替有一定的时间过程。新的战略制定出来以后，原有的结构还有一定的惯性，原有的管理人员仍习惯运用旧的职权和旧的沟通渠道去实施新的战略方案。

第二，管理人员的抵制。管理人员在感到组织结构的变化会威胁他们个人的地位、权力，损害既得利益，特别是心理上的安全感时，往往会以运用行政管理的方式去抵制需要做出的组织结构变革方案。

第三，普通员工的反对。企业内部普通员工害怕组织结构变革会让他们放弃固定的工作程序、工作职位和习惯性思维，他们会从切身利益出发，“朴素”地反对变革。同时，管理人员与普通员工缺乏对组织变革的目的、内容和重大意义的沟通，缺乏开诚布公的对话，也会激化员工反对组织变革的情绪。

从战略前导性与结构滞后性可以看出，环境变化时企业不可错过时机，要制定出与内外环境变化相适应的发展战略。一旦战略制定出来以后，要正确认识组织结构有一定滞后性的特性，不能操之过急。但是，组织结构的滞后性不是不可改变的，企业可以经过努力来缩短滞后的时间，尽快变革组织结构，容易使企业获得战略上的主动权。

【战略聚焦】　IBM的网络状多维矩阵结构

在服务战略指引下，IBM不断提出新理念，从2002年提出“电子商务随需应变”的宏大构想，到2006年的“SOA”（面向服务的应用架构）推动局部流程业务中的标准化，再到2007年的“服务产品化”，试图将服务业务变成规模效益的可重复流程。目前，IBM成功地从一家硬件生产商转型为服务提供商，正在由一家跨国公司衍变为一家“全球整合企业”（Global Integrated Enterprise，GIE）。

与全球整合战略相伴相随，IBM组织结构向网络状多维矩阵结构渐进，流程不断优化。

IBM的网状多维矩阵结构可以划分为三条线：以行业线来分，主要分为金融业、制造业、流通业、电信业、政府机关、中小企业；按产品线来分，大致分为硬件、软件、业务咨询、IT相关服务；按地区划分，分为美洲地区、欧洲地区、中东/非洲地区、亚太区。在这三个划分标准之外，还有全球化管理的职能部门，如全球人力资源中心、全球采购中心等。

面向“GIE”方向，IBM打破原先以业务为主导的级别分明的集权式组织，按照全球资源优势的分布，将不同的功能中心移植到各个地区，并进行相应的业务流程和模式创新。比如在中国建立全球采购中心和研发中心，投资60亿美元在印度建立服务中心，把全球金融服务事业部设在巴西，在菲律宾、马来西亚设立人才中心、财务中心等。

"GIE"大大简化了IBM的基础设施和管理流程。IBM在全球曾设有155个数据中心、31个独立网络，整合之后，数据中心的数量减至6个，网络统一为1个。以前，IBM每个产品部门都有独立的供应链，有自己的工厂、采购甚至财务结算部门。后来IBM把全球采购中心从300个缩减到3个，将全球采购中心总部从美国迁移到中国深圳，统一管理分布于全球60多个国家400多个城市的7 500名采购人员。

资料来源：改编自张春燕.IBM的全球整合之舞[J].北大商业评论，2008（11）.

12.3.2　企业发展阶段与组织结构选择

企业具有成长壮大的过程。当企业发展到特定的阶段，不仅企业规模将得到进一步扩大，而且，企业产品也将趋向多品种、多系列和多元化，产品所辐射的市场范围也会发生重大变化，从面向一个狭窄的市场空间到跨地区甚至跨国界。此时，企业应当采用合适的发展战略，并据此调整或改革企业组织结构（见表12-2）。

表12-2　**企业发展阶段与组织结构对应关系**

阶段	企业、产品、市场的特征	组织结构
1	简单的小型企业，只生产单一产品或单一产品系列，面对狭窄的市场	从直线型到直线职能型组织结构
2	在较大的或多样化的产品市场上提供单一的或密切相关的产品或服务	从直线职能型到事业部型组织结构
3	在较大的或多样化的产品市场上扩展相关的产品系列	事业部型、矩阵型组织结构
4	在较大的或多样化的产品市场上进行多种经营，面对跨地区或跨国界市场范围	事业部型组织结构、多维立体结构

12.3.3　战略的组织类型

战略适应性，强调的是企业组织要运用已有的资源和可能占有的资源去适应企业组织外部环境和内部条件所发生的相互变化。这种适应是一种复杂的、动态的调整过程，要求企业在加强内部管理的同时，不断推出适应环境的有效组织结构。在选择的过程中，企业可以考虑以下四种类型：

1.防御型战略的组织

防御型战略的组织主要追求的是一种稳定的环境，通过努力解决开创性问题来稳固自己的市场地位。从防御型组织的角度来看，所谓开创性问题就是要创造一个稳定的经营领域，占领一部分产品市场，即生产有限的一组产品，占领整个潜在市场的一小部分。在这个有限的市场中，防御型组织常采用竞争性定价或高质量产品等竞争策略，来防止竞争对手侵犯它们的市场领域，以维护自己稳定的市场地位。

一旦这种狭小的产品与市场选定以后，防御型组织就要运用大量的资源解决自身的工程技术问题，尽最大能力生产与销售产品或提供服务。一般来说，该组织总是会创造出一种具有高度成本效率的核心技术。防御型组织要开辟的是一种可以预见的、久盛不衰的产品市场。所以说，技术效率是防御型战略组织成功的关键。有的防御型组织借助纵向整合的方式来提高技术效率，即将从原材料供应到最终产品销售的整个过程合并到一个组织系统。

在行政管理方面，工作的出发点是为了严格地控制效率，常常会采取机械式组织结构。这种结构包括由生产与成本控制专家形成的管理高层、注重成本和其他效率问题的集约式计划、广泛分工的职能结构、集中控制、正式沟通等。这些行政管理手法有利于产生并保持高效率，最终形成明显的稳定性。

防御型组织适用于较为稳定的行业。该组织也有潜在的危险，一旦行业环境发生变化，防御型组织就不可能对市场环境做出重大的改变。

2.开拓型战略的组织

开拓型战略的组织主要追求的是一种动态的环境，把其能力用来探索和发现新产品和市场的机会。在开拓型组织里，开创性问题是为了寻求和开发产品与市场机会。这就要求开拓型组织在寻求新机会的过程中，首先要求组织能够从整体上把握环境变化。

为了更好地适应不断变化着的市场，开拓型组织要求它的工程技术和行政管理都具有很大的灵活性。在工程技术问题方面，开拓型组织不是局限在现有的技术能力上，而是根据现在和将来的产品结构来确定先进的技术能力。因此，开拓型组织的工程技术核心问题是要避免长期陷于单一化的技术状态，常常通过开发机械化程度很低的例外性的多种技术和标准技术来解决这一问题。

在行政管理方面，开拓型组织奉行的是灵活性原则，即在众多分散的单位和目标之间调度和协调资源，不采取集中的计划和控制全部生产的方式。为了实行总体的协调工作，这类组织的结构应采取有机式组织结构。这种结构包括由市场、研究开发方面的专家组成的管理高层，注重产出结果的粗放式计划、分散式控制以及纵横交错的管理沟通。

开拓型组织在不断追求变化的过程中，可以减少环境动荡给企业造成的负面影响，但它要冒利润较低与资源分散的风险。在工程技术问题上，该组织由于存在多种技术，很难发挥总体的效率。同样，在行政管理上有时也会出现不能有效地使用，甚至错误地使用组织的人力、物力和财力的问题。总之，开拓型组织容易缺乏效率，有时想获得最大利润也很困难。

3.分析型战略的组织

通过以上论述可以看出，防御型组织与开拓型组织分别处于一个战略组织序列的两个极端。分析型组织处于中间，可以看做开拓型组织与防御型组织的结合体。这种组织习惯对各种战略通过理智的分析和选择，试图寻找最小的风险、最佳的机会获得最大的利润的战略模式。

分析型组织中的开创性问题，综合了上述两种组织的特点，即在寻求新的产品和市场机会的同时，保持传统的产品和市场。分析型组织解决开创性问题的方法也带有前两种组织的特点。这类组织只有在新市场被证明具有生命力时，才开始从事市场开发。也就是说，分析型组织的市场转移，既通过模仿开拓型组织已开发成功的产品或市场来获得新的生存空间，又保留着防御型组织的优势，仍借助一批相当稳定的产品和市场保证其形成可靠的收入。因此，成功的分析型组织必须紧随领先的开拓型组织，才能在自己稳定的产品和市场中保持高效率。

在工程技术方面，分析型组织的双重性也表现得比较明显。这种组织需要在保持技术的灵活性与稳定性之间进行平衡。要实现这种平衡，该组织需要将生产活动分成两部分，形成双重的技术核心。分析型组织技术的稳定部分与防御型组织的技术非常类似，它是为了达到良好的成本效率，按职能组织起来，使技术达到高度的标准化、例行化、机械化。分析型组织技术的灵活部分，则类似于开拓型组织的工程技术问题。在实践中，分析型组织的双重技术核心主要是由具有一定权力的应用研究小组来解决。在新产品开发方面，这些小组可以找到获取现有技术能力的方法，不需要像开拓型组织那样要花费大量的研究开发费用。

在行政管理方面，分析型组织也带有防御型组织和开拓型组织的双重特点。一般来说，分析型组织在行政管理方面的主要任务是：区分组织结构的各个方面，以适应既稳定又变动的经营业务，并努力使两种经营业务达到平衡。这个问题可以由分析型组织的矩阵结构解决。这种矩阵结构在市场和生产的各职能部门之间制订集约式的计划，而在新产品应用研究小组和产品经理之间制订粗放式的计划。同时，矩阵结构在职能部门中采用集权控制方法，面对产品开发（项目）小组使用分权控制机制。

由于分析型战略组织经营业务具有双重特性，该组织必须建立一个双重的技术中心，同时还要管理各种计划系统、控制系统和奖惩系统。这种稳定性与灵活性并存的状态，在一定程度上限制了组织的应变能力。如果分析型组织无法保持战略与结构关系的必要平衡，它就有可能陷入既无效能又无效率的危险境地。

4.反应型战略的组织

上述三种类型的组织在对外部环境的适应上都具有主动性、灵活性的特点。防御型组织是在其现有的经营范围内，不断地追求更高的生产效率；开拓型组织则通过对环境变化的准确把握，不断地谋求新的市场机会。随着时间的推移，这些组织对外部环境的反应都能够形成相对稳定的模式，并获得较好的经济效益。

只有在上述三种战略都无法运用时，企业才可以考虑使用反应型战略组织。反应型战略组织对其所处外部环境的反应采取了一种摇摆不定的调整模式，缺乏根据不断变化的环境采取随机应变的机制。它通常会根据环境变化做出一些错误的战略选择，并且，战略实施又不科学，特别是对事先设定的经营行动经常表现得不够果断。所以，反应型组织永远处于不稳定状态。反应型战略只能说是一种下策，是一种迫不得已的选择。

那么，一家企业组织为什么会成为反应型组织呢？究其原因主要有以下三个：一是最高决策层缺少关于企业战略的明确表达；二是现有的组织结构与企业战略不能有机衔接；三是忽视根据外部环境变化进行组织战略和组织结构的适当调整。

一家企业组织如果不是存在于经营垄断或被高度操纵的行业里，就不应该选择反应型战略组织。即使暂时采用了这种战略，也要设法逐步实现向防御型、开拓型或分析型战略组织形态的过渡。

12.4 公司治理与战略

公司治理的英文是“Corporate Governance”，源于希腊文，其原义是掌舵、控制、指引的意思，通常被译作“公司治理”、“公司治理结构”或“公司治理机制”。我们认为，公司治理是指由所有者、董事会、监事会和高层经理人员组成的组织结构模式及其运营机制。

公司治理分为内部治理和外部治理。所谓内部治理是指由所有者、董事会、监事会和高层经理人员组成一种各负其责、协调运转、有效制衡的组织结构。所有者对企业拥有最终控制权；董事会要维护出资人权益，对股东大会负责；董事会对企业的发展目标和重大经营活动做出决策，聘任高层经理人员，并对高层经理人员的业绩进行考核和评价。外部治理则是相对于内部治理而言的，是指资本市场、产品市场、经理人市场、公司控制权市场以及法律法规等，对公司经营管理活动特别是高层经理人员行为的监督和激励。内部治理是公司治理的基础，它是以产权为基础建立起来的企业内部所形成的直接控制体制和机制，外部治理只有通过内部治理才能发挥作用。

12.4.1　公司治理的理论基础

在经济学基础上，许多学者对公司治理结构进行了研究，形成了管家理论、委托-代理理论和产权理论三种代表性观点。

1.管家理论

管家理论以新古典经济学为基础。其假设前提是企业处于完全信息条件下，人人都是公正和诚实的，没有自利性，愿意为他人谋取利益。这时，股东大会和董事会之间是一种无私的信托关系：股东大会将责任和权力委托给董事会，同时要求董事忠诚，并能及时对自己的行为做出合理的解释。依照这个理论，公司治理被看成信托责任关系。

2.委托-代理理论

委托-代理理论把企业看成委托人和代理人之间的合同网络，股东是委托人，经理是代理人。代理人的行为是理性（或有限理性）的、自我利益导向的，因此，需要用制衡机制来对抗潜在的权力滥用，用激励机制来使董事和经理为股东谋取利益。市场的作用在委托-代理理论中得到了更多的重视。依照这个理论，公司治理被看成委托-代理关系。

3.产权理论

产权理论认为所有权规定了公司的边界，是控制公司权利的基础，这些权利包括：提名和选举为代表股东利益管理企业的董事的权利；要求董事就企业资源的配置做出决策并给予解释的权利；任命独立审计师查验公司账务的准确性及对董事的报告和账目提出质疑的权利等等。对于公司资产运作和日常经营的控制权，则分别授予董事会和经理层掌握。依照这个理论，公司治理被看做产权关系或控制关系。

12.4.2　公司治理对战略管理的作用

公司治理结构是基于企业同各类利益相关者关系而设计的，这种特殊关系对企业战略制定、战略实施、战略控制等都会产生深刻的影响，进而影响企业战略绩效。

1.股权结构决定着公司战略的导向

确立企业愿景和使命是战略管理的起点，企业的战略目标也与此密切相关，而这一切必须通过董事会的集体决策方能有效。由此看来，股权结构的性质对公司制定什么样的战略目标，规划什么样的战略方案起着决定性作用。比如在股权非常分散的美国，由于单个所有者没有动力去直接监督经理层，只能通过资本市场，即“用脚投票”作为控制经理人员的主要手段，发达的企业控制权市场也成为约束高级经理层最重要的力量。一旦公司股价下跌，马上就会面临敌意接管，这样包括公司董事和高级经理层在内的人员就要被替换。

如果众多的股东与上市公司之间形成鱼水相谐的亲密感情，股东持股的目的并不只是获取股息或红利，而是维持一种有利于企业经营的互利互惠、互相支持和配合的关系，那么，它将使公司经营者阶层更专注于公司的可持续性成长。

2.董事会控制着重大战略活动过程

董事会的控制功能是通过董事会负责批准和审查由公司管理层提出的战略，并对公司管理层执行公司战略进行评价，决定高层经理人员的替换和奖励等形式来实现的。对于我国的大多数公司来讲，存在的一个重要问题就是内部人控制。从董事会的构成来看，内部董事仍然占大多数，董事会与公司高层经理人员重合的现象严重。因为董事会在战略管理过程中要不断地审查公司长期发展战略的合理性，评价公司高层经理人员制定战略和实施战略的能力和技能，并以此来作为加薪和奖励的基础，进行战略激励。但是如果董事会外部董事成员太少的话，就会造成自己评价自己的现象，因此应该首先从董事会的构成做起，提高外部独立董事在董事会中的比例，加强董事会对公司战略管理的控制能力，确保在公司高层经理人员尤其是总经理不能很好地贯彻执行公司战略时，及时地予以纠正甚至撤换。

3.董事会对战略执行发挥着服务作用

董事会服务功能就是指董事会为高层经理们提供建议和积极参与战略制定过程。由于人的理性认识能力是有限的，对经济利益的认识和决策方案的分析不可避免受到个人经验背景和认知模式的过滤和折射。所以，很多时候公司倒闭的主要原因并不是高层经理人员缺乏激励或缺乏能力，而是由于经理人员的认知模式错位而造成的决策失误。根据总裁生命周期理论，由于“认知模式刚性”和“信息源宽度和质量”等因素，总裁的绩效存在一个抛物线现象，而且随着时间的推移，很容易形成“近亲繁殖”。因此，在制定公司战略时，董事会的参与是非常必要的。如果董事有不同的知识背景和在不同行业或不同公司的决策经历、经验和相关的知识，那么在制定公司战略时可以获得更多有价值的资源，提高战略对环境变化的预测能力。在我国目前的上市公司中，证监会规定必须聘请独立董事，但是在目前阶段，独立董事仅仅是用来保护中小股东利益，防范大股东利用关联交易来操纵上市公司，如果从战略管理的角度考虑，独立董事更应该利用他作为专家的优势，参加到公司战略的制定过程中，这样可以进行事前控制，保护中小股东的利益。

4.高层经理人员对战略运营绩效起最为直接的作用

在现代企业治理结构中，董事会聘任高层经理人员，并对高层经理人员的业绩进行考核和评价。企业的高层经理人员是具备一定的领导能力、专业知识和积极进取精神的职业经理，他们在企业战略管理中不仅靠职权，而且还靠自己的影响力和专业能力来发挥作用。

在企业战略管理活动中，企业高层经理人员发挥着关键作用，主要表现在：

第一，领导战略规划。战略规划全过程都是由高层经理发起和全面控制的。他们确定企业的使命，建立企业的目标体系，制定企业的战略和政策，对企业的绩效承担责任和义务。而且，他们也是唯一具有时间、知识和权力来真正理解企业的地位和制定合适的战略的人。

第二，领导战略实施。在实施企业战略的过程中，企业员工需要标准和榜样。高层经理人员能够为企业员工提供一个他们愿意认可和遵从的榜样，通过指明未来的发展方向，为员工设立较高的目标，从而赋予企业各种活动和员工工作以深远的价值。具有企业家精神和受员工爱戴的高层经理能够运用自己的威信和影响去管理企业战略的实施。

■ 本章小结

组织结构设计与组织结构调整是战略实施的重要环节。管理者在进行组织结构设计时，必须做好五项基本工作，即工作分工、部门化、管理跨度、职权关系和规范化工作，这五项工作构成了组织结构的基本因素，也是建立组织结构的基本工作。

在管理实践中，有的组织选择有机式组织结构，有的组织选择机械式组织结构，有的组织选择中间状态，一个合理的组织结构应该根据组织环境、企业战略、组织规模和组织的技术等情境来决定。

组织结构是保证战略实施的必要手段。组织结构服从战略。战略具有前导性，而结构具有滞后性。企业发展的不同阶段，有不同的组织结构设计与之相对应。战略的组织类型有四种：防御型战略的组织、开拓型战略的组织、分析型战略的组织和反应型战略的组织。

公司治理结构对战略管理有着重大作用，股权结构对公司战略导向具有决定性作用，董事会对企业战略管理具有控制和服务功能，高层经理人员在战略管理中发挥关键作用。

■ 复习思考题

1.什么是组织结构？组织结构设计的基本要素是什么？

2.组织结构设计的基本工作包括哪些内容？

3.简述有机式组织结构和机械式组织结构的特点。

4.试述组织结构和战略的关系。

5.结合实际分析公司治理对战略管理的作用。

6.有人认为："随着市场竞争的加剧，企业和企业的边界在逐渐消失，产业和产业的边界也在逐渐消失，所以，无论是企业战略选择，还是战略实施方案，任何企业的战略管理活动都不能受之于组织结构和边界的约束。"你对这种观点持何种看法？请阐述理由。

■ **案例分析题**

马化腾给全体员工的一封信

2012年5月18日，腾讯正式宣布组织架构重组，把现有业务重新划分成企业发展事业群CDG、互动娱乐事业群IEG、移动互联网事业群MIG、网络媒体事业群OMG、社交网络事业群SNG，并且增加新的技术工程事业群TEG和腾讯电商控股公司ECC。当天上午，腾讯董事局主席马化腾向全体员工发布邮件，以下为邮件全文：

各位同事，大家好！

经过公司管理层的集体讨论和酝酿，我们决定对公司的组织架构进行调整，以迎接腾讯未来更大的发展机遇。这是我们自2005年以来又一次公司级的组织架构调整，它体现了公司面对当下和未来数年市场格局变化的思考。我们希望通过这次调整，更好地挖掘腾讯的潜力，拥抱互联网未来的机会，目标包括：强化大社交网络；拥抱全球网游机遇；发力移动互联网；整合网络媒体平台；聚力培育搜索业务；推动电商扬帆远航；并且加强创造新业务能力。同时，我们也聚合技术工程力量，发展核心技术以及运营云平台，更好地支撑未来业务的发展。各个事业群的具体调整细节，稍后各事业群的负责人会与大家进行针对性的沟通。在此，我们想跟大家分享这次调整背后的思考以及期许：

一、聚焦用户、拥抱趋势

在互联网行业，谁能把握行业趋势，最好地满足用户内在的需求，谁就可以得到用户的垂青，这个是我们行业的生存法则。但是，怎么把握行业趋势、怎么发掘和满足用户真正的需求是一件知易行难的事。

2005年以前，互联网行业刚刚起步，业务模式相对单薄。当时，公司看到了社交、网游、网媒、无线等市场机会萌芽已现，果断进行新业务布局，并将公司从按功能模块分工转为BU制，以便业务可以更好地发展。可以说，当时的组织变革成为过去几年我们业务发展的重要助推器，我们也超预期达成了当初的战略目标，得到了用户的认可。

7年后的今天，互联网不但已经从方方面面融入了全球20亿人每天的生活，也开始融入各行各业。在这个新的时代里，用户新需求、新技术、新业务模式层出不穷，市场瞬息万变。与此同时，公司的人数也超过了2万人，各个业务BU虽然也不断与时共进，但由于架构的限制，已经不能完全满足用户层出不穷的新需求了。所以在这个时候，我们必须聚焦用户、顺势而变，从用户需求的角度、从产业发展的角度重新调整我们的组织架构。

二、打造平台、产业共赢

大家都知道，腾讯的立业之本是我们的IM平台。过去的组织结构，都是从这个平台上“长”出来的，都是从这棵“榕树”衍生出来的枝枝杈杈。可是，虽然枝杈变得越来越多并且落地生根，这还只是一棵树。面向未来，我们必须向互联网更高的境界迈进。我们需要去构建一个生态系统，与合作伙伴一起培育一片森林。以前，我们主要是在公司层面思考，将来要多从产业层面思考。通过这次架构调整，公司在业务方面对各个业务群的期许是：必须进一步开放思维，要有所为有所不为。一方面，在各个专业领域深耕细作，打造用户平台；另一方面，也要培育产业链，让合作伙伴更好地找到共赢点。我们的几大BG平台必须进一步加大开放力度，提升开放能力。只有这样，我们才能真正做到开放协同、产业共赢。

三、大平台优势、小公司精神

2005年进行组织架构调整的时候，公司只有2 000多人，经过快速的发展，腾讯的人员规模已经是当年的7倍，很多BU的规模都大于2005年整个公司的规模，并且可预期还有更多的同事会加入。当团队规模变大后，很容易会滋生出一些大企业毛病。到底我们如何能够克服大企业病，打造一个世界级的互联网企业？我们需要从“大”变“小”。

这次调整的基本出发点是按照各个业务的属性，形成一系列更专注的事业群，减少不必要的重叠，在事业群内能充分发挥“小公司”的精神，深刻理解并快速响应用户需求，打造优秀的产品和用户平台，并为同事们提供更好的成长机会；同时，各事业群之间可以共享基础服务平台以及创造对用户有价值的整合服务，力求在“一个腾讯”的大平台下充分发挥整合优势。

希望大家能够通过这次调整，重塑小公司的创业特质，激发激情、快速响应，引领技术和体验的创新，打造让用户惊喜的精品。

最后，我特别强调的是：此次组织架构调整，是公司长期管理提升的一个组成部分，伴随着行业的快速变化和公司的持续发展，后续一定还会有小步快跑式的微调。但无论组织架构如何调整，我们还是要坚守腾讯的愿景和文化。

过去的14年，我们一起携手，伴随着互联网行业的发展而成长，为亿万用户打造了一站式的在线生活平台；展望未来，互联网行业的发展空间无限，我们应该有更宏大的理想，扎根中国，放眼世界。希望所有同事与我们一起，拥抱变化，拥抱未来，与合作伙伴、互联网同行一道，通过互联网服务让亿万用户的生活更美好！

资料来源：根据王壮.关于组织架构重组，马化腾给全体员工的一封信[EB/OL].[2012-05-18]. http：//36kr.com/p/110271.html等网络公开资料整理改编而成。

请根据以上邮件内容所提供的线索，课后继续补充相关信息，然后集体讨论以下问题：

1.影响腾讯组织架构重组的因素主要有哪些？

2.战略和组织架构的关系如何？

3.你如何评价马化腾向全体员工发布邮件？

■ 比较研究

请访问新华教育集团（http：//www.xhe.cn）和新东方教育科技集团（http：//www.neworiental.org），根据网站所提供的信息，请比较分析：

1.两家教育集团的发展历程。

2.两家教育集团在办学理念、办学特色和办学定位上有哪些差异？

3.现有的组织结构模式分别具有什么样的特点？

4.从集团长远发展战略的角度看，组织结构会出现什么样的发展趋势？

■ 推荐阅读文献

1.经济学家情报社，安达信咨询公司，IBM咨询公司.未来组织设计[M].王小波，等，译.北京：新华出版社，2000.

2.杜运周，任兵，陈忠卫，等.先动性、合法性与中小企业成长——一个中介模型及其启示[J].管理世界，2008（12）.

3.达夫特.组织理论与设计精要[M].王凤彬，等，译.11版.北京：清华大学出版社，2014.

4.高闯，郭斌.创始股东控制权威与经理人职业操守——基于社会资本的“国美电器控制权争夺”研究[J].中国工业经济，2012（7）.

5.李海舰，田跃新，李文杰.互联网思维与传统企业再造[J].中国工业经济，2014（10）.

6.陈志军.集团公司管理[M].北京：中国人民大学出版社，2014.

7.Greiner L E.Evolution and revolution as organizations growth[J].Harvard Business Review，1998（5-6）.

第13章 企业文化与战略

学习目标

组织文化是内嵌于战略管理活动的精神动力，保持组织文化和战略之间的匹配关系可以为战略获得成功提供保证。企业高层管理者的一个重要任务就是设法创建、维护和变革企业文化，使之与选定的战略相互支持、相互促进。通过本章学习，要求理解企业文化定义和构成要素，了解企业文化的主要类型，准确掌握企业文化与战略的关系，并能从企业成长的角度分析战略和企业文化的匹配。

开篇导读 携程的企业文化

伟大的公司不是因为有伟大的管理者而伟大，而是因为有稳健、可持续发展的体系。其中，企业文化就是这个体系中至关重要的一环。携程的企业文化，概括起来说就是纯真+专注。

携程华北区人力资源总监李阿红加入携程北京分公司已经13年了，每次向别人介绍公司的时候都特有激情。“企业文化就像剥洋葱，洋葱表面展示一些标语与符号；再往里剥是制度层面，就是一家企业有什么样的激励政策、招聘政策、鼓励政策等，使员工打造出独有的这家企业的DNA；而最内核的部分，则是精神层面如何在企业文化当中得以体现。”

在携程，洋葱头最内核的部分是携程经营14年的“携程之道”。携程的愿景是：携手成就精彩人生旅程，跻身世界财富500强——这是一个所有携程人都知道的目标与方向。经营目标要跟文化目标相吻合，携程又将如何做到呢？

携程的每一个员工都知道携程企业文化核心是五四三二一，即五大理念、四个精神、三个责任、两个追求、一种拼搏的精神。携程的经营理念是所有员工以客户为中心，以团队间紧密无缝的合作机制，以一丝不苟的敬业精神、真实诚信的合作理念，来创造一套“多赢”的伙伴式的合作体系，从而共同创造最大的价值。

携程企业的核心竞争力是人才。任何一个企业团队中，一定会有老革命、会有新同志，也一定会有各种不同特色的人才，打造一个卓越团队的管理大厦，最重要的工作就是要把他们融合在一起。携程要求公司文化既要有创业公司的激情与纯真，还要有成熟公司的专注与严谨。

携程中高层干部团队较为稳定，大部分人是随着公司成长起来的“子弟兵”。其主要原因在于携程形成了完备的人才培养和储备计划。据李阿红介绍，每一次新公司的组建、新部门的成立、新产品的推出，都会产生和释放更多的岗位，晋升机会也随之而来。携程也注重在原有岗位中发现人才，赋予其更多的职责，提升其管理技能与权责。

2007年9月携程在上海总部成立了一个携程大学。在世界500强公司中，70%建有企业大学，对于携程来说，办企业大学绝不是办个虚名，而是将其作为企业核心竞争力的组成部分，不仅要为企业自身培养大量可用之才，还要用自己独创的管理方式推动行业发展。携程将人才培养分为九个层级：一至三级是主管及以下级别，四到六级是中层干部，七级以上是高管，针对这一层级还有特殊的培养计划。

对基层员工来讲，在岗位上帮带学习，不断地从最初级向高级进发，当然他们也是可以跨级晋级的。针对中层则有一个专项训练，需要遵循携程的严谨文化，会使用诸多科学管理的工具，比如项目管理、平衡计分卡、课程开发的技术等，携程会将这些办成一个训练营一样，开办定制小班对直接晋级的人进行培训。

另外，对于高层有一个CMBA的学习，设了四个课程体系包括十多门课程，在不耽误工作的情况下学习一年时间，还要写论文进行答辩，主考官就是公司的最高层。这个CMBA含金量很高，携程高管层曾经表示，企业最重要的是一定要建设统一的价值观、使命感，打造知行合一的团队执行力。当一个公司只有一百人的时候可以通过“人治”，一千人的时候可以通过“法制”，而当一个公司发展到上万人的时候，需要靠文化来治理。一个公司能否培育出有助于公司长治久安的企业文化，从某种意义上讲更重于能否完成年度业绩。

资料来源：改编自侯雪莲.携程企业文化：纯真+专注[N].中国经营报，2013-09-09.

企业文化描述了组织成员共享的价值观、思想意识等，为战略管理的实际工作者和理论工作者提供了一种新的分析组织行为的方法，有助于制定战略与实施战略。企业文化反映了组织历史变迁的动力，体现了组织成长的精神依托，了解企业文化必将有助于管理人员提高管理该企业的能力。国内知名管理学者陈传明教授甚至预言：企业文化将成为知识经济条件下企业管理重要甚至是主要的手段。从企业战略的角度认识企业文化，努力使企业战略与企业文化具有相互适应性，对于培育持久竞争优势，造就长寿公司都十分重要。

13.1 企业文化概念

20世纪70年代末80年代初，美国管理学者通过比较管理研究，发现日本的成功在于其出色地将现代技术和管理方法与本国文化结合起来，有效地调动了人的积极性，发挥了集体的力量，从而认识到美国过分重视“理性”管理的缺陷。同时，通过对美国企业的考察分析，学者们发现凡是经营出色的企业，同样具有优良的文化特点，从而得出结论，企业不能仅重视战略、结构、制度等管理“硬件”，还要重视共有的价值观、作风、技能和人员等管理“软件”的运用，即要搞好企业文化建设。这些理论很快引起了各国管理界的注意，掀起了研究和运用组织文化的热潮。

比较容易接受的、概括性强的“企业文化”定义是由沙因（Schein）提出的。他认为，企业文化是一种假设模式。它是在某一群体处理其外部适应性和内部一体化问题时创造或出现的，在实际工作中获得广泛应用，并被证明是行之有效的基本假设模式。因此，它被当作观察、思考和把握相关问题的正确方式传授给企业新成员。

要理解“企业文化”定义，应当重点掌握以下几个要点：

13.1.1 基本假设模式

透过表象看本质，我们可以从三个不同层次来分析企业文化，从而揭示企业文化的本质内涵（如图13-1所示）。

第一层次，看得见的表层文化。这部分文化往往表现为人为构造的企业环境，包括企业标志性的雕塑、办公大楼设计、员工制服、耳闻目睹的行为方式等。这一层次侧重于分析一个群体“怎样”在特定环境中相处，以及成员采取的那些可辨认的行为方式。

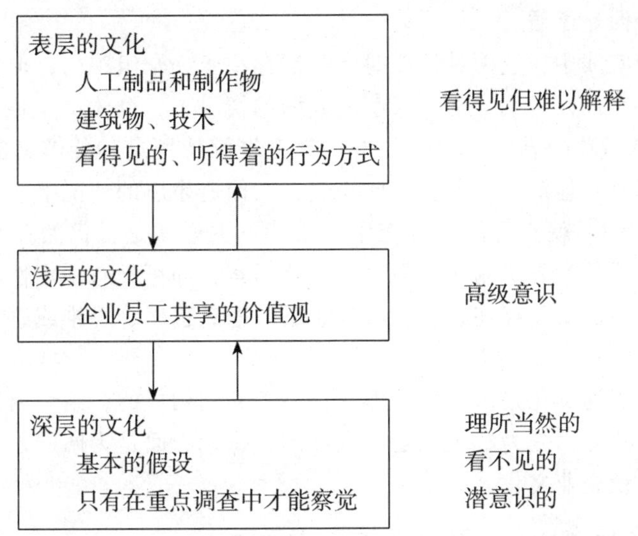

图13-1 企业文化的层次性

第二层次，支配人们行为的价值观。这种价值观是比较明显的或被广为认同的价值观，虽然不能直接见到，但只要通过与企业主要成员会谈或分析企业内部文化资料和图表等，这类价值观还是容易发现的。这一层次侧重于分析企业成员行为背后的"为什么"问题。

第三层次，隐藏在群体价值观和行为背后的内在假设。这种基本假设模式是潜意识的、不易察觉的，但实际上又决定了群体成员认知、思考和感觉的方式。这一层次侧重于分析一种关于事情"实际上应该是怎样"的根本假设。

13.1.2 特定的群体

特定的群体是由这样一群人所组成：一是他们在一起工作了很长时间，能够共同探讨一些重要问题；二是他们有机会解决这些问题，并能观察问题解决后的实际效果；三是他们愿意吸收新的组织成员。简言之，群体文化只有在这样的群体中才能确定。

一个群体如果在组织发展中积累了许多成功的经验，其成员结构能够保持相对稳定，又能共同分享这些经验并向新成员不断传授，则该群体就拥有一个坚实而又富有特色的文化，具有文化优势。如果一个群体的成员进出频繁，又没有处理过任何困难的问题，则表现为文化劣势。

关于组织文化与组织效率的关系，有的学者认为：年轻的群体会努力争取文化优势，创造自己的特色。较老的群体总体文化具有惯性、惰性，但各分系统或分公司的文化可能较强，能够及时迅速地根据环境的变化做出相应的调整。特别是大型联合企业，需要强调总体文化的优势，还要研究分系统的文化关系以及分支文化与总体之间的关系，不能以偏概全。

13.1.3 创造、发现或开发

这方面的问题涉及群体学习机制。一般来说，群体学习存在两种情况：一是积极解决问题；二是回避矛盾。

在企业管理实践中，这两种情况时常共同存在于一个组织内，但由于它们在结构上是不同的，必须加以区别。在积极解决问题的情况下，群体试验各种反应方式，从中找到能够解决问题的方法。以后，群体就会继续使用这种能够解决问题的反应模式，直到它无法有效地解决问题。与此相反，在回避矛盾的情况下，群体只要学到某种成功的反应方法，就有可能一直使用下去，不去思考是否仍然存在产生矛盾的原因。这种回避矛盾的学习机制构成另一类文化因素，即更具有稳定性的文化因素，即使引起矛盾的根源已不复存在，所有回避矛盾的固定程序、思维或感觉方式和各种行为将重复发生。

如果一个组织的文化是由上述两类文化因素共同构成的，组织内管理者一定要分清企业文化中哪些方面是为解决问题而设计的，哪些方面是为回避矛盾而设计的，然后有针对性地建设企业文化。

13.1.4　外部适应性与内部一体化的问题

外部适应性问题是指那些最终决定着群体在环境中生存的重大问题。群体面对的部分环境在某种意义上是事先确定的，过去的文化经验为成员们提供了理解环境的固定方式，甚至可以在一定程度上帮助成员们控制环境。但是，总有些环境因素是群体很难控制的，而且，在一定程度上决定群体的前途，群体对此需要做出反应。此时，群体的基本假设也会随着组织的发展积累起新的经验，得到进一步的补充完善。例如，一个刚创建不久的企业在开始经营时，可能将自己的目标定位于“在市场上打败所有的竞争者”，经过一段生产经营的实践，该企业会感到“要在市场中拥有自己的独特领地”，出现了企业自己解决问题的特色，并把它作为解决生存问题的可行性方法。这个例子说明，在解决问题过程中所体现的、建立在探索性假设基础上的处理风格是群体文化的主要部分。

内部一体化问题是指群体成员之间在观念、权力、语言、奖惩等方面是否有一致性看法的问题。这是关系到一个组织的成长和发展是否具有内在发展动力的重要问题。一个群体或组织，如果不能从整体上管理自己，它就无法生存下去。总之，外部适应性与内部一体化实质上是同一事物的两个方面，任何文化都必须围绕这两个方面进行设计和深化其建设。

13.1.5　行之有效的假设

群体内某些基本假设在组织的长期活动中处于良好的状态，并被证明是有效的，构成了组织稳定发展的一个重要条件。有了这样一种认识，企业文化也就有了第二种功能，即保证组织内外条件相对稳定，抵制环境不确定因素带来的威胁。就是说，随着人们不断地认识环境和处理事务，那些被认为是群体生活中稳定因素的东西，即构成文化特性的那种“理所当然”并没有改变。也正是由于这种稳定性，才能抵消由不确定性和混乱所带来的问题。

13.1.6　教授新成员

既然企业文化具有稳定企业组织内外部环境的功能，那么，当新的成员进入该组织时，老的成员就有责任向他们宣扬本组织的文化，改变新成员原有的文化，使其消失或同化。当然，新成员加入某一组织一定会带来新思想，会进一步丰富企业文化的内涵，尤其是新成员处在企业较高阶层时。

13.1.7　感觉、思考与理解

文化在现实生活中无所不在，它带有一定的渗透性和普遍性。群体的成员在一种文化中生活的时间越长，这种文化越古老，基本假设就越会影响群体成员的感觉、思考和理解。这些范畴与群体成员的公开行为密切相关。文化是通过公开行为表现出来的，但文化理念却隐含于行为之中。如果仅仅通过描述群体的行为去理解组织文化，则很难正确地解释组织或群体中所发生的行为。所以，研究群体成员深层的感觉、思考和理解的方式，了解他们在环境作用中表现的文化部分，有助于揭示出潜在的文化奥秘。

简单地把企业文化定义为组织成员的共同信念是不够的，我们应当透过现象去揭示企业文化的核心，了解企业文化是怎样被学习、传递和改变的动态过程。

如果从文化感性与文化理性相结合的角度来看，就能够比较全面而又准确地把握“企业文化”的实质。所以，我们认为，企业文化是指在企业长期实践中所形成的，并通过企业老成员的传授，能够影响企业新成员的行为方式，用以指导员工的价值观念、行为准则、道德规范等体系。

【战略聚焦】　麦当劳的QSCV经营理念

麦当劳能成为世界上最成功的快餐连锁店，就在于有一套独特的经营理念，正是凭着这套经营理念，麦当劳才走向一个又一个辉煌。简单地说，麦当劳的经营理念可以用四个字母来代表，即Q、S、C、V。具体地说，Q代表质量（Quality）、S代表服务（Service）、C代表清洁（Cleanliness）、V代表价值（Value）。这一理念是由麦当劳的创始人雷·克洛克在创业之初就提出来的。几十年来，麦当劳始终致力于贯彻这一理念，说服一个又一个的消费者来品尝它的汉堡。

Q（质量）：为保证食品的独特风味和新鲜感，麦当劳制定了一系列近乎苛刻的指标。所有原材料在进店之前都要接受多项质量检查，其中牛肉饼需要接受的检查指标达到40多个；奶浆的接货温度不超过4℃；奶酪的库房保质期为40天，上架时间为2小时；炸薯条超过7分钟、汉堡超过10分钟就要扔掉。

S（服务）：麦当劳提倡快捷、友善和周到的服务。麦当劳餐厅的侍应生谦恭有礼，餐厅的设备先进便捷，顾客等候的时间很短，外卖还备有各类消毒的食品包装，干净方便。餐厅布置典雅，播放轻松的乐曲，顾客在用餐之余还能得到优美的视听享受。有些餐厅为方便儿童，专门配备小孩桌椅，设立“麦当劳叔叔儿童天地”。麦当劳餐厅备有职员名片，后面印有Q、S、C三项评分表，每项分为好、一般和差三类，顾客可以给其打分，餐厅定期对职员的表现给予评判。

C（清洁）：走进麦当劳餐厅，你会感觉到那里的环境清新幽雅、干净整洁。麦当劳制定了严格的卫生标准，如员工上岗前必须用特制的杀菌洗手液搓洗20秒，然后冲净、烘干。麦当劳不仅重视餐厅和厨房的卫生，还注意餐厅周围和附属设施的整洁，连厕所都规定了卫生标准。

V（价值）：所谓价值，就是说要价格合理、物有所值。麦当劳的食品讲求味道、颜色、营养，价格与所提供的服务一致，让顾客吃了之后感到真正是物有所值。同时，麦当劳还尽力为顾客提供一个宜人的环境，让顾客进餐之余得到精神文化的享受，这是无形的价值。

13.2 企业文化构成要素

任何一家企业组织都希望有自己的文化特色，并且，都希望企业文化是强有力的，富有凝聚性。现实中许多企业高层管理者总认为文化是一种软性的东西，无从下手。这里涉及企业文化的基本构成要素，这些要素可以成为企业塑造企业文化的突破口。一个组织的文化是由若干要素构成的，对企业文化影响较大的基本构成要素有三个：共同价值观、行为规范、形象与形象性活动。

13.2.1 共同价值观

共同价值观是指企业在长期的生产经营活动中逐渐形成的，组织成员或群体成员分享的同一价值观念。这一概念是企业文化的精髓，表现为企业对企业宗旨、企业精神、经营理念、人员价值等的价值判断。企业常常通过谚语、口号、隐喻或其他形式的语言向企业成员传递这些价值观念。

“小公司做事，大公司做人”是联想的一个众人皆知的宗旨，是联想提倡的“以人为本”的企业文化理念。联想认为，企业是靠人来创造效益的，没有人，即便20万元创业资本能点石成金，也不可能滚成数十亿元。同样，联想要实现其发展战略目标，获得更大的发展，还要靠人。

美国德尔塔公司提出“亲如一家”的口号，表明了德尔塔公司为避免裁员和支付员工高于竞争对手的工资所作出的超常努力。保持这种家庭亲情感，使德尔塔公司能在减少分红的情况下保持员工的忠诚和奉献精神，一直到衰退结束。

中外闻名的同仁堂制药公司，从乐家老铺开始，坚持“炮制虽繁必不敢省人工，品味虽贵必不敢减物力”的原则。多年来，企业管理者和员工把这两句话作为座右铭，而今又把它写成对联挂在企业大门的两侧，成为该企业各项工作的警句，是同仁堂赢得声誉、长盛不衰的根本保证。

共同价值观是企业一种看不到但感觉得到的无形资源，它就像企业的大脑一样指挥着经营管理中的各项活动。企业的激励举措、营销方式、服务手段等，只是与共同价值观相适应的组织方式和实现手段，是共同价值观的外在表现形式。

13.2.2 行为规范

规范是指企业群体所规定的行为标准。它们可以由组织正式确立，也可以是非正式形成的。企业组织为了创建独特的文化，需要规范自己的行为，影响组织的决策与行动。有的人认为，企业文化是“一种非正式规则的体系，指示人们在大部分时间内应如何行动”。还有的人认为，文化是“组织成员共享的信念与期望的模式，从而有力地形成了组织中个人与群体行为的规范”。企业组织的高层管理者要注重开发与培育企业文化，特别要注意从健全行为规范、建章立制等管理基础工作入手，按照所期望的方式影响组织成员的行为。

13.2.3 形象与形象性活动

形象与形象性活动，可以向公众展示和灌输特定的价值观，表达企业对顾客、社会所负的责任，树立良好的企业外部形象，使公众接受企业所提供的产品和服务。

运用形象或形象性活动的方式去创造企业文化时，组织的管理人员需要考虑把处理体系和结构的能力与建立组织的统一目标结合起来，创建一个方向正确、充满凝聚力的统一体。

在企业内部，经常被采用的形象与形象性活动有以下几种：

1.组织创始人和英雄的事迹

组织创始人个人的风格与经历可以形成极好的象征，以及组织历史上那些能够极其有效地处理事务、对组织做出重大贡献的杰出人物，都可以成为员工竞相效仿的楷模。在具有浓厚文化的企业中，激励员工的不仅仅是指合理地利用奖金和重视成绩，还应包含着激励人们成为英雄的精神力量。

2.面向未来的角色定位

根据时代发展的潮流，利用先进的声、光、电的科学技术手段，以企业产品陈列馆、4D体验式场馆、图文并茂的展览室等形式，对企业内部成员和外部来宾们展示企业美好的未来。

3.形象性活动

企业组织的管理人员利用大量的时间从事能够影响文化的活动，改变或提高企业的形象，如积极致力于“希望工程”等。

4.组织结构变革

为了强化企业组织成员共享的价值观，扩大企业形象的社会辐射范围，企业可以通过变革组织结构的方式来实现。例如，根据形象设计的需要，设立专门的销售服务或产品开发部门，或在特殊的市场上设置专门的机构以产生更为广泛的社会效应。

【战略聚焦】　洋河：一杯白酒的人文内涵

从“蓝色经典，男人的情怀”，到“中国梦，梦之蓝”，无论是“男人情怀”所表达的领袖精神，抑或是“勇于追梦”所表达的时代精神，洋河强调的始终是对人文精神的执著。而正因为这份执著，实现了“蓝色-梦想-洋河”的三位一体，也让这一品牌诉求深入人心，成为在江苏乃至在国人心目中都印象深刻的一抹蓝色。无怪乎有人说，喝洋河蓝色经典，喝的不是酒，是蓝色的梦想激情。

仅从传播的角度而言，以人文精神构建的传播媒介或传播诉求，无异于是最能引发受众共鸣，也最具有传播效果的手段。值得赞赏的是，洋河不仅仅是传播梦想精神的品牌受益者，更是通过公益活动帮助困难人群圆梦的践行者。

2013年10月，由洋河股份“中国梦·梦之蓝”独家冠名的央视大型电视音乐公益活动《梦想星搭档》播出。此次《梦想星搭档》的公益主题聚焦于相关儿童公益事业，为此洋河股份专门设立了380万元梦想基金，用于儿童健康、安全、教育等领域。近几年来，从全程参与CCTV“寻找最美乡村医生”大型公益活动，到梦之蓝公益基金支持《中国梦想秀》，再到《梦想星搭档》公益节目开播，洋河股份走过的这条充满厚重人文情怀的公益路上，梦想的力量通过媒体充分展现，而洋河梦想精神的品牌诉求也更加深入人心，最终真正实现了企业在商业品牌传播与公益责任担当上的双赢。

资料来源：李金昕.洋河：梦想+绵柔=？[J].商学院，2013（11）.

13.3　企业文化类型

从不同的角度、按照不同的特点，可以把企业文化分为许多类型。分类的主要目的在于比较分析，使企业文化建设和企业生存的环境、企业战略相适应。

13.3.1　按风险程度和信息反馈速度的分类

企业的商业环境中，有两个关键因素决定着企业的文化形态：与公司活动相联系的风险程度，以及公司和员工获得判断企业决策或战略成果的反馈信息的速度。将上述两个关键因素结合起来考察，可归纳划分为以下四种企业文化类型：

1.硬汉胆识型文化

硬汉胆识型文化特征是风险大、信息反馈快。一群个人主义者组成的天下，经常冒高度风险，并对他们的行动是正确还是错误能迅速获得反馈信息。在这个高风险和迅速反馈的世界中，成功和失败往往是在一夜之间造成的。这种文化往往见于年轻者，着眼点是速度而非持久性。在硬汉胆识型文化环境中，成功的公司总是试图利用一些英雄来与高风险事业中的逆境、不确定性搏斗，然后惊心动魄地进行冒险，取得成功时优厚奖励他们。

不过，硬汉胆识型文化的长处也正是其短处所在。强调快速反馈的硬汉挪用长期资源，在长期持久方面没有什么价值观。竞争激烈就顾不上什么协作的美德，它排除在错误中学习的能力，培育了生硬性。其后果是形成一种奖励暂时的、目光短浅的、迷信的个人文化，而打击那些在事业上取得成功需要时间的人，造成了很高的人员流动率，所以在硬汉文化氛围中，想要建立强烈而凝聚的文化十分困难。

2.勤奋活跃型文化

勤奋活跃型文化的特征是风险小、信息反馈快。勤奋和活跃就是准则，员工们不用担多少风险，而反馈都很迅速。为了成功，这种文化鼓励他们维持高水平但相对低风险的活动。这种类型的企业是销售组织的亲切而极度活跃的世界。这些公司的员工们生活在一个低风险、快速反馈、声誉能决定交易成功的天地之中。在这个天地中，活动能力就是一切。只要员工们顶得住，工作总干得成，成功来自坚持。

勤奋活跃型文化的基本价值观集中于顾客及其需要上。如果说硬汉型文化是建立在“发现一座山并登上去”的原则上，那么勤奋活跃型文化就是以“发现一种需要并满足它”为基础。

但是行动也带来巨大的不利之处。在勤奋活跃型文化不顾前后、一味追求更多生产与销售的过程中，数量可能取代质量。勤奋活跃型文化的最坏之处表现为缺乏创见和不周密，其倾向是朝着某种貌似精打细算而可能适得其反的结果。而且，勤奋活跃型文化往往由于取得成功而变得愚昧，容易对“今日之成功蕴藏明日之失败”的善意提醒忘乎所以。

3.孤注一掷型文化

孤注一掷型文化的特征是风险大、信息反馈慢。这种文化需要下大笔赌注，员工们要经过许多年以后才能知道决策是否得到偿付。

孤注一掷型文化的组织习惯于采用业务会议。尽管本组织各层次的人员都可能出席会议，但席位将严格地按等级排定，而且只有高级成员才能发言。

孤注一掷型文化的价值观着眼于未来以及对未来投资的重要性。孤注一掷的行动合乎逻辑而且审慎，因为孤注一掷者需要印证他们是正确的。他们作决策颇费时间，然后反复审核其每一部分，一旦形成设想之后，孤注一掷者就不轻易改变他们的判断。

孤注一掷型文化可以引发高质量的发明和重大科学突破，总体上看，它还有助于推进国家的经济发展。

4.按部就班型文化

按部就班型文化特别注重过程，注重程序化，看重的是一切按管理者的政策和规定办事，完成上级交给的任务；提倡每个员工做好属于自己分内的每一项工作，不鼓励企业内部及员工间的竞争和创新。

按部就班型文化的特征是风险小、信息反馈少。在按部就班型文化中，价值观集中在技术完备、估算出风险和按科学规律解决方面，使过程和细节正确。同孤注一掷者一样，按部就班人员也非常讲究头衔和正规手续，他们严格划分的层次颇似一种等级制度。

按部就班型文化能使那些需要精心预测的工作井井有条。甚至可以说，正是出色的按部就班文化确保了世界为硬汉们、勤奋活跃者们以及孤注一掷者们创造运行的空间。

13.3.2　按人和企业文化匹配的分类

员工的个性与组织文化的匹配影响着一个人在管理层级上升迁的高度和难易程

度，不同的文化类型能吸引不同个性的人。根据人和企业文化合理匹配的具体情况，可以区分出四种企业文化类型：学院型、俱乐部型、棒球队型和堡垒型。

1.学院型文化

学院型企业是为那些想全面掌握一种新工作的人准备的地方。这种企业喜欢雇用年轻的大学毕业生，企业提供大量的专业培训，指导他们在特定的业务领域内从事专业化的工作。在这样的企业里，员工能不断地成长、进步。可口可乐公司、宝洁公司和IBM公司都属于典型的学院型企业。

2.俱乐部型文化

俱乐部型企业非常重视员工的适应性、忠诚感和承诺。在俱乐部型企业里，企业致力于把管理人员培养成通，资历对员工来说是关键因素，年龄和经验对员工都至关重要。贝尔公司、联合包裹服务公司都属于俱乐部型企业，政府机关和部队也是这种类型。

3.棒球队型文化

棒球队型企业重视创新和冒险，是冒险家和革新家的天堂。这种企业从各种年龄、性别和不同经验的人中挑选有才能的人才，并根据员工的工作绩效付给他们报酬。在这种企业里，由于对工作出色的员工予以巨额奖酬，给以员工较大的自主权，员工因此而被激发出工作热情，拼命工作。在投资银行、咨询公司、软件开发和生物研究等领域，这种类型的企业文化比较普遍。

4.堡垒型文化

堡垒型企业着眼于企业的生存。许多这类企业过去是学院型、俱乐部型或棒球队型的，但是，由于竞争的压力、环境的变迁，面临经营困难而衰退，现在尽力保存自己尚余财产和市场地位。这类企业工作安全保障不足，但对于喜欢挑战性工作和流动性工作的人来说，这里是令人兴奋的工作场所。

13.3.3 其他分类方法

1.主文化和亚文化

主文化体现的是一种核心价值观，它为组织中绝大多数成员所认可和共享。亚文化通常在大型组织内部发展起来，反映了其中一些成员所面临的共同问题、情境和经历。我们通常说的企业文化就是指组织的主文化。很多大型组织中都存在一个主文化以及众多的亚文化，这些亚文化同样会影响到员工的行为。

2.强文化和弱文化

在强文化中，组织的核心价值观得到强烈而广泛的认同，这种高强度以及高度的认同感会在组织内部创造一种有力的行为控制氛围。强文化的一个具体结果是员工的流动率更低，弱文化则是相反的结果。

13.4 企业文化与战略匹配关系

一个高效率运行的企业，在一定程度上必然会拥有一系列普遍被接受的假设模式。企业战略的形成可以被认为是人们对企业目标应该像什么的主观假设的一种产物。同时，企业文化与战略都是动态环境下相辅相成的产物。我们既要分析企业文化与战略的关系，还要从战略的角度研究企业文化的设计和管理。

13.4.1　企业文化对战略的影响

创建一种支持战略的企业文化对于成功地实施战略是非常重要的。因为优良的企业文化可以形成一种努力达到业绩目标和参与战略行动的工作风气和组织的集体意识。企业文化与战略的关系主要表现在以下三个方面：

1.企业文化是战略获得成功的内在动力

一家企业组织自身具有浓厚的文化特性时，通过企业成员的共同价值观念必然会表现出企业的独特优势。这有助于企业实施差别化战略，可以为企业获得经营成功奠定基础，提供持久的内在动力。

企业文化作为企业成员意识和所形成的行为模式，长期以来行之有效，被认为是理所当然的一种长期假设，完全处于管理者的有意识状态之中，并为企业员工所内化。

2.企业文化是战略实施的关键

企业组织制定战略以后，必须通过全体成员积极有效地贯彻实施才能最终成功。企业文化正是以其所营造的整体价值取向、经营理念和行为方式来激发人们热情，潜移默化地统一群体成员意志，引导全体员工去贯彻执行既定的战略，保证企业使命的实现。

一种与战略存在匹配关系的企业文化，将有助于激发人们以一种积极的姿态支持战略方案的实施。例如，一种以支持创造性、支持变化与挑战现状为主题的文化对于实施和执行产品差别化战略是非常有利的。当一种企业文化与取得战略成功的需要无法相匹配时，就必须考虑尽快改变既有的文化。

3.企业文化与战略的适应和协调

总体上看，企业文化提供了员工应该做什么、不应该做什么的激励和约束体系。企业文化的具体作用表现在战略管理活动过程的每一个阶段（见表13-1)，涉及面较宽。

表13-1　**企业文化对战略管理活动的影响**

战略管理过程	从企业文化切入的管理任务
战略态势分析与战略制定	计划应包含的风险度； 计划应由个人制订还是群体制订； 管理者对跟踪环境意外变化趋势的参与程度
战略实施	员工在工作中享有的自主权程度； 关键性任务是由个人还是由项目团队小组来完成； 部门经理相互联系程度； 管理者关心员工日益增长的工作满意度的程度； 是否所有的分歧(甚至是建设性的分歧)都应当消除
战略控制	是允许员工控制自己的行为还是施加外部控制； 员工绩效评价中应强调哪些标准； 预算超支将会有什么反响

随着经营的发展，企业组织规模扩大，企业内新的成员不断增加。这些新成员会给企业带来新的文化。此外，在企业中，一个新的战略也要求原有的文化配合与协调。由于企业组织中原有的文化具有滞后性，很难马上对新战略做出反应。因此，企业文化既可以成为实施战略的动力，也可能成为阻力。在战略管理过程中，企业内部的新旧文化必须相互适应、相互协调，才能为战略获得成功提供保证。

13.4.2　战略与企业文化之间关系的管理

战略与企业文化之间关系的管理，涉及两个层面：第一，企业内部诸要素的变动程度，如企业的组织结构、内在技能、共同价值观、生产作业程序等；第二，企业诸要素变化与企业当前文化的一致性程度。根据这两个层面，产生了正确处理战略与企业文化的几种管理方法，如图13-2所示。

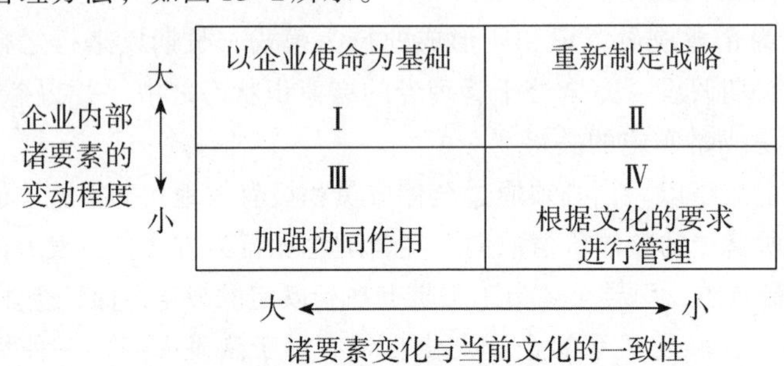

图13-2　战略和企业文化关系的管理模式

1.以企业使命为基础

企业实施一个新战略时，企业内部的组织要素会发生很大的变化，但这些变化大多与企业目前的文化有潜在的一致性。这种企业多是那些以往效益好的企业，可以根据自己的实力，寻找可以利用的重大机会，或者试图改变自己的主要产品和市场，以适应市场新变化。这种企业由于有企业固有文化的大力支持，实行新战略没有大的困难，一般处于非常有前途的地位。在这种情况下，企业处理战略管理与文化关系的重点是：

第一，企业进行重大变革时，应当与企业使命保持一致。企业使命是企业文化的正式基础。高层管理人员在管理的过程中，一定要注意组织变革与企业使命具有不可分割的特点。

第二，充分发挥企业现有人员的作用。现有人员之间具有共同的价值观念和行为准则，可以保证企业在充满凝聚力的条件下实施变革。

第三，在调整企业的奖励系统时，必须注重与企业组织目前的奖励行为保持连贯性。

第四，要考虑进行与企业组织目前的文化相适应的变革，不要以破坏企业已有行为准则为代价。

2.重新制定战略

企业在实施一个新战略时，组织的要素会发生重大的变化，大多又与企业目前的文化很不一致，或受到现有文化的抵制。对于企业来讲，这是一个两难问题。在这种情况下，企业首先要分析是否有必要继续实施这个新战略。如果没有必要，企业则需要重新设计战略。这就是说，企业在现实中能够实施的战略是与企业现有行为准则和实践相一致的战略；反之，在企业外部环境发生重大变化，企业的文化也需要相应做出重大变化的情况下，企业考虑到自身长远利益，不能为了迎合企业现有的文化，而将企业新的战略修订成与现行文化标准相一致，这不符合企业的发展方向。

为了处理上述与企业文化密切相关的重大变革，企业需要从以下四个方面采取管理行动：

第一，企业高层管理人员一定要始终坚持变革的信念，并向全体员工讲明变革的意义和变革后的前景。

第二，企业可以通过外部招聘或从内部提拔一批承认并接受新文化的人员。

第三，有意识地改变奖励重心。重点奖励那些具有新文化意识的事业部或个人，促进企业文化的转变。

第四，有意识地改变行为规范。设法让管理人员和员工明确新文化所需要的行为，并形成一系列的规范，保证新战略在组织中能够顺利实施并取得效果。

企业的战略管理者应该充分地认识到，改变组织的要素构成是一个渐进的过程。企业应当抓住每一个可以促成变革或有利于形成新文化的机会，同时要树立全心全意依靠全体员工的思想，最终，使新的战略使命与员工价值观念相互吻合、相互支持。

3.加强协同作用

协同作用是一种合力的作用，企业实施一个新战略时，企业内部组织要素发生的变化不大，并且基本上又和企业目前文化相一致。处在这种地位的企业应主要考虑以下两个方面的问题：

第一，利用目前的有利条件，通过公司管理者和员工的共同努力巩固和强化优秀的企业文化。

第二，利用文化相对稳定的有利时机，根据企业文化的需求，解决企业生产经营中的现实困难。

4.根据文化的要求进行管理

企业实施某种新战略时，虽然主要的组织要素变化不大，但战略与企业目前的文化不相一致。此时，企业需要研究这些变化是否能给企业带来成功的机会。在这种条件下，企业可以根据公司目标和环境变化，在不影响企业总体文化一致的前提下，对某些经营业务采用不同的文化管理模式。同时，企业对那些与企业文化密切相关的因素进行变革时，也需要根据文化的要求进行管理活动。

【战略聚焦】　是“文化冲突”，还是“战略差异”

2010年中国吉利收购瑞典沃尔沃后，双方高层就沃尔沃的发展战略爆发“文化冲突”：是严守安全、牢靠、含蓄的瑞典风格，还是迎合中国新富的炫富需求，研发德式超级豪华车？吉利集团想通过学习宝马、奔驰和奥迪等奢华品牌，摆脱沃尔沃过于严肃的形象，以提高销量。

吉利集团董事长李书福认为，中国是决定沃尔沃未来的关键，豪华轿车在中国的年销量已超过120万辆。中国市场将帮助沃尔沃实现全球年销量翻倍，到2020年达到80万辆的目标。李书福希望沃尔沃能够制造出“以中国新富为目标的更大的豪华轿车”。

这一想法没有得到沃尔沃汽车公司CEO萨缪尔森的认同。萨缪尔森认为，放弃沃尔沃历经几十年打造的注重品质、安全和环保的精品轿车形象，向德国豪华轿车制造商看齐，风险太大。萨缪尔森曾说：“沃尔沃不会参与豪华轿车市场竞争。炫耀从来与沃尔沃品牌不沾边。”萨缪尔森等沃尔沃公司其他高管还认为，沃尔沃应该坚守“斯堪的纳维亚根基”，中国消费者也在发生变化，不再通过拥有德产豪华轿车炫耀身份。“这一变化多年前在很多国家就已经开始，如今同样出现在中国。”

随着中国经济增长速度减缓及新一届政府大力整治腐败等政策的实施，中国豪华轿车的销售可能会放缓，但李书福仍然看好中国豪华轿车市场潜力。2014年，沃尔沃与李书福已达成妥协，将开发稍大、更豪华的“中国版”第三代S80轿车。

资料来源：改编自杨沙沙，陈宗伦.战略看法不同 吉利沃尔沃被指爆发“文化冲突”[N].环球时报，2013-09-11.

13.4.3 战略和文化在不同成长阶段的匹配

在小企业变成大公司的不同阶段，企业所面临的外部环境在不断变化，企业内部的资源条件也在发生改变，企业文化和企业战略的动态匹配关系成为战略持续获得成功的重要保证。实际上，对于企业高层管理者或者管理团队来说，一项重要的任务就是要根据企业成长的阶段性，创建、维护和变革企业文化，努力使其与战略的匹配关系有助于企业巩固竞争优势。

表13-2列举了在企业形成和发展的不同阶段中，企业文化所存在的基本特点，并概括了它对战略实施的若干要求。

表13-2 企业生命周期、企业文化与战略选择

生命周期阶段	企业文化主要特点	对战略选择的要求
初创时期	1.充满内聚力的文化 2.以创建者的信仰为主,崇尚个人英雄主义 3.不轻易接受外人帮助	1.试图取得不断的成功 2.支持相关的开发活动
增长时期	1.文化的内聚性减少,新元素不断注入 2.时常产生不相匹配和关系紧张	1.多样化常常是可能的 2.容易被兼并或接管 3.快速发展要求维持结构变革
成熟时期	1.企业文化习俗化 2.产生文化惯性与文化惰性 3.新颖的战略逻辑可能遭受排挤	1.喜欢相关的开发 2.渐进主义受到欢迎 3.对现行战略进行必要的反思
下降时期	1.内聚式文化可能演变成一种落后的保护剂 2.员工对企业的离心力不断增大	1.有必要修正战略,但往往很难修正 2.证明有必要调整企业经营领域或者市场范围

1.初创时期

处于初创时期的企业，往往是由具有创业精神的个体或者创业团队一手策划并组建起来的，所以，一旦企业能够生存下来，创业者的个人信仰就会深深地嵌入在企业之中，并决定了企业所采取的组织类型和很长一个阶段的发展战略。创业者的核心信仰将组织凝聚在一起，并成为其核心竞争力的重要组成部分。企业成长通常会去自觉或者不自觉地寻找符合这一文化特质的发展道路，所以说，企业文化并不是企业生产经营的副产品，而是人们自觉创造的成果。例如，为充分利用某项技术或专门知识所创建的组织倾向于寻找这样一种发展战略，即该战略有助于保持这一组织是一技术驱动组织的自我形象。甚至当经济逻辑表明它们最好去寻找额外的市场，以充分利用现在的优势时，它们仍将偏爱于产品或工艺开发。

对初创时期的组织来说，其文化的内聚力和强度还会阻止那些现存机构来帮助和提醒小企业。这种内部文化反对外部援助，即使当组织非常需要某种帮助时也是如此。

2.增长时期

组织文化在增长时期因环境不同会产生不同的变化，但是也有一些共同的情况，它们说明了文化的发展决定了战略选择。

第一，在初创时期看到的文化的内聚性渐渐分散到亚文化之中，每种亚文化都偏爱选择适于自己的不同发展方式和类型。因此，正是在这个阶段，公司的历史基础对未来的选择没有什么指导作用，一定程度的分散是允许的，以保持这些小派系之间的和平共处。

第二，在增长时期，会有许多新人员进入组织，并开始出现中级管理人员。进而，这又在组织内形成预期的多样化，并促进了某个占统治地位文化的扩散，形成了对某类战略的偏好。

第三，在处于增长时期的市场中，有些组织陷于进退两难的困境之中。战略逻辑表明这些组织应该跟随市场的自然增长；否则，一旦增长停止，风险就非常大。但是，增长可能会触犯组织中存在的其他信仰（如希望保持一种家庭式的环境等）。

第四，许多公司和公共服务组织认为，要求组织增长的发展战略，在追求低风险的官僚文化氛围内是很难培育和推进的。因此，它们要么放弃这样的发展战略，要么下决心在主体结构之外采用这种发展战略。

处在企业生命周期的成长时期，高层管理者一般都会热衷于本企业的文化，但是，也有两个方面会阻碍战略管理：一方面，根深蒂固的信念会遮住管理者的视线，使他们经常不能觉察外部条件的变化；另一方面，当特定的文化在过去证明为行之有效时，人们很自然的做法是在未来仍固守这一文化。

3.成熟时期

在组织成熟期，其文化已经趋向于习俗化到人们已经意识不到它的存在的程度，或者很难用一种方法来将其概念化。作为一种共同规律，成熟期的组织可能更喜欢那些当前状况变动最小的发展方式。虽然从文化的角度看，逐步发展比较容易些，但如果环境变化非常迅速，那么，这一发展方式可能是不适合的。

在组织成熟期，选择一种能够与企业文化变革方向相一致的战略是企业高层管理者的责任。战略制定者在建立战略与文化相匹配的关系时，不但需要他们做出象征性的行动，更需要他们做出实际的行动。

第一，充分利用高层管理者的权力带动文化变革。在组织成熟期，容易产生文化惰性，容易形成不思进取的求稳心态。一般来说，实施的战略变革程度越大，适应一种新战略所需要的文化准则转换也越高。这时，高层管理者必须运用其权力，克服原有文化对变革的抗拒。

第二，营造组织内部积极向上的变革精神。战略管理者应当促使企业内部形成管理人员、技术专家、普通员工都参与和支持变革的良好氛围，形成一种能够对变化的环境做出迅速反应的机会主义精神。为此，应当鼓励个人和集体具有创造性，重视企业内部那些“持异见者”的想法，容许员工和管理者的创新失败，努力给予团队、项目小组等组织形式以充分的支持。

第三，让变革成为组织内部的公开话题和公开行为。实施企业文化战略变革方案时，应该让员工知道变革的意义，让变革成为组织内部共同探讨的话题，以便让员工及早做好心理准备。在变革方案实施以后，要重视变革成效控制，传统的做法往往是利用批评与惩罚来控制成效，在新的形势下，要特别强调利用赞赏来肯定优良的企业行为。

4.下降时期

在下降时期，内聚的文化可能是组织应付不利环境的一个主要工具。在这种环境下，组织面临的是减少生产、放弃产品和市场还是从产品和市场中退出的选择，而这些产品和市场已深深地嵌入到组织的文化之中。有时候这种调整需要许多年才能完成，尤其是当组织的外部形象强化其内部状态时更是如此。在一些情况下，调整的困难非常之大，以至于组织的所有者决定将其卖给另一个组织，此后也许能对其做出更迅速的改革。

■ 本章小结

文化是理解企业行为的一种工具，客观上有助于战略制定和战略实施。企业文化是指在企业长期实践中所形成的，并通过企业老成员的传授（特别是领导的表率作用），能够影响到企业新成员的行为方式，用以指导员工行为方式的价值观念、行为准则、道德规范等体系。企业文化的构成要素主要包括共同价值观、行为规范、形象与形象性活动。

从不同的角度、按照不同的特点，可以把企业文化分为许多类型。分类的主要目的在于比较分析，使企业文化和企业生存的环境、企业战略相适应。

企业文化与战略的关系主要表现在：一是企业文化为战略提供成功的动力；二是企业文化是战略实施的关键；三是企业文化与战略的适应和协调。

根据企业内部诸要素的变动程度、企业诸要素变化与企业当前文化的一致性程度这两个相关因素，正确处理战略与企业文化的四种管理方法是：一是以企业使命为基础；二是重新制定战略；三是加强协同作用；四是根据文化的要求进行管理。

在企业成长的不同阶段，企业高层管理者或者管理团队的一个重要任务就是要努力创建、维护和变革企业文化，使其不断地与战略保持动态匹配关系，从而有助于企业不断地巩固其竞争优势。

■ 复习思考题

1.什么是企业文化？其主要构成要素是什么？

2.企业文化有哪些主要类型？

3.简要论述企业文化对战略的多重影响。

4.如何进行战略与企业文化之间相互关系的管理？

5.从企业成长的角度，分析战略和企业文化的匹配。

6.有人认为："企业管理层要高度重视并充分利用工会、共青团和妇联的作用，尽可能地多组织开展些喜闻乐见的文体活动，以进一步调动和激发起员工参与的积极性，从而企业文化建设也就自然能见到成效。"你对这种观点持何种看法？请阐述理由。

■ 案例分析题

与时俱进的工商银行文化

作为企业灵魂的企业文化，越来越成为现代企业核心竞争力的重要内容，是企业成长的关键。"工于至诚、行以致远"，在改革发展的实践中，工商银行已经探索出了一条企业文化建设的成功之路。从工商银行的发展历程同样也可以看出，其之所以能成长为当今市值最大、盈利最多、客户存款第一和品牌价值最高的商业银行，很大程度上也是在企业文化的凝聚、引领和激励下，持续努力和稳健发展的结果。

自成立初期，工商银行就提出了"求实创新、吃苦耐劳、顾全大局、团结奋进"的企业精神，激励全行在创业初期勇于进取，艰苦奋斗，迅速奠定了国内市场的领先地位。在国家专业银行时期，又提出了"经营效益高、资产质量高、自身信誉高"的"三高"观念，有力地推动了向商业银行转变的进程。在启动现代商业银行综合改革的阶段，工商银行积极倡导"效益、质量、发展、管理、创新"十字方针，激励全行奋发图强，逐步摆脱了经营困境。在股份制改革进程中，"团结一心、顾全大局、无私奉献、严谨务实、勇于创新"的股改精神更是激励工商银行广大干部员工成功完成了股改上市这一历史使命，掀开了建设国际一流现代金融企业的崭新一页。

在传承历史的基础上，按照"巩固、深入、提高、创新"的企业文化建设思路，工商银行积极主动地在培育企业精神、提炼先进理念、塑造品牌形象、提高员工素质等方面进行了深入探索，开展了有益实践。围绕各个阶段中心工作任务和员工思想实际，工商银行每年都推出一项形式新颖、主题鲜明的教育活动，例如近年来先后大力开展的"培育现代企业文化，提升核心竞争力"、"树立现代金融服务理念，打造一流金融服务品牌"等一系列主题教育活动，有效地推动了各项业务的健康发展，增强了全行的凝聚力和战斗力。针对新时期员工的思想特点，工商银行还实施了"心灵绿色通道"工程，引导员工树立阳光心态、培养健康心理，将压力管理和情绪管理纳入员工思想工作，同时不断加强对困难员工的帮扶救助工作，营造了和谐健康的企业氛围。

与此同时，工商银行还十分注重发挥先进典型对企业文化建设的示范带动作用，以文明单位创建活动为载体，大力培育积极向上的企业文化精神。全行共有“全国文明单位”和“全国精神文明建设工作先进单位”95家，总行级“文明单位”和“精神文明建设工作先进单位”317家，创建成果名列金融系统之首。对于基层行在企业文化建设中形成的“旗舰文化”、“家园文化”等成果进行大力支持，为推进全行企业文化建设积累了丰富的经验。

股改上市后，工商银行进入了建设国际一流现代金融企业的新阶段，新的形势和任务目标都对企业文化建设提出了更高的要求，全面推进企业文化建设已经成为工商银行的迫切需要。为此，工商银行将培育和创建优秀的企业文化提上了重要议事日程，专门成立了“企业文化建设推进委员会”，调动全行各层面资源，对工商银行的企业文化进行了全面评估和研究，并形成了系统的企业文化建设规划。

工商银行与北京同心动力企业文化咨询公司正式发布企业文化体系，并同时推出《中国工商银行企业文化手册》。此次发布的工商银行企业文化体系主要包括使命、愿景、价值观、基本理念和行为准则等内容。按照这一体系的指引，在新的历史发展阶段工商银行将践行“提供卓越金融服务”的使命，倾力服务客户、回报股东、成就员工、奉献社会，秉承“工于至诚，行以致远”的价值观，把“经营、管理、创新、发展”作为企业的行为准则，将“道德、尽职、服务、执行、协作、学习”作为员工的行为准则，朝着建设“最盈利、最优秀、最受尊重的国际一流现代金融企业”的愿景迈进。

作为企业文化的内核和精髓，工商银行“工于至诚，行以致远”的价值观涵盖了“诚信、人本、稳健、创新、卓越”五方面的基本价值取向，是对工商银行多年来企业精神、文化理念、经营方式和价值追求的凝练表述。“诚”就是“忠诚、真挚、守信”，表明了对员工品行修养的标准，体现出社会对服务的要求，传达了对社会公众的庄严承诺；“远”就是“长久、高远、远大”，彰显出永不停息、创新超越的精神，昭示了力争成为行业典范的自我定位。在核心价值理念的基础上，工商银行还提炼形成了包括“发展、效益、风险、服务、品牌、团队、学习、人才”等八个方面的基本理念作为核心价值的外延。

工商银行相关负责人表示，下一阶段该行将全面推进富有自身特色、体现时代精神的企业文化建设进程，引导员工将价值理念内化于心，付之于行，努力形成以新理念引领新发展的良好局面。

根据这一目标和任务，工商银行将进一步制定完善企业文化建设的管理机制，把企业文化建设渗透到日常经营管理工作中，并充分发挥员工在企业文化建设中的主体作用，多种渠道大力促进企业文化的传播、渗透，使全行员工形成共同的价值取向和行为规范。结合当前的工作实际，工商银行还特别提出着力抓好全体员工“六种意识”的培育和提升，即：“客户至上”的服务意识、“严谨规范”的合规意识、“锐意进取”的竞争意识、“协同高效”的团队意识、“立新求变”的创新意识、“勤勉尽责”的执行意识。

企业文化贵在传承，重在创新。在企业文化建设中，工商银行将在保持已形成共识的价值取向和行为方式的基础上，积极适应发展环境的变化及时进行调整，并通过精心培育和广泛借鉴吸纳，为工商银行文化不断注入新的体现时代精神和发展要求的内涵，使企业文化始终保持旺盛的生机与活力。

结合上述案例材料，以集体形式讨论：

1.比较工商银行成长的各个不同时期企业文化所具有的差异性。为什么会出现这种差异性?

2.在互联网金融业得到迅速发展的今天，工商银行应当对企业文化建设的内容作何转变呢?

3.工商银行的企业文化建设有哪些地方值得其他企业借鉴？为什么?

比较研究

在分别访问英特尔中国公司（http：//www.intel.com/cd/corporate/home/apac/zho/347411.htm）和华为公司（http：//www.huawei.com）官方网站基础上，重点关注与两家公司文化演化相关的内容，请以小组形式讨论分析：

1.比较两家公司文化的差异性。

2.结合企业成长历程，分别阐述公司文化与企业战略之间的关系。

3.适当补充关于文化冲突的阅读范围，搜集英特尔公司在开拓中国市场和华为公司在开拓美国市场时的文化冲突表现，分析文化冲突对企业外向战略实施的影响。

推荐阅读文献

1.迪尔，肯尼迪.企业文化[M].李原，孙健敏，译.北京：中国人民大学出版社，2008.

2.柯林斯.基业长青[M].俞利军，真如，译.北京：中信出版社，2009.

3.沙因.企业文化与领导力[M].章凯，译.4版.北京：中国人民大学出版社，2014.

4.赵曙明，裴宇晶.企业文化研究脉络梳理与趋势展望[J].外国经济与管理，2011（10）.

5.Sweeney P D.Emerging markets go organic：does organizational culture impact market responsiveness and firm performance?[J].Academy of Management Perspectives，2014，28（2）.

6.Fryxell G E.The Interaction of interest divergence and facility of strategy operationalization as determinants of business-unit culture[J].International Journal of Value-Based Management，1990，3（1）.

▼▼▼▼▼▼▼▼▼▼▼▼▼▼▼▼▼▼▼▼▼▼

第五部分

战略控制与变革

▲▲▲▲▲▲▲▲▲▲▲▲▲▲▲▲▲▲▲▲▲▲

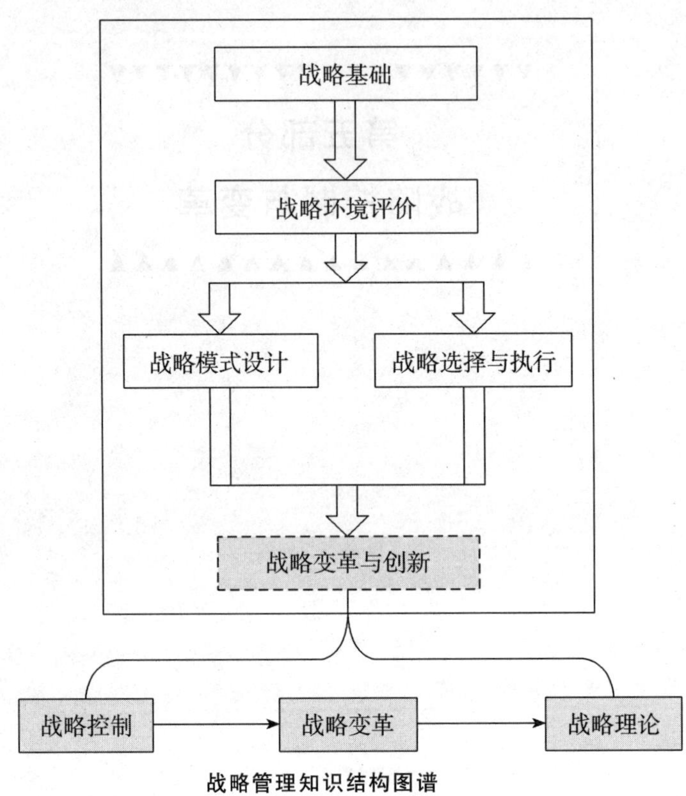

战略管理知识结构图谱

第14章 战略控制与战略变革

学习目标

战略控制与变革是战略管理的一个重要环节。战略控制的目的是实现预期的战略目标，如果战略执行的效益与预期出现偏差，就需要对战略进行必要变革。战略变革的方式、风格与手段一定要与进行变革的企业的内外环境相适应。通过本章学习，要求重点掌握战略控制的类型，初步了解平衡计分卡在战略管理中的应用方法及步骤，熟悉渐进式变革观和转型式变革观的差别，掌握不同类型的战略变革的管理风格和成功的战略变革所应具备的关键因素。

开篇导读　娃哈哈的新生意

从1987年白手起家卖汽水，到销售儿童口服液，再到后来成立娃哈哈集团专注饮料行业，宗庆后最终成为国内名副其实的“饮料大王”。中国饮料行业具有很高的集中度，排名前五的饮料企业基本占据了全国60%的市场份额，这使得其中任何一家企业想要获得高速的发展都很困难。作为已经坐拥饮料行业龙头老大的位置多年的娃哈哈，尽管其近几年的发展速度仍保持平稳增长（平均增速都未曾低于20%），但也逐渐呈现出变缓的趋势，成长性瓶颈正在慢慢形成。

与全球饮料界第一品牌可口可乐40年前的境遇颇有相似之处。当年，随着美国软饮料市场趋于饱和，可口可乐也被迫做出变革。不同的地方在于，时任可口可乐CEO的保罗·奥斯汀将目光投向了国际市场，到了1981年，可口可乐在国际市场的销售量已占据其整个软饮料业务的六成。对于目前同样在国内拥有霸主地位和充裕现金流的娃哈哈而言，宗庆后则果断地选择了多元化之路。

为此，宗庆后有着自己的判断，他认为企业走多元化的路径必须要看三个条件：第一是企业是否有需要；第二是企业是否有能力进入多元化行业；第三则是企业是否有机会。而娃哈哈无疑是具备以上条件的，为此，宗庆后把娃哈哈的多元化转型定位在三大方向。

首先，基于娃哈哈产品本身的升级换代需求，把转型研发重点放在生物工程方面。随着生活水平的提高，消费者对食品饮料的诉求开始转向健康领域，为此，娃哈哈未来主要是把饮料产品从解渴引向保健领域，例如其目前正在研发预防“三高”的新饮品今后便会上市。

其次，娃哈哈会加强在机电领域的发展。早在十几年前，娃哈哈就组建了两个机械厂，目前这两个厂每年有5亿多元的产值，主要用来满足集团自身的需求，其下一步则会通过不断的研发和投入逐渐形成规模，且能满足为其他企业提供服务的需要。

如果说前两大产业在娃哈哈发展过程中已经逐渐形成基础，且与娃哈哈的主营产品有着密切的联系，那么进入零售业更像是宗庆后抛下的“赌注”。按照宗庆后的想法，其主要目的就是控制零售市场，因为市场是最难搞定的，如果能控制市场，后面的压力就会小一点。所以，他不仅希望能够控制零售业，更希望能改变目前整个中国零售业的经营状况。事实上，早在2010年，宗庆后便开始让娃哈哈朝多元化的方向挺进，并试图从上下游环境控制娃哈哈的整个产业链。

但是，自从2012年11月底宣布位于杭州新城的娃哈哈欧洲精品商场开业以来，外界对娃哈哈的质疑声就未曾停止。一方面，线下实体零售店不断上涨的租金、人力成本和线上零售业的迅猛发展都足以让“新进入者”慎之又慎；另一方面，从行业背景看，零售业在电商的冲击下逐渐出现增长乏力的情况，也不时发生线下零售商关店或被收购的事实。这一切都很难让人信服娃哈哈的选择是明智的。

按照宗庆后的规划，娃哈哈的零售形态主要有两种：一种是在中国各主要城市开设娃哈哈欧洲精品商场，吸引欧洲厂商直接进驻开设专卖店或柜台；另一种是由娃哈哈作为欧洲品牌在华的总代理，吸引国内加盟商开设加盟店。

多年来，娃哈哈始终坚持实业，在中国股市最早经历牛市之时，有人劝宗庆后应借机大捞一笔，但他不为所动；在房地产市场出现爆发式增长时，有人拉他投资房地产，他却表示"敬而远之"。而在近两年尤其火爆的电商市场，因娃哈哈拥有一张遍布全国各地的销售终端营销网，以及8 000多个一级批发商和40 000个二、三级批发商，包括国内多个电商大佬曾多次邀约他一起合作建设物流基地，但都被宗庆后婉言拒绝。面对大多数新业务，宗庆后都是有所保留，比如，他不相信太阳能、光伏之类"技术还不成熟"的产业；对于一些矿产资源项目，他曾亲自走进矿井考察，但在综合考虑之后，最终还是决定放弃。

尽管娃哈哈各项经济指标连续第14年登上中国饮料行业榜首，但宗庆后依然不满足于此，他最大的愿望还是让企业能早日进入世界企业500强。

资料来源：改编自叶林.娃哈哈的新生意[N].经济观察报，2013-03-15.

在企业战略的实施过程中，战略相对稳定性与战略环境多变性之间的矛盾，加上战略实施过程的复杂性，导致企业战略实施结果与预期的战略目标存在种种差异比较普遍，甚至发生极大的差异。如果企业不及时采取措施加以纠正，企业战略就会失效，甚至彻底失败。为了实现企业使命，完成企业发展战略目标，企业必须加强对战略实施的控制，并进行相应的战略变革。

14.1 战略控制

战略控制是指根据企业使命的要求，监督战略实施进程，及时纠正偏差，使战略实施结果符合预期计划目标的必要手段。战略控制是一个动态过程，由制定绩效标准、衡量和评价实际绩效以及采取纠正措施和权变计划等构成。

14.1.1 战略控制过程

战略控制的一个重要目标就是使企业实际的效益尽量符合预定的战略计划。为了实现这一目标，战略控制过程可以分为以下步骤：

第一步：围绕企业战略目标确定绩效标准。

绩效标准既可以是定性的，也可以是定量的，应能反映出企业的资源和能力状况、企业的竞争地位及其在行业中的地位和主要利益相关者的价值取向。企业常用的衡量标准有销售额、净资产、销售成本、价值增值、产品质量、市场占有率、销售增长率和劳动生产率等。

第二步，根据战略实施衡量实际绩效。

企业需要检查战略实施的进展情况，衡量企业的实际绩效，同时管理人员还需要监测环境变化所产生的各种信号。由于企业内外部环境状况是企业制定战略的重要依据，一旦出现环境变化信号，必定意味着企业战略的前提发生改变，对企业战略实施的威胁很大。

环境变化的信号有外部环境信号和内部环境信号两种。外部环境信号比较重要，但具有相当大的不确定性，很难预测它们的产生和后果。内部环境信号则比较容易控制，时间也较短。在实际运作中，环境变化的信号有强有弱，其中强信号是指环境变化的信息全面而且明确，出现之前常常没有征兆，出现后企业也多不熟悉所发生的状况，企业可以做出反应的时间和选择的余地都很少。在这种情况下，企业一般会突然感到有重大的战略机会或威胁。而弱信号常常会在强信号之前或伴随着强信号出现。企业一旦发现了环境变化的弱信号，则要立即对其进行监控，并采取相应措施。

第三步：分析产生绩效差异的根源。

企业将实际绩效与绩效标准相比较，确定两者之间的差距及形成差距的原因。一般地说，形成差距的原因主要有：

第一，环境变化。制定企业战略的依据——企业的内外部环境发生了意想不到的变化。

第二，短期化行为。企业对其各个层次管理者的考核指标多以利润或投资收益率为主，从而导致企业的管理层片面追求短期效益，忽视企业的使命。虽然短期内企业实现了利润的增加，但却丧失了长期发展的潜力，使企业长远战略目标难以实现。

第三，目标移位。在战略实施过程中，受企业内部某些主客观因素变化的影响，偏离了预期战略目标。

第四步：采取纠正措施和权变计划。

企业应考虑采取纠正措施或实施权变计划，以顺应变化的条件，保证企业战略的圆满实施。一般说来，企业可以有选择地采取以下三种纠正措施：

第一，常规模式。企业按照常规的方式去解决偏差，这种模式花费时间较多。

第二，专题解决模式。这种控制模式往往把目前所出现的问题列为专题，集中加以讨论，重点解决相关问题。这种模式的典型特征是反应速度较快，也节约时间成本。

第三，预先计划模式。企业对可能出现的问题进行计划部署，从而减少反应的时间，提高处理突发事件的能力。

权变计划是指企业在战略控制过程中为了避免发生重大意外事件而采用的应变计划。这种计划也是一种及时的补救措施，可以帮助企业管理人员处理不熟悉的情况(有关内容在第11章已有论述)。

综合上述四个步骤，战略控制与过程如图14-1所示。

14.1.2 战略控制的类型

战略控制可以通过回避一些不适当的行为，或者通过运用其他的控制类型来实现。

1.回避控制问题

回避控制问题是指管理人员采取适当的措施，使不适当的行为没有产生的机会，从而达到避免控制的效果。具体做法如下：

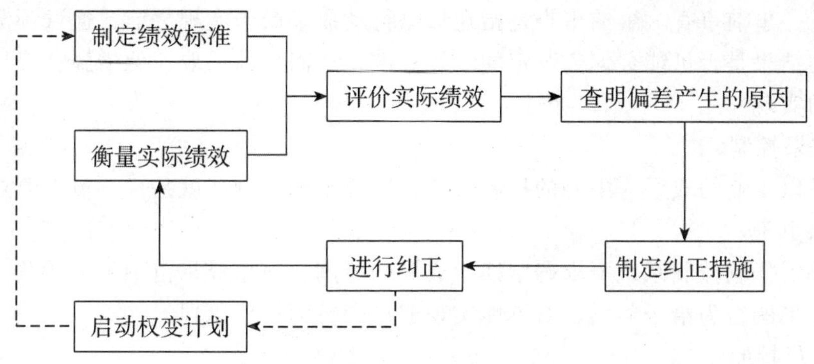

图14-1 战略控制过程

第一，自动化。企业通过计算机等自动化手段使工作的稳定性得以保持，使工作按照企业预期的目标进行。由于计算机网络等自动化设施能够快速准确地获取有关战略信息，从而保证企业的战略管理者扩大计划范围和在更大的不确定性中做出决策。但是，个人的价值观、道德、政治观点以及情绪等是不能程序化的，这一局限性要求我们应当把计算机等自动化手段看做一种工具，不能将其看做真正的决策主体。

第二，集中化。集中化是指把不同管理层次的权力集中到少数高层管理人员手中，避免分权可能产生的矛盾。不过，如果高层管理人员集中所有的决策权，其他人员不能介入，就不存在管理意义上的战略控制。

第三，与外部企业共担风险。企业把内部的一些风险问题和外部的一些企业共同分摊。这样，企业即使将某些员工放在风险较大的岗位上，也完全不必担心他们的行为会严重损害本企业的利益。

第四，转移或放弃某种经营活动。企业管理人员可能会因为不太熟悉企业价值链的某些环节，感到难以控制这些活动。在此情形下，管理人员可以采取外包措施或完全放弃这些环节，将潜在的利益与相应的风险转移出去，消除有关的控制问题。

如果企业在管理上不能或者不愿意采取转移或放弃的方式，以避免由他人引起的控制问题，那么管理人员就要采取其他的控制方式来处理这类问题。

2.具体活动控制

具体活动控制是指保证企业员工个人能够按照企业的期望进行活动的一种控制手段。具体可采用以下三种形式：

第一，行为限制。行为限制可以通过物质性的装置或行政管理上的限制等方式来限制员工的行为。员工必须按照各自的职责进行工作，避免出现不符合企业预期的行为。

第二，工作责任制。采用工作责任制要求确定企业允许的行为界限，检查员工在实际工作中的行为，并根据绩效标准对员工进行必要的奖惩。工作责任制不仅仅是为了检查和考核员工行为，更重要的是通过奖惩来告诉员工什么可以做、什么不可以做。

第三，事前审查。事前审查是指在战略行动成果尚未实现之前，通过预测判断战略行动的结果是否可能会偏离既定的绩效标准，从而提前采取纠偏措施，保证企业战略目标的实现。

3.成果控制

这是以企业的成果为中心的控制形式，即成果责任制。就是说，员工要对自己的工作成果负责。

成果责任制控制系统要求确定期望成果的范围，根据成果范围衡量效益，并对那些实现成果的行为给予奖励，对不能实现成果的行为给予惩罚。

4.人员控制

人员控制是指通过员工参与战略目标的制定过程和实际绩效的评价过程，既让他们看到个人行为的作用，又让他们发现自己的成绩和不足，从而为战略服务。

在必要的时候，人员控制可以给员工提供帮助和指导。具体方式包括：建立充满凝聚力的团队，沟通上下级关系，实施员工培训方案。

14.1.3　控制的可行性分析

可行性是指企业一旦选定了战略，就必须判断企业是否具有足够的资源和能力，以确保战略的成功实施。这里的资源和能力涵盖了企业内部的资源和能力，以及企业可以控制的外部资源和能力。当企业缺乏战略实施所必需的某项资源和能力时，企业可以通过战略联盟的方式达到可行之目的。

就具体的控制方式来说，在上述回避控制问题、具体活动控制、成果控制以及人员控制中，人员控制适用范围较广。有效的战略控制需要依靠员工的自我管理和自我激励，但是，在大多数情况下，企业仍需要运用具体活动控制或成果控制，或者将这两种方法混合使用，共同支持人员控制。

具体活动控制往往需要管理人员充分了解企业的任务。要提高具体活动控制效果，企业既可以通过加强工作责任制，也可以通过直接观察活动或者活动报告间接取得。

关于成果控制，最主要的问题是企业是否真正具备有效评价预期成果的能力。这种评价能力取决于四个因素：一是正确性，即被评价的成果是企业所期望的成果；二是精确性，要有科学的手段实施战略控制活动；三是及时性，企业要及时衡量实际成果；四是客观性，评价成果时要实事求是，避免主观随意性。

如果上述任何一个因素没有达到的话，整个成果控制系统的功能就会削弱，甚至会失去作用。

14.1.4　控制方式的选择

根据上面的论述，控制方式的选择主要依靠企业管理人员对有关任务的知识与重要效益或成果的评价能力。为了确定控制方式，企业还可以将这两个方面再进一步细分为丰富与贫乏、高与低四类（如图14-2所示）。

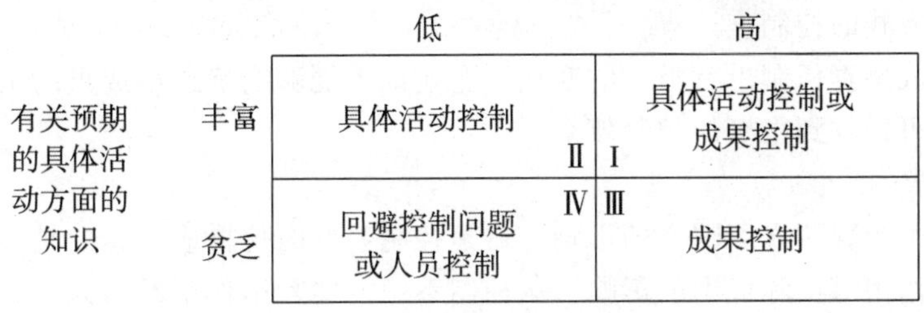

图14-2 控制方式的选择

从图14-2中可以看出，在管理人员对任务有较多的知识，且成果能够较好评价的地方（Ⅰ区），管理人员不能只依赖于一个固定领域的人员去采取行动，也不可能过早地提出一种或多种回避的手段。此时，管理人员应考虑具体活动控制、成果控制，或者二者并用。

在管理人员对任务掌握较多的知识，但成果难以评价的地方（Ⅱ区），管理上应采取具体活动控制手段。例如，企业在做出高额资本投资决策以后，由于期限较长，往往很难对决策的成果做出及时准确的评价。这时，管理人员应采取具体的投资分析技术对投资活动加以有效控制。

在管理人员对有关任务的知识比较贫乏，但有较好的评价成果控制能力的地方（Ⅲ区），工作成果可以取得较好的控制。这种控制适用于较高层的管理人员，使他们明确企业预期的成果以及各自的责任，最终实现控制的目的。

最难以控制的情形是企业对任务不太了解，对重要的成果领域也不能做出很好的评价（Ⅳ区）。在这种情况下，企业一般只能采取人员控制或回避控制问题的方式。

14.1.5 影响控制选择的因素

企业在实施战略控制时，需要考虑控制标准、控制量以及控制成本。

1.控制标准

企业控制的重点应当放在有战略意义的关键性活动上，而不应放在那些容易控制的活动上。但是，不同层次的管理者有不同的控制要求。例如，进入海外新市场的行动要在战略层通过整体预算进行控制，要求管理层主要控制支出和激励员工，要求执行层主要保证日常管理工作的正常进行。

2.控制量

每一种控制方式所提供的控制量既取决于最初的控制设计，也取决于该方式对企业环境适应的程度。一般来说，人员控制可以提供某种程度的控制，但这种控制与成果控制所提供的控制量可以有很大的变动范围。在一般情况下，控制需要做到：

第一，详细规定每个人的工作内容和工作量。

第二，防止意外事件的发生，经常有效地监控各项活动或成果。

第三，建立一定的奖惩制度。在具体活动控制中，如果改变一个或几个要素，就会影响到该方式的控制量。

同样，成果责任制也有类似的变化。企业如果能够明确预期成果的工作方式以及成果标准，可以收到很好的控制效果。

3.控制成本

控制成本受到两方面因素的影响：一是控制系统的价格成本；二是各种控制系统所产生的副作用对实际成本的影响。从控制系统的实际运作来看，人们掌握的控制技能越熟练，成本费用越有降低的趋势。企业应当重视控制系统所产生的副作用，要在工作中尽量避免副作用的产生和扩散过程。

具体活动的控制由于需要一定的考核手段，往往会使生产过程拖延，从而加大生产成本。同时，具体活动如果控制不当，还容易产生官僚主义行为，使管理人员不愿意或不考虑如何在新的环境下更好地完成任务。

成果控制也存在同样的问题。如果衡量标准出现问题，成果控制便会产生严重问题。例如，质量标准偏低，奖金又与质量挂钩，结果员工往往会不顾真正的质量要求去生产，生产出来的产品也不能够满足市场需求。此外，如果成果衡量出现错误，也会导致不良的后果。

14.2 平衡计分卡的战略应用

平衡计分卡（Balanced Score Card）作为一种新兴的绩效评价系统，在美国已有很好的应用。它弥补了传统绩效评价偏重财务的不足，增加了评价企业长期成功驱动因素的新指标。因此，自从哈佛大学教授卡普兰（Kaplan）和诺兰诺顿研究院的首席执行官诺顿（Norton）于20世纪90年代初提出以来，平衡计分卡深受企业战略管理学术界和企业界的关注。

14.2.1 基本内容

平衡计分卡是指将企业的使命和战略转变为多种相互联系的目标，然后再把目标分解成多项业绩指标的全面管理系统，从财务、客户、内部业务流程、学习和成长四个层面来评价企业的业绩，达到对企业战略的基本控制。这个系统有助于企业阐明、沟通企业战略，探寻关键的驱动因素，建立综合的业绩衡量指标，以促使企业战略目标的实现（如图14-3所示）。

1.财务

财务业绩指标概括了过去的容易衡量的经济结果，可以显示出企业的战略及其实施是否对改善企业盈利做出贡献。因此，它一直广泛地应用于对企业的业绩进行控制和评价，并在平衡计分卡中予以保留。在企业生命周期的不同阶段，财务指标的选择会呈现一定的差异，常用的指标有营业利润、资本报酬率、销售增长率、现金流量与经济附加值等。

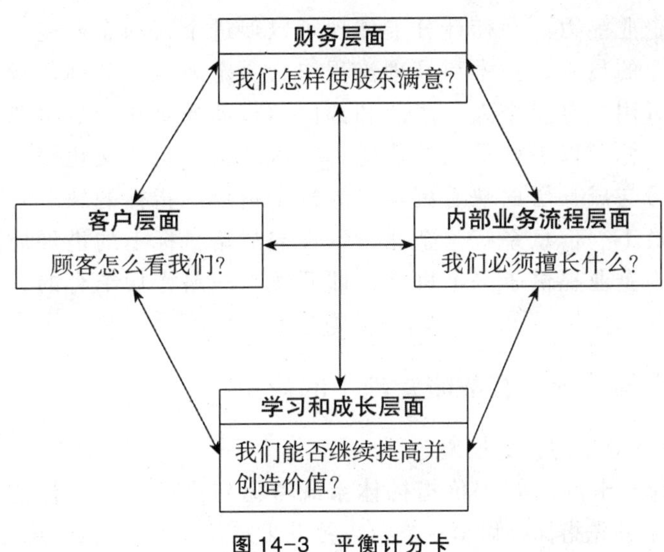

图14-3　平衡计分卡

2.客户

在客户层面，企业要确定它们的细分市场和目标客户群体，这些细分市场代表了企业财务目标的收入来源。客户层面的业绩指标分为核心指标和价值主张指标。

核心指标包括市场占有率、客户保持率、客户获得率、客户满意度和客户获利率等。

价值主张是企业了解客户满意度、获利率、保持率和市场占有率等核心指标驱动因素的关键概念。价值主张指标包括产品和服务属性，即产品或服务的功能、价格和质量；客户关系，包括产品或服务的交付，还包括交付周期、反应能力及客户购买该企业产品的感觉；企业形象和声誉等。

3.内部业务流程

企业要在内部业务流程层面确定对实现客户和股东目标都至关重要的环节。根据价值链理论，企业所有互不相同但又相互关联的生产经营活动构成了创造价值的一个动态过程。每个企业都有自己独特的创造价值的流程，实施平衡计分卡的企业最好先确定一套完整的内部流程价值链。内部流程价值链的开端为创新流程，末端是售后服务流程，中间部分便是经营流程。

4.学习和成长

财务、客户和内部业务流程层面的目标确定了企业为获得突破性业绩必须在哪些方面表现突出，学习和成长层面的目标为其他三个层面目标的实现提供了基础框架，是前面三个层面获得卓越绩效的驱动因素。

企业的学习和成长主要来自三个方面的资源：员工能力、信息系统能力以及激励、授权和协作。财务、客户和内部业务流程方面的目标通常显示出现有的员工、系统和流程的企业能力与实现突破性业绩目标所要求的企业能力之间的巨大差距。为了弥补这些差距，企业就要对员工、信息系统技术、管理流程做出大量投资，以培育企业能力。平衡计分卡体现了以促进个人和企业能力的成长为核心的思想，将企业的员工、技术和管理流程作为决定因素，分别衡量战略工作胜任率、战略信息可用性以及个人、团队和部门的行动与企业的战略和长期目标的一致性等通用性指标，以考核员工的才能、技术结构和企业文化等方面的现状与变化。目前，学习与成长层面缺乏更详尽的特定指标。指标的缺乏其实反映了大多数企业在联结员工、信息系统、企业一致性与战略目标上的进展局限。然而，具体指标的缺乏为企业提供了一个机会，即开发与战略密切结合的、适合企业自身情况的指标。

14.2.2 平衡计分卡在战略管理中的应用

1.细化平衡计分卡的分析框架

由于平衡计分卡的绩效评价指标体系既考虑到滞后指标（包括大部分财务指标），也考虑到了领先指标（做得好就可以提升未来业绩的领域），并且，同样重要的是在组织的内部指标（如降低成本、伤害事故率、培训项目等）和外部指标（如市场占有率、供应商绩效、客户满意度等）之间也取得了平衡。所以，作为一种战略性的衡量系统，富于创新的企业都高度重视应用平衡计分卡来加强对战略绩效的评价和控制（如图14-4所示）。

了解企业的愿景、战略与评价指标，加强战略反馈和学习，明确自己所做工作的意义，以及在企业中所处的位置。平衡计分卡必须在民主式管理风格的企业平台上运行，使员工能够充分参与企业战略的制定与实施。

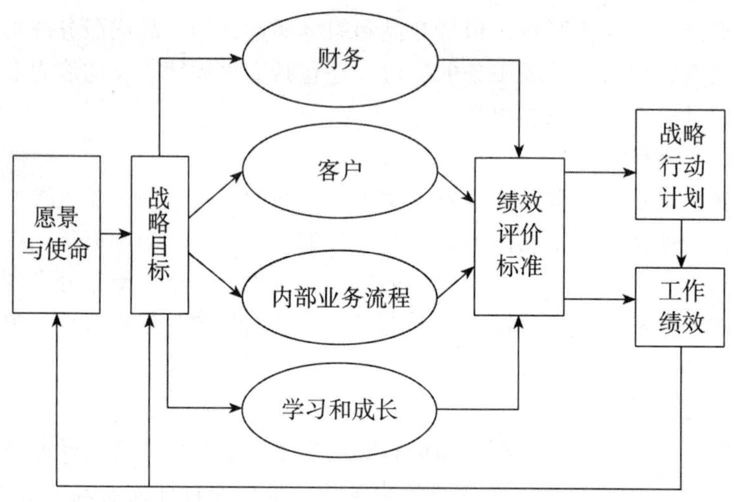

图14-4 以平衡计分卡作为行动的战略控制框架

2.构建战略发展的路径图

在战略管理及控制中，应用平衡计分卡应按照战略制定到战略实施过程做好以下阶段性工作：

第一，对战略重点进行分析。

组织的决策层在上阶段明晰组织战略的基础上从平衡计分卡的四个层面来思考战

略，按照战略的基本要求，主要是从企业的愿景和战略使命角度思考财务、客户、内部业务流程关系及企业学习和成长关系，并结合组织所面临的机会与威胁、自身所拥有的优势与劣势，在每一个层面确定不同的战略重点或目标。

第二，对战略内在逻辑联系进行分析。

从平衡计分卡角度确定的战略重点或目标不应该是孤立存在的，在各个层面之间、各个重点或目标之间存在着必然的联系，这种联系有时是相互支撑的关系，有时则是协同合作的关系，明确它们之间的关系将为下一步具体行动计划的制订奠定基础，更重要的是这种关系的明确可以清晰地勾勒出组织达成战略的关键路径。

第三，对战略发展路径进行分析。

明确了战略重点或目标，建立了它们之间的逻辑联系，将这些重点或目标放入战略发展路径图中去，并标明它们之间的内在联系，这样一个完整的组织发展战略图就清晰地呈现在组织管理者面前，成为战略发展和战略控制的基础。

战略发展路径图用简单明了的方式表明了组织如何获取战略成功。组织中的每一位成员都可以通过战略发展路径图了解组织未来的工作重点与方向，对于组织中战略实施和战略控制有着不可替代的作用。

3.制订战略行动计划

在制订战略行动的具体计划时，主要包括以下关键任务：

第一，建立财务、客户、内部运营、学习和成长四类具体的衡量指标；

第二，明确战略重点或目标的内在关系，确定平衡计分卡上每一个指标的权重；

第三，结合平衡计分卡上的指标以及与这些指标存在的差距，组织的决策层应和执行层共同制订每一个战略重点或目标达成的行动计划，我们称之为战略性行动计划。

第四，根据战略重点或目标提取的衡量指标以及其相对应的目标值、权重、行动计划，将它们一同放入依据平衡计分卡形成的战略发展路径图中，进而形成衡量组织整体战略效果的指标体系。

4.分解和落实行动计划

在分解和落实行动计划时，主要任务包括：

第一，将战略性行动计划融入组织的年度运营计划；

第二，在年度运营计划的基础上，为这些战略性行动计划配置预算资金；

第三，成立战略行动团队，落实具体工作，并形成责任体系；

第四，层层目标分解，落实到具体工作人员身上；

第五，设计相应的激励机制，通过将员工的个人目标、激励方式与组织的战略目标挂钩的方式加强战略沟通，同时组织还要向员工提供适合的培训和职业生涯发展规划，以帮助员工获得成功实施战略所需要的能力。

5.及时评价工作绩效

在对工作绩效进行过程监督时，应当突出做好以下工作：

第一，战略管理部门实施过程监控。由专门的战略管理部门根据平衡计分卡的指标设定在战略执行过程中所需收集的关键信息，并在过程中进行数据收集和变化趋势的初步分析，以掌握战略执行是否出现偏差。

第二，组织的决策层应定期召开运营分析会议。运营分析会议是针对业务部门或职能部门的，主要目的是将员工的专业知识和经验集中起来解决各部门的日常问题，这些问题往往涉及销售额、订单状况、客户投诉、交货延迟、产品质量、资金短缺等方面。

第三，加强战略反馈与学习。组织的决策层讨论的是战略执行是否按规划进行，战略行动计划特别是那些跨业务、跨职能的行动计划是否有效落实，战略实施的效果是否存在问题，从而挖掘战略执行中可能存在的问题并讨论纠正措施，适时地对战略进行必要的调整或修正。

在知识经济时代，企业的内外部环境始终处于动态变化之中，企业的战略不可能一成不变。在企业的经营环境变化莫测的情况下，企业的管理层必须获得关于复杂战略的反馈，检验战略制定之初的基本假设，了解战略的可行性和有效性。战略反馈和学习流程融入下一个愿景和战略流程之中，在后一流程中，平衡计分卡各个方面的指标得到研究、更新，以符合最新的战略结果和今后时期必要的业绩驱动因素。

14.3 战略变革过程

企业战略变革的方式各种各样。总的来说，企业中的战略变革是渐进式（Incremental）战略变革。明茨伯格（Mintzberg）认为，“全局性的”或“转型式的”（Transformational）战略变革确实发生过，但并不经常发生，只能是偶尔发生。一般认为，渐进式战略变革更有利于变革，因为这样的变革是以企业现有范式和常规为基础，这样有利于提高变革效率并获得员工的支持。转型式战略变革可能在某些情况下也是必要的，例如，如果企业的外部环境发生剧烈变化，或者企业内部发生重大危机，尤其是当企业的经营绩效严重下滑时。这种变革要求对企业的战略、范式进行重大、快速的变革，往往会打破企业的连续性与一贯性。

14.3.1 渐进式战略变革的解释

战略有一种“惯性”的趋势，是渐进的。一旦企业采用了某种战略，那么它就以这个战略为基础进行发展，而不会轻易改变战略方向。关于渐进式战略变革，英国管理学家约翰逊（Johnson）和斯科尔斯（Scholes）总结出以下七种不同解释：

1.“自然选择”的观点

能够提供给企业的战略选择方案是非常有限的，环境是非常主要的因素。大多数企业，包括大型企业，都不能影响它们的经营环境，它们受制于环境的变化，或者只能对其变化做出相应对策。所以说，战略制定有些类似于自然选择的过程。

有时候，战略管理者发现可供选择的战略变革方案极为有限。他们无法改变外部环境，所能做的只是如何降低成本，如何准确预测所在环境的变化，如何掌握在特定环境中的生存能力。

事实上，发展制定战略的技能，以适应环境的变化正是战略管理者的工作。

2.计划的观点

战略变革仅仅能够而且应该通过高度系统化的计划方式来产生。其中包括：拟定企业使命和目标体系、分析企业面临的外部环境和内部资源条件、形成战略方案并评估不同战略方案、进行资源配置和组织结构设计、设计和优化控制系统。

战略变革的计划观点可能存在以下危险之处：

第一，战略实施的成功或多或少地通过人的努力来完成，而他们的行为不是完全由计划决定的。特别是企业的社会、文化和政治因素很难通过计划得到控制。

第二，源于计划的战略也许并不是大家共有的主张，公司的计划部门相信这个战略，但是企业中的其他部门和人员可能并不相信。有时候，这份战略计划只有那些高层管理者和一小部分其他资源管理者知道，其他部门和人员甚至根本不知道战略的有关内容。

第三，战略计划过程极为繁杂，以至于公司内的团体或个人只负责其中一部分，而无法了解全部，特别是在较大规模的企业里。

第四，战略有被当作“计划”的危险。应当说，战略是企业要遵循的长期发展方向，并不是总裁书架上的书面文件。不管战略制定得如何完美，如何激动人心，但只停留在“计划”而不付诸实施，那就没有任何价值。

第五，战略计划过于详细，信息量太多而难以不折不扣地实现到位，尤其当环境发生较大改变时，计划可能会变得不合时宜，执行该战略计划最终会导致企业绩效下降。

3.逻辑渐进的观点

由于企业内外环境的不确定性和复杂性，管理者不可能考虑将来所有可能的战略方案。管理者应当通过比较、分析各方案能给出最大的产出和实现的可能性，来进行战略选择。

这种观点认为，成功的管理者不但能接受环境的变化和不确定性，而且能不断地通过观察环境，不断小步骤地检测战略变化而努力变得对环境变化信号更加敏感。因此，在其发展初期所提出的战略方案只是暂时的和尝试性的，应该避免过早地制定确切的目标。这意味着管理者尽管清楚关于企业在未来几年内如何发展的看法，但他们是逐步向这个方向努力的。

4.文化的观点

环境压力和企业能力自身不能产生企业战略，是人来制定并产生战略的。来自环境方面的压力，以及企业处理这些压力的能力都是通过信仰和假设来发挥作用的。或者说，环境压力和企业能力对战略的形成只有间接的影响，文化层次的信仰和假设对企业行为的影响更直接。

企业文化在不知不觉中发挥作用，以一种“本应如此”的方式影响企业对其自身及其环境的定位。从文化的角度看，战略变革方案可能是管理者建立在某种“本应如此”的基准框架上的，并且会影响如何理解给定的环境状况以及如何做出反应。

这种观点认为，任何一个高效率运行的企业，在一定程度上必定有一些被普遍认可和接纳的信仰和假设。它或许不是静态的一系列信仰——它可能会不断发展而不是突然地变化，但是，它们所代表的是不断积累的经验。

5.政治的观点

按此观点主张，企业也是一个政治实体。强大的内部和外部利益集团影响其决策的输入，不同的利益集团（或者利益关系者）可能是矛盾的、冲突的。实权人或团体对关键事件的确认，甚至对选择最终战略都有很大的影响。从政治的角度看，战略是通过不同利益相关者的讨价还价、谈判和权衡而产生的。例如，企业内不同经营管理者之间、经营者和所有者之间、所有者个人之间都可能存在不同的利益追求，这些利益差异将会影响到战略目标的确立。

6.想象中的观点

战略变革也可以被看做受爱幻想的领导们影响的结果，尤其是企业由一个有号召力的领导所控制时更是如此。这样的领导者最可能存在于由其创办的企业内，或者当企业处于危机顶点时，也容易出现这样的领导。

想象中的战略变革方案，与高级管理人员的高度直觉能力有关。他们确认新的可能性、新方式和观点时，不是仔细地查找原因和后果，也不是从日常管理的细节中去寻找，而是凭直觉。他们可能会看到别的管理者所看不到的、受拥护的新的工作方式。想象中的战略变革，也可能被看做管理者对企业的未来的一种更基本的想象能力，而不是对企业未来的计划能力。

7.战略变革的综合观点

关于渐进式战略变革的上述种种解释并不是孤立的。大多数企业中的管理者是通过上述解释的整合来理解战略变革的，认为战略变革是一个战略决策的动态过程。不过，不同的企业、不同的时期、不同的领导对引发战略变革的原因解释侧重点各不相同。

【战略聚焦】　IT组织的两种速度比较

数字化浪潮正在改变着商业格局，由首席信息官（CIO）带领的IT组织需要根据当前的数字化形势来重新考虑自身价值主张。具体地说，IT组织需要发展“第二种速度”，即侧重于企业的数字化工作，并且能够以数字化速度开展运营。为了创建第二种速度，许多IT组织必须在内部建立一个独立的实体来专门负责数字化工作。对于工业化速度的IT而言，主要侧重点不是灵活性，而是成本优化，其特点是可预测性强、较长的交付周期；数字化速度的IT则极为重视灵活、速度和协作，其特点是不可预测性（见表14-1）。

表14-1　两种速度的不同特点和需求

	工业化速度	数字化速度
应用	成熟的构建技术,生命周期较长	新兴的构建技术,生命周期较短,且不断迅速变化,并与传统技术相结合
速度与周期	按照规划好的业务和需求,发布周期为6~12个月	在快速变化的用户需求和竞争的推动下,周期较短(从构思到部署不到1个月)
方法和工具	组织层级分明,使用成熟的编程语言和框架,以及标准化的测试和设计方法	自组式团队,使用灵活的工具,迅速发展软件开发工具包以及自动化的单元测试
技能	成员各具专长:由业务人员来分析需求,由开发人员来开展技术实现工作	成员是集最新技术知识和业务导向于一身的全能型人才
客户对业务方	需求可预测,并基于成熟的渠道、产品和流程	由于趋势、技术和渠道不断发生变化,需求不可预测
业务方对IT	孤立且封闭;受到中长期业务战略推动,需求相对稳定	高度协作;受到客户的推动,需求模糊不清、难以界定且不断变化

资料来源：改编自Gourévitch A， Rehberg B， Bobier J F.IT组织需要第二种速度[J].商学院，2013（9）.

14.3.2　战略变革滞后的判断依据

当企业面对一种不断恶化的市场环境，并且企业内部管理层和一般雇员对旧有战略反应平淡，内部谣言四起，矛盾冲突频繁时，表明战略变革滞后的问题已经十分突出。但是，大多数时候，战略变革滞后的因素是潜移默化地起作用的。

出现下列信号时，可能表明企业战略变革已经滞后：

第一，高度一致的企业文化。企业内没有什么关于信仰和假设，以及企业地位的不同观点。尤其是企业中如果不愿意接受挑战或者被提出疑问，就会借口“我们以前试过，这种方法不行”来丢掉新的观点和方法，此时，就很容易看到战略滞后现象。

第二，阻碍变革的力量太大。这种阻碍或者来自主要领导者的反对，或者来自一些团体或管理阶层的反对。一种富有创造性的方案屡次被上级领导拒绝或不屑一顾，那么，下属也慢慢地变得懒惰起来，甚至会表现出“多一事不如少一事”的态度，战略变革根本无从谈起。

第三，不关心外部环境，尤其是不关心自身所处的外部市场环境。具体地说，公司内部缺乏市场信息，仅依靠价格或成本控制经营而不是为顾客提供增加的价值；或者公司“销售的是我们所能做的”而不是市场上所需要的商品。

第四，不断下降的经营业绩。具体地说，企业销售收益率大幅度下降或接近负数，资产负债率大幅度上升，自有资本率大幅度下降，拖欠员工工资。同时，企业各车间或其他工作场所杂乱无章，工人情绪低落，纪律松弛涣散等。

14.3.3 战略变革的管理风格

从管理权变理论的角度看，环境的变动必然要求战略变革。哈默尔（Hamel）和普拉哈雷德（Prahalad）在《战略意图》一文中鲜明地指出："对企业来说，战略的一成不变比实力雄厚的对手更危险。"那么，怎样进行战略变革呢？

英国管理学教授约翰逊（Johnson）和斯科尔斯（Scholes）在《战略管理》一书中认为，战略变革的管理风格主要有教育与沟通、合作或参与、干预和指令/强制四种类型。表14-2对这些风格进行了总结。

表14-2 **战略变革的管理风格**

<table>
<tr><th colspan="2">风格</th><th>方法</th><th>优点</th><th>缺点</th><th>使用情况</th></tr>
<tr><td colspan="2">教育与沟通</td><td>采用简介会的形式；假设企业内部对战略逻辑有一致意见，并信任企业的高层管理者</td><td>能够解决信息不足或信息错误的问题</td><td>需要花费大量时间；方向性或进展情况可能不明朗</td><td rowspan="2">渐进式变革或需要很长时间才能完成的转型式变革</td></tr>
<tr><td colspan="2">合作或参与</td><td>参与战略制定；任务小组或团队解决战略问题</td><td>增加对战略决策或过程的主人翁意识；提高决策质量</td><td>需要花费大量时间；解决方案仍局限在现有企业范式内</td></tr>
<tr><td colspan="2">干预</td><td>由变革机构来协调和控制变革过程；分派变革工作</td><td>变革机构指导和控制变革过程，同时企业员工又参与变革</td><td>感觉到有被操纵的风险</td><td>渐进式或无危机的转型式变革</td></tr>
<tr><td rowspan="2">指令/强制</td><td>指令</td><td>利用权威规定战略变革的方向与方法</td><td>明确、迅速</td><td>可能存在变革不被接受的风险及战略考虑不周全的风险</td><td>转型式变革</td></tr>
<tr><td>强制</td><td>通过公告，明显地利用权力</td><td>在危机或混乱状态下可能成功</td><td>除非在危机情况下，否则最不可能成功</td><td>危机、快速的转型式变革或是在独裁的文化背景下</td></tr>
</table>

1.教育与沟通

教育与沟通包括对战略变革的原因及即将采取的战略变革的方法的解释。如果在战略变革管理过程中存在着信息缺乏或信息错误的问题，这种风格就是合适的。然而，这种风格也存在着问题：如果战略变革涉及的人很多，管理人员就不得不通过大量的情况简介会的方式与这些人沟通，但是管理人员会发现这种方式收效不大，因为那些听到介绍的人可能根本没有机会对其获得的信息进行消化与吸收，也有可能是因为管理人员与下属之间缺乏信任与尊重，而且单纯依靠自上而下的沟通方式也会带来问题。

因此，让那些可能会受到战略变革影响的人员参与战略的制定与规划过程是很重要的。

2.合作或参与

合作或参与是指在战略变革过程中，让会受到战略变革影响的人员参与相关的活动，比如参与确定具有战略意义的问题、参与制定战略议程、参与战略决策过程或参与战略变革规划。这种方式可以使企业中的人员对于战略决策和变革过程更有主动性，提高其责任感。这可能需要建立项目小组或者任务小组。这样，那些参与进来的人员就会对整个决策制定过程做出有意义的贡献，使最终的结果比不采用这种方式更好，其决策的质量会更高些。然而这种方式也存在不足，即解决问题的方案很可能局限在目前的企业范式内。因此，无论谁负责这些工作，他一定要具有对合作和参与过程进行干预和引导的能力。

3.干预

通过干预变革过程，变革机构仍然是整个变革过程的权威协调者。变革机构可以将某些方面的变革（如集思广益、收集数据、详细规划、提出战略变革的理论基础及找出成功的关键因素等）交给项目小组或任务小组，这些小组不会承担整个变革过程的全部责任，但是它们的确参与了变革，并感受到自己的工作对整体变革的影响。战略变革的发起部门负责对变革过程进行监督，并确保变革的实现。这种方式的优势在于企业成员不仅参与提供变革的创意，还可以参与解决方案的部分实施。这种参与可以增加员工对变革的认同感。

4.指令/强制

指令包括使用个人权威来确定一个明确的未来战略，以及确定如何进行战略变革。这实质上是对战略变革进行自上而下的管理。这可能是由于企业中某个领导人对企业愿景和战略意图形成了清晰的思路，或是对战略成功的关键因素和工作重点有了清楚的认识。

指令这种风格的极端表现形式是强制，即强行推行战略变革或发布进行战略变革的命令。显然，它是应用权力才能做到的，除非时间很短或者企业中出现危机和混乱状况，使人们将强制或指令作为一种处理现有混乱、理清企业状况的一种方法来欢迎它；否则，一般情况下，强制和指令都是最不受欢迎，也是最无效的一种管理变革风格。

总之，教育与沟通和参与等方式最适用于渐进式的变革，也适用于那些经历很长时间才能实现的转型式的变革；指令和强制只有当出现危机或者需要快速实现转型式变革时才有效，如果变革发生在独裁的文化环境之中，这种风格也比较适用；干预是一种介于中间的管理风格，可以在较小的风险下实现转型式变革，同时，它适用于渐进式变革。

14.4　战略变革的管理

在对那些成功地管理了变革的公司的研究中，佩蒂格鲁（Pettigrew）和惠普（Whipp）概括性地总结了实施战略变革的五个关键性维度，如图14-5所示。

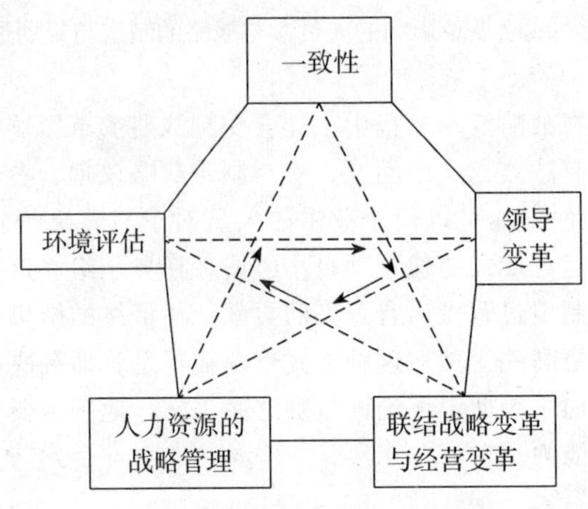

图 14-5　战略变革的关键性因素

14.4.1　环境评估

企业是一个开放的系统，有效管理变革要求企业全体员工保持对环境的敏感性，不能仅仅依赖于技术人员或专业管理人员。企业中的管理者和员工将他们的任务看做密切地注意环境，保持对环境信号的敏感性。作为企业的管理人员，应该使员工充分相信，通过企业内的交流网络，可以使企业内的人们充分了解环境的变化。

任何企业可能都会在对环境保持高度敏感的基础上，寻找机会，积累经验，谋求扩大自身竞争优势。应当说，那些成功地实施战略变革的企业不但要成为一个"学习型组织"，而且要比其竞争对手学习得更快、更有效。

14.4.2　领导变革

战略变革推动者往往也是企业战略的管理者。在面对变革浪潮时，要重点做好以下几方面工作：

1. 正确研判环境动态性和战略行动之间的关系

在动态变化的经营环境中，企业间的竞争互动博弈水平越来越高，应变速度和创新已经代替规模成为企业成功的关键因素。

2. 妥善处置对相关利益者的承诺

在战略变革过程中，战略管理者承诺的任何改动都应该经过合理的程序和充分的讨论，以便反映各种利益相关团体的长期利益。

3. 提高果断决策的科学性

企业战略管理者需要推动从以保证进度为核心的计划管理向以保证决策为核心的行为管理转变。在相对静态的条件下，企业战略就是一种事前、主动和理性的计划，因此企业战略管理是以计划管理为主要手段，其核心就是根据事前、主动制定的目标和计划评价战略实施情况，根据目标和计划执行进度的严格性实施战略控制。在相对动态的经营环境条件下，有效地实施企业战略需要战略执行者能够根据环境变化做出快速和富于创新的行为，因此，需要将战略管理的重点从战略执行严格性转变到战略改变科学性上来。

14.4.3　将战略变革与经营变革联系起来

为了在战略变革与经营变革之间建立联系，企业需要把战略变革转化为详细的战略规划，确定关键成功因素和关键任务，而且也要通过控制进程来管理企业。战略变革与经营变革之间有着重要的联系，主要是因为以下两方面的原因：第一，如果经营变革与战略变革不一致，那么无论战略变革设计得多完美，战略变革都不会成功。第二，战略变革最终要落实到经营层面。将战略变革转变为经营变革，将战略优势转变为实际经营能力，努力尝试风险较小、更易于管理的方法，对于成功地实施战略变革是十分必要的。

14.4.4　战略性人力资源管理

任何一个企业最稀缺的资源就是那些拥有广博学识、丰富经验和深谋远虑的人，那些能够成功地驾驭变革的企业，也正是将公司的人力资源开发管理政策、企业的战略模式及战略变革的过程联系起来的企业。

从人事管理到人力资源管理，再到战略性人力资源管理，是组织中关于对人的管理的两次重大模式变革。相对而言，传统人力资源管理所处的外部环境是单一的、线性的商业环境和相对稳定的竞争环境，而战略性人力资源管理处于复杂的、非线性的商业环境和迅速变化的动态竞争环境之中；从理论基础方面来区分，传统人力资源管理以人力资源管理理论作为基础，而战略性人力资源管理以战略管理理论与人力资源管理理论的有机结合作为基础；从契约管理方面来区分，传统人力资源管理以经济契约作为管理和约束雇员的手段，而战略性人力资源管理主要以心理契约来激励雇员，并以经济契约为辅助管理手段；从管理层次上看，传统人力资源管理主要关注操作和管理层次，关注中、短期的人力资源规划，而战略性人力资源管理更加注重战略层次，关注企业的长期人力资源规划（见表14-3）。

在战略变革管理活动中，应当特别重视以下内容：

第一，建立收入与战略绩效明确挂钩的激励制度，让管理者和员工明白企业的战略绩效关系到他们个人及企业的利益。

第二，确保管理者和员工的个人能力与战略实施任务相匹配。需要注意的是，工作责任是具体的、相对稳定的，而个人职业发展则是动态的。

第三，建立和谐的人际关系，以促进而非破坏战略的实施。管理者应当与员工进行大量的非正式沟通，以了解工作进展并知道何时应该干预，关注员工的家庭与工作的平衡关系。鼓励员工能够与公司高层管理者就战略变革的时机、方法、途径开展深入的交流。

表 14-3　　　　传统人力资源管理与战略性人力资源管理的差异性

比较项目	传统人力资源管理	战略性人力资源管理
外部环境	单一的、线性的、相对稳定的竞争环境	复杂的、非线性的、迅速变化的竞争环境
人力资源管理部门职能	行政管理为主,战略与咨询为辅	战略与咨询为主,行政管理为辅
理论基础	人力资源管理理论	战略管理理论与人力资源管理理论的有机结合
契约基础	以经济契约作为管理和约束雇员的手段	以心理契约激励雇员,并以经济契约为辅助管理手段
管理层次	操作和管理层次,关注中、短期的人力资源规划	战略层次,关注企业长期的人力资源规划
管理理念	人力资源是一种成本	人力资源是组织的战略性资源、资产
战略性	很少涉及组织战略决策,战略处于人力资源活动的边缘地位	组织战略决策最重要的参与者和制定者,战略处于人力资源活动的中心地位
重要关系	上下阶层关系	内部与外部顾客的关系
绩效	部门绩效导向,短期绩效导向	部门绩效与组织绩效一体化导向,长期绩效导向和竞争优势导向

14.4.5　管理变革的一致性

企业管理变革的凝聚力需要将企业的各方面整合、发展成为一个高效的整体，同时又能不断地去变革它。在开展战略变革的实践中，需要特别关注以下几个方面的协调性和一致性:

1.保持新战略和资源配置的一致性

在新战略执行过程中，企业有意识地创造和积累资源，做好发起下一轮战略变革的准备。英特尔利用从存储器芯片全面进入微处理器的战略变革，创造了大量微处理器开发技术，从而为其成为全球最大半导体企业和发起战略变革做好了充足的资源储备。

2.保持新战略和应用技术的一致性

根据企业战略的变化，既可能是要求根据新旧两种战略对资源所具有的共同依赖，重组现有技术，使其拓展应用领域，也有可能要求根据新战略的要求，引进或开发新技术。

3.保持新战略和管理系统的一致性

信息处理系统、沟通与反馈系统和奖励系统是企业创新不可或缺的三大管理系统。企业在实施战略变革时，既要根据新战略修正和完善上述三大管理系统，又要努力使三大系统对新战略的实践起积极的推动作用。

4.保持新战略和团队建设的一致性

如果企业战略变革方案只是某一位高层领导的意愿，或者只是被少数管理者所接受，想取得战略变革成功是十分困难的。只有当公司中高管理层普遍认同并支持新战略方案，并能够以一种充满凝聚力的团队去实施战略时，战略变革才是最有效的。团队是能够充分体现凝聚力优势的企业内部组织形式，传统科层组织限制了个人发挥最佳绩效，团队却能够为企业战略变革的实施提供机遇。例如，新产品的开发需要在保留传统企业组织结构功能精华的同时，通过团队弥补其缺陷。

■ 本章小结

战略控制是一个动态过程，由制定绩效标准、衡量和评价实际绩效和采取纠正措施和权变计划等构成。战略控制的类型包括回避控制问题、具体活动控制、成果控制、人员控制。

平衡计分卡是指将企业的使命和战略转变为多种相互联系的目标，然后再把目标分解成多项业绩指标的全面管理系统，从财务、客户、内部业务流程、学习和成长四个层面来评价企业的业绩。它在绩效评价和战略管理实践领域的应用价值极高。

渐进式战略变革建立在企业现有范式和常规的基础上，并受到企业范式和常规的制约。转型式战略变革则要求对企业的战略、范式进行重大、快速的变革，往往会打破企业的连续性与一贯性。

战略变革的管理风格主要有：教育与沟通、合作或参与、干预和指令/强制等类型。它们与特定的变革类型之间存在一定的匹配关系。

成功地实施战略变革必须抓住五个关键要素：环境评估；领导变革；将战略变革与经营变革联系起来；战略性人力资源管理；管理变革的一致性。

■ 复习思考题

1.简述战略控制的基本过程。

2.战略控制的类型有哪些？如何选择战略控制的类型？

3.简述平衡计分卡的基本内容。

4.比较渐进式战略变革与转型式战略变革的差别。

5.比较分析战略变革的四种管理风格。

6.联系实际，分析成功实施战略变革的关键要素有哪些。

■ 案例分析题

车轮上的苏宁

2015年，苏宁云商表示其物流部门将进一步实现社会化开放，由企业物流转变为物流企业。有人形象地表示，借助于日趋成熟的物流体系，苏宁云商将变身“车轮上的苏宁”，在电商战场或将一骑绝尘。

苏宁曾连续5个季度亏损，有关它转型失败的言论甚嚣尘上。然而，仅仅是2015年第一个季度刚过，苏宁云商发布统计数据，宣告该季其市场增量为30%时，这惊人的增速不仅让对手惊讶，更让转型失败的论调迅速转变为“苏宁真的迎来拐点了”！

对于舆论的这一变化，苏宁并不惊讶，或者说是早有预见，因为这是其用短期利益换取长远布局的必然：“舍”掉的是巨资注入物流基础建设和传统零售门店改造造成的滞缓，这是转型所必需的，但“得”到的却是物流变革后全新的生态系统。

在苏宁云商O2O模式转型中，物流的变革是其整体转型成败的重筹。苏宁意识到，物流曾经是“堵”点，羁绊企业的发展，于是痛下决心自建物流。其代价便是将近几年募集到的资金几乎都用于购置土地，建立仓储，搭建团队，不断优化运营体系和管理手段。

随着可连接物流产业各方的第四方牌照拿到以及南京物流基地的建成，苏宁初步完成了从企业物流到物流企业的蝶变。未来的苏宁将覆盖边界约1 200千米，公路干线运输24小时内必达，形成全国联动的干线体系，整个物流体系周转时间大大缩短。物流体系的构建呈现给消费者最直观的感受是便捷，如我们已经熟知的苏宁“半日达”、“急速达”、“一日三送”的特色服务。

从长远发展角度看，苏宁还有更深远的谋划，那就是以信息流、智能化为核心建立起物流网络，让苏宁可以上连品牌供应商，下接终端消费者，结合交易进程，便可获取整个商业闭环的数据流。

“车轮上的苏宁”可以让苏宁跑得更快，甩开对手，但当它一日千里将商品送到消费者手中时，它的“货”是否让人满意？这恐怕是作为零售商的苏宁最本质的存在。

无论你光临实体店，还是登录苏宁易购，苏宁云商都可以成为你的生活顾问、贴心管家。或许这才是苏宁去电器化后的百货业态，在过去的几年里，苏宁运用互联网工具改造实体零售，探索O2O融合，以“一体、两翼、三云、四端”的思路实现了苏宁的颠覆性变革。

一体，坚守零售本质。不管零售业态怎么变、渠道怎么变，苏宁始终坚守顾客服务，小到手机的免费贴膜就可窥见苏宁对顾客的贴心。不变的是商品经营的零售本质，变的是创新商品经营模式和顾客服务方式。

两翼，打造线上线下两大开放平台。线上苏宁云台，向全社会开放企业前后台资源；线下苏宁云店，围绕本地生活全面开放。

三云，开放物流云、数据云和金融云。它对于企业的意义且不说，对于消费者，体验到的是看得见的幸福。比如，苏宁即将开放物流云服务，苏宁将与美的共同打造集“物流、售后、安装”等内容为一体的增值服务圈。

四端，融合布局POS端、PC端、移动端、TV端。苏宁把互联网的门店开在商场、小区、写字楼里，开到顾客的办公室里、家里和口袋里。最终苏宁将实现的是，无论何时何地，只要你存在购物需求，苏宁随时都能在你身边，并为你迅速送达。

从拼价格到拼速度，电商之间的竞争业已巨变，而赢得速度，或者说赢得市场的关键便是物流体系。在“互联网+”战略盛行的新时代，如果说2014年是苏宁战略转型之年，那么，人们所关注和思考的是，未来的苏宁能否成为中国传统的实体企业拥抱互联网的典范呢？

资料来源：万毅.车轮上的苏宁[N].合肥晚报，2015-04-29.

结合上述案例，试讨论以下问题：

1.从苏宁电器、苏宁电商到苏宁云商的企业演化历程，推动苏宁进行每一次战略变革的动力何在？

2.如何引领“一体、两翼、三云、四端”的变革思路得以有效执行，最终取得战略变革的成功呢？

■ 比较研究

分别访问索尼公司官网（http：//www.sony.com.cn）和佳能（中国）公司官网（http：//www.canon.com.cn），在了解两家公司具有相似行业发展背景的基础上，重点关注公司进入21世纪以来的战略变革活动，并请比较分析：

1.两家公司业务经营范围的差异性，以及各自在消费者责任和员工责任方面所做承诺的差异性。

2.梳理两家公司近10年所推出新产品上的差异性，并比较分析各自在战略变革时的重大行动方案。

■ 推荐阅读文献

1.卡普兰，诺顿.平衡计分卡：化战略为行动[M].刘俊勇，孙薇，译.广州：广东经济出版社，2004：7-30，73-83，99-115，156-159.

2.约翰逊，斯科尔斯.战略管理[M].王军，等，译.6版.北京：人民邮电出版社，2004：349-350.

3.王方华，吕巍.战略管理[M].北京：机械工业出版社，2004：201-223.

4.童臻衡.企业战略管理[M].广州：中山大学出版社，1996：270-277.

5.姚正海.平衡计分卡在企业经营业绩评价中的应用[J].经济管理，2004（19）.

6. Porter M E.Strategy and the internet[J].Harvard Business Review， 2001（3）.

7. Szilagyi A D Jr， Schweiger D M. Matching managers to strategies：a review and suggested framework[J].Academy of Management Review，1984，9（4）.

第15章 战略管理理论最新发展趋势

学习目标

超强竞争环境是企业在新世纪面对的典型商业竞争环境，价值创新将成为企业谋取竞争优势的重要出发点。通过本章学习，要求能够比较分析传统商业环境与超强竞争环境的差异性，理解超强竞争环境对企业战略管理的深刻影响，掌握价值创新的准确内涵及应用价值，理解创业精神与战略共同创造财富的内在机理，树立一种以商业生态系统的视角来考虑战略方案设计的思维模式。

开篇导读　新浪转做媒体平台

新浪内部正在进行一次历史上最大规模的转型运动：从门户转向一个媒体平台。

据2013年9月的《经济观察报》报道，除了已经推出的“专栏”外，新浪正在开发一套供自媒体使用的系统平台，包括内容生产工具、专栏、博客、微博以及传播途径等解决方案，自媒体的兴起已经把新浪逼向了一个无路可退的角落，转型势在必行。

新浪把自媒体分成三个层次：第一层是大众原来就知道的那种塔尖上的专栏作家；第二层是目前数量最大的中端自媒体，这些自媒体很多都是传统媒体从业者，他们利用业余时间进行写作；第三个层次的自媒体就是那些更草根的、制作内容的普通人。

未来的新浪将致力于打造成为一个“复杂”媒体平台。与此同时，新浪还将推出配套的广告分成政策和系统，并且，作为分类的媒体平台，它还将有电商和其他增值服务。

一位来自新浪的高管层人士认为，将来真正能够得到更大发展空间的可能是各种生活类的、垂直领域的自媒体。事实上，新浪对自媒体的开拓从博客时代就已经开始，对于新浪正在研发的自媒体广告分成平台，其模式基本上是现成的——徐静蕾时代，有的博客大号每个月能从新浪获得4万元的广告费分成，现在新浪只不过又把这样的做法拿来给自媒体。

新浪在此前曾经在微博上推出了一个自媒体协会。当时大V是微博上很重要的内容供应方，一方面大V的内容在活跃微博，另一方面他们也希望在这个领域能够名利双收。新浪做的自媒体协会是通过建立一个平台来实施计划：在该平台上无论是企业、个人都可以通过选取不同领域或按照兴趣划分类型，分为不同领域的自媒体账号，新浪希望帮助自媒体无论是在内容创造还是转发上都能有所贡献。

新浪向内容生产者伸出橄榄枝早在2012年就已经开始，其自身的转型也早已悄然进行——从一个传统门户转向媒体平台。新浪的媒体平台转型有三个大方向：更加丰富、更加立体、更加平台化。

一是更加丰富。它首先是指内容来源的丰富，除了传统媒体内容的转载外，还会有更多的原创和来自自媒体的内容；其次是内容展现形式的丰富，除了文字之外，视频和图片的丰富程度也会提高而且这些内容很可能会来自于自媒体；而在移动端和PC端因为使用场景不一样，也会采用更加多样化的表现形式来吸引读者。另外，也需要有非常丰富的媒体运营经验，还需要平台有影响力。

二是更加立体。“立体”意味着多维度的关系链。比如新浪体育，有频道也有联播台，同时还有体育社区，体育社区构建在微博上，不是传统意义上的体育聊天室，而是要构建一个与某项具体赛事相关的真实关系。当然，这里面蕴含着新浪未来更多的盈利模式，例如在社区关系链中，很多人因为要在这个虚拟世界中获得更多的尊重和关注，就可能为之付费购买实体装备，甚至虚拟装备——这就让新浪又可以获取电子商务上的收入。

“立体”的第二个角度，即除了有不同资产之外，新浪能够跟重点领域所对应的行业有深度的捆绑，例如体育，转播赛事的媒体，未来新浪可以将之做成一个体育产业链。而新浪门户的最终目标则是，做媒体平台的立体化。而这样的模式也会让新浪摆脱对广告这种单一收入形式的依赖，收入也会更加多元化，即广告+增值服务+电商。

三是更加平台化。它意味着新浪将坚持一个更加开放的心态。新浪试图为内容生产者尤其是自媒体提供内容生产工具、传播工具，甚至是数据分析工具。新浪心中的开放平台会具有更多的工具，例如新浪的自媒体开放平台，会给自媒体提供对分析文章的数据、评论、点赞等有用的工具。这对于自媒体下一步如何提升自己的内容质量会有一个非常好的分析依据。“通过大数据分析，新浪可以告诉自媒体们现在大家关注的热点是什么，从而规划未来的内容，自媒体也可以围绕这个去做自己的市场营销。按照不同的产品类别，广告怎么去分，也会跟电商做结合，自媒体也会有一定的利益在其中。”新浪联席总裁兼COO杜红说。

当然，新浪自身从门户到媒体平台的转型方向是既定的“丰富、立体、开放”，它注定是一个长期摸索的过程。

资料来源：改编自杨阳.圈定三大方向，新浪转做媒体平台[N].经济观察报，2013-09-23.

今天的企业正处在一个快速转型时代，创业与创新成为社会进步和企业快速成长的重要源泉。竞争焦点也从面向竞争对手转向了消费者需求的开发，价值创新正在成为企业战略设计的出发点。借助生态学理论，对企业战略进行商业生态系统的战略性思考也在改变着传统的战略思维模式。

15.1 超强竞争：战略新背景

20世纪90年代以来，全球商业环境发生了质的变化，竞争环境日益动荡复杂，出现了所谓的“超强竞争”环境（达维尼，1994）。这种超强竞争环境既具有很强的动态性，又具有较高的复杂性，体现在顾客需求变化加快、产品生命周期不断缩短、技术变革加快、竞争者的行为具有易变性等方面。它要求企业以一种求变、求快、求新的战略思想来设计战略方案，以保持一种可持续的竞争优势。

15.1.1 超强竞争环境与传统竞争环境的比较

如第1章所指出的那样，持动态能力理论的研究者普遍认为，在当今动荡复杂的市场环境中，企业的竞争优势很快就可能被竞争者模仿而消失。基于核心能力或独特资源的竞争优势并不能使企业一劳永逸；相反，企业必须不断加强学习来创造新的能力，打破现有的优势来创造新的更高层次的优势。

1.超强竞争环境的特征

第一，竞争优势的暂时性。在动态竞争中，由于环境变化非常之快，企业基于已有核心资源或能力的优势只能维持较短的时间。企业必须发展动态能力。

第二，竞争关系的互动性。在动态竞争中，企业与竞争者之间互动加快，竞争速度、强度明显加强。企业的行动很快将导致竞争者的回应。企业都很注重提高对环境的反应能力，它们把竞争者的进攻行为视为对自己生存的威胁，因此会采取激烈的反应。面对这种情况，企业很难通过率先降价等传统手段获得足够的利润空间。在战略设计时，过去往往只关注单个企业与市场的互动，而如今不但企业之间互为环境，而且，可以通过主动的协同配合降低超强竞争环境的冲击，提高适应进程速度和质量。例如，在动荡的全球航空市场中，各大航空公司尝试着用共享代码、共享航线、共同服务国际旅客的方法，以降低国际航线的运营风险。

第三，市场破坏的频繁性。由于企业竞争优势的暂时性，为了实现企业可持续发展，企业必须不断地培养新的能力，建立新的更高层次的优势。因此，企业不得不主动放弃已有优势的维持，把资源投入到新的能力的开发上来，以树立新的优势。在这方面，微软公司是个典型。微软是一家成立于1975年的软件开发公司，目前它基本上垄断了全球操作系统，但直到1985年，微软还不能说是一家影响很大的公司。在MS-DOS操作系统阶段，一切对电脑的指挥都需要输入专门的指令，操作电脑是普通人没办法做的事情。微软决定改变这一切。它放弃了MS-DOS操作系统，1985年11月微软发布了Windows 1.0，它是微软第一次对个人电脑操作平台进行用户图形界面的尝试，从此宣布了MS-DOS操作系统的终结。随后微软进入快速发展时期，它平均每隔一年半就推出一款新的Windows版本，经常顾客还沉浸在享受旧版本的方便时，新版本已经出现。就这样微软带动着世界的脚步，快速发展，成长为世界级大公司。

第四，竞争规则的易变性。预测竞争对手反应及创造新需求等动态能力成为竞争力的重要组成部分。在动态竞争中，企业的竞争力主要来源于企业的动态能力。因为在动态环境中没有什么会长期不变。如竞争规则不再既定不变，竞争对手的反应模式也将不断改变。正如德鲁克所说：在今天的环境中唯一不变的就是变化。企业只有不断地提高动态能力——改变竞争规则、预测竞争者行为、超额满足顾客需求，才能立于不败之地。

2.静态竞争环境与超强竞争环境的差异性

超强竞争环境突出通过市场破坏，来发现并建立暂时的优势，而不是维持优势和永久的均势。它的设计是通过一系列的先机来维持动能，而不是调整公司的结构以达成内部的搭配，或是与今日外在环境的搭配。现在的环境已经不是破坏打断稳定的阶段，而是罕见的稳定阶段打断了接二连三的破坏。持久的优势露出它一贯的特质，同时优势延续的时间也越来越短。这也就决定并提高了在超强竞争环境下获取竞争优势的难度。

为了便于比较超强竞争环境与静态竞争环境的差异性，我们从竞争优势的持久性、环境影响因素、竞争者之间的互动关系、新产品开发速度、战略制定的目标等角度做出了对比（见表15-1）。

表 15-1　　静态竞争环境与超强竞争环境的差异性

比较项目	静态竞争环境	超强竞争环境
对竞争优势的看法	可以长期保持竞争优势	既有的竞争优势不断被侵蚀，新的竞争优势将取而代之
环境不确定性	影响企业成长的环境因素少并且可控，且环境变化的速度慢	影响企业成长的新环境因素有时候出乎意料地出现，并且，它对企业和行业的影响速度快
竞争者之间的关系	同行竞争者之间缺乏战略互动	同行竞争者战略互动频繁，甚至出现相关联产业的企业结盟
新产品开发	新产品开发速度相对较慢，突出工艺改进和质量完善	新产品开发速度很快，突出创新性
主要环境分析方法	PEST分析、SWOT分析、波士顿矩阵、波特五力模型等	博弈论、战争游戏、大数据等

15.1.2　超强竞争环境下的新7S模型

达维尼认为，超强竞争环境是一种优势迅速崛起并迅速消失的环境，没有一家企业可以永久地保持旧的竞争优势。战略目标将是打破现状，而不是建立稳定和平衡。换句话说，在超强竞争环境中，企业的战略竞争优势是基于创造一系列螺旋上升的阶段性的竞争优势获得的，为了保持持久竞争优势，企业必须在竞争者掌握本企业竞争优势之前就自我放弃现有优势。因此，他提出了新7S模型（如图15-1所示）来创造和保持企业的竞争优势。它们是：

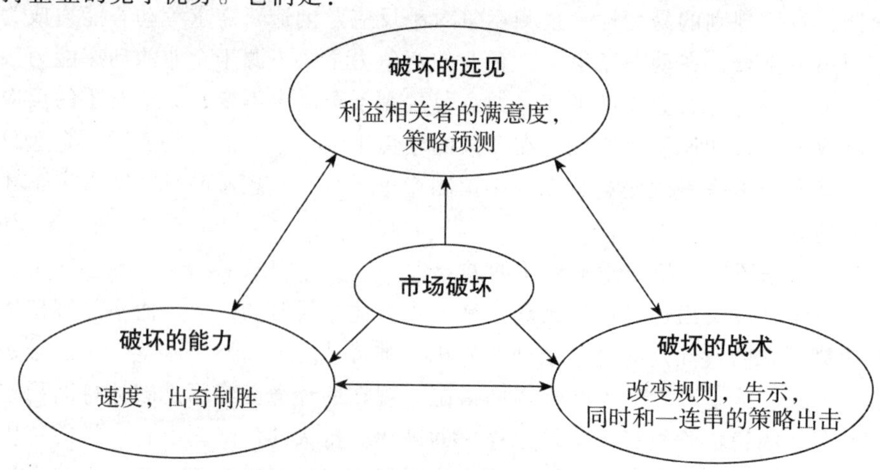

图15-1　达维尼的新7S模型

1.更高的利益相关者满意度

在稳定简单的环境中，企业最关注的是股东的利益，然后才是其他利益相关者的利益，企业往往被动地对其他利益相关者做出响应。而在动态复杂环境中，企业把自己与利益相关者的关系看做共生的关系，顾客、竞争者、供应商、股东、员工和政府

等利益相关者构成了企业的立身之本。企业积极主动地提高利益相关者的满意度，尤其注重为顾客创造超额价值。

2.策略预测

在超强竞争环境中，企业没有办法通过维持竞争优势获取长期竞争优势。因为一切竞争优势都可能很快被竞争者模仿。即使没有竞争者模仿，企业也必须不断创新，超越自己来更好地满足顾客的需求。因此，企业必须对未来战略变量进行展望，了解和预测顾客的新需求，并控制可能导致竞争优势改变的关键变量，包括技术变革趋势、新的知识等。

3.速度定位

速度竞争是超强竞争环境的一大特征。稳定简单环境中企业以“大”取胜；在动态复杂环境中，企业则要以“快”取胜。企业必须快速地改变策略行动来适应变化的环境、回应竞争者的行动。

4.出其不意的定位

在稳定环境中，企业习惯于固守本业，因而在策略行动上很容易被竞争者预测、模仿；在动态环境中，企业通过一系列出奇的定位和行动，使竞争者始终处于被动和始料不及的地位，为本企业创造广阔的“蓝海”般的发展空间。

5.改变竞争规则

如果没办法在规则内赢得竞争优势，唯一的方法就是改变它。在动态环境中，竞争规则不再是竞争各方共同维护的长期规则，改变竞争规则成为一种消灭竞争对手在现存规则中竞争优势的战略手段。

6.告示战略意图

在动态环境中，企业在和竞争者的博弈中，明白无误地表明自己的战略意图和策略选择，有利于表现势在必得的决心、动摇竞争者跟进的信心和限制竞争者的战略选择。例如，企业为了限制竞争者进入所在行业，可以事先表明企业将采取低价策略并对任何新进入者采取报复。

7.一连串策略同时出击

在稳定环境中，企业的策略行动比较稳定，旨在保持现存的竞争优势；在动态环境中，企业不能再固守已有优势，必须不断采取新的策略行动来超越竞争者和自己，创造新的优势，实现可持续竞争优势。

15.2 创业精神：战略新导向

在21世纪转型社会背景下，企业正通过创新、变革和强化管理等手段积蓄、整合并促使资源增值进而获得企业持续成长的能力。这种以创新、变革为核心思想的行为与创业精神密不可分。无论是企业界还是学术界都注意到了战略的创业型导向，如“创业型战略”、“战略型企业家精神”等已经成为一种时髦的字眼。

自中国改革开放以来，先后经历了四次创业潮：第一次是以个体户爆发为主的草根创业，时间是在1979—1989年；第二次是20世纪80年代末90年代初掀起的全民经商热潮，以“国企员工下海”和“扔铁饭碗”为典型特征；第三次是在1997年成为中国互联网元年后，伴随网络技术进步而生成的创业潮；从2014年起，国家将过去“全民创业”的提法变成了“大众创业、万众创新”，并将其提到推动经济转型升级的双引擎之一的这样一种新高度。

15.2.1 战略与创业的融合

根据前面的分析，我们已经发现，战略是在确保实现企业使命的前提下，为了获得某种可持续的竞争优势而做的一系列长远性发展谋划。这种谋划涉及确定什么样的发展目标，以及如何去达到这些目标所需要的行动方针和程序设计，寻求持续竞争优势成为目前战略研究的重点。所以说，战略可以视为一种把开发持续竞争优势作为企业创造财富的决定性因素，即战略是企业寻求优势的行为。

创业是实现创新的过程，创新是创业的本质。很长一个时期以来，创业往往被限定在个体层次，限定在小企业的范围，但现在越来越开始把小企业的创业精神延续到大公司中，进而探讨公司创业精神。人们对创业的关注正在从“谁是创业者”转向“什么是创业机会”和“创业机会如何开发和利用”的重大现实难题。感知、识别和实现创业机会成为创业研究的重要线索，机会识别是创业的核心。以“机会”为线索展开，注重创业机会的识别和利用是创业管理的一种新趋势，即创业是企业寻求机会的行为。

从企业成长角度看，发现机会与寻求优势是同等重要的。企业通过识别和利用机会以开发竞争优势来实现成长，也可以通过优势的发挥来提高机会识别和开发的能力，而且，只有这两方面长期的相互结合，在边缘竞争的条件下，才可能有效地取得企业成长的效果。

【战略聚焦】 一杯咖啡：创业者的味道

北京中关村创业大街，这条长度不过200米的大街，却承载着无数青年创业的梦想，伴随着他们在创业的道路上一步步跑向远方。2015年5月7日上午，国务院总理李克强现身3W咖啡，在一楼花30元喝了一杯卡布奇诺咖啡，随后走上咖啡馆二楼，那里正在进行一场创业者和投资人的路演……

来到中关村创业大街的3W咖啡或车库咖啡，点一杯香草拿铁或卡布奇诺，拿出Mac笔记本上网，坐上一天——许多创业者都以这样的步调，开始一天的创业生活。而李克强总理的创业大街之旅，同样始于这杯咖啡。

3W，在中关村创业大街的南路口，门口的招牌上写着一行小字：“这就是互联网的圈子。”在中关村创业大街，到处都能看到咖啡馆，3W旁边是车库咖啡，之后IC咖啡、Binggo咖啡、雕刻时光接踵而至。咖啡已经成为创业文化的重要标志。

进入3W咖啡，一层是开放区，许多投资人和创业者选择在那里进行交流，而在通往二层的楼梯口有一面股东墙，上面贴了超过100名股东的照片。二层有一半区域是活动区，有3个会议室，分别命名为天使、A轮和IPO会议室，当年滴滴打车C轮融资就是在IPO会议室进行的，京东、赶集网等都在这里召开过发布会。

“现在能叫得上名字的互联网公司，都与3W咖啡馆有交集。”3W咖啡团队的一个小伙伴说，IPO会议室现在已经是最抢手的活动场地了，在李克强总理来之前3天，IPO会议室被某全球汽车品牌厂商包场了3天，对未来智能汽车进行内部探讨。

每天，3W咖啡都有数十个创业者来到这里，多的时候甚至上百位。“咖啡”成了一个符号，甚至成为创客圈子的一个标签，咖啡的味道和创业的味道很像，有苦也有回甘。目前，3W咖啡内部孵化了4家公司：3W传播、3W猎头、3W基金和拉勾网。其中，3W基金投资了22家公司，超过75%拿到下一轮融资，其中4家估值过亿元。

资料来源：根据佚名.李克强总理在中国硅谷“逛街喝咖啡”[EB/OL].[2015-05-08].http：//sh.people.com.cn/n/2015/0508/c134768-24783123.html整理改编而成。

15.2.2　边缘竞争状态的战略合成

美国学者布朗（Brown）和爱森哈特（Eisenhardt）认为，在高速变化和动态复杂的环境条件下，企业必须采取打破过去那种传统的、标准的生存型战略，必须掌握新的战略管理规则，主动去应对高速变革和不确定性的外部市场条件，不断发起创新和变革，才能获得可持续的竞争优势。所以，他们在2001年提出了边缘竞争型战略的概念。其核心思想在于，如何努力保持大公司战略的创业型导向。

爱森哈特、布朗和奈克（Neck）主张，边缘竞争是新创建企业和已建的大公司经理们都共享的一种创业型战略方法，它介于这两种企业的战略管理方法之间，是对两种战略的合成（如图15-2所示）。

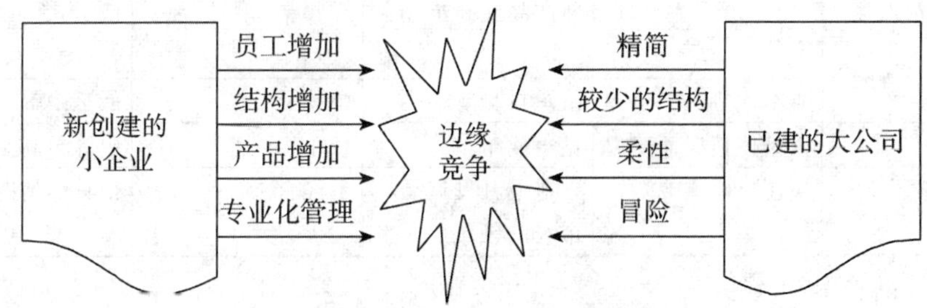

图15-2　边缘竞争的战略合成

从图15-2可知，边缘竞争是介于新创建小企业管理模式和已建大公司管理模式之间的一种管理模式。企业建立之初，往往具有许多创业型企业的特征，如充满柔性、敢于冒险等，但是，随着企业规模的扩大，就会出现一些官僚型迹象，企业内部会萌生更加规范的组织和更加复杂的程序，开发出更多的产品，需要更多的员工，追求更加专业化的管理模式等，从而，大公司往往对市场会表现出比小企业更加缓慢的反应速度，缺乏创新意识和冒险精神。

1.结构上的无序性边缘

边缘竞争要求企业能够在官僚结构和无序结构之间保持一种平衡，官僚结构强调的是层级分明的组织结构和严格的控制系统，厌恶风险，对环境不确定性的反应迟钝，在公司中往往表现为抵制变革的力量，而与此相对应的另一端却是，许多新建小企业往往具有许多发展方向，试图尽可能多地抓住商业机会，企业管理者负责着超高速成长的模式扩张，边缘竞争的理想状态应当是在这两者之间保持一种平衡。

2.时间上的无序性边缘

边缘竞争要求企业能够在“锁定在过去”和“锁定在未来”的时间维度上保持一种平衡，那些运作良好的大公司往往历经辉煌，它们习惯于锁定在过去的思维方式中，深陷于昔日成功的路径依赖，成功往往会让公司具有更加高度的行政化倾向。相比较而言，行政化倾向将主要关注如何避免亏损和进行内部协调，而不是价值创造或者是在今天发现明天的商机。边缘竞争的理想状态应当是在这两者之间保持平衡，即已经建立行政管理基础的大公司要努力保持一种创业精神，而那些正在成长的年轻小企业要注意抵制过多地出现行政化倾向。

15.2.3 公司创业与竞争优势的联系

科文（Covin）和米尔斯（Miles）坚持把创新视为公司创业的核心，并于1999年提出了公司创业的四种基本活动（见表15-2），即持续的产品/市场开发、恢复组织活力、战略更新、范围的再定义，并把它们与竞争优势的来源相结合，深化了人们对公司创业与竞争优势关系的理解。

表15-2 公司创业类型与竞争优势的关系

公司创业的类型	竞争优势的典型基础	公司创业活动的焦点	典型的新创业型行为的频率	新创业活动失败带来的消极影响
持续的产品/市场开发	差异化	新产品或新市场	高频率	低
恢复组织活力	成本优势	组织自身	中等	低至中等
战略更新	依具体情况而定	竞争战略	较小	中等至高
范围再定义	快速反应	创造或开发产品/市场的领域	不经常	依具体情况而定

1.持续的产品/市场开发

这是公司层面最广泛采用的创业型活动，持续的产品/市场开发是指不断地引入新产品或新服务，或不断地进入新的市场。能够保持持续的产品/市场开发的公司往往在公司文化、组织结构、管理体制上具有支持创新的特点。例如，3M公司在刺激持续性产品创新方面就有“25%规定”，即公司每个部门前5年里推出的产品或服务产生的营业收入要占到年度营业收入的25%以上，而且，该规定从1993年起，比率提高到了30%，且期间也缩短到4年。

2.恢复组织活力

企业为了保持或者提高自己的竞争地位，主动地选择改变组织内部流程、重新设计结构或提高能力等创业型活动。公司要想变得更有创业型导向，不一定非要去改变战略类型，完全可以通过提高对现有战略的执行力来实现和维持既有公司竞争优势。

3.战略更新

这是指通过彻底地改变公司的竞争方式，寻求重新分析环境、战略、组织三者之间相互匹配的关系，如果说恢复组织活力突出的是组织内部，那么，战略更新则强调内部与外部的匹配。一般地说，这里所指的战略更新是指公司为了更好地利用机会或开发新产品，采用一种与过去大不相同的经营战略。从某种意义上说，它代表着对过去战略模式的叛逆和决裂。

4.范围再定义

这种公司创业现象是指企业积极创造一个别人还没有意识到或尚未积极开发的新产品/市场，通过重新定义事业领域来获得先动优势。

15.3 价值创新：战略新逻辑

在激烈的市场竞争中，企业需摆脱竞争导向理念的束缚，把目光焦点转到顾客价值上，在经营理念上从“比别的企业做得更好”转到“与别的企业做得不同”上来，实施价值创新战略。从战略的角度看，企业应当努力采用创新的方法，通过为顾客提供根本上新且优越的顾客价值、为顾客提供有重大突破的价值而创造新市场，实现脱离企业原来的竞争区域而隔离竞争、获取优越绩效的企业目标。

15.3.1 价值创新的内涵

价值创新是指不断地提供满足顾客需求与偏好的新的产品或服务价值。其中，价值是一个广义的概念，即指一切能够使顾客感受到满足的东西，包括产品或服务的特性、质量、价格及提供产品或服务的业务活动方式、企业与顾客间关系等可以使顾客感受到效用的要素。我们认为，企业战略定位的最终目的是获得竞争优势，而竞争优势的根本来源是价值创新。只有当企业为顾客提供更具价值的产品或服务，满足不断变化的顾客需求和偏好时，企业才能获得竞争优势。

过去，许多企业曾经把顾客满意作为企业追求的目标，认为只要顾客感到满意，他们就会重复购买企业的产品或服务，企业就可因此而获得利润。但是，顾客满意这种态度与顾客重复购买行为之间并无必然联系，即顾客满意并不意味着顾客忠诚。因为，顾客满意只是反映了顾客对于企业所提供的产品或服务在心理上的主观评价，是反映顾客自身体验的一个绝对评价值。顾客不会因为过去对于某企业的产品或服务十分满意，而在如今选购其他产品时，放弃购买更具价值的产品的机会而执意购买该企业的产品；相反，顾客将根据其对顾客价值的认知而做出购买决策。这里的顾客价值就是顾客对企业所提供的产品或服务在与同行企业的比较后得出的包含主观和客观两个方面的评价，是顾客的认知利益与认知成本的差额。因此，只有顾客价值才真正体现了顾客需求与偏好及其价值评判标准。

然而，不同的顾客对同类产品或服务的价值认知是不同的。即使是同一顾客，在不同时期、不同场所，其价值认知也是不同的。所以说，顾客价值是一个动态的概念。企业应当根据顾客需求与偏好及其变化趋势，有针对性地设计价值创新型战略，以便更好地为顾客提供更具价值的产品或服务。

【战略聚焦】 王永庆卖米的故事

中国台湾已故企业家王永庆16岁时从父亲那里借来200元钱，开了一家米店。当时大米加工技术比较落后，出售的大米里混杂着米糠、沙粒、小石头等，买卖双方都见怪不怪。但是，王永庆每次卖米前都把米中的杂物拣干净。

此外，王永庆卖米多是送米上门，而且并非送到就算，他还会帮人家将米倒进米缸里。如果米缸里还有米，他就将旧米倒出来，将米缸刷干净，然后将新米倒进去，将旧米放在上层。这样，米就不至于因陈放过久而变质。他这个举动令不少顾客深受感动，铁了心专买他的米。

传统产业转型升级，就好像王永庆卖米，首先得磨练自己的核心技术，把米拣干净，这是根本，在此基础上才有辗转腾挪的空间。与此相似的是，企业光盯着技术创新还不够，同样需要像王永庆那样，提供更多增值服务。

党的十八大报告指出，加快传统产业转型升级，推动服务业特别是现代服务业发展壮大。怎么理解？比如米其林，主业是卖轮胎，但当前其创新涉及的范围已经不再局限于轮胎本身，目光不再聚焦于耐磨、修复等技术指标，而是为公路运输领域中的一些问题提供解决方案。

由此看来，虽然传统产业的转型升级在技术路径方面，不同企业会有不同的策略选择，但是，它们具有一个共同的特征：可以从单纯追求技术升级进化到产品全生命周期的升级，补上现代服务业的短板，这样一方面能更好地满足消费者需求，另一方面还可以创造出新的需求，刺激新的消费。

王永庆卖米的故事给予我们的启示在于，唯有把米与卖米两方面都抓好，才能实现企业突围。

资料来源：改编自熊建.产业升级不能光盯着技术[N].人民日报，2013-01-14.

15.3.2 传统竞争战略逻辑与价值创新型战略的逻辑比较

价值创新作为企业战略定位的核心内容，其实质就是为顾客提供更具价值的产品或服务，这就要求企业必须改变传统的竞争战略逻辑，将经营战略主导逻辑转移到对顾客的价值创新上来。相对于传统的竞争战略而言，价值创新型战略的逻辑有其特殊性（见表15-3）。具体地说：

1.改变产业假设

价值创新型战略要求企业发挥组织自身对外部环境的能动作用，分析和研究顾客的需求和偏好及其变化趋势，不断地探索新的方法以满足顾客的现实或潜在需求，突破产业现有条件的限制，实现企业价值飞跃。海尔在我国洗衣机市场已经饱和的情况下，发现了顾客对洗涤小件衣物的潜在需求，开发出海尔“小神童”洗衣机，从而通过顾客价值创新改变了既定的产业条件，提升了公司整体价值。

表15-3 传统竞争战略和价值创新型战略的逻辑比较

战略思维的比较视角	传统竞争战略的逻辑	价值创新型战略的逻辑
产业假设	既定的产业条件	可以改变的产业条件
战略重点	企业应当努力树立竞争优势,其主要目标是通过在竞争中战胜竞争对手而获得成功	通过价值创新为顾客提供更具价值的产品或服务,以满足不断变化的顾客需求与偏好
顾客需求	企业应当通过分析顾客需求的差异,不断进行市场细分,并利用特定的营销策略来保持和提高市场占有率	价值创新战略关注的是顾客需求的共同价值,其目标是赢得绝大多数顾客,甚至为此放弃一些原有顾客也在所不惜
资源状况	企业应该在现有资源约束条件下致力于获得竞争优势,促进企业的生存与发展	企业不必受制于现有资源的约束,而应该不断寻找价值创新的切入点以求杠杆式利用资源
产品或服务	传统的产业边界决定了一家企业提供的产品和服务。企业的目标是使其提供的产品和服务价值最大化	价值创新战略要求企业根据顾客需求来考虑其提供的产品和服务,即使这样做可能使企业超越传统的产业边界

资料来源：改编自 Kim W C,Mauborgne R.Value innovation ： the strategic logic of high growth[J]. Harvard Business Review ， 1997（1-2）.

2.顾客是战略重点

许多企业以竞争对手作为企业竞争战略的出发点。这种战略逻辑往往导致企业之间为了有限的市场份额展开恶性竞争。顾客价值创新战略则要求企业将战略重点放在顾客上。只有这样，企业才可能把自己的精力和才智用于辨别现有企业共同为之竞争的要素是否为顾客提供了价值，才不会把资源和能力浪费在仅仅因为竞争对手为之努力的产品性能和服务上。

3.关注顾客需求的共性

通常企业强调顾客的需求差异，习惯于进行不断的市场细分和提供更多的产品系列以满足不同顾客的特殊需求。价值创新战略则着重要求了解是什么把顾客连贯成为一个整体，不必要过分强调顾客需求的差异。企业在顾客共同关注的价值要素上的飞跃会使绝大多数顾客忽略其自身偏好。

4.突破现有资源条件的约束

价值创新要求企业不应强调企业现有资源的限制，因为这样往往会使企业失去一些重要的价值创新机会。当然这并不是说企业不要考虑现有的资源状况，而是企业在评价市场机会时不要受原有思维定式和资源条件的制约，而要以市场新进入者的身份来观察顾客需求和偏好的特点及其变化趋势，以获得更加客观准确的顾客信息，及时果断地采取相应的价值创新行动，以杠杆方式运用企业现有资源。

5.以顾客需求为基础的产品或服务

价值创新要求企业不应把视野局限于本产业所明确界定的产品或服务的范围之内，适当时可以使企业业务跨越产业边界。因为价值创新关注的是企业能否满足顾客的价值需求，所提供的产品或服务能否满足顾客需求或解决顾客面临的主要问题。因此，像替代品产业和互补品产业等相关产业应该成为企业进行价值创新时主要的考虑因素。

15.3.3　从红海到蓝海的战略焦点比较

传统的战略设计往往认为企业只能被动地接受市场上各种限制性因素，即在有限的产品或服务市场获得生存空间，企业间的竞争表现为对类似于有限市场蛋糕瓜分的过程，是一种“你生我死”式的肉搏战，这种战略被形象地称为红海战略。如表15-4所示，相对于红海战略否认商业世界开创新市场的可能，蓝海战略则将视线从超越竞争对手移向买方需求，跨越现有竞争边界，将不同市场的买方价值元素筛选并重新排序，通过做大蛋糕，而不是瓜分现有蛋糕的做法，实现从既定结构下的定位选择转向改变市场结构本身的战略性转型。

表15-4　**红海战略与蓝海战略的比较**

比较项目	红海战略	蓝海战略
竞争空间	在已有的市场空间内展开竞争	开创无人争抢的市场空间
对待竞争者的态度	打败竞争对手	努力超越竞争、脱离竞争
对待需求的态度	开发现有需求	创造和获取新需求
价值与成本的关系	在价值与成本之间权衡取舍	打破价值与成本之间的权衡取舍
战略管理的着力点	按差异化和总成本领先战略的选择，协调公司活动	同时追求差异化和低成本优势，协调公司活动

价值创新是对过去那种基于竞争的传统教条，即价值和成本的权衡取舍关系的一种挑战，它使企业将创新与效用、价格与成本整合为一体：不是比照现有产业最佳实践去赶超对手，而是改变产业境况重新设定游戏规则；不是瞄准现有市场“高端”或“低端”顾客，而是面向潜在需求的买方大众；不是一味细分市场满足顾客偏好，而是合并细分市场整合需求。因此，价值创新实现了企业从“红海”到“蓝海”的战略转型。

15.4　商业生态系统：战略新思维

商业生态系统（Business Ecosystem）概念最早是由穆尔（Moore，1999）提出的，这一理论的提出源于对企业之间过度竞争的反思，主张运用生态学理论解释商业运作，力求以“共同进化”为目标。“互联网+”的方法既可以满足迭代升级的需要，也为在更大范围内构建起商业生态系统提供了十分便捷的路径。

15.4.1　商业生态系统

商业生态系统是由个体、组织和子系统组成，以组织和个体的相互作用为基础的经济联合体，组织和个体是商业生态系统中的有机体。这种经济联合体共同生产出对消费者有价值的产品和服务，有机体成员包括供应商、主要的生产者、竞争者和其他风险承担者。

根据Marco Iansiti和Ray Levien的观点，与自然生态系统中的物种一样，商业生态系统中的每一家企业最终都要与整个商业生态系统共命运。他们将系统中企业担任的角色分为三种：第一，骨干型企业——在系统中占据中枢位置，为系统成员提供共享资产；第二，主宰型企业——系统中拥有关键位置，力图最大限度地攫取价值；第三，缝隙型企业——系统的主体，专注于狭窄的细分市场，以差异化求得一席之地。

任何企业本身、供应商、分销商、外包服务公司、融资机构、关键技术提供商、互补产品制造商、竞争对手、客户、监管机构、媒体和相关的政府机构等，都可以视为商业生态系统中的物种。企业的经营大环境是一个联系紧密、互为依赖的共生系统。从竞争性质的角度看，未来的竞争不再像20世纪80年代那样侧重于个体公司之间的竞争关系，而是可能上演商业生态系统之间的对抗。

企业在制定战略时，不能仅仅着眼于企业本身，还应当从所处的整个商业生态系统出发，确定企业在系统中扮演的角色以及和其他企业的互动关系，以期长期保持有利的生存环境。如美国航空公司和美国西南航空公司从波音公司购买飞机时就达成互补合作，形成足够大的订单获取优惠补偿；通用汽车公司、福特公司、克莱斯勒公司联合研发同一动力系统，这样既节约成本又降低风险。企业全面分析其所处的商业生态系统中与其他企业之间的互动关系，对于企业认识和把握自己的定位至关重要。

15.4.2　商业生态系统下的共同进化观

在商业生态系统中，企业为了获取生产要素市场上的稀缺资源，或者为了占领产品市场空间以求得生存和发展，必然和其他企业及生存环境存在着互动关系，以此谋求共同进化的结果。与过去传统的战略分析局限于公司本身或者拓展到行业范围不同的是，这种新型的战略思维所追求的是努力在商业生态系统中获得共同进化，这种竞争也并不是主要存在于同一产品之间或者不同公司之间，而是存在于商业生态系统之间或者是特定的商业生态系统内部领导和中心之间，由此决定了战略管理的范式也将与过去有所区别（见表15-5）。

从日常经营管理的角度看，商业生态系统观要求企业管理层在忙于作为形形色色的经济参与者的前提下，把更多的时间和精力用于表15-5右列方面的管理活动上，尤其是骨干型企业和主宰型企业，更应当把注意力集中在如何引导商业生态系统内的所有关键成员共同努力并成长上。

表15-5　　商业生态系统下的战略管理侧重点转移

战略管理的范围	公司内部的核心产品与服务	行业范围内的企业联盟	共同进化的生态系统
商业关系的概念	自身的交易和长期项目业务量，关注消费者和供应商的关系	关注参与联盟的行业内企业间管理系统	生态系统内企业的共同进化、共生关系，以及自我增援系统
关注与持续的改进	企业内部的产品与过程	组织间的相互作用，以及彼此作用过程拓展	共同体成员在创新性领域的投资
管理改进的方向	减少产品的瑕疵，减少过程低于标准的偏差	共同努力达到产品和过程改进的成功率	在持续不断地创造有利于顾客价值方面的进步率
最重要的控制关系合同	企业内部的产品分类、过程分类与全面质量管理标准	关键组织之间的协议和承诺书	共同体的管理系统和行为规范，准民主机制
关键成员的联合基础	顾客与供应商的满意，在产品或服务标准相互接受下的联盟	各成员企业战略方向相似性和互补性	见解相同、目标一致，愿意合作共赢的共同体联盟

15.4.3　商业生态系统演化过程中竞争与合作关系的挑战

未来动态化的商业竞争环境将带给企业界一个强烈的感受，公司从商业生态系统中获得的实力非常多，甚至远远超出它依靠自身所能够获得的竞争实力。战略上获得成功的将不可能再是那种单独采取行动的企业，或许是一组企业共同行动，并借助共同进化获得共同成长。

如同生命有机体一样，商业生态系统也存在一个有序的发展过程，包括螺旋式上升的开拓、扩展、领导和自我更新四个不同阶段。在商业生态系统发展的不同阶段，战略管理的核心任务是不同的，领导者面临的挑战也是不同的，合作与竞争所面临的挑战也各不相同（见表15-6）。

表15-6　　商业生态系统发展过程中的战略挑战

商业生态系统的发展阶段	战略管理的主要任务	高管层所面临挑战的核心	合作的挑战	竞争的挑战
开拓	汇集能力以创造关键性产品；创造更加卓越的价值	价值	与顾客和供应商一起确定新的有价值的建议和范式，并很好地利用它	保护你的思想，以免其他人复制相似的产品
扩展	从协作关系的核心开始扩大投资；在所关注和开发的市场界限内建立核心团体	核心团体	与合作伙伴一起增加供给，为巨大市场提供新产品，取得最大的市场覆盖率和核心团体	通过支配关键市场份额来确保你的方法就是同级别的市场标准，紧密联系重要顾客、关键供应商和重要渠道
领导	集中精力为生态共同体做贡献；保持在生态系统中的权威	权威	为未来提供竞争的观点，鼓励供应商与顾客一起来改进产品系列	在包括关键顾客和有价值的供应商的生态系统中，保持强大的获利能力
自我更新	为旧秩序注入新观念；用其他替代物延续竞争；向他人和自我挑战	持续不断的性能改进	同革新者一起工作，为现存的生态系统注入新观念	保持壁垒森严，防止革新者建立替代性的生态系统，保持对顾客的高投入，并在你的产品和服务中注入新观念

从根本上看，商业生态系统的发展，以及商业生态系统中不同性质主体的共同进化是由竞争与合作的挑战共同推动的。在商业生态系统中，究竟是合作更重要，还是竞争更重要？显然，在商业生态系统演化的不同阶段，两者都非常重要，但它们所发挥的作用仍是有显著差异的。从某种意义上说，用生态学来重新解释商业运作的方法是独辟战略视角，而从系统论的视角反思竞争与合作的含义，并力主共同进化的新思维，的确又在不断地深化对战略本质的重新认识。

■ 本章小结

自从人类社会进入21世纪以后，企业面对的是一个充满动态复杂性的商业竞争环境，顾客需求变化加快、产品生命周期不断缩短、技术变革加快、竞争者的行为具有易变性等特征又决定了21世纪是一个创业型的时代。

超强竞争的环境具有四个基本特征：竞争优势的暂时性、竞争关系的互动性、市场破坏的频繁性、竞争规则的易变性。在超强竞争环境中，企业的战略竞争优势是基于创造一系列螺旋上升的阶段性的竞争优势获得的，为了保持持久竞争优势，企业必须在竞争者掌握本企业竞争优势之前就自我放弃现有优势。达维尼的新7S理论为企业界提供了应对超强竞争环境的策略框架。

从企业成长的角度看，战略可以视为一种把开发持续竞争优势作为企业创造财富的决定性因素，即战略是企业寻求优势的行为，而创业是以感知、识别和实现创业机会为线索展开，注重创业机会的识别和利用是创业管理的一种新趋势，也即创业是企业寻求机会的行为。当创业与战略融合在一起，就形成了“战略型企业家精神”和“创业型战略”两个概念。事实上，未来的大公司战略仍应当把创业的思想延续到大公司之中，这也是边缘型竞争的必然要求。

价值创新改变了过去长期以来战略制定面向竞争者的研究思路和设计视角，它主张战略制定不能总是把竞争对手打倒，而应当把焦点转移到顾客价值的最大化创造和实现上来，从过去注重“瓜分既有的蛋糕”的做法转向注重“造就大蛋糕”。这种战略观念更新直接导致了企业界对“蓝海战略”的渴求。

商业生态系统是由个体、组织和子系统组成，以组织和个体的相互作用为基础的经济联合体，组织和个体是商业生态系统中的有机体。与自然生态系统中的物种一样，商业生态系统中的每一家企业最终都要与整个商业生态系统共命运。商业生态系统存在着一个有序的发展过程，在开拓、扩展、领导和自我更新等螺旋式上升的不同阶段上，战略管理的核心任务是不同的，领导者面临的挑战是不同的，合作与竞争所面临的挑战也各不相同。

■ 复习思考题

1.简述超强竞争环境有哪些基本特征。

2.试比较7S理论与新7S理论的应用价值分别何在。

3.论述公司创业与竞争优势的关系。

4.比较分析传统竞争战略逻辑与价值创新型战略的区别。

5.价值创新型战略的实质是什么？它对传统的战略管理框架将产生什么样的重大

影响？

6.有些学者认为：“商业生态系统与利益相关者理论有着异曲同工之妙，两者一脉相承，它们均强调企业战略设计应当充分考虑到不同主体间的互动关系。”你对此观点持有何种看法？请说明理由。

■ 案例分析题

创业者4.0：每分钟诞生7家公司

在近一轮的金融危机中，国内企业登记增速曾出现过大幅下滑，2009年后有所恢复，也不过9%左右。然而，从2012年年底开始，企业注册数量开始猛增。据国家工商总局的数据显示，截至2015年5月底，全国的企业数是1 959.4万户。其中，从2014年3月初正式开始实施商事登记制度改革到2015年5月底，新登记的企业就有485.4万户，平均每天新登记注册企业1.06万户。创新驱动创业，创业带动就业被认为是“新常态”下的新引擎。受创业环境变化驱动，中国每天有1万多家企业注册，平均每分钟就会诞生7家公司。

东部仍然是创业的主要地区。与GDP水平一致，北京、长三角和珠三角是最主要的创业基地。不过，西南地区的重庆、成都也有后来居上之势。有记者梳理了包括直辖市、副省级城市在内的19个主要城市的创业情况。数据显示，截至2014年年底，包括企业、个体户在内的市场主体总量超过100万户的城市有6个，其中，深圳和重庆并列第一，均为171.9万户；上海第三，市场主体有168.22万户；广州114.95万户，成都103.1万户；北京屈居第八，恰好超过100万户。如果以常住人口计算，深圳仍是创业氛围最浓厚的城市。深圳2014年年底常住人口1 078万，每百人中市场主体数达15.95，这意味着深圳每6个人就有一人是企业“老板”。紧随深圳之后的是青岛市，每10人就有一人是“老板”，超过广州、厦门、宁波等城市。

以互联网为代表的新兴产业成了第四次创业潮的主力之一，相关企业主主体登记速度明显超过平均增速。以2015年4月为例，信息传输、软件和信息技术服务业，文化、体育和娱乐业，教育，卫生和社会工作同比增速分别达46.40%、56.10%、79.20%、50.90%。

新兴产业也是政府引导的产业方向。国务院总理李克强在2015年的全国“两会”上表示，国家已设立400亿元人民币新兴产业创业投资引导基金，还要整合筹措更多资金。互联网、IT、电信及增值等行业投资金额不断增加。投中数据显示，互联网2012年投资规模不足1亿美元，至2014年已达62.06亿美元，份额提升至全部创投规模的49%。紧随其后的是电信及增值、IT业，2014年投资金额在24亿美元左右。电信及增值行业是由于移动互联网的兴起，涌现出大量投资机会。

有创业者认为，过去两年，随着无线互联网和智能手机的普及，中国很多效率低下的传统产业开始被颠覆和重构。在020、产业链电商、互联网金融、互联网医疗、智能硬件等多个领域，创业者们迎来了一波前所未有的巨浪型机会。在新一轮创业机会的利用上，资本界也在扮演着推波助澜的角色。大量之前在一级市场投资、二级市场获利的资金回吐到创投市场，加上已经完成原始资本积累的很多上市公司创始人和高管，导致天使和VC基金在2014年募资异常容易。

与之形成鲜明差异的是，传统行业创业投资大幅下降。投中数据显示，能源及矿业2012年投资规模达6.7亿美元，仅次于互联网，但2014年降至仅2 843万美元。房地产行业、公用事业创投金额更是下降到百万美元级别，汽车业、旅游业也跌至百万美元级别上。

资料来源：改编自辛继召.创业者4.0：每分钟诞生7家公司[N].21世纪经济报道，2015-06-08.

根据上述材料以及本课程的学习，请完成以下两个问题：

1.有人认为，过热的创业潮也会引起忧虑，甚至在北京的创业圈内流行这样一句话："如果大家都去创业了，那谁来消费呢?"你对此作何评价。

2.结合对当下国内创业环境的认识，请你说出你心目中最具创业机会的产业，并就其未来5年的发展趋势大胆地做出预测。

■ 比较研究

请访问南方报业传媒集团（http：//www.nfmedia.com）和凤凰出版传媒集团（http：//www.ppmg.cn/main.asp）官方网站，根据公开信息，并在与文化出版业相关人士进行沟通的基础上，比较分析：

1.网络技术进步对纸质媒体发展传统业务产生了怎样的影响?

2.比较分析两家集团产业转型的基本历程及其深层次的根源?

■ 推荐阅读文献

1.张玉利，李乾文.公司创业导向、双元能力与组织绩效[J].管理科学学报，2009（1）.

2.穆尔.竞争的衰亡——商业生态系统时代的领导与战略[M].梁骏，等，译.北京：北京出版社，1999.

3.谭力文，丁靖坤.21世纪以来战略管理理论的前沿与演进——基于SMJ（2001—2012）文献的科学计量分析[J].南开管理评论，2014（2）.

4.陈忠卫，史振兴.创业机会的识别与开发研究——以微软与谷歌的案例比较[J].管理案例研究与评论，2010（4）.

5.迈尔-舍恩伯格，库克耶.大数据时代：生活、工作与思维的大变革[M].盛杨燕，译.杭州：浙江人民出版社，2013.

6.Kim W C，Mauborgne R.Value innovation：the strategic logic of high growth[J].Harvard Business Review，1997（1-2）.

7.Ming-Jer C，Danny M.Reconceptualizing competitive dynamics：a multidimensional framework[J].Strategic Management Journal，2015（5）.

附录1 『战略管理』案例教学法指南

作为一门应用性极强的课程，各校都十分重视“战略管理”课程的案例教学实践，以巩固教学效果、拓展学生思维。然而，总有学生反映案例教学效果并不明显，教师们也经常对案例教学的最佳效果深感困惑。作为省级精品课程，我们在10多年的教学实践中，不断尝试探索案例教学模式，在此，我们十分愿意与大家共同分享不太成熟的点滴教学经验。

一、案例选择代表性

一个优秀的案例能够给学生持久的启迪，甚至会提高他步入社会后的工作能力。“战略管理”课程具有高度综合性的特征，案例选择的代表性关系到能够在多大程度上扩大学生的战略性视野，培养学生应对复杂环境挑战的战略性思维。

“战略管理”案例教学选择什么样的案例，怎样控制教学进程，最好在学期初由课程组教师集体商量决定。其实，越是接近正在发生的故事，越是体现行业发展趋势的案例，越是社会关注的社会事件，越能激发起学生研讨的热情。需要教师避免的是无意识地采用了相同行业或者相近行业的企业案例，甚至是同一家企业案例，更有甚者，多门管理类课程不约而同地喜欢选择同样一家企业的案例。这样做的后果是，根本无法保证取得最佳教学效果。由此看来，教学案例选择的代表性就显得非常关键。

在“战略管理”课程的案例教学过程中，一个学期下来至少要进行3次以上的案例讨论教学实践。对这种案例的代表性要考虑以下四个因素：

1.兼顾成功与失败的案例。选择使用教学案例时，既要选择成功企业的经典案例，也要选择失败企业的案例。前者可以让学生明白成功之道，从中悟出企业战略实践的一些真谛，能够让学生站在成功企业的“经验”上获得更多的管理经验。后者可以让学生认识到市场竞争的残酷性，从中吸取企业战略实践的教训，能够让学生树立起一种居安思危的战略紧迫感。

2.兼顾案例所涉及行业的广泛性。不同行业的竞争结构存在显著差异，行业的成熟程度也不相同，企业参与市场竞争的游戏规则迥异，由此，企业战略制定的方法、战略实施的措施、战略变革时机的选择也颇具管理的艺术性。作为一门课时数有限的精品课程，课程组应当有意识地在尽可能多的行业内，选择适合于企业战略管理课程教学的案例。

3.兼顾所涉及企业的规模差异性。人们总是会认为小企业成长没有战略，也不需要战略，其实这可能是一种误解。那些快速成长的小企业往往会在不自觉中奉行某种战略，无论小企业是否一开始就在根据完美的设计来实施战略，还是在后来的实践中纯粹偶然性地发现了战略，然而小企业战略的的确确很早就已经存在，并且，这种战略所带来的竞争优势甚至已经融入企业的政策设计和组织结构之中。但是，小企业战略与大公司战略在负责战略制定的主体、战略实施方案的设计、战略绩效的控制等环节上存在明显差别，所以，在该课程案例教学过程中，同样需要考虑到小企业与大公司的规模差异对企业战略的影响。

4.兼顾企业案例的地区差异性。在不同的社会、经济、政治制度背景下，不同国家具有不同的产业政策、不同的战略性思维，在跨国经营过程中，不同文化间的冲突会影响到企业战略管理的选择，不同教育背景下成长起来的高层管理者对待战略的态度也各不相同。即使是在中国，东中西部地区经济发展水平、市场成熟状况、地方经济发展政策也千差万别，不同地区企业对待战略的重视程度也不一样。在该课程的案例教学过程中，一定要考虑到这种区别。

二、案例教学过程有效组织

1.有效增加案例准备时间。企业战略管理类案例的讨论往往需要先期大量的知识储备（如营销、财务、研发等），需要收集相当数量的案例补充性材料。只有这样，才能勾勒出或再现出更为宽泛的案例情景，进而在多种限定的条件下讨论案例的可能性答案。所以，在案例教学过程中，一定要将案例材料提前公布于众（如一周前），以便让学生在课前充分阅读案例材料，并通过网络搜索、企业访谈等多种途径来了解案例所涉及的企业以及企业故事。

2.有效激活学生参与的热情。并不是所有的学生都愿意积极参与讨论，“搭便车”行为往往是部分学生在案例教学过程中容易出现的倾向。要消除这种情形，我们认为，关键在于如何有效激活学生热情，可以采取的措施包括：尽可能地选择没有唯一答案的开放式案例，尽可能地利用团队形式进行案例研讨，尽可能地采用分角色方式设计不同策略（如让学生分组代表具有相互竞争色彩的两家或多家企业）等等。

3.有效延续案例讨论过程。课堂可以用于案例讨论的时间十分有限，一般无法在2~3课时内完成那些大型的、高度综合性的案例教学。所以，除了充分增加案例准备时间以外，还应当策略性地延续案例讨论时间。一般可以采取的方法有：一是以同班级不同宿舍为单位进行分组，以便学生在宿舍内开展进一步讨论；二是让学生自由组合形成研讨团队，并指定负责的组长；三是全校不同班级围绕同一案例开展策划竞赛，并给予优秀团队方案以一定的奖励或给予团队个体成员以一定的期末成绩附加分。

4.有效利用现代网络手段。作为省级精品课程，我们在教学过程中曾多次尝试利用现代网络手段，如在BBS论坛上直接公布案例材料，让学生以实名登录形式直接发表关于案例的看法，进而开展案例讨论。这种方法的好处在于：后来发表意见的学生完全可以在其他同学已经发表的观点上加以补充、修正、完善，以形成较为合理的案例报告。在此过程中，教师应当做的工作是，及时对那些优秀的帖子进行鼓励性评价，或者启发并拓展学生思维。

三、学生成绩考核与评定

由于一般的案例并不存在固定的答案，所以，对案例教学质量的控制也就成为教师关注的难点之一。我们认为，对案例教学的学生成绩考核可以采取以下方法：

1.既评定团队得分，也评定个体成员得分。课堂案例汇报和课后进一步补充完善的案例报告质量均计入团队所有成员的基本得分，另外，代表团队发言的学生和小组讨论的主持者得分略高于团队基本分。

2.对各个不同团队考核基本得分的确认。可以安排在本组代表发言之后，让其他小组成员提出一些具有挑战性的提问，要求发言人回答，然后，教师可以根据发言质量和回答其他小组提问的质量来区分等级。

3.在课程教学的学期之内，尽可能让学生分别参与到不同的团队中去，不要固定每次团队研讨的成员，并且，要让更多的学生能够有机会代表本小组发言。

4.对于一些真实企业的案例，在条件许可的情况下，让案例所涉及企业的负责人或其他企业界代表来评定案例教学成绩。

附录2 公司战略规划报告的撰写指南

公司战略规划报告是一份用于指导未来实践的框架。作为一份高质量的战略规划报告，应当能够体现前瞻性、可执行性、可理解性的高度结合。公司战略规划报告既是战略咨询者的最终成果，也是被咨询者用以评价咨询质量的主要依据。应广大读者的要求，我们就如何提高战略规划报告的写作质量提供以下看法：

一、公司战略规范报告的参考格式

不同的企业所从事的行业、经营范围、企业规模以及所处的发展阶段存在差异，企业所面临的战略环境和战略选择倾向性也不完全相同，我们只能根据战略咨询的实际经验，最大限度地提供以下适应面宽的公司战略规划报告参考格式。

一般来说，公司战略规划报告由以下四部分内容组成：封面、目录、战略规划正文、附录。就战略规划正文部分而言，应当包括以下主要内容：

第一部分：规划背景。

编制任何一项规划之前，应当广泛搜集与规划相关的官方文件，它们应当成为规划编制的重要依据。

重点介绍公司的发展历史、现行组织结构框架、公司法人治理结构、经营业务构成、主要经济指标分析等相关背景。

第二部分：环境分析。

着重从宏观、行业中观、产品市场竞争微观环境三个方面加以研究，旨在发现机会与威胁，为战略制定和战略实施提供客观依据。

在这一部分中，要特别突出分析顾客需求及其市场变化趋势，以及行业特点与发展趋势的分析。

第三部分：公司战略指导思想与目标定位。

在与公司高层充分沟通意见的基础上，明确企业发展愿景和使命，凝炼战略指导思想，确定发展目标。由于关系到公司具体战略的选择和设计，公司战略依据、指导思想的内容表述要反复讨论、广泛征求意见。尤其是公司发展目标体系的制定，既要有总体发展目标，也要有分事业部、分职能、分年度的具体目标。

第四部分：公司战略方案选择。

在一个规模较大的公司内，战略方案既要有总体发展战略，也要撰写经营单位的具体战略。在一个规模并不大的公司里，也要有发展战略的总体构想，还应当尽可能地按职能领域，撰写诸如营销战略、生产战略、人力资源发展战略、研发战略、财务与筹资战略、国际化战略等内容。

第五部分：公司战略的实施。

在选定具体战略类型之后，应当根据公司现实情况，从战略发展的角度，提出具体的实施方案，内容包括：体制与机制的创新、核心竞争力的培养方案、组织结构的调整和扩充计划、产业纵向整合的方案、产品结构的调整和拓展、投融资计划、人力资源开发计划、企业文化建设方案等。

第六部分：保障措施。

从提高战略可操作性的角度，战略咨询者还应当提供切实可行的保障性措施以及应当引起公司管理层注意的事项，如广泛宣传发动、注重组织引导、科学分解任务、推进依法治企、坚持和谐发展观，从而最大限度地保证战略方案得到实现。

二、其他注意事项

战略规划报告的文本格式固然重要，但开展战略制定过程中的许多关键性活动都将影响到战略规划报告的写作质量。

1.广泛社会调研

作为战略制定者未必十分熟悉公司所从事行业与产品的特点，也未必事先就能准确把握市场发展趋势，所以，战略方案的制订者或者小组应当花相当长的时间实地调研行业与产品发展状况，并通过访谈相关部门和客户代表，利用网络搜集相关背景资料，面向企业内外部发放调查问卷等形式，获得真实、严谨的战略依据。

2.保持与公司高层管理者的沟通

由于董事会、总经理阶层的独特地位和经营管理经验，他们对公司未来发展的战略指导思想往往都有自己独到的、深刻的理解，也可以为战略制定者提供有价值的访谈对象和调研渠道。

在实际操作过程中，可以邀请公司高管成员或者由其指定相关部门负责人作为规划编制组成员。这样做的最大好处在于，在战略规划编制的任何一个阶段，凡认为有必要征求公司高管意见的时候，规划编制组可以随时获得公司支持。

另外，所制定的战略规划报告也只有得到他们的肯定，才能付诸实践，产生效益；否则，战略报告即使完成了，也会被束之高阁，甚至会变成一纸空文。

3.反复提炼战略指导思想

在战略规划报告的具体写作过程中，虽然战略制定小组成员对每一部分可能有所分工，但应当经常性地在一起研讨战略报告内容，交换战略规划报告的写作进程。在形成报告的过程中，还可以有针对性地选择熟悉该行业、该企业、该产品市场的专家教授、政府官员、公司部门主管多次召开论证会。每一次论证讨论的过程，都应当做好记录和整理，并采纳有价值的意见来对战略规划报告进行必要的修改。

4.写作语言要通俗易懂

战略制定者往往具有扎实的管理理论功底，但战略规划报告毕竟不是学术论文。在执笔撰写战略规划报告时，一定要避免晦涩的语言、时髦的概念、深奥的理论，整份战略规划报告尽是充斥着专业术语，即使洋洋洒洒数百页，战略规划报告的价值也很小。写作战略规划报告的语言要尽量做到简约、通俗，能够让实践工作者愿意读、能理解、好操作，因为只有这样，战略规划报告才能真正被付诸实践。

5.经常与公司高层管理者保持联系

任何一份战略规划报告不可能百分之百地预测到未来，也不可能做到战略规划报告的尽善尽美。一方面，随着时间的推移，原先制订的战略方案可能因为环境不确定性而需要加以修改和完善；另一方面，随着战略实践的深入，竞争对手对本公司的战略方案有所警觉并制定了相应的竞争对策，在此情况下，本公司的战略规划报告也可能需要加以调整。所以，战略制定者一定要与公司高层管理者保持双向交流的习惯。